近世中国

远去的
都市
1950年代的上海

张济顺　著

A City Displayed
Shanghai in the
1950s

社会科学文献出版社
SOCIAL SCIENCES ACADEMIC PRESS (CHINA)

目　录

致　谢

从着手 1950 年代的上海研究到今天成书付梓，得到的鼓励与支持难以数计。就最近三年的写作过程而言，是诸多学界同仁、朋友、学生以及学术机构真诚而又慷慨的帮助，才使我摆脱多年不能专注学业的生疏与困钝，渐入柳暗花明的佳境。

虽然难以平复的内心让我词不达意，但还是要向热情相助的各位送上深深的感激之情。

华东师范大学中国当代史研究中心是我的学术家园。中心每办一次研讨会、研修班，每出一期刊物，都为我提供了学习的良机和"试水"的舞台；中心每一个成员投注的心血和努力，让我充分感受到中国当代史研究的勃勃生机，增添了不断求索的勇气和动力。作为一个研究者，有什么比身在一个志同道合的学术共同体更幸运、更享受的事呢！在这里，我要向中心的各位，特别是杨奎松、韩钢、冯筱才三位教授，表示由衷的敬意。

华东师大历史系的许纪霖、姜进、沈志华、刘昶教授提出过许多有益的建议或提供帮助，他们的学术见地常常使我受益匪浅。

特别让我心谢不已的是美国及日本的几位知名学者：裴宜理、叶文心、柯伟林、萧凤霞（Helen F. Siu）、小浜正子、久保亨以及石川祯浩。他们深厚的功力和宽广的视野是我学习的楷模，许多灼见与洞察力使我深受启迪。我们分别策划并实施了 1950 年代中国研究、都市研究与上海研究的多个合作交流项目，长时间的讨论切磋，分享研究心得，这些都让我倍觉愉快，乐趣无穷。

年轻学者和博士生是我极好的助手和朋友，他们不但分担了写作过程中许多不可或缺的琐事，而且让我充分享受教学相长的兴奋与快乐。阮清华、刘建平、刘彦文、田蕊、张牛美以及刘亚娟——从他们身上，我感到了中国当代史研究的强劲后续，充分领略到"后生可畏"，深知要当好"老师"，必须精益求精，不断进取。

我还要感谢贺祥（Joshua Hill）博士，他不但出色地将我的论文译成英文，得以在《中国季刊》（*The China Quarterly*）发表，而且对相关的本书章节提出了十分重要的修改意见。

2011年我"转岗"回到学术领域之后，有幸作为合作研究教授到哈佛燕京学社访学一年，得以在非常优越的学术环境中，潜心研究与写作，书稿的大部分在那里完成。2013年初又获机会重访阔别了近20年的加州大学伯克利校区东亚研究所，产生了许多新的学术感悟。

本书的部分章节分别在复旦大学历史系、上海社会科学院历史研究所、山东大学、香港人文社会研究所、哈佛燕京学社、加州大学伯克利校区东亚研究所、康奈尔大学、日本上海史研究会、（日本）中央大学、一桥大学、筑波大学、东洋文库、加拿大不列颠哥伦比亚大学等学术机构发表，得到同行们的点评与启发。这里尤其要致谢的是熊月之、章清、周武、刘家峰、陈兼、高纲博文、李廷江、深町英夫、坂垣弘子、山本真和齐慕石（Timothy Cheek）。

在收集资料的过程中，上海市档案馆、北京市档案馆、美国圣公会档案馆、耶鲁大学神学院图书馆基督教大学联合董事会档案特藏部、哈佛燕京学社图书馆、哈佛大学费正清东亚研究中心图书馆、加州大学伯克利校区东亚图书馆、加州大学洛杉矶校区东亚图书馆、香港电影资料馆、华东师范大学图书馆及档案馆等机构提供了查阅的便利与周到的服务。邢建榕、马小鹤、南希（Hearst Nancy）、程洪、何剑叶、吴君玉以及朱小怡给予的帮助尤多。

圣约翰大学校友严停云（华严）前辈欣然应允采用她珍藏的黄嘉德题词并赠予她的大作《回梦约园》，令我十分感激。

多位好友与热心人士接受了口述史访谈。他们是：陈绛、陈力仪、承宪武、狄宗信、黄纯颖、卢廷璋、倪康、李逊、李乃坤、刘禾、王世靖、易荣、严凤霞、姚季梅、郑如桂、朱照宏。网友芒眼（吉明）提供了许多口述线索并应允采用他收藏的黄氏家族照片。

我还要对华东师范大学的领导道一声谢谢。感谢童世骏书记及俞立中、陈群两位校长给予的鼎力相助，为我尽快地转到科研教学岗位提供了各种便利。感谢思勉人文高等研究院茅海建院长、方媛书记以及各位同仁，在大家悉心营造的这个崇尚学术、追求卓越的环境里，我过得认真紧张而又开心舒畅。

社会科学文献出版社为本书的问世做了大量具有关键意义的工作。尤其要感谢徐思彦编审自始至终的鼓励、耐心与精心。许多意见从她不紧不慢的语调中流出，中肯又中听。她为这本书极其细致与辛苦的付出，实令我感动又不安。

作为一个上海老城厢张家的后代，一个共和国的同龄人，1950年的上海对我来说绝不是一段冷冰冰的历史。除了作为历史学者的责任，故土、家族、亲人也是无时不在的精神支柱。虽然不能知道父辈们是否认同我笔下的上海，但他们若天灵有知，一定会为我这个后继所尽的努力感到欣慰。故以此书献给近代教育家、我的曾祖父张焕纶，父亲张潘智和母亲凌瑞文。

自 序

一

我与上海史研究"触电",始于1980年代末。当时我是复旦大学历史系的一名讲师,经黄美真教授推荐,参加了1988年9月由上海社会科学院主办的"近代上海城市研究国际学术讨论会"。那次会议云集了国内外上海史研究的学术大师,也有不少堪称"少壮派"的中青年学者,如今,他们的名字已蜚声国际学界,他们的著作也已成为大学专业课的必读书目。会议论文和讨论让我大开眼界,上海史研究的勃勃生机令我兴奋不已。那些长期未敢涉足的领域有了开拓性的进展,最具代表性的当属租界问题的再认识;一度受到冷落的海派文化研究,不仅颇受关注,而且呈现出与社会史研究交汇前行的势头;某些"传统"课题,如工人运动、学生运动、党派之争等,不再满足于政治事件的铺陈,而是从人口学、社会学、政治学以及文化人类学等学科中去汲取新鲜养料;还有那些过去不受关注的小市民、苏北人等所谓"下只角"里的芸芸大众,也因其独特的学术价值而步入史学殿堂。[①] 这些成果不但激发了我对上海史研究的强烈兴趣,更给予我一个具有导引意义的启示:上海史研究正在摆脱近代史研究规范的束缚,突破"事件 – 人物"单线叙述的操作模式,不再是意识形态主导下定于一尊的革命史和政治史的附庸。透过这些崭新的学术成

---

① 参见此次国际学术讨论会的论文集《上海:通往世界之桥》,上海地方志办公室编《上海研究论丛》第3、4辑,上海社会科学院出版社,1989。

果，重建问题意识和更新研究方法的学术旨趣清晰可见。我有幸赶上了上海史研究的黄金时期。

随后三四年内，我开始涉猎上海社会史研究，将研究目光下移，试图从社会基层大众日常生活中的行为方式、价值取向、文化范式以及心理反应等要素构成的历史画卷中，去探究社会变迁中国家与社会的复杂关系，去估测上海现代化的深度，并揭示上海现代性之特质。发表于 1990 年代初的《近代上海社会研究界说》和《论上海里弄》两文，即源自上述想法的浅尝之作。①《界说》重在上海社会研究的知识与方法更新的一些思索，其中，从历史变迁长时段的一般意义出发，质疑了 1949 年在上海社会的结构性变动中是否具有断然界分的意义；《里弄》则粗线条地勾画了近代上海基层生态布局和日常生活空间的演变，论及地方政治和政权更替对里弄组织及其功能转换的影响，将里弄置于一个连续的系统内去考察，上溯近代上海"两方（租界、华界）三家（国民政府上海市政府、公共租界工部局、法租界公董局）"的行政格局，下限至 1949 年以后的上海人民政府时期。虽然我笔下的 1949 年以后的上海里弄进入了一个与此前似乎断裂的全新时期，这两篇论文所探究的历史延续性问题远还不是自觉的，但跨越 1949 年的学术旨趣由此而萌发。

在上海史研究迅速升温并成"显学"的 1990 年代中期，我获得了又一次提升学术的良机。1994—1995 年，我到美国上海史研究重镇加州大学伯克利校区东亚研究所做访问学者，参与亨利·鲁斯基金会（The Henry Luce Foundation）资助的研究项目"社会与文化：20 世纪的上海"，以《时空移位：战时上海的保甲制度》一文参加了该项目的最后一次讨论会。这篇文章本身的学术成绩现已微不足道，最难得的收获得之于魏斐德（Frederic E. Wakeman Jr.）教授在会上的评论和其后两次单独与他的讨论。② 他赞赏《保甲》一文在一个非常具体的时空中探讨社会控制手段与机制的承续和变化问题，但又告诫说，文中所使用的"传统－现代""国家－社会"二元对立的框架是值得商

---

① 两文分别载于上海地方志办公室编《上海研究论丛》第 5 辑，第 42—55 页；第 9 辑，第 59—77 页，上海社会科学院出版社，1990、1993。

② "War Time Shanghai", Conference of Social and Culture: 20 Century Shanghai, Center for Chinese Studies, University of California, Berkeley, December 2-3, 1994. 该论文修改后以《沦陷时期的上海保甲制度》为题发表在《历史研究》1996 年第 1 期，第 44—55 页。

权的，任何现成的西方概念都难以容纳现代上海历史的丰富与多样性。① 他认为，保甲固然是中国传统的国家控制乡村社会的制度，但是它不仅借助了上海沦陷时期的非常状态在现代都市社会中复活，而且也是国共两党都寻求的控制都市基层社会的方式。因此，重要的并不是追究这个制度或组织形态是"传统"的，还是"现代"的，是"国家"的，还是"社会"的，而在于探讨不同的政治与社会环境中，保甲以及居民委员会为何最终都为社会所接纳，不管这种接纳是消极的、无奈的，还是积极的、能动的；为何各个不同的政权对于社会的实际掌控又大不一样。② 魏斐德教授的意见促使我带着明确的"转型与延续"相统一的问题意识跨入 1949 年以后的上海史研究，不再为"规律""必然"与政治褒贬所构成的"目的论"或"决定论"史学所左右，也不再让丰富的历史材料成为传统与现代、国家与社会等二元对立概念的填充物，而着力去发现 1949 年以后天翻地覆的政治改造表象背后延续着的历史本身的逻辑发展。

与此同时，酝酿中的 1950 年代上海史研究又获得了新的动力。1990 年柯伟林（William C. Kirby）教授发表的关于 1943—1958 年经济计划与技术官僚在中国大陆与台湾连续与变化的开拓性研究成果，打开了重新解释 1950 年代中国的研究之路。③ 此后，许多学者转向从国家建设与现代化渐进过程的角度来思考 20 世纪的中国，开始探究国民党与共产党统治之间的延续性，主张重新讨论中国革命的意义。中华人民共和国史开始打破政治学研究的一统天

---

① 讨论会后，魏斐德将他的评论意见写信送给了我。Frederic Wakeman，A Letter to Jishun Zhang，December 22，1994.

② 魏斐德在他的《上海歹土——战时恐怖活动与城市犯罪，1937—1941》一书中写到孤岛终结时上海人对日军推行保甲制度的反应："日本帝国的统治是严厉的。他们使用修改过的保甲制度（该制度完善于其殖民地台湾），它将市民编入相互担保的组织中，置于警察的直接控制之下，一旦发生反抗活动，日本人且其伪政仅使用孤岛乃至饥饿来进行惩罚。日军的占领使上海人留下了痛苦的记忆，但是，日军的'新秩序'强加给所有的上海人后，实际上并未发生市民起义和公开对抗。日军得以在 1942 至 1945 年期间轻易夺取和统治中国的这一最大城市的原因之一，可能是 1937—1941 年间给该城造成巨大创伤的各种骚乱"。见此书中译本，芮传明译，上海古籍出版社，2003，第 159 页。

③ William C. Kirby，"Continuity and Change in Modern China：Economic Planning on the Mainland and on Taiwan，1943—1958，"*Australian Journal of Chinese Affairs* 24（1990）：121-141.

下，在美国史学界渐成热门。正如周杰荣（Jeremy Brown）和毕克伟（Paul G. Pickowicz）在回顾这一时期的研究时所指出："许多新的著作开始探讨家庭组织与工作场所在 1949 年之前和之后这两个时期的相似性。研究者发现当共产党人开始治理大陆时，出于必要性和策略的考虑，会允许 1949 年前的组织制度、个人关系与社会模式继续在新社会中发挥重要作用"。[①]

与此同时，国内的上海史研究持续进展。最为令人瞩目的是熊月之先生统领的《上海通史》起动并于 1999 年出版。[②] 这部 15 卷的通史性著作，叙述上起史前时期下至 1997 年的历史，其中当代部分有 4 卷，观照政治、经济、文化、社会各个方面。虽然其中有关 1949—1979 年的历史叙述还有一些重要的缺憾，但作为一部通史性的著作，没有如以往许多同类著作那样，至 1949 年就此打住，且当代与民国、晚清也有相当程度的呼应。此著领当代上海史研究之先，确有筚路蓝缕之功。

然遗憾的是，这个极好的学术发展契机几乎与我擦肩而过。由于工作的变动，1996 年之后的十几年，繁重的校务压得我喘不过气来，使我成了学术圈的"边缘人"。只有在长长的暑假里，才挤出时间到档案馆、图书馆蹲一蹲，找回逐渐远去的做学问的感觉，收获点滴学术心得。我的 1950 年代上海史研究，也就在这样一种情境中，零打碎敲地起步了。

十余年间时断时续写就的论文，构成了今天写这本小书的基础。《上海里弄：基层政治动员与国家社会一体化走向（1950—1955）》《转型与延续：文化消费与上海基层社会对西方的反应（1950—1960 年代早期）》《从民办到党管：上海私营报业转制中的思想改造运动——以文汇报为中心的考察》以及

---

① 他们所指的这些代表性著作有 Susan L. Glosser, *Chinese Visions of Family and State*, *1915—1953*（Berkeley: University of California Press, 2003）; Lü Xiaobo and Elizabeth Perry, eds., *Danwei: The Changing Chinese Workplace in Historical and Comparative Perspective*（Armonk, N.Y.: M.E. Sharpe, 1997）; Mark W. Frazier, *The Making of the Chinese Industrial Workplace: State, Revolution, and Labor Management*（New York: Cambridge University Press, 2002）. 〔美〕周杰荣、毕克伟:《中华人民共和国的最初岁月: 引论》, 周杰荣、毕克伟编《胜利的困境: 中华人民共和国的最初岁月》, 姚昱等译, 香港中文大学出版社, 2011, 第 19 页。

② 熊月之主编《上海通史》, 上海人民出版社, 1999。

《1949 年前后的执政党与上海报界》是其中的主干。① 这些文章以"社会与文化"为研究视角，从基层政治动员与文化体制转型两个方面继续讨论国家对都市社会日常生活的控制与基层社会的反应。比之当初我在"1950 年代的上海"入口处窥探之时，这些研究虽然未改初衷，但有了若干进展，其关切点也有所变化。一是从对国家权力的单向度关注，进于国家到达社会基层之间的"中介工具"或中层组织（如居民委员会、新闻协会党组）以及社会的"灰色空间"（如里弄、影院）作用的探究。二是从 1949 年以后中国历史延续和转型（或断裂）的一般意义上的描述，开始注意到国家强力统合下"地方性"和"地方文化"的延续，将目光聚焦于新政权的强力控制下近代上海城市特质和都市社会与大众文化的力量。

2011 年 7 月，当我卸去学校领导职务回到熟悉又陌生的学术领域时，第一个冲动就是实现我的宿愿，写成"1950 年代的上海"。接踵而至的一大难题，便是上海史研究已今非昔比。从条件看，档案的继续开放和民间史料的海量发掘以及口述、图像等多种资料的涌现，既使人按捺不住地去探求新的发现，又常常让人感叹无法穷尽而难以下笔。从成果论，尽管有关当代上海史的研究还远不及晚清、民国，但其关注度与日俱增，不仅有相当学术分量的论著面世，还有一大批可畏的"后生"已崭露头角或跃跃欲试。这对一个刚刚回归学术圈的人来说，不能不是难得的机遇和巨大的挑战。

时隔十多年再续"1950 年代的上海"研究，我既没有资本将原来零星发表的论文简单修改即可汇集成书，更没有理由仅用一些新收集的档案和其他史料做填鸭式的扩充凑够一本书的篇幅，而须在尽力收集新材料并做重新系统解读的基础上，力求对 1950 年代的上海在史学上命题的意义有新发现，以尽绵薄。

① 依次分别载于《中国社会科学》2004 年第 2 期，第 178—188 页，English version: *Social Sciences in China*, Vol.15, No.4（Winner 2004）: 68-78;《史林》2006 年第 3 期，第 1—15 页，English version: *The Chinese Historical Review*, Vol. 12, No.1（Spring 2005）: 61-90; 韩钢主编《中国当代史研究》第 1 辑，九州出版社，2009，第 30—75 页，English version: *Twentieth-Century China*, Vol.35（April 2010）: 52-80;《中共党史研究》2009 年第 11 期，第 65—74 页。

二

打破 1949 年的鸿沟，从延续和转型（或断裂）的视角观察 1950 年代的中国，业已成为许多研究者的学术取向与兴趣所在。这无疑是中华人民共和国史研究的一个重要进展，直接维系着 1950 年代上海研究的学术取向和知识更新。

越来越多的论著以重建 1950 年代中国历史复杂性为旨趣，试图打破"目的论"和"决定论"史学的一统天下，建立起一系列新问题，向单向度叙述的新中国历史提出挑战，聚焦的问题是 1949 年是不是新中国的开端，或者说，新中国的涵义与历史呈现究竟何在。

从上述柯伟林那项开拓性的研究起，"集权主义论"颇具影响力。持这一主张的学者从政治体制的延续性出发，认为"中华人民共和国早期是延续着的党国体制迈向顶峰的开端"。如其所说："在 20 世纪的大部分时期，特别是在国民党以及后来的共产党的党国体制统治之下，国家的控制日益增强，到 1949 年之后，在一种专制主义中达到高峰，其深度与广度超过了中国历史上的任何时期"。[①] 他们虽然已经注意到 20 世纪与 21 世纪之交中国出现的"一种缓慢的、平稳的但也是明确的对于个人与共同体自主性的再度肯定"，[②] 也就是所谓"集权主义的顺应力"或现代中国的自由领域问题，但是，集权主义依然在共和国早期的历史研究中占据相当重要的位置。如孔飞力（Philip A. Kuhn）所言："20 世纪中国政治发展的故事似乎是杂乱无章的，也是具有多重发展方向的。但如果将 20 世纪当作整体来看待，这便成了一个关于中央集权的国家不屈不挠地向前迈进的故事"。他所论述的 1950 年代农业集体化的历史则是这个故事中的"最新篇章"。[③]

---

① William C. Kirby, Introduction, See William C. Kirby, ed., *Realms of Freedom in Modern China*（Stanford California：Stanford University Press 2004），p. 4.

② William C. Kirby, Introduction, See William C. Kirby ed., *Realms of Freedom in Modern China*, p. 4. 还可参见 Jean Oi, "Realms of Freedom in Post-Mao China," See William C. Kirby, ed., pp. 264–284.

③ 〔美〕孔飞力：《中国现代国家的起源》，陈兼、陈之宏译，三联书店，2013，第 119 页；"译者序言"，第 22 页。

虽然包括持集权主义看法在内的许多学者并不主张以此为唯一的分析框架，但是，集权主义的观察视角还是为一部分研究者推向极端。这种被余凯思（Klaus Mühlhahn）概括为"压迫叙事"的历史书写，① 在共产主义的激烈批评者中间很流行。他们又回归 1950 年代初期研究中国问题的第一代西方学者的看法，倾向于将中华人民共和国描绘成"一个用鞭子令其公民臣服的全能国家"。②

涉及 1950 年代中国的"压迫叙事"，目前集中在土改、统购统销、反右、大饥荒等方面的研究，③ 似乎与上海史较少直接关联。然而，这是一个值得警惕的叙事框架。

"集权主义论"导引下的观察点都在对"国家"否定性的历史事件或场域中，叙述的是国家"吞噬"社会的过程，在这些研究中，"国家"成了唯一的、能动的主角，社会空间和"私"的空间迅速消失，"国家"之外的历史话题越来越失去了它的重要性。经国家强力统合和改造后，所谓"地方性""地方经验"和"地方文化"迅速走向同一性，与之相关联的区域史、地方史也就失去了特指的问题意识。1950 年代上海史的脉络只是在"党国"的场域内展开。曾经光怪陆离、纷繁多姿的大都市上海的历史忽而变得线性而单调。

由此，"集权主义论"所导致的困境，是只知有"国家"而不知有"社会"，只知有"中央"而不知有"地方"，其结果，则从相反的价值判断出发，与定于一尊的意识形态主导的史学异曲同工，导入一部全能国家的政治史，上海史将不再有独特的研究意义，有再度沦为国家注脚的危险。

当然，"警惕"并不等于抛弃，集权主义叙事中的国家脉络仍然是研究

① 〔德〕余凯思：《中华人民共和国史之再思考》，香港《二十一世纪》总第 149 期，2015 年 6 月号，第 25 页。

② 〔美〕周杰荣、毕克伟：《中华人民共和国的最初岁月：引论》，周杰荣、毕克伟主编《胜利的困境：中华人民共和国的最初岁月》，第 3 页。

③ 这方面有影响的著作有曹树基：《大饥荒：1959—1961 年的中国人口》，香港国际时代出版有限公司，2005；杨继绳：《墓碑：中国六十年代大饥荒纪实》，香港天地出版社，2008；杨显惠：《夹边沟记事》，花城出版社，2008；Frank Dikötter, *Mao's Great Famine: The History of China's Most Devastating Catastrophe*, London: Bloomsbury Press, 2010（中译本为《毛泽东的大饥荒：1958—1962 年的中国浩劫史》，香港新世纪出版社，2011）and *The Tragedy of Liberation: A History of the Communist Revolution 1945—1957*, London: Bloomsbury Press, 2013.

1950年代中国必不可少的路径。否认或低估了国家集权因素显然抛开了国家空前强势这一基本的时代特征，也无法解释1949年以后中国社会结构变迁为何如此深刻剧烈，无数个人命运际遇又为何如此起伏跌宕。

中华人民共和国史研究的另一个有影响的叙事路径是近世中国的现代化或现代性。尽管现代化叙事十分强调中国现代化进程的连续性，认为中华人民共和国是自晚清以来现代国家或现代化连续进程中的一环，不具有与此前完全断裂、全新开端的意义，但论者充分关注1950年代在中国现代进程中的特殊作用。他们对中华人民共和国早期国家与社会之间关系的复杂性越来越感兴趣，研究和探索当时关于中国社会基本政策和不平等的争论、社会阶层的形成与流动、不同群体对政治制度的态度，甚至包括非正式的社会联系。现代化叙事"将中华人民共和国描画成一个动态的、四分五裂的社会，不同群体不得不就重要的政策达成妥协"。虽然在1950年代中共采取了"暴力手段"进行大量的必需的经济社会改革，但总的来说，1950年代的中国是"一个领导阶层决心创造平等的社会主义社会和现代化中国的故事，而镇压、暴力、恐怖仅仅是个注脚"，变得无足轻重，1950年代是中国社会主义的"黄金时代"。[①] 持现代化论的学者认为，如果没有1950—1970年代中国国家在基础医疗保障、教育和基础设施方面的大量投入，很难想象中国随后出现的经济增长，毛泽东时代的革命政权必须以提高广大人民的生活质量来评价。[②] 还有学者认为，毛泽东和邓小平都是革命的民族主义者和现代派，他们决心赶上西方。[③]

作为近世中国最具现代性的大都市，现代化叙述对上海史研究的重要性不言而喻。然而，同是现代化叙事，恰在如何理解1950年代在中国现代化进程中的特殊意义、1949年是否标志上海都市现代性断裂的问题上，尚存

---

① 〔德〕余凯思：《中华人民共和国史之再思考》，香港《二十一世纪》总第149期，2015年6月号，第25页。

② Elizabeth J. Perry, "Studying Chinese Politics: Farewell to Revolution?" *China Journal, The* (2007): 1–22. Lin Chun, *The Transformation of Chinese Socialism* (Duke University Press, 2006). 转引自〔德〕余凯思：《中华人民共和国史之再思考》，香港《二十一世纪》总第149期，2015年6月号，第25页。

③ 〔德〕余凯思：《中华人民共和国史之再思考》，香港《二十一世纪》总第149期，2015年6月号，第25页。

歧见。

　　李欧梵（Leo Ou-Tan Lee）的《上海摩登》^①和叶文心（Wen-hsin Yeh）的《上海繁华》^②是都市社会文化研究具有标杆意义的两部著作。尽管两著都着墨于1949年以前的上海现代性，特别是都市社会文化的鼎盛时期1930年代，但不约而同地将学术旨趣置于跨越时空的现代性叙述。

　　李欧梵揭示：蕴藏于"老上海风尚"之中的那种"神秘"，"是不曾被历史和革命的官方大叙事所阐释"，尽管它表征着特定时期上海都市文化的现代性，但这种"神秘"构成了上海与香港之间互为"她者"的文化关系，并在双城之间"建立起某种超越历史的象征性联系"。^③叶文心强调：她关切的并不是"上海到底是中国的还是外国的"这个常有争论的问题，而是设问在"上海是否只是上海史上的上海，还是中国近代史上的上海？"在她的叙述里，"上海繁华"这部"平常人的城市史"改写了近代中国无数平常人的命运，"上海经验并不一定非在上海才能体验"，上海史也不只是表征各种事件发生的"一个地点"，而应该有其"特殊的内涵"。^④

　　超越时空的现代性叙事为重新建构上海史提供了多元的可能性，其中当然包括重新审视1949年在上海史上的命题意义。由此或可发问，1949年是不是以往官方史书中那个新上海的开端？近世中国到底有过几个新上海？如果说，1930年代是上海摩登与繁华之鼎盛时期，那么，1949年之后，在社会主义国家制度与结构下，上海都市现代性及现代化是延续还是被阻断？

　　正是在这一问题上，李、叶的回答与"延续性"以及"黄金时代"的现代化叙事颇有歧义。两著都认为1949年是上海都市现代性断裂的开始，此后的"新上海"或可等同于去摩登与去繁华的脱胎换骨。《上海摩登》的后记论述了1950年代以后上海都市文化在香港的空间内持续发酵，指出上海始终是香港临摹的样板与怀乡的精神家园。甚至到1980年代以后香港不仅代替

① 〔美〕李欧梵：《上海摩登——一种新都市文化在中国（1930—1945）》，毛尖译，北京大学出版社，2001。
② 〔美〕叶文心：《上海繁华：都市经济伦理与近代中国》，王琴、刘润堂译，台北：时报文化出版公司，2010。
③ 〔美〕李欧梵：《上海摩登——一种新都市文化在中国（1930—1945）》，第346页。
④ 〔美〕叶文心：《上海繁华：都市经济伦理与近代中国》，第9、14—15页。

而且超越了上海，但老上海仍然成为香港"流行的想象"。而上海本身却在1949—1979年30年间，"从一个风华绝代的少妇变成了一个人老珠黄的徐娘"，只是从当年租界的某些街区，才能"发觉这个徐娘风韵犹存"，凭着这"一丝余韵"，在那些幸存的旧书和杂志堆中，"重新发现这个当年摩登少妇的风姿"。所谓"上海复兴"则是在中国再次加入世界之后，且30年后这一次的"复兴"，是上海"对香港的现代或后现代复制"。① 这似乎在说，只有香港在延续上海摩登的历史并以"出口转内销"的方式让上海仿效。《上海繁华》虽然认为1949年在中国历史上是否代表"全然的断裂"尚有争议，但也肯定地表述，在共产党政权下，曾经作为城市骄傲的一代繁华沦为上海的"污点与政治包袱"，被一一洗尽。直到1990年代，上海才开始"怀旧"，"平静而又明确地唤起了那些曾被压制和摈弃的革命前的记忆"，中国又回到上海找寻现代性。也是从这个时候起，"上海成功地追求了全球化的发展，摆脱了革命史观的历史重负。上海不再有大历史，上海脱离了上海故事在中国革命史中被划定的地位"。②

1990年代以后上海史研究大多与文化史、社会史研究转向同步，"摩登"和"繁华"成为上海史研究的主旋律。1949以后的上海史被认为是现代化或现代性的断裂，充满着革命的大历史，在现代都市的意义上可以忽略。

集权主义、现代化与革命史观三者彼此作用的结果，"革命大叙事"被摈弃，革命史因此一度受到冷落，上海史和城市史研究亦如是作。

但无可否认的是，革命主题从未离开过毛泽东时代的中国，革命史是无法回避的叙事路径或方式。所不同的是，"集权主义论"将革命史的红色叙事完全颠覆为黑色的"压迫叙事"，两者关于"革命"的价值取向截然对立；现代化论则从史观角度将革命视为现代化与现代性的异己力量。然而价值取向和史观的歧义可以挑战"正统"的革命大叙事，但绝无可能"告别"革命史。

暂且撇开"压迫叙事"的价值判断来看现代化叙事的史观，同样不可否认的是，尽管有各种相左的见解，作为一个历史的尺度，现代化或现代性的叙

① 〔美〕李欧梵：《上海摩登——一种新都市文化在中国（1930—1945）》，第345、353页。
② 〔美〕叶文心：《上海繁华：都市经济伦理与近代中国》，第289—290、292、303页。

事不但不能在 1950 年代的中国与上海历史中"断裂",而且还与中国革命的尺度难舍难分。无论是"黄金时代"的赞誉,或是"半老徐娘"的叹息,所涉有关共和国早期都市社会文化、国家与社会微妙复杂关系、民族主义与现代化建设等一系列"延续"或是"断裂"的讨论,既包含了对现代化或现代性的理解和估价,也不可回避对中国革命的再认识,所不同的是对革命与现代化两者关系所派生的一系列问题的解读。也就是说,上海史固然要摆脱叶文心所指的"革命史观的重负",但不应当跌入缺乏总体史观或大问题意识支撑的"无意义境"。正如董玥所言:"中国革命虽然普遍认为是农村革命,但是其领导者与对未来的想象、构建与实践却是与城市密切相关,甚至在某种程度上是城市性的","而城市史、社会史、文化史与中国革命的关系,则是大家一直忽视而值得进一步论述的问题",将这两个方向联系起来的思考,"或许既能为城市史提供一个可能的出路,也能为革命史加入一个新的维度"。①

十分巧合的是,近年来国内学界有"重写"革命史的态势,若用《新史学》第 7 卷的专题来概括,谓之"20 世纪中国革命的再阐释"。② 这股革命史的研究热,明显地超越官方意识形态左右的传统革命史的"藩篱","试图对革命进行纯学理的实证探讨"。尽管这种探讨来自不同的学科背景与方法路径,但"新革命史"的基本主张大体一致,即将 20 世纪的中国革命视为一个"高山滚石"般的"连续与递进"的过程,上限始于 1894 年兴中会成立,下限止于"文化大革命"结束。之所以如此主张,是因为 1949 年之后大规模的革命运动非但一场接着一场,没有终结,而且每场运动都席卷全国,都是全民性的革命,目标从政治革命进于社会革命、思想革命、文化革命;范围从中国革命扩展到世界革命。③

显然,新革命史观也是跨越 1949 年鸿沟的尝试,中国革命应当是研究毛泽东时代中国不可回避的叙事路径或逻辑,革命应当"回归"中共执政以后的

---

① 董玥主编《走出区域研究:西方中国近代史论集粹》,社会科学文献出版社,2013,"导言",第 20 页。

② 王奇生主编《新史学(7)·20 世纪中国革命的再阐释》,中华书局,2013。

③ 参见王奇生为其主编《新史学(7)·20 世纪中国革命的再阐释》撰写的导言"高山滚石——20 世纪中国革命的连续与递进",第 1、19 页;王奇生《革命与反革命——社会文化视野下的民国政治》,社会科学文献出版社,2010,"前言",第 3 页。

历史，1950年代的上海研究当无例外。

依照中国革命连续性的看法，上海无疑是毛泽东时代独占鳌头的革命的城市空间。谁都不会否认，1949年后的30年间，上海在"革命"这个大舞台上所扮演的角色极为特殊，任何一个中国城市都无法替代。不仅如此，上海的每一个"革命"举动，都会以各种方式牵动全国。有学者曾用"影子的政治中心"来比喻1949年以后上海的政治地位，不无道理。因此，从实证、学理的治史方法与态度出发，重新发掘与阐释"上海革命"的意义，并非要让上海史摆脱"大历史"而进入"小历史"的孤独"碎片"，而恰恰是要以大关怀去拼接这些"碎片"，从而去改写"大历史"。

与革命史的"官方大叙事"不同，新革命史观照下的上海史开始质疑执政党在这个大都市空间内不断革命的正当性，感兴趣于革命带来的各种相互矛盾与复杂纠缠的"成果"，探讨革命与执政合法性之间的持续张力。与"压迫叙事"也不同，关于20世纪中国革命连续性的看法不仅要关注革命的暴力、血腥和混乱的那些颠覆性、毁灭性的传统在共和国时期的延续，而且不能忽视革命时期中共那些"翻身""民主""当家作主"的承诺在共和国时期的承续与变化，更不能将革命在和平与建设以及追求国家统一强盛的目标规定下所具有的限度与转型置诸脑后。总之，在"新革命史"的框架内，中共在城市空间内所进行的革命，既有暴力与非暴力两种传统的交替，又有张力与限度之间的掣肘。

涉及中国革命的另一个讨论与"解放"有关。根据历来的官方大叙事，新中国最主要的标志是人民的解放——翻身当家做主人。"压迫叙事"对此进行了颠覆性的种种研究，将中共执政后的政体视为对"解放"的"背叛"。周锡瑞（Joseph W. Esherick）则提出了"革命是一个创造新的统治结构的过程"的观点，主张必须从革命和自由必然联系在一起的法国革命的"原初模式"中摆脱出来。他认为："与其将革命视为一个解放的过程，远不如将其视为一种新的统治结构被创造出来，去对抗、击败、取代另外一种统治结构"。为此，"共产党自然要赋权于新主体，动员新的社会力量。他们同时打破了旧的统治结构——铲除、驱逐、羞辱、恫吓旧日的精英。然而那些逃离了旧日精英统治的人们并非简单地获得了解放，他们同时被卷进一个革命进程里，受恩于一个革命的政党，并顺从于一个新的革命的政体"。①

尽管我们还可以对革命与解放的历史内涵提出更多不同的见解，但较之单向度地将革命统统打入"黑色历史"的书写，周锡瑞提倡的革命多重释义显然对重新理解中国革命在 1949 年以后的延续与转型具有启发意义。我们的确不能为任何目的论的"解放"或"背叛"叙事所左右，而要继续关注各种形式的革命为何能在中共执政之后连续发动，发动者的目的是什么，是"打江山坐江山"思路的延续，还是向现代国家建设转型中的探索？是控制民众，还是革新社会？参与者的动力又来自何方，是对新秩序和规范的迫切需求，还是翻身做主人的强烈愿望？

在"延续与断裂"的史学命题之下，"集权主义论"、现代化论以及新革命史观都提供了有效或部分有效的观察与解释路径。

三

当聚焦于 1950 年代上海这个特定的时空内，这几种路径当然不会泾渭分明。因为它们催生的问题往往不是来自一条路径，大量丰富的史料也不允许仅在某一种叙事框架内裁剪与拼接。

我们还需谨慎地对待"路径依赖"（path dependence）这个社会科学概念。如裴宜理（Elizabeth J. Perry）所提醒："'路径依赖'法则有益于鼓励社会科学家从事历史研究以解释当代制度及实践的起源，但它有一个很不幸的负作用，那就是它严重地局限我们的历史想象力"。② 这固然是对社会科学家而言的，可能对历史学者并不适用。但事实上，在可见的关于毛泽东时代的史学研究中，"路径依赖"并非完全不搭界。比如，在集权主义和文化宰制的"路径依赖"下，1950 年代上海都市文化领域里的体制变革和思想改造都被视为"文化大革命"的前奏，是一条上溯延安整风，经由反右，下至"文革"的笔直的

---

① 〔美〕周锡瑞：《关于中国革命的十个议题》，董玥主编《走出区域研究：西方中国近代史论集粹》，第 187 页。
② 〔美〕裴宜理：《找回中国革命》，董玥主编《走出区域研究：西方中国近代史论集粹》，第 225 页。

路。如果说，目的论和决定论是将丰富的史料削足适履，去印证"规律""必然"的线性因果关系，那么，"路径依赖"则是将纷繁复杂的历史材料捆在了一条直通车的轨道上，貌似非常清晰的"前世今生"，实与简单的线性因果异曲同工。

概言之，新的叙事路径既促进了一系列有关1950年代上海研究的问题之重构，也再次提醒我们尽最大努力去接近历史真相，从各种充满矛盾的历史文献中认真甄别，以唤回1950年代上海的真正价值。

从历史的延续与断裂之关系出发，1950年代的上海提出了一连串激起人们强烈的探究欲，而又一时难以穷尽的问题。如同周杰荣、毕克伟面对中华人民共和国早期一个个鲜活的个案研究时的发问："1950年代初期到底是一段相对和平的'蜜月期'，还是一场灾难来临前的征兆，抑或是一个言而无信、希望破灭的时代？"这些多样性的历史案例"使这一问题不太可能有确定的答案"。①

首先的问题是对传统革命史"新旧社会两重天"的质疑。1950年代的新上海确乎是革命性的脱胎换骨，但那个"老上海"，或过去所称的"旧社会"是否消失得无影无踪？中共新政权创造的"上海奇迹"是否与1949年以前的上海彻底决裂？或者说，上海是否成为中共所要塑造的城市？在驱逐了西方殖民者的年代里，上海作为世界都市的历史是否完全中断？

其次，在贯穿近世中国的现代国家建构之"根本性问题"上，②1950年代中共新政权与上海社会的互动产生了何种结果？是政治控制压倒政治参与和政治竞争，社会被国家所吞噬，还是国家以原来的底层社会民众为核心重构了社会，因此而构成新政权的社会基础？或者说，中国革命的历史正当性是否在中共执政之后顺理成章地转化为政权的合法性？

第三，在国家与地方关系问题上，上海的地方性是否延续？在社会主义国家的政治图谱上，上海处在什么方位，是完全作为国家形象的一部分存在，

---

① 周杰荣、毕克伟主编《胜利的困境：中华人民共和国的最初岁月》，第7页。

② 孔飞力在《中国现代国家的起源》一书中将讨论的重点集中在关系到"现代国家"形成的"根本性问题"（Constitutional Question）及与之相关联的"根本性议程"（Constitutional Agenda）或"建制议程"。他认为，根本性问题是政治参与、政治竞争和政治控制在中国现代国家起源与进程中的内涵变化与相互关系。

还是残有独特的都市形象？作为中国工人阶级与资产阶级的发祥之地与聚集之地，上海在中共合法性的表述上，居于什么样的地位？

第四，如果承认晚清以来的上海历史中有过若干次的"摩登""繁华"的新上海的喧嚣登场，那么，经历了1950年代天翻地覆改造的新上海与之有何关联，有何不同？作为远东第一大都会和中国最具现代性的上海，在与世界隔绝的状态下，是否断绝了与世界任何意义上的联系，是否完全失却了昔日所有的全球性的文化资源？

第五，从都市基本生活变迁的社会文化角度看，国家与革命如何进入上海城市生活的日常空间，国家"入场"与都市"在场"怎样互动，非常的革命与日常的秩序如何冲突与调和，从旧的统治结构中走出来的都市精英与社会大众如何从革命的巨变中寻找自己安身立命的新场域？

第六，倘若从整个毛泽东时代或更长的历史时段内去观察，1950年代的上海有没有不同于其他时期如1960年代、1970年代的特殊涵义？换言之，1950年代的上海是毛泽东时代继续革命一条通衢的起点，还是显现过多重发展的可能性？

　　…………

如同问题的发掘难以穷尽，几乎每一个问题都大有文章可做，且大有引发新问题的余地。本书仅从"劳动人民""知识人与文化人"以及"小市民"三个研究主体出发，对1950年代的上海社会文化做一次重访，以期将历史巨变中那个远去的都市拉回到历史的真实中来。

1950年代的上海，确实称得上天翻地覆。国家的动员与掌控能力前所未有，一个统一有序的上海社会奇迹般地出现，曾经标志着中国现代性的摩登都市突然远去。

在强大的政治发动与统合之下，1950年代的上海行走在革命、国家与社会三个逻辑之间，依然充满活力与诸多的不稳定，都市并未逝去。

生活在底层社会的"劳动人民"呈现出空前高涨的政治参与激情。潜藏于下的，则是保持原有利益空间与抓住机会改变命运的双重驱力；这一巨大的"群众"集合体以"国家"与"社会"的双重角色与新政权进行较量与博弈。

可以进一步发现的是，包括工人在内的"劳动人民"是一个徘徊于国家与社会之间的利益多元的庞杂集合体，与中共的阶级理论并不合辙。面对这一庞大的社会群体，中共新政权既不完全依靠，又不丝毫忽略，在发动和利用的同时，不断地进行着运动式的清理整顿，不断地产生着"阶级敌人"和不可信任者。无论是革命运动场景，还是现代国家建构的场景，1950年代的上海底层社会并没有形成一个执政者可以全心全意依靠的"劳动人民"群体。

但"当家作主"又不是从一开始就是国家所捏造的空话，而是在新民主主义的最初年代新政权对人民的一个承诺。国家与底层社会双方都要借此达到自己的目的：新执政者要彰显与旧国家、旧制度的决裂，将革命的正当性转化为执政的合法性；底层社会则将其视为翻身解放的无限可能性。

这两个目的在1950年代的上海既相容又相悖。惩治社会邪恶势力、革除社会弊病、建立正常健康的社会新秩序，底层民众生存基本保障的获得和生活状况的改善，确属双方的共识与契合点。但中共不希望因此而演化成任何威胁政权的群体行动；而被"翻身"激发起来的"主人翁"感觉与想象，则常常演化为扩大社会运动的各种激进行为，也提高了社会底层的政治参与和政治竞争的热情，从而偏离了国家预设的当家作主的轨道，双方又在此较量和冲突。

这样一个充满矛盾的问题所演绎的历史，是"国家主人翁"在虚拟与现实之间不断摆动，"何谓当家作主"？"谁是主人翁"？官方的形象塑造与底层民众的自我认同之间，在毛泽东时代形成了持续的张力。

在新民主主义的感召之下，即使徘徊在"当家作主"的边缘，都市知识人与文化人在思想改造的洗礼下发生了政治的集体转向，"听话、跟走"迅速成为政治常态。而在常态之中仍有个体命运的不同走向与结局，这既取决于个人的背景、性格和经验，更是当革命、变革成为人们的日常时，每个人在自己所处的小环境和人际网络中，所采取的不同应对方式与生存策略所致。这种个体的能动性，一方面为都市大众文化和教育体制的顺利转型提供了基础性条件，他方面也揭示了共和国早期新政权与都市知识分子的共处关系中各种复杂面相以及多重发展的可能性。

借助关于老上海的"灰色记忆"与有限的媒体空间，小市民在隔绝的状态中想象外部世界，由此而构成了独特的街头流行与时尚，以此对抗主流意识形态的权力话语。透过集体历史记忆和想象，可见上海的地方性在延续，摩登上海的小资文化贴上各种红色标签仍在市民的日常生活中占有相当的空间，上海历史与上海经验并没有在 1949 年这个历史转折点上戛然而止。

因此，尽管 1950 年代的上海迅速摘去了"十里洋场""冒险家乐园"等政治帽子，但在中共的社会主义国家形象图谱内，上海的形象仍是模糊不清、游移不定的。"香风毒雾""糖衣炮弹"为喻的资产阶级政治文化，留存于集体记忆中的资产阶级情结以及大众文化的空间，都使得上海无法脱去"资产阶级"的历史重负。在国家与革命强力书写的历史进程中，现代上海的历史并未断裂。

都市迅速远去，摩登依旧在场，这是 1950 年代中国的上海旋律。

本书是关于 1950 年代上海的史论集，将围绕着"都市远去但摩登并未逝去"这一主题，将上述内容用五个专题，分别在里弄、私营报业与出版、大学校园以及影院内外四个空间内展开社会文化的讨论。其中，关于圣约翰大学黄氏兄弟的研究，以战后至 1960 年这一时段论述为主，上溯他们约园生活起始的 1930 年代初，力求展现微观（校园）、中观（都市）与宏观（全球性）的各种结构如何渗透和影响了大变局中的个体命运。关于香港电影在上海的探讨则延伸至 1960 年代初。这些超出 1950 年代的论述，或许更有助于发现"转型与延续"内在的历史逻辑。

本书还附录了笔者自涉足上海史研究起陆续发表和未刊出的 7 篇文章，多数是关于近代上海社会文化变迁的"中时段"研究及方法论思考，也有个案研究或连接当下现实的论述。大部分成文已过去二十多年，无论是史料基础还是学术水准，都显薄弱与粗浅。之所以附上，一是想让读者更加全面地了解我对上海史的连续性思考，以求多方面批评指正；他方面也是对自己在上海史领域内跟跄学步至今的一个回顾与反思。

第一章

掀动底层：政治统合与里弄换颜（1949—1955）

引　言

1949 年 5 月 27 日，人民解放军占领上海全市。次日，上海市人民政府宣告成立。市军事接管委员会同时对上海政务、财经、文教、军事四大部门实施接管。7 月底，接管工作基本完成。8 月初，人民政府的各个机构渐次进入正轨运行，接管阶段转入管理改造阶段。

也就是从这一历史时刻起，共产党第一次以执政者的身份直面这个聚集着各色人等，承载着无数梦想与幻灭的光怪陆离的都市社会。中共为此做了充分的准备。面对局面之难、困难之巨及自身之短，领导者既有估计与警觉，更有满怀壮志的勇气和豪情。正如陈毅在"丹阳集训"[①] 时对即将开赴上海的 5000 余名南下干部的一番告诫：

> 共产党不是没有进过上海、南京等大城市，大革命时代进入过上海、武汉、南京等地，但是又被赶出来了。这次进去是否还会被人家赶（出）来呢？现在还不敢大胆的说一个"不"字，主要是看我们自己。[②]

在批评"对进城无信心"的"右倾"思想和"盲目乐观"的"左"倾情绪时，陈毅坦诚直言，管理城市、掌握经济和工业"的确是我们的一个弱点"，但他更强调的是：

---

① 1949 年 5 月，由中共中央选派抽调的南下接管上海的干部 5000 多人，齐集江苏丹阳镇，集中学习接管上海的政策和纪律，为入城做准备。史称"丹阳集训"。

② 本段及下段，见陈毅《在直属机关排以上干部大会上的报告》（记录稿），1949 年 5 月 10 日，上海市档案馆编《上海解放》，档案出版社，1989，第 67—68 页。

我们有信心可以很好的把上海接管下来的。整个中国的问题都可以解决，进入上海为什么没有信心呢？我们有几百万大军与强大的地下党的组织，广大的群众的拥护，加上我们本身很有准备，很有次序，很有组织，再说管不好上海，这个道理是说不通的。

共产党果然旗开得胜。人民解放军一入城，便以横扫千军之势推进"砸烂旧社会，建设新上海"的政治行动，新旧城市更替之快，社会面貌变化之巨，超乎寻常。仅仅三年，市长陈毅就充满自豪地宣布："上海已由一个依赖帝国主义经济而生存的重要城市，改变为不依赖帝国主义而独立发展的城市；已由一个为帝国主义和反动势力服务的城市，变成为人民、为生产服务的城市了。上海已大大清除了帝国主义及其走狗所遗留下来的污毒，开始走上正常而健康的发展道路。"他乐观而又自信地预见："上海人民的胜利斗争，证明了一个真理：中国人民不依赖帝国主义的力量，不仅可以管理好上海这样的大城市，而且可以管理得很好，改造得很好；将来一定能建设的更好"。[1]

中共接管和治理上海确实可称得上是中华人民共和国史上的一个奇迹，甚至是"一个震惊世界的壮举"。[2]

这是一段令学者倍感兴趣的历史。但在相当长的时间内，中外学者的历史叙述几乎不谋而合地置身于"革命"的框架内，1950年代上海社会的成功改造曾是用来书写中国革命胜利带来的社会主义的"黄金时代"不可或缺的佐证。如政治学家奥多·科柴莫（Otto Kirchheimer）在半个世纪前评述的那样："新当权者们得以按照自己的时间表，在最短的时间内进行的周密的或革命性的变化——而非循序渐进的变化——这能力本身，便是对革命胜利的考验"。[3] 即使在"冷战思维"占统治地位的"一边倒"年代里，泾渭分明的价

---

[1]　陈毅在上海解放三周年纪念大会上的讲话，新华社电讯《上海庆祝解放三周年》，《人民日报》1952年5月31日。

[2]　〔美〕魏斐德（遗著）：《红星照耀上海城——共产党对市政警察的改造（1942—1952）》，梁禾译，人民出版社，2011，第204页。

[3]　Otto Kirchheimer, "Confining Conditions in Revolutionary Breakthroughs," *American Political Science Review*, 59.4（December 1965）: 976, 转引自〔美〕魏斐德《红星照耀上海城——共产党对市政警察的改造》，第205页。

值评判也不曾妨碍学者们对大上海社会神速变化的事实确信无疑，都承认1950年代的中国有一个"上海奇迹"的出现。

大量档案史料的开放利用促进了史学发展，近10年的研究成果对革命框架的历史叙事提出挑战。学者们不再愿意

图1-1　军管

对中共创造的"上海奇迹"仅做增量的重复性描述，更无意于纠缠简单的褒贬，而将注意力转向去重建这个历史转捩点的丰富与复杂，打开重新解释1950年代之路。

伴随着跨越1949年"鸿沟"的研究越来越多地出现，20世纪乃至更长时段中国历史的延续性受到普遍的重视。在"延续性"的思考之下，国家与社会的关系在1949年前后的承续与变迁也成为探讨"上海奇迹"的有效路径。

魏斐德的"上海三部曲"讲述了一个历经国民政府、日伪时期的黑乱不堪的上海警察系统，如何到共产党执政后一变而为建立新秩序和控制社会的骨干力量的故事。① 这位史学大师以其独到的学术穿透眼光，在阐明以"保甲、社会家长式以及强调公共秩序"为特点的国民党警察机构的延续性上，模糊了新与旧的界限，指出中共在上海的成功并非完全另起炉灶，新旧上海并非割裂。以此为基础，魏斐德更强调的是，"上海奇迹"不但得益于一套中共早已渗透其中的旧机构和旧人马，更是由于共产党具有"能够动员人民大众，并取得他们的信任，以及得到他们支持

① "上海三部曲"包括《上海警察，1927—1937》，章红等译，上海古籍出版社，2004；《上海歹土——战时恐怖活动与城市犯罪，1937—1941》；《红星照耀上海城——共产党对市政警察的改造》。

的非凡能力"，"他们成功地结合了警察机构的自我控制和向群众组织开放二者"。①

看起来，魏斐德在这里与革命框架内的叙述似乎殊途同归了，然而，正是在分析中共成功之道时，他的笔触伸向被革命叙述长期遮蔽的"胜利的困境"。② 他十分犀利地指出：一系列政治运动构成了共产党改造上海的主旋律，"运动削弱了人们对共产党的初衷，而让城市居民感受到了'斗争哲学'"；"这些运动都具有浓烈的国家主义性质——它是新秩序合法性的强大支柱。而这一点恰恰是问题所在"。③

魏斐德进一步揭开了藏于其中的悖论：迅速出现的新社会确实在草根群众中激起前所未有的政治参与热情和改变命运的可能与期待，与此相伴的却是"让人难以承受"的巨大的政治代价。④ 这个代价意味着什么？它是否成为新秩序合法性之中的隐性危机？

魏斐德的突然辞世留下了未及详论的遗憾，也激发了后学沿着他的诘问继续探讨新秩序合法性的巨大学术空间。

基于这一问题的讨论主要来自两个向度的观察。一是从现代国家建设的政治学理论出发，认为在"国家逻辑"与"革命逻辑"双重作用下一整套"阶级净化机制"有效运作，"国家对旧的社会结构及其社会基础进行彻底清除，并在此过程中以原来的底层民众为核心重构了社会，构建了国家政权的社会基础"，也就是说，中共从上海底层社会中建构了新政权的合法性基础。⑤ 二是在一种或可称之为"压迫"的集权主义论的叙事中，1950年代的中国不仅是延续着的党国体制走向顶端的时代，而且包括"上海奇迹"在内的"解放"被叙述成国家吞噬社会的悲剧。在他们那里，国家被描绘成"一个用鞭子令其公

---

① 〔美〕魏斐德：《红星照耀上海城——共产党对市政警察的改造》，第206—207页。
② 周杰荣、毕克伟：《中华人民共和国的最初岁月：引论》，周杰荣、毕克伟编《胜利的困境：中华人民共和国的最初岁月》，第6—7页。
③ 〔美〕魏斐德：《红星照耀上海城——共产党对市政警察的改造》，第189、205—206页。
④ 〔美〕魏斐德：《"清理整顿"：上海的新秩序》，周杰荣、毕克伟编《胜利的困境：中华人民共和国的最初岁月》，第53页。
⑤ 郭圣莉：《城市社会重构与新生国家政权建设——建国初期上海国家政权建设分析》，天津人民出版社，2006，"中文摘要"，第1—2页。

民臣服的全能国家"。①

笔者不完全赞成以中共既定的阶级概念为假设前提，而忽略这一概念与上海底层社会特别是"劳动人民"的实际面貌始终存在的巨大张力，但更不能赞同的是，"解放"叙述完全被颠覆为"压迫"叙述，将上海社会经历的这场天翻地覆的改造只是作为极权主义黑色叙述的一个佐证。

本章将立足于大量的开放档案与其他史料，以最大限度地还原历史场景为旨趣，将目光聚焦于上海里弄这个场域，②着力在这幅新政权与上海底层社会初次较量的复杂图景中，揭橥"上海奇迹"中蕴含的国家与社会关系的模糊或不确定性：在大量的非单位人散居的里弄，哪些人是中共的依靠力量？中共按照哪些原则统合社会？阶级理论在多大程度上与中共在上海底层社会发现的"依靠对象"相吻合？日常生活情境中的底层群众如何应对政治巨变，国家对大都市基层社会的政治统合如何估测？里弄的迅速换颜是否或如何表征中国革命的正当性已顺理成章地转化为中共执政的合法性？

一 单位之外：新政权遭遇旧里弄

上海人对里弄绝不陌生，生于斯，长于斯。对共产党而言，上海里弄只是它的诞生地，却非成长壮大之根基。新政权所面对的里弄，与他们熟悉的乡村社会截然不同。这个空间显现的近代上海都市社会的特质，给中共掌控基层社会和政治动员带来了一系列新问题。

过密聚集与过频流动

与家族聚居的村落不同，上海里弄是开放的而非封闭的、流转的而非静止的空间，生活其中的大量人口处在迁移之中。

近代上海的崛起，吸引着四方人群，各色人等蜂拥而至，形成了一次次的移民浪潮。上海里弄的兴起与扩张，几乎都由移民浪潮触发和推动。1843

---

① 周杰荣、毕克伟：《中华人民共和国的最初岁月：引论》，周杰荣、毕克伟编《胜利的困境：中华人民共和国的最初岁月》，第3页。

② "里弄"是上海居民聚居点的地方话语，如北京的胡同，也类似于西方城市中住宅集中的街区。

图1-2　中共一大会址：望志路106号（今兴业路76号）

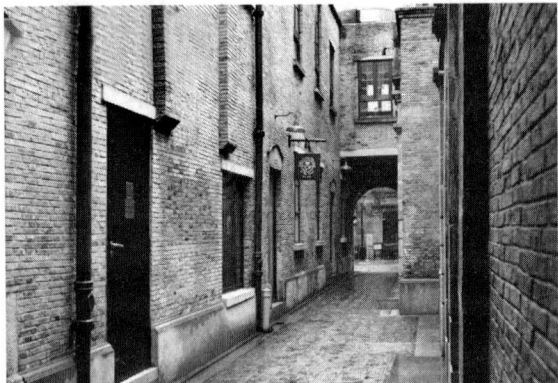

图1-3　石库门里弄

年开埠后第一个10年，"沪城类聚之民，比屋杂处"的近代里弄业已出现。[①]19世纪70年代，由于世界资本主义发展迅速和上海工商业日益繁盛，上海人口再度激增，上海民居中最具代表性的石库门里弄便如雨后春笋，颇具规模。此后上海里弄住宅建设的两个高峰期：第一次世界大战及前后和"孤岛"时期，也都源于上海市区特别是租界人满为患，房价地价暴涨。到1930年代下半期，全市约有住宅30万幢，人口377万，里弄近2000处。[②]1949年5月人民解放军接管上海时，全市544万余人口中，绝大部分居住在58平方公里的市区里弄内，"人口最高密度，尚超出纽约、伦敦、柏林之上"。[③]

上海里弄又是人口频繁流动之地。躲避战乱和急速工业化引发了大规模的人口流动。太平天国时期，11万移民潮涌上海，里弄住宅"象耍魔术般地一片片建造起来"，但1864年太平天国的

---

① 王韬：《瀛壖杂志》，上海古籍出版社，1989，第10页。
② 《上海市统计》，上海市地方协会编辑发行，1933，"土地"，第7、9、10页。
③ 据1948年11月上海市户口总清查时的统计。书报简讯社编印《上海概况》，1949年3月，载上海市档案馆编《上海解放》续编，上海三联书店，1999，第3页。

失败立刻引起了大批难民的回流，"他们急乎乎离开这个过去来寻求避难处的港埠"，"整个住宅都变得空荡荡了"。[①] 进入 20 世纪后，类似的大规模移民回流的情况虽未再现，但因避战引起的里弄人口流动愈加频繁，"搬场忙"成为上海滩的一大社会特色，就是高等住宅区也不免被波及。1920 年代兴起的愚园路高级里弄"甲第连云，尽是钟鸣鼎食之家"，"不料八一三之役，日寇侵入租界，沪西忽变'歹土'……人怀戒心，迁地为良，于是旧法租界住宅区应运而起"。[②]

近代上海的过度城市化也促进了人口的高度流转。空间与人口矛盾之尖锐、房荒之严重在世界近代城市中可居前列。"上海居大不易"——几乎每个踏上上海土地的外乡人都有过如此感受。且不论在夹缝之中插足的棚户里弄，就是一般市民集中的石库门里弄居住状况也不断恶化。据公共租界 1937 年调查居住委员会报告，租界内住宅每幢住 4 户的计 22764 家，住 6 户的计 14028 家，住 9 户以上的计 1305 家，最多的一幢房屋住过 15 家。[③] 至上海"孤岛"时期，房荒问题登峰造极。时人记叙：

> 二房东别出心裁，叠床架屋，当小客栈一样方式租借给人，有了二层阁、三层阁的房客不算，阁楼上还要借铺场一样方式给人，早出晚归。甚至露台上盖几张马口铁，搭一个棚，也可招租。

有人叹道："我曾到奶牛棚参观，每头牛都有宽敞的牛眠地，当时就发生了一个感慨，觉得高等畜生的享受，比我们平民幸福得多了。"[④] 持续的生存空间竞争不但造成了大批无家可归的流浪者，也迫使大量人口为争得立锥之地而处在紧张的奔波迁移之中。

近代上海的人口与空间问题都留给了中共新政权。从 1950 年至 1955 年，

---

① 〔法〕梅朋、傅立德：《上海法租界史》，倪静兰译，上海译文出版社，1983，第 374—375 页。

② 屠诗聘：《上海市大观》（下），中国图书杂志公司，1946，第 5—6 页。

③ 屠诗聘：《上海市大观》（下），第 1—2 页。

④ 苏子：《上海"人"》，《上海生活》1939 年第 11 期，第 21 页。

有 263 万余人迁入上海，迁出人口 231 万余，净迁入人口 32 万多。^① 加之 1950 年代早期涌入上海的大量灾民、难民，上海城市的人口流动处在高峰时期，住房紧缺的问题一直难以缓解。1950 年代初，414 万多人口"拥挤在街道里弄中生活着，市区人口密度平均每一平方公里有 66565 人，邑庙区的密度每一平方公里达 147500 人"。^② 市区内"人多屋少"的情况十分普遍，老闸区甚至有"每幢房子所住的多到二、三十户，近百人混什相处"。^③ 普陀区梅芳里自 1937 年八一三事变后，房荒问题持续 10 余年。"由于居住拥挤，居民普遍自搭阁楼，充分利用空间"，有的为解决自身住所，也有的出租谋利，"在居民之间发生了相互租赁房屋的关系"。这种"二房东与三房客的严重剥削（甚至于有三房东四房客）"，却"在群众中变成合法制度"，一直延续到 1950 年代早期。^④

中共根据历来的经验，进城之后首先要着力解决"谁是我们的敌人，谁是我们的朋友"这个"革命的首要问题"，^⑤ 在基层社会划定各种政治空间的范围和确定人们的阶级成分。人口流动过频与空间分布过密便成了一大难点。

一些工人或下层平民集中的居住区本应成为共产党在城市的"根据地"，但每一次大规模的人口迁徙往往注入了许多外来因素，诸如地方帮派势力，一次次改变着小区原有的阶级结构。

市政法委员会从普陀区最大的里弄南英华里的调查中发现，这里原是日商内外棉纱厂的工房，是工人聚居之地。全弄居民 7299 人中，34% 为工人，工人家庭占全弄 1443 个住户的 63%。抗日战争时期从闸北逃来了一批人，情

---

① 上海市公安局公安史志编纂委员会编《上海公安志》，上海社会科学院出版社，1998，第255 页，转引自承载主编《上海通史·当代社会》（熊月之主编《上海通史》第 13 卷），第74 页。

② 上海市民政局（以下称"市民政局"）：《上海市各区人口密度表》，1950 年 1 月 15 日，上海档案馆（以下称"上档"）藏档案，全宗号 B168（市民政局档案），目录号 1，案卷号 744（以下径注案卷号）。

③ 市民政局：《老闸区里弄组织工作总结》，1950 年（无具体日期），上档 B168-1-751。

④ 市民政局：《梅芳里房屋问题与各部门初步处理意见》，1951（无具体日期），上档 B168-1-766。

⑤ 《中国社会各阶级的分析》，1925 年 12 月 1 日，《毛泽东选集》第 1 卷，人民出版社，1991，第 3 页。

况就日见复杂，4个恶霸为首的苏北帮、山东帮、安徽帮、河南帮经常殴斗。镇反运动时共逮捕了51人，枪毙了主要骨干5人，尚须处理的还有46人。[①]普陀区和丰里是国棉六厂宿舍，人口构成也比较复杂。居民中有部分是依靠帮派势力住入的，"居住情形很不平衡，人少住大房子，人多反而挤在小房子，平时纠纷很多"；"镇反时共逮捕38人，枪毙了6人"。到1953年，和丰里的国棉六厂在厂职工只不过559人，占总人口2108人的26.5%。[②]

另一些本已杂乱的下层居住区，随着1950年代早期人口流动的加剧，各种社会势力的此消彼长愈益增强。一份关于嵩山区恒茂里的情况调查写道：

> 这是上海著名的三大桥之一———八仙桥附近的一条里弄，位于商业区的中心，是被大世界、青年会、大众剧院、小菜场、几家大商店及旅馆、银行包围起来的一个正方形。
>
> 该弄共住839户（其中有回民1户，外侨2户），3711人。以店员为最多，有462人，产业工人67人，非产业工人211人，摊贩112人，小工商业主85人，资本家及代理人89人，其他（军警、机关工作者、教职员、唱戏的、佣工等）258人，家庭妇女862人，失业的192人。人口的流动性很大，每天报进报出的约有20人左右。
>
> （弄内）社会情况复杂，黄金荣的徒弟不少，已处理的各类罪犯56名外，尚有贩毒犯2名，流氓17名，小偷2名，私娼、地下舞女8名，黑律师1名。弄内的新生活旅馆专为嫖客服务，阿飞在弄内为非作歹，赌风、窃风都很盛。[③]

五方杂处与邻里关系

上海都市社会不同于乡村的又一个特质，是居民间社会关系的模糊性。

---

① 上海市人民政府（以下称"市政府"）办公厅整理《普陀区南英华里情况调查》，沪政法一（53）字第106号，1953年9月26日。

② 市民政局：《国棉六厂家属委员会（和丰里）工作调查报告》，1953年1月31日，上档B168-1-773。

③ 市政府办公厅整理《嵩山区恒茂里情况调查》，沪政法一（53）字第105号，1953年9月26日。

邻里间既无血缘关系，也无经济关系。这既反映了所有的近代都市具有的共通性，又表现着上海里弄的独特之处。

与任何中国传统城市一样，前近代的上海城也是世家大族的聚居之地。城内里弄居民中虽有闽、粤等客籍，但 10 代以上的本地大家族，终占绝大多数。上海开埠后，家族聚居的传统里弄退居次位并解体之速，实属罕见。

始建于 19 世纪 50 年代的上海租界里弄向老城厢的世家里弄发动了阵阵冲击。经过半个多世纪，至 20 世纪最初 10 年，中外移民杂处的近代里弄在上海城市舞台上以主角身份亮相，致传统里弄相形见绌。工部局户口调查显示，1900 年公共租界有华人户口 345276 人，其中客籍人口占 80% 以上，外侨也有 6774 人。[①] 由此，五方杂处成为近代上海社会的常态。到 1950 年 1 月，全市 498 万人口中，上海籍人口仅 75 万余，占 15%，其余 85% 以上是来自各方的外省籍人。[②]

应当指出，五方杂处的人口结构并非上海近代城市社会的独具特征，而是近代移民城市人口布局的一般特点。然值得注意的是，上海的五方杂处格局，不仅就总体的基层社会结构而论，并且也针对小范围的甚至是同一里弄的构成而言。在上海，类似西方许多大城市中的民族或种族聚集的社区几乎不见，以乡土为纽带的地方性社区也属少数。绝大部分的里弄是异质人群紧密接近的生存空间。从上海邻里间表征彼此关系的许多称呼来看，足见五方杂处之近密，如老山东、小广东、亭子间好婆（苏州人称外祖母为好婆）、阁楼大大（扬州人称伯父为大大）、前楼爷叔（上海人称叔叔为爷叔）、后楼阿娘（宁波人称祖母为阿娘）等，不一而足。

与大多数近代城市一样，上海人口的居住分布同样受到社会阶级、阶层原则的制约。上海的贫民窟——棚户里弄是市区边缘的环形居住带。而在公共租界西部和法租界，新式弄堂房子的比重逐步加大，花园洋房开始出现。到了两租界西部的边缘地带，高档洋房住宅里弄居于上风。不同阶级、阶层的居住格局由此可见。在上海，所谓"上只角""下只角"之别，就指不同阶层居住

---

① 徐公肃、丘瑾璋：《上海公共租界制度》，上海人民出版社，1980，第 13—14 页。

② 市民政局：《上海市现住人口籍别统计表》，1950 年 1 月 15 日，上档 B168-1-744。

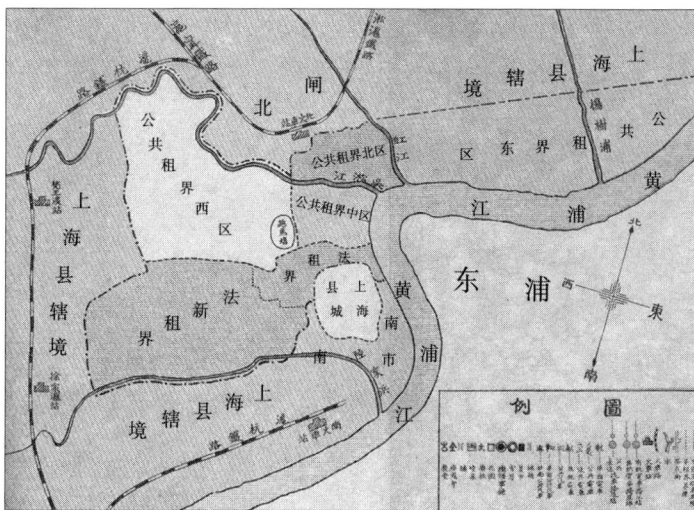

图 1-4　上海租界、华界分布示意图

区之差异而言。那些在闸北、杨树浦、曹家渡一带的苏北移民聚居点，看似以乡土为纽带的移民社区，其实也是由于"在上海这座移民城市里，籍贯构筑了社会等级的结构，形成了傲慢与偏见的流行意识"。[①] 但是，阶层杂错的里弄始终在上海社会生态格局中占主体地位。在上海市中心商业区和毗邻中心的地带，容纳了占全市人口 60% 的普通市民居住的石库门里弄纵横其间，密如蛛网，尤以市中心的黄浦、老闸和南市老城厢为最。即使在西部的高档住宅区，中低档的石库门里弄依旧可见。俯瞰近代上海城市空间可以发现，自东向西，石库门里弄由密而疏，然始终是一张基础之网。市区内不同层次的里弄分布只有基本趋势而无明确地域之界，可谓"犬牙交错"。在这些里弄中，即使没有"大殷富户"，但也是"成分复杂"，典型的如老闸区里弄中"居住着各种不同的阶层"，"包括有少数商店老板、小本经纪商人、店职员工、摊贩、苦工以及其他自由职业者"；"即使一般普通住户，在贫富上多少也有些差距"。[②] 而在高档住宅区居多的卢湾区，徐家汇路以北的旧法租界内"居民经营工商业的较多，一般的生活比较好，最特殊优裕的有高等公寓及花园住宅"，

①　〔美〕韩起澜（Emily Honig）：《苏北人在上海，1850—1980》，卢明华译，上海古籍出版社、上海远东出版社，2004，第 2 页。

②　市民政局：《老闸区里弄组织工作总结》，1950 年（无具体日期），上档 B168-1-751。

"但其中也有若干里弄居民生活亦很困难的，如小浜湾、龙生里等"。①

上海里弄功能之杂乱和齐全，在近代都市中也属少见。除了承载基本的居住功能外，经济、文化及社会生活组织——正常的和非违的、健康的和扭曲的无孔不入地、犬牙交错地密布于上海里弄内。近代上海的金融业、工业、商业的艰难起步与成长同里弄有着千丝万缕的联系。清末，在老式石库门里弄内，小杂货店、小食品店已星罗棋布。银楼、钱庄在南北两市的里弄中鼎盛一时。于里弄一隅的旅馆、浴室、饭店和商帮遍及全市。到1949年，市区共有大小旅馆250余家，其中120余家设在弄堂里。② 在里弄中生长着的民族资本小厂举步维艰，除花园洋房里弄、高级新式里弄外，近代上海几乎每弄数厂，小如手工作坊，大些如修配厂、加工厂，甚至连机器工业也诞生在弄堂里。至于里弄中的印刷所、小书店、小报馆、私人电台，以至妓院、赌场、烟馆更是名目繁多，一应俱全。据1951年统计，拥有大小里弄168个的市中心黄浦区，"延安东路以北，多行庄大楼公司商号里弄，以商户银钱业及中层阶级较多，延安东路以南，除一般的商业外，里弄居民较复杂，商号职工、摊贩、烟、娼、赌及中下层居民较多"。③

在异质文化交织和多种社会生态共存的里弄空间内，居民的生活方式、价值取向和利益诉求多元。社会环境杂乱，邻里之间、居民与里弄之间的关系具有很大的不确定性。

在许多中下层里弄和棚户区，同乡、帮会组织依然画地为牢，相互争斗不停。行商、摊贩之间争夺地盘的恶性竞争也时有发生。至于由狭小空间引发的大小邻里间的纠纷恩怨及移民共处带来的文化习俗碰撞，更是随处可见、比比皆是。建国初期任上海市人民政府文化教育委员会主任的夏衍曾描述说："在过去，上海的居民是无组织的，人与人之间是带着敌意的，同住一所房子里可以'老死不相往来'"；"上海是强横狭（挟）诈者占便宜、忠厚老实者吃亏的地方"。④

市民政局的报告对这一特质做了这样的概括："城市街道居民，多无职业

---

① 市民政局：《卢湾区里弄组织工作总结》，1950年（无具体日期），上档B168-1-751。
② 汤伟康等：《上海轶事》，上海文化出版社，1987，第288页。
③ 市民政局：《黄浦区里弄组织工作总结》，1950年（无具体日期），上档B168-1-751。
④ 夏衍：《上海在前进中》，《人民画报》1952年第2期。

和生产上的直接联系，流动性又较大，因此，相互之间多不熟悉"；"各阶层杂居，彼此职业不同，生活条件不同，福利要求亦有所不同"。① 因此，在上海基层社会，难以用一种政治号召驱动绝大多数居民的政治热情，也不可能存在长久的利益共同体。这是新政权基层政治动员与统合的又一难点。

保甲组织与政治生态

中共接管上海之时，除了面对流转过频、聚集过密与阶层杂错的上海社会特质外，还面临着保甲组织覆盖的里弄政治——全市 30 个行政区，1193 个保，28552 个甲。保办公处"掌握了甲长，掌握了全保户籍与人口动态，掌握了人民的基本情况"。② 到 1949 年，经历了国民党和日伪统治时期，传统中国的保甲制度，已实现了时空移位，从国家控制乡村基层社会的有效方式，变为现代都市社会的控制机制。然而，这个传统制度之所以被移植到上海里弄，是特定的时空条件使然。

回溯历史，上海开埠前实行过保甲制度，不过到清末已经名存实亡。在相当长的时间内，上海处在华界、公共租界、法租界"三家两方"的行政格局下，保甲制度难以在割裂的空间里建立和运行。

在 1940 年代沦陷时期的上海，保甲制度在这座充满现代气息的都市社会复活，形成集行政、警政、特务于一体的基层控制系统，遍及全市里弄，发挥非常时期的政治控制功效。战后，国民党上海市政府在抨击日伪保甲"荼毒市民，为虎作伥"的同时，复亮"地方自治"招牌，继续在里弄中实行保甲制度。市政府一度恢复地方自治训练所，计划动支 2 亿元，在一年内将全市各区公所人员及保甲长训练完毕，并将改组后的保甲机构从原来的警务系统移至民政系统，以区别日伪，增加民治色彩。③ 但到 1948 年底，国民政府重蹈日伪政权覆辙，将保甲组织重新纳入战时轨道，又一次将里弄基层社会拖入带有恐

---

① 市民政局：《关于城市街道办事处组织通则（草案）的几点说明和修改意见》，1954 年 1 月 27 日，上档 B168-1-770。

② 市军管会民政接收处：《六、七月份工作总结》，1949 年 8 月，上海市档案馆编《上海解放》（中），中国档案出版社，2009，第 301 页。

③ 上海市通志馆年鉴编纂委员会：《上海市年鉴》（1946），中华书局，1946，E 第 37 页。

怖色彩的政治控制之中。

保甲制度在上海里弄的重建，很大程度上借助了战时的特定条件。无论在日伪治下的沦陷时期，还是在战后国民党统治的最后年代，只是维持基本生计的以"计口授粮"为要旨的战时供应体制以及极度混乱与恐怖所带来的全城居民心理上的崩溃，才促使上海社会接受了保甲，使之活跃一时。[①] 但是，作为常规的现代社会基层控制，保甲制度并未被上海市民整体接受，未在大都市社会生根。

日伪和国民党同样需要面对一个开放的而非封闭的、流动的而非稳定的上海，建筑于村落家族基础上的保甲制度当然不能适应于此。然而，日伪和国民党的上海地方政权必须将基层社会完全置于政府的监控之下，非此便不能有效地控制这座大都市。传统保甲制度最适合日伪和国民党政权的需要之处，主要就是依靠最接近的社会空间——邻里间的监督和制约，实现政府对基层社会的控制和渗透。因此，1940年代上海保甲户籍管理中最受重视的一项就是联保连坐，即邻里互相担保不发生"越轨行为"，一旦发现，立即举报，如有隐匿，株连联保各户。但是，上海里弄流动不居的邻里并不能遵循某种约定来保证政府需要的秩序，传统保甲最为有效的这项制度规定，在现代都市社会则不能通行无阻。加之战时社会经济恐慌和政治纷乱及民众的反日反战情绪，保甲组织控制社会的有效性大打折扣。

保甲企图脱离政府控制轨道的情形屡有发生。一些地区的保甲长往往自行其是，区保甲办事处和警察分局发现自己无法行使行政领导和督查权，对下指挥常常失灵。[②] 更有甚者，保甲长将保甲变成了个人的独立小王国，专与警察分局或上级办事处指派的保甲人员作对。闸北、南市等区发生多起上级圈定的新保长受到原保长的抵制、对抗事件，而原保长几乎都是"地头

---

① 魏斐德指出，在经历"歹土"的动乱之后，上海居民对于和平、法律与秩序的渴望，使得太平洋战争爆发以后，"日本人很容易直接统治上海"。他们使用保甲制度，"将市民编入相互担保的组织中，置于警察的直接控制下"。日军的统治是"严厉的"，但是，"日本人将其'新秩序'强加给所有的上海人后，实际上并未发生市民起义和公开对抗"，因为"1937—1941年间给该城造成巨大创伤的各种骚乱"使得上海人"心理上已经崩溃了"。见氏著《上海歹土——战时恐怖活动与城市犯罪，1937—1941》，第159页。

② 特高处与警察分局会谈记录《为商讨保甲人员与警察分局联络问题案》（原件无日期），上档 R33（日伪上海特别市政府保甲委员会档案）-75。

蛇"。[①] 原本为政府掌控社会所用的保甲组织却为某种社会势力所占有，成为某些特定人群的代言人。

保甲组织自身的腐败也加剧了制度与民众的矛盾。从 1938 年 9 月督办上海市政公署着手编组保甲开始，就不断有保甲长利用职权虚报户籍以自肥，以不予申报户口勒索、刁难居民，还与二房东勾结敲诈房客以分赃。扣发居民购货证、购粮证以及挪用保甲经费入私囊者不在少数，乱摊派、乱收费的现象比比皆是。日伪时期，还发生过市警察局保甲处滥用职权营私舞弊案，以致日军特高处情报科不得不对此进行调查。[②] 一般市民对保甲的腐败深恶痛绝，对各级保甲人员的投诉、指控连续不断，直接冲突也时有发生。从 1943 年 5 月底到次年底，由伪市警察局保甲处直接受理并处理的居民诉讼保甲人员要案 87 起，其中南市区居民吴以扬等人联名控告区保甲办事处副主任萧刚一案直接由伪市长周佛海批示查处。[③]

然而，保甲组织并非一律遭到上海社会的排斥。一些保甲在查禁毒品和防治社会治安险情等方面发挥了一定的功效，得到居民的肯定。有些保甲长因负治安之责而受伤甚至被杀。[④] 许多居民在控告保甲人员贪腐的同时，都希望有一些清廉者来掌握保甲，有的还例举某保甲人员如何之廉洁为民，吁请以他们来取代那些贪赃枉法之徒。[⑤] 上海基层社会需要能够保护其利益的社会控制与秩序，寄希望于政府权力来解决这些问题，同时又反对政府利用保甲对基层社会生活的过分干预。

在这种社会心理的驱使之下，保甲在一部分社会空间内被接纳。在这些地区的里弄内，一般保甲人员与居民的关系较为融洽，他们谨言慎行，在众多

---

① 伪市警察局保甲处北区办事处呈特高处《为签报闸北保甲接收整理由》（原件无日期），上档 R33-221；伪市警察局保甲处北区办事处呈特高处《为王长关等呈请保甲长民选一案交办签复事》，1945 年 2 月 17 日，南市 4 区 3 方 10 联保 34 保全体呈伪警察分局《要求解除张保长事由》（原件无日期），上档 R33-225。

② 特高处情报科：《为警察局保甲处之腐败由》《萧科长报告为调查警察局保甲处之腐败情形由》（原件无日期），上档 R33-226。

③ 伪市警察局保甲处：《市民控保甲人员案》（原件无日期），上档 R33-225 至 230；《控萧刚案》（原件无日期），上档 R33-225。

④ 《保甲长受伤及被杀等案》（原件无日期），上档 R33-222 至 224。

⑤ 《邑庙区第 5 联保第 5 保民众恳请速予撤惩该保保长另选贤能以谋地方福利案》（原件无日期），上档 R33-229。

的居民指控保甲的案件中，极少涉及他们。战后，这些保甲长中的大部分或被地方政府留用，或继续被居民推选。① 在这一部分保甲中间，国家与社会的关系并不十分紧张，政府指令保甲组织实施的各项任务都能敷衍应对。

接纳保甲的社会空间，主要在原公共租界、法租界的中上层市民居住区。那里的保甲长多数是有职业、有知识者，正如中共后来的调查所得：国民党"大部分利用一般社会上比较从事正当活动的地方商店工厂的老板，作义务职的保长，由他们来解决反动统治深入下层的一些困难问题"。② 他们在国家与社会之间找到了平衡，也使得所辖居民对保甲组织保持若即若离的态度。

相反，那些摆脱政府控制的保甲"王国"和贪腐的保甲长主要集中在下层地带，尤其是贫困居民集中的棚户区。闸北、南市、浦东等区的伪保甲办事处多次向伪市警察局保甲处报告：棚户地段的保甲长"不肯听命，极难统领"，经常策动"贫困""智识幼稚""天性好讼"的"江北同胞"与区公署、警察分局相对抗。③ 伪市警察局受理的有关保甲闹独立的要案，全部出自下层居民的聚居地。④

国民党和日伪时期的保甲将一种上海特有的里弄政治留给了中共新政权。呈现于中共面前的，非但是这个异常复杂的都市社会难以掌控，更是里弄政治的空间差异性与中共历来主张的阶级路线恰恰相违：政府的合作者或易于控制者大多出于中上层地区，脱离国家轨道自行其是者以及拉帮结伙违法乱纪者却聚集在下层里弄。中共地下党的触角也曾深入一部分下层里弄的保甲组织，在其中安插了"我们的同志"，⑤ 并争取了一些保甲人员暗中协助地下党工作，但这是非常有限和零散的，不可能像打入警察系统那样将一个有组织的人群全盘争取过来。

---

① 《整编保甲委员会人选名单》（原件无日期），上档 R33-287。
② 市军管会民政接收处：《六、七月份工作总结》，1949 年 8 月，《上海解放》（中），第 301 页。
③ 伪市警察局保甲处北区办事处呈特高处《为签报闸北保甲接收整理由》，伪市警察局保甲处北区办事处呈特高处《为王长关等呈请保甲长民选一案交办签复事》，1945 年 2 月 17 日，南市 4 区 3 方 10 联保 34 保全体呈伪警察分局《要求解除张保长事由》（原件无日期），上档 R33-221 至 225。
④ 伪市警察局保甲处：《市民控保甲人员案》（原件无日期），上档 R33-225 至 230。
⑤ 市军管会政务接管委员会：《关于确定目前工作与暂时利用保甲人员的指示》（草案），1949 年 6 月 21 日，《上海解放》（下），第 458 页。

尽管中共可以理直气壮地宣布废除保甲制度，也坚信此举能够得到多数民众的支持，但改造旧里弄、建构国家统合下的新社会却远非如此简单。最大的问题是建立一个什么样的组织，既有别于保甲，又能有效地掌控社会，依靠哪些人去取代保甲，去建立与运行这样的组织。

这是中共新政权政治动员与统合社会的又一大难点，复杂而棘手。

非单位人群与劳动人民

面对如此的新问题，中国共产党长期积累的农村政治动员的成熟经验不再能信手拈来、驾轻就熟。新执政者对上海的基层政治动员做出了新的考虑和部署。

依照共产党对城市基层社会政治生活的基本安排，政治运动分别在单位和里弄两大空间进行。最初的部署是单位为主，里弄为辅；单位先行，里弄后续。这种考虑和做法源自新政权管理城市社会的基本思路和构想，即把基层控制和管理分为两大系统：单位人和非单位人，亦即社会人。

共产党认为，近 140 万职工和文教工作者是在"构成上海经济主体的重要生产部门以及与生产密切联系的方面"工作的，[1] 他们是"城市工作的主要对象。他们的活动、他们的利害关系主要在其所参加的单位里面实现；国家的政策法令也主要在他们所参加的单位内和他们见面。他们即使住在里弄内，也是早出晚归，不能或较难参加活动"。[2] 因此，依靠力量和大多数团结对象就在这些单位人中间。他们在共产党各级组织的直接掌控之下，易于发动，也便于识别其政治面目。而散居里弄的非单位人量大面广，据市民政局 1952 年 6 月的统计，全上海 21 个市区内，有一定组织的人口，包括工、农、青、妇等约 190 万人，约占全市人口的 1/3，2/3 则是无组织的职工家属、失学失业青年以及其他小生产者、独立劳动者。[3] 这个人群"阶层复杂，政治思想情况复杂，生产和生活规律不一，要求不一；基础薄弱，无党团组织，政治认识较模糊"，[4] 近代上海都市社会的特质在这个社会空间内表现得

---

[1] 市委：《关于里弄整顿工作的指示》，沪委（54）丑字第 088 号，1954 年 8 月 2 日，上档 A20（上海市委城市人民公社领导小组与里弄工作委员会档案）1-116。

[2] 市民政局：《上海居民委员会调查综合报告》，1953 年 1 月 31 日，上档 B168-1-773。

[3] 市民政局：《上海市街道里弄居民组织工作情况》，1952 年 6 月 12 日，上档 B168-1-760。

[4] 里弄工委办公室：《里弄整顿第一阶段（干部清理）工作小结》（草稿），1954 年 6 月 28 日。

淋漓尽致。

由此便产生了基层政治动员的最大难点：非单位人群政治面目的含混性。来自基层的调查显示，在绝大多数居民住宅区，劳动人民和下层贫民占多数。尤其让人民政府倍加关注的是，在里弄中参加政治活动的非单位人在贫苦棚户区多于商业中心区。根据市民政局对 7 个居民委员会（以下称"居委会"）的调查统计，虽然在这些地区的总人口中，单位人（39.2%）所占的比例略高于主要在里弄里参加活动的非单位人（32.9%），但其分布不均衡。单位人在位于市中心商业区的久安里占居住人口的 54.8%，而江宁区棚户里弄的金家巷只有 17.9%；参加里弄活动的非单位人在久安里占 33.5%，金家巷则有37.7%。[①]

依据共产党的阶级路线，非单位人中似乎不乏依靠和团结的力量，实际情况却大相径庭。

以中共尚有工作基础的两个里弄为例。

北站区的棚户里弄华德里，居住 768 户、2867 人。其中工人、独立劳动者、摊贩和失业者占了大多数，"多系浙江的黄岩、临海人，多数是木匠；次为苏北人，多数是三轮车夫与塌车工人"，是一个典型的贫苦下层劳动人民的聚居区。中共十分注意在此开展工作。1948 年冬居民遭火灾后，地下党曾领导群众进行过募捐救灾；1949 年又有 106 人组织起来迎接解放军渡江。然而，这个底层里弄又不时地表现出非单位人群的不可靠性："封建帮派组织与狭隘的地域宗派观念严重；解放前著名的黄岩帮会即聚居于此。依伪警局秘书、伪民政局局长同乡之势，常与其他帮派争势殴斗"。[②]

新成区慈厚里原为中华书局职工和电车公司高级职工的住所，鲁迅、郁达夫、郭沫若、徐志摩等文化名人也曾居住在此。抗战时期，江苏省立松江女中借这里作战时校舍，校中有中共地下党支部，领导了一系列抗日爱国运动。但几经人口变迁，这里的中上层居民先后迁出，大批夹杂着流氓、巡捕、帮派分子的难民、游民涌入，成为一个人口庞大，成分混杂，黄、赌、毒俱全

---

① 市民政局：《上海居民委员会调查综合报告》，1953 年 1 月 31 日，上档 B168-1-773。
② 市民政局：《华德里居民委员会调查报告》，1953 年 1 月 31 日，上档 B168-1-773。

的下层里弄。到 1950 年代，居民的绝
大部分是劳动人民，但这条 2102 户、
9901 人的大里弄，"政治情况仍很复
杂"。①

图 1-5 上海著名的棚户区——番瓜弄

居于中共阶级理论中核心地位
的工人阶级，毫无疑问地应该成为非
单位人群的中坚力量。但即使是在
中国工人阶级的摇篮上海，三代以上
的"血统工人"人数也很有限，加之
1950 年代数度人口流动的高峰期及躲
避土改等因素，出现了大批从其他阶层"转化而来"的"新"工人，且不说其
阶级意识的培养、身份认同的确立尚须经过相当时日，单就其政治面貌而言，
还隐藏着不少新政权需要打击的敌对分子。

恒茂里从非单位人"摇身一变"即成为产业工人的群体状况在中下层里
弄具有普遍性：

> 解放后，产业工人队伍有了很大增长，现有 235 人，比解放初 101 人增
> 加了 132.6%。在新增加的产业工人中，有部分成分是比较复杂的。其中，
> 由产业工人家属、革命军人家属、手工业工人、店员、职员及其家属转来
> 45 人，占 33.5%，由学生、家庭妇女和失业人员等转来 70 人，占 52.2%
> 外，由资产阶级及其家属、掮客、投机商、毒贩、娼妓、地主、伪职人员
> 等转来 19 人，要占 14.1%。②

在非单位人群中，"劳动人民"之庞杂，更是与共产党理论上的"依靠对象"
格格不入。仅从普陀区下层里弄梅芳里的保甲队伍构成情况观之，"劳动人民"
之面貌便可见一斑（见表 1-1）。

---

① 市委里弄工作小组：《慈厚里调查情况报告》，1958 年 11 月 19 日。
② 市委里弄工作小组：《关于邑庙区龙门路恒茂里基本情况调查材料》，1958 年 11 月 19 日。

表1-1　梅芳里保甲人员情况

姓	性别	年龄	籍贯	历史	职业	目前情况	备　考
刘	男	48	安徽凤阳	保长	无	刚出狱在家	
刘	男	65	湖北黄陂	甲长	工	年老居家	上海啤酒厂工人，湖北帮
胡	男	67	湖北汉口	甲长	家务	年老居家	儿子是特务在逃，做过小生意，现在生活依其媳做工
袁	男	53	湖北黄安	甲长	家务	年老居家	原在中纺一厂做工
郑	男	52	江苏盐城	甲长	工	电器工人，照常工作	儿子是地下党，现在登记处
杨	男	47	江苏阜宁	甲长	工	踏三轮车	巡捕出身，抗日前父教书，现在中纺一厂
叶	男	49	湖北鄂城	甲长	商	卖豆浆	过去在湖北帮打架，现卖豆浆
郎	男	48	山东维县	甲长	商	在西康路卖布	在青帮，一般反映是生意白相人
沈	男	36	江苏阜宁	甲长	商	做生意	流氓青帮
金	男	50	安徽泗县	甲长	商	流动小贩	曾任长宁分局警士，流氓特务嫌疑
王	男	37	安徽三河	甲长	商	在苏北劳动改造中	四大金刚之一，靠流氓生活，王姓流氓头子的徒弟
武	男	50	江苏阜宁	甲长	商	在常德路收旧货	青帮头目徒弟，十六股党之一
严	男	49	江苏阜宁	甲长	商	卖酱油	当过警察
刘	男	50	江苏江都	甲长	无	在家	曾任门房许某爪牙，与特务嫌疑在一起
何	男	60	江苏盐城	甲长	工		
夏	男	65	江苏盐城	甲长	商	鱼贩	做过强盗，有90多个徒弟，现在势力尚未消，与刘保长勾结
金	男	48	江苏淮阴	甲长	工	在卫生局事务所	过去与逃走特务在一起
赵	男	34	安徽怀宁	甲长	工		地下党
胡	男	33	江苏丹徒	甲长	工	申新二厂机工	现是军属
刘	男	31	江苏江都	甲长	小贩		卖鱼
孟	男	51	山东济宁	甲长	商	小生意	流氓，与刘保长很密切，青帮，现抽头聚赌
单	男	50	江苏盐城	甲长	商	在弄口摆旧货摊	流氓，造谣挑离人民与政府的感情
尤	男	46	山东口县	甲长	商	做小贩	
徐	男	43	江苏盐城	甲长	恶讼师	在引记公司公会工作	护工队分队长，解放前曾霸占他人房子，门房许某爪牙
贾	男	51	江苏盐城	甲长	英电司机		与特嫌很密
孟	男	40	江苏盐城	甲长	失业		曾任司账
陈	男	32	江苏盐城	甲长	电车售票		
秦	男	60	江苏盐城	甲长	司账		恶讼师，与国民党区党部委员关系很好，二人都是律师与流氓结合，是刘保长的军师
李	男	49	江苏淮阴	甲长		收旧货	曾任柴炭行掮客，门房许某爪牙
洪	男	41	江苏盐城	甲长	工		特务，已逃香港
赵	男	48	浙江鄞县	保长	店主	解放前协助地下党工作，解放后对公事热心，为人和气	对弄内自来水很热心，公正无私，不喜欢勾结流氓

資料来源：市民政局：《梅芳里里弄组织工作总结报告及今后里弄工作初步意见》，1951年4月14日，上档B168-1-766。表格中的姓名只保留姓，并略去了"住址"一栏。

图1-6 上海棚户区分布示意图

表1-1显示，梅芳里的31名保甲长中，有20人是工人或小贩，系共产党所指的"劳动人民"，与这里的居民构成完全吻合："梅芳里绝大部分的居民都是依靠做工、经营小贩，出卖劳动力来维持自己的生活"。[①] 而在这一群体内部，下至地痞流氓、乡帮把头，上至中共地下党员、积极分子，有"敌"有"我"，也有似"敌"似"我"，犹如一个社会的万花筒。

"劳动人民"非但政治情况复杂，经济状况也相差悬殊，尤其是单位人要优于非单位人。仍以梅芳里的调查为据。该里弄第3支弄的16户家庭中，生活最好的是一王姓家庭，全家8口人，5人为国营工厂的工人，"月有收入共690单位，[②] 生活很富裕，每日两餐干饭，每餐小菜4只，家庭陈设有沙发等，衣服亦较考究，每月均有盈余，是梅芳里'小公馆'的生活水平"。而另一个

---

① 市民政局：《梅芳里里弄组织工作总结报告及今后里弄工作初步意见》，1951年4月14日，上档B168-1-766。

② "折实制度"是中共接管上海之初，人民政府为了稳定金融市场，提高人民币信用，保障人民基本生活而采取的一项措施。中国银行和交通银行于1949年6月14日和15日先后开办"折实储蓄"业务，储户的人民币存款按照存入时的牌价折算为一定数量的"折实单位"，存款到期时，银行把相同数量的折实单位按当时牌价折算为人民币兑换给储户。每个折实单位相当于一定量的中等白粳米、龙头布、本厂煤油、普通煤球的市场价格之和，以《解放日报》登载的市场价格为准。折实储蓄开办不久，折实单位就被用做计算工资薪金的标准。

独立劳动者、皮鞋匠徐姓家庭，生活则拮据得多，生意不景气时"每天只能以稀饭充饥"。①

还在入城前夕，中共就对上海各种帮派势力在非单位人群中的渗透与影响做过摸底调查：

> 上海社会，复杂离奇，帮会力量，遍及各阶层，其中下层分子则伸入下层社会，且多为警备司令部、警察局及特务机关所利用，有些为了求职业、找靠山而不得不加入的，如某些部门的工人（尤其码头工人）、车夫，戏院、舞厅、妓院、澡堂、茶馆、饭馆、理发馆等业的从业人员，小摊、小贩与中小工商业主，以及一部（分）警察及公务人员等。②

帮会力量不仅在工人和下层劳动人民中有着广泛的基础，一些上层人物也曾以各种方式帮助过共产党。③ 这是中共确定敌我、清除帮会势力的又一个难点。

这个以"劳动人民"为主体的非单位人群，一方面，尚未完全进入国家的政治统合，另一方面，却还在基层社会中扮演着举足轻重的角色。

既不能完全依靠，又不能丝毫忽略——这就是大上海的新执政者对待非单位人群的初始状态。

二　承续与突进：有效运作的早期居民委员会

里弄和非单位人群尽管如此复杂，难题多多，中共新政权仍然十分迫切地需要将这笔巨大的社会资源转化为可以调控的政治力量，以使里弄彻底换颜，巩固来之不易的大上海。

---

① 市民政局:《梅芳里里弄组织工作总结报告及今后里弄工作初步意见》，1951 年 4 月 14 日，上档 B168-1-766。

② 书报简讯社编印《上海概况》，1949 年 3—4 月，《上海解放》（上），第 10 页。

③ 例如，顾竹轩帮助过中共地下党员顾叔平竞选国民党的副区长；徐朗西在上海解放前夕根据中共地下党的指示，积极联络上海码头和三轮车同业公会等组织迎接解放；杜月笙促成了解放战争时期国统区和解放区之间的首次通商。见周育民、邵雍《中国帮会史》，上海人民出版社，1993，第 828—830 页。

根据历来的革命经验并立足于上海里弄的现实，新政权的首要之举是从庞杂的非单位人群中发现"积极分子"，并将他们置于一定的组织形式之中，通过他们去掌控邻里、打击非违，将所有处在日常生活中的居民，最大限度地发动起来，投入一波又一波的政治运动中。"以家庭妇女、失业人员、摊贩和独立劳动者为主要工作对象"并由他们组成的居委会便应运而生。①

居民委员会"软着陆"

中共中央在部署新解放城市中的基层组织工作时，考虑到自身基础尚薄弱，需要一段时间争取群众，故于1949年1月3日发布《关于新解放城市对旧保甲人员处理的办法的通知》，提出："少数有重大罪恶行为，人人痛恨的保甲人员，应予逮捕法办。但对一般保甲长在短时期内仍须暂行利用，使之有助于社会治安之维持"。② 根据中央指示，市军管会和市政府对废除保甲一项，取"宁缓毋急，宁慢毋乱""稳步前进，逐步改造"的方针，③ 居委会并没有一步到位。

从1949年5月28日起，上海经历了一年零一个月的军事管制阶段。在军管之初，新政权的基层政治动员和组织工作以工会、青年团和民主妇联为载体，辅之以工商界联合会等统战性质的社会团体，④ 工作重心在企业、学校等单位。鉴于新政权的力量还一时难以深入街道里弄，"纯粹依靠群众还需要相当准备时间和组织工夫"，因此，军管会根据中央指示精神，在接管各区公所之后，对其下属的保甲组织"暂行采取不承认也不宣布取消的态度"；"暂时利用保甲人员，检举散兵游勇，报告匪特活动"，并在里弄安全防护及维持秩序及治安上，利用熟悉本里弄情况的保甲长个人开展工作。⑤ 用宽大的政策换

---

① 市民政局：《上海市居民委员会组织暂行条例》（草案），1950年10月，上档B168-1-749。
② 中央档案馆编《中共中央文件选集》第18册（1949年1月至9月），中共中央党校出版社，1992，第8页。
③ 市民政局：《一年来民政工作总结》（节录），1950年5月20日，《上海解放》（下），第467页。
④ 截至1950年5月，上海共101.7万职工中，有工会会员81.6万人；全市新民主主义青年团团员5万多人，学生联合会成员12万多人，上海民主妇女联合会会员30多万人。
⑤ 《上海市人民政府工作总结》，1949年5月27日至1950年4月，《上海解放》（下），第441页；上海市军管会：《关于接管工作的通知》，1949年5月20日，《上海解放》（上），第87页；市军管会政务接管委员会：《关于确定目前工作与暂时利用保甲人员的指示》（草案），1949年6月21日，《上海解放》（下），第458页；上海人民团体联合会发言人：《号召上海人民护厂护产的谈话》，1949年5月3日，《上海解放》（上），第53页。

取保甲长接受军事管制，要他们"立功赎罪"，为我所用。

利用政策很快奏效。不少保甲长向军管会提供隐藏物资和隐蔽匪特的线索，配合军管会搜出了大量的汽车、大米、发电机和其他物资，也捕获了不少国民党散兵游勇。在户政工作中，军管会利用保甲一般的户籍事务员暂时办理户籍工作，以补新的户籍干部之缺；并暂时保留了保甲系统中的经济行政机构，即30个经济股，以防涉及民生的行政管理断线。市民政局在回顾总结时肯定"利用保甲长是起了维持社会秩序的作用"，假使"一进城就宣布废除保甲不利用他们，必定造成大大的混乱"。①

此外，还有房客联谊会、同仁联谊会、房客代表会、福利互助会等居民自发成立的组织大量存在于里弄中。这些未得到政府批准的居民自治组织，虽然被新政权认定为"旧式的落后的为伪保甲长及落后分子所把持的里弄组织"，但在军管之初，人民政府还允许它们维持原状，既不予承认或许可，也用其"帮助推动行政工作"。②

在实行利用保甲政策的同时，废除保甲的准备从接管之初就已稳步推进。军事管制一开始，市军管会立即接收与打乱了区公所的组织，旋即取消保长，在原3—5个保的区域范围内设一接管办事处，下辖90—150个甲长，在其命令与监督下行使其职权。大部分保甲干事集中于办事处直接管制与利用。至1950年5月，军管会和人民政府总共建立了102个办事处、53个乡政府和573个行政村，作为"便于控制保甲，又易于接近群众的过渡组织"。③ 随着里弄逐步组织起来，甲长被撤销，取消保甲的时机成熟。接管办事处也由此完成了任务，继而为公安局派出所取代。但此举并不是将里弄纳入公安系统的管辖范围，而是在区人民政府成立之后，由各区政府派出的办事处对辖区里弄行使行政管理职能，"两级政府，三级管理"的体制即肇始于此。

在里弄中建立新的居民组织的工作同步展开。军管期间，全市里弄组织了118个人民防护队，共76907人；16560个清洁卫生小组，36个里弄福

---

① 市民政局：《一年来民政工作总结》（节录），1950年5月20日，《上海解放》（下），第467页。

② 《上海解放》（下），第469页。

③ 《上海解放》（下），第468—469页。

图1-7　1950年代初的虹桥居委会委员

利会，104个自来水管理小组。① 新的里弄组织由此见端倪。

　　1950年11月起的冬防，将上海里弄居民更大规模地组织和发动起来。是时，市军管会发布命令，要求建立以"防特、防匪、防盗、防火"为任务的冬防服务队，其意不局限于完成冬防任务，而试图通过这个囊括全市里弄的组织，发现和培养积极分子，为常设的里弄组织准备条件。1951年4月，上海市举行街道里弄代表会议，根据陈毅市长在第二届各界人民代表会议上提出的"重点试行里弄、大厦居民代表会议的工作，大踏步地推进与扩展民主，加强人民民主制度"的要求，加快组织步伐。② 是时，全市已建立冬防服务队2020个，参加冬防队人员占全市里弄人口的67%。③ 此外，还有结合各种政治运动和应大政方针之需而设的里弄分支机构，如人民胜利折实公债委员会、爱国储蓄推进委员会、肃反委员会、中苏友好协会等组织的里弄支会。以此为基础，组建居委会的工作在全市里弄迅速推开。次年6月，全市80%的里弄建立了居委会，将占市区人口70%的324万余居民组织其中，居民委员34000余人。④ 一年后，全市11555条里弄

────────────

① 《上海解放》（下），第469页。

② 《本市举行街道里弄代表会》，《解放日报》1951年4月22日。

③ 市民政局：《上海市各区里弄居民组织发展情况表（7）》，市民政局档案34-28，转引自郭圣莉《居民委员会的创建与变革：上海市个案研究》，中国社会出版社，2006，第60页。

④ 市民政局：《居民委员会整顿组织工作初步计划（草案）》，1952年8—12月，上档B168-1-760。

建有居委会 1954 个，居民小组 36000 余个，居委会委员 95284 人，下设福利、文教、治保、卫生、调解、优抚、妇女等专门委员会 23115 个，委员 72169 人。[①] 居委会组织基本做到全覆盖，形成了一个自上而下的社会基层的组织网络。

至此，居委会作为中共在上海里弄中设立的新组织，以"软着陆"的方式取代了保甲制。

续旧制与新革命

作为一种权宜之计，保甲只是被用于实现居委会"软着陆"的暂时过渡。新政权始终强调的是，两者毫无共同之处，居委会的建立是对保甲彻底的革命。然事实上，从现代国家控制社会的制度设计来看，保甲并不仅仅是被利用一时。居委会仍然承续了保甲制度在"现代行政框架下的形式化设计"，[②] 即赋予居民组织以"自治"或"民治"属性，承担公共事务管理之责或协助政府维护社会秩序。

如前所述，保甲组织在承担某些社会管理与秩序维护方面发挥了一定的作用，被部分社会空间所容纳。在国民政府保甲制度的设计与构想中，对发挥其自治功能也有相当的考量。战后，上海市政府社会局曾制定过保甲协助相关社会事务的计划，其中关乎社会福利的部分，几乎囊括了居民生活的各个方面：

甲、组织保民福利委员会。包括：第一，保托儿所；第二，保内居民互助；第三，保俱乐部；第四，保公厕；第五，保内公井水池河流沟渠之管理；第六，保服务社；第七，保民康乐室；第八，保合作社；第九，保公共食堂；第十，保共有财产保护利用；第十一，保民间纠纷调解；第十二，其他。乙、成立新生活运动促进会。丙、组织保救火会。丁、设置

[①]　里弄工委办公室：《里弄组织情况》，1954 年 9 月。
[②]　郭圣莉：《城市社会重构与新生国家政权建设》，第 134 页。

保公墓及保寄柩所。戊、组设保造产委员会。①

与保甲制度相类似，人民政府首先确定居委会是"由居民自行成立的群众自治组织"，并明确其宗旨为"解决居民的公共福利问题"。② 最初的居民组织较为普遍使用的名称是"居民福利委员会"。③ 在居委会承担的任务中，居民的公共福利被置于重要的位置。

如果撇开意识形态因素与战时的非常条件，保甲实行"连坐联保"、协助政府户籍与身份证管理、组织居民参与各种政治活动等项制度、规约和职能，也为居委会所承续。发挥国家控制基层社会的工具作用，也是新政权赋予居委会的重要职能。"协助政府维持公共秩序，监督管制分子，协助户籍警调查户口"；"发动居民响应人民政府号召，协助人民政府政策法令之宣教"就是《上海市居民委员会组织暂行条例》规定的居委会五大任务中的两项。④

而同样不容忽视的是，尽管在制度设计与社会管理、控制的职能方面，居委会类似于保甲，但两者运作的成效却有天壤之别。

里弄福利委员会等各种新组织一经建立，就将保甲仅在纸上谈兵的社会福利计划化为现实。在上海解放的头五年，里弄举办了106个托儿站，4632个识字班；为居民调解的纠纷，仅1953年一年中有数字可考的即达75000多件；普遍进行了清洁卫生大扫除，设置和修建垃圾箱、小便池；根据居民需要进行了修理路面、疏通阴沟、保护公共设备、防火、防灾及治安保卫等。通过居委会这一有效管道，居民的意见和要求上达政府，一部分立即得以解决。如装置了5万多户居民集体用电电表，设置了1600多个给水站，并增设了公用

① 上海市社会局:《规划保甲协助相关社会事务计划》，1946年2月，上档Q6-15-195，转引自郭圣莉《城市社会重构与新生国家政权建设》，第133页。
② 市民政局:《上海市居民委员会组织暂行条例》（草案），1950年10月，上档B168-1-749。
③ 市民政局:《上海市区里弄（街道）居民组织试行方案》（草案），1950年10月18日，上档B168-1-749；屠基远:《上海市居民委员会整顿工作情况——在上海市人民政府第75次行政会议上的报告摘要》，《解放日报》1954年12月17日。
④ 市民政局:《上海市居民委员会组织暂行条例》（草案），1950年10月，上档B168-1-749。

电话、路灯，修葺了危险房屋，进行了社会救济工作。①

居委会在协助政府维护治安、治理病态社会方面成绩卓著。居委会的前身冬防队就是维系千家万户财产与人身安全的群众组织。特别受到广大居民拥护的是对烟、娼、赌的全面禁绝，不少过去烟馆、妓院、赌台密布的里弄，解放数年面貌便焕然一新。正如烟、娼、赌俱全的宝裕里的居民对人民政府和居委会的最大肯定："红（红珠珠即海洛因）、黄（妓女、野鸡、阿飞等）、蓝（赌台）、白（白粉）、黑（大烟）没有了，这是我们最满意的地方"。上海最后一批不愿悔改而转入地下的暗娼，也是在1958年里弄整风时终不能逃脱居委会的严密监视，被揭露后遭送劳动教养。②

在居委会的有效运作下，非单位人群投身政治运动之热烈可说是史无前例，保甲组织无可企及的政治功能也得以充分发挥。几乎每天的报章广播都报道这类消息，政府对此做了充分的肯定。

1952年6月，当80%的里弄建立居委会时，9000多个居民读报组、青年政治学习班、妇女儿童识字班以及夜校等各类政治教育组织进入居民的日常生活，用以宣传党和国家的各项方针政策，宣讲国内外时事政治，激发居民的政治热情；各里弄普遍出墙报、黑板报，处处张贴标语、漫画，营造里弄的政治氛围。在抗美援朝运动中，里弄居民捐献飞机大炮款项达165亿元（当时人民币1万元相当于现人民币1元），有70%的里弄妇女和居民签订了爱国公约。在镇压反革命运动和"三反""五反"运动中，普遍组织了肃反委员会1540个，里弄居民检举了不少反革命分子和不法分子，其中不乏大义灭亲之举，仅北四川路区，居民检举的反革命案件就达1500多件。在劳军与推销公债中，许多里弄妇女脱下首饰，倾其积蓄认购，棚户区的贫穷妇女也不甘人后，连夜拾荒集资买了100多份公债。还有不少居民协助政府搞好集体缴税及户政工作。此外，协助人民银行宣传推行储蓄，协助国营企业公司宣传推广其业务，使国家金融贸易业得到广大人民的支持。③

① 屠基远：《上海市居民委员会整顿工作情况》，《解放日报》1954年12月17日。
② 上海市文史馆：《旧上海的烟娼赌》，百家出版社，1988，第170页。
③ 屠基远：《上海市居民委员会整顿工作情况》，《解放日报》1954年12月17日；市民政局：《上海市街道里弄居民组织工作情况》，1952年6月12日，上档B168-1-760。

居委会的微观情境也令政府大体满意。1952年6月市民政局对三个里弄和一条街道做的典型调查结果显示：无论是工人住宅区的锦绣里，还是市中心区的中层里弄宝裕里，无论是清一色的棚户区金家巷，还是小厂小店作坊和住宅里弄纵横交错的东七浦路，都有可圈可点的新成绩。

图1-8　居民踊跃购买公债

如锦绣里，组织读报组40余个，有300多人参加；通过镇反运动，群众将里弄内恶霸特务13人交政府法办。

如宝裕里，居委会组织的巡逻班报捕嫌疑反革命分子1名、报捕贩毒吸毒人员19名；增产捐献人民币1200万余元，救济朝鲜难民207万元及棉衣数百件。

如金家巷，居委会和居民代表会议的经验具有示范性，经常有人前去"取经"；夜校有600人左右，分成10个班，每周一、三、五及二、四、六轮流上课；5个读报组中，有一个完全由40岁以上的居民组成；抗美援朝运动期间，4799人捐献4800万元，人均1万元以上。

如东七浦路，普遍推动家庭爱国公约，差不多家家订约、人人保证，连六七十岁的老太婆也背得出公约内容；发现疑似反革命分子5名，其中4名经公安派出所查实逮捕；原来"赌博吵架是弄内小市民的日常功课"，"现在一变为读报识字代替了"。①

1954 年底，当时的里弄工作权威机构——上海市委政治法律委员会下属的里弄工作委员会（以下称"里弄工委"）办公室主任屠基远在《解放日报》上就里弄居委会工作做了总结并大加赞扬，称"居民委员会在共产党和人民政府的领导下，与里弄妇女组织一起做了不少工作，不仅密切了政府和居民群众的联系，并日益广泛地吸引了居民群众参加国家事务和公共事务的管理，对上海的经济恢复和建设工作、各项民主改革工作，都起了积极的作用"。②

这真是一幅保甲治下不曾有过的革命图景。那么，是什么力量使得这两种形态相似和具有某种承续性的居民组织有如此不同的成效？换言之，中共成功组织居委会的秘诀何在？

交叉目的中的行动

按照毛泽东的指示，革命胜利后，新政权在城市贯彻的阶级路线是"必须全心全意地依靠工人阶级，团结其他劳动群众，争取知识分子，争取尽可能多的能够同我们合作的民族资产阶级分子及其代表人物站在我们方面，或者使他们保持中立"。③ 这个指示尽管是十分明确的，但 1950 年代早期的上海居委会并没有完全按此阶级原则组成，甚至没有清晰的敌我界限，也没有完全按国家意志和政府预设的政治轨道行事。

1954 年里弄整顿之前，"组织不纯"是上海市委归结的居委会存在的三大问题之首。

以上述典型里弄宝裕里居委会为例。宝裕里位于市中心黄浦区，共有住户 851 户，居民 3881 人，以职工、店员、小贩为多，是上海里弄布局中最为常见的石库门里弄，也是政府里弄工作的重点。1951 年 7 月建立居民委员会，次年 6 月，居委会组织系统完备。④ 是时居委会委员身份及政治状况如表 1-2：

---

① 市民政局：《上海市街道里弄居民组织工作情况》，1952 年 6 月 12 日，上档 B168-1-760。
② 屠基远：《上海市居民委员会整顿工作情况》，《解放日报》1954 年 12 月 17 日。
③ 《在中国共产党第七届中央委员会第二次全体会议上的报告》，1949 年 3 月 5 日，《毛泽东选集》第 4 卷，第 1427—1428 页。
④ 市民政局：《上海市街道里弄居民组织工作情况》，1952 年 6 月 12 日，上档 B168-1-760。

表 1-2　宝裕里居委会委员情况

姓	性别	年龄	身份	居委会职务	政治鉴定
沈	男	49	工商界经理	主任委员	认识较高，但不从思想出发
冯	男	41	邮局职工	副主任委员	认识甚高，有些小资产阶级的意识
唐	男	54	旅馆老板	副主任委员	政治认识较差，从未反映情况
王	男	21	纸号职工	副主任委员	阶级立场坚定
王	男	23	纸号职工	委员兼文娱组长	政治认识甚高，有些小资产阶级作风
蒋	男	28	失业	委员文娱组长	政治认识较差
王	男	37	烟纸店*老板	委员兼安全组长	政治认识差
陆	男	28	失业	委员兼安全组长	政治认识甚高
周	男	45	医师	委员兼福利组长	认识较高，但有些温情主义
陈	男	30	职工	委员兼福利组长	政治认识较高
徐	男	51	失业	委员兼清洁卫生组长	政治认识一般
沈	女	19	家庭妇女	委员兼清洁卫生组长	政治认识甚高
谢	女	49	家庭妇女	委员兼清洁卫生组长	政治认识差，军属
任	男	44	小商贩	委员兼总务组长	政治认识不够高，温情主义
樊	男	24	**	委员兼总务组长	政治认识不够高，温情主义

资料来源：市民政局：《上海市街道里弄居民组织工作情况》，1952 年 6 月 12 日，上档 B168-1-760。

说明：*"烟纸店"是上海里弄中个体家庭经营的小杂货铺，俗称"夫妻老婆店"。

**原表格空缺。

表 1-2 显示，宝裕里居委会 15 名委员中，4 名是有单位的职工，但也非产业工人；主任委员是商界资方，一名充任副主任的旅馆老板，是小资本家，另一名"烟纸店老板"委员，成分是"小业主"。虽然表中显示的"政治态度"与其身份有一定的对应关系，4 名职工都是"阶级立场坚定"或"政治认识甚高"者，委员们总体的政治表现却不理想，4 名委员表现有"温情主义""小资产阶级意识"，那位"政治认识甚高"的副主任委员冯姓职工和委员王姓职工，也被认为"有些小资产阶级作风"；4 名委员的政治评定为"差"或"较差"，其中家庭妇女谢姓委员是个军属。经过"五反"运动，居委会的政治状况还有所下滑，主任委员沈某被查出问题，划为"半违法户"；"政治认识甚高"的副主任委员冯姓职工被查出是贪污分子；委员周姓医师也是个"登记

分子"（即有政治历史问题）。①

宝裕里早期居委会的成员结构与政治状况非常普遍。即便在中共最有工作基础的棚户区金家巷，第一次居民代表选举中，旧保长、反革命分子季某当选；② 另一个棚户里弄华德里，43 个居委会委员中，有 7 人有政治历史问题，1 名副主任委员还是帮会要人。③ 上海工厂最为密集和下层里弄最为集中的杨浦区和普陀区的居委会也与之相似。杨浦区 1952 年 8 月初步统计的居民委员 566 人中就有 174 人为"非职工阶级成份的所谓里弄中的'威望人士'"；普陀区的先觉村居委会经整顿后的 107 名委员中仍有 30 个"成份不纯分子"，另一个"违法乱纪"的王家宅居委会主任经居民代表选举后连任。④ 市民政局一份报告检查在里弄工作中的问题时指出："由于过去领导上掌握不紧，组织成员分子复杂，里弄组织是在各个运动中逐渐发展起来的，其中涌现的积极分子未经过很好教育与考验。首先是吸收了在群众中兜得开的，会穿（串）门子的'老上海'。"⑤ 一年后的调查仍表明：里弄居委会"人员成分复杂，便不能很好发挥作用，尤其对依靠谁的问题未能明确，因而领导权有不少里弄组织被坏分子篡夺"，"里弄组织不起作用，坏分子在里弄大搞小厂小店……"⑥

而正是这个"不纯洁"的居委会，包容了许多相互冲突又相互依存的利益，交织着许多不同目的但往往殊途同归的行为。处在上海城市时空交错点上的居委会之所以能够成为新执政者政治运作的有效载体，不能不与居委会的这些早期特征有关。

1950 年代上海居委会首先是国家与社会相调和的产物，定位在两条目的

① 市民政局：《宝裕里居民委员情况表》，1952 年 6 月，上档 B168-1-765；市民政局：《上海市街道里弄居民组织工作情况》，1952 年 6 月 12 日，上档 B168-1-760。

② 市民政局：《上海市街道里弄居民组织工作情况》，1952 年 6 月 12 日，上档 B168-1-760。

③ 市民政局：《上海市居委会调查》，1953 年 1 月 31 日，上档 B168-1-773。

④ 市民政局：《居委会整顿组织工作初步计划》（草案），1952 年 8 月至 12 月，上档 B168-1-760；市民政局：《各区居委会组织整顿综合情况报告》（草案），1953 年（无具体日期），上档 B168-1-772。

⑤ 市民政局：《居委会整顿组织工作初步计划》（草案），1952 年 8 月至 12 月，上档 B168-1-760。

⑥ 市选举委员会办公室（以下称"市选委办"）编《普选情况报告》，1953 年 11 月 30 日至1954 年 1 月 26 日，上档 B52（上海市选举委员会档案）-1-40。

相交叉的轨道上。

组织居民委员会是自上而下的政府行为。上海一解放，当"单位"和"里弄"分别管理的模式被确定以后，市民政局就提出了在里弄中建立居民自治组织的设想，明确地提出这个组织必须将单位包括的各种组织留下的很多"空白""包揽无余"。① 这样的设想便决定了居民委员会不可能是

图 1-9 居委会负责管理小商小贩

纯然的为解决福利问题而建立的居民自治组织，而是要能体现党和政府意志的、为国家所调控的居民组织，不但是无组织的非单位人的政治生活组织，而且在事实上承担着政府甚至国家的某些职能。

在组建居委会的过程中，居民福利会和冬防队的政治功能就被置于突出地位。民政局制定的《上海市里弄组织试行方案》明文规定，里弄居民福利组织的性质是"群众性的组织"，"没有行政赋予的权力"，但要"在政府领导下，扩大民主的范围，执行政府的政策法令，贯彻政府的工作，并制定自己的公约，保证政令的推行"。居民组织的任务之第一、二两项，是"进行时事法令宣传教育与贯彻各项爱国运动"，"协助治安，防止一切反革命分子破坏活动"。②

绝大多数居民组织的运作过程充满了政治意味，居委会干部千头万绪的工作中，各项政治运动的动员、宣传和参与总是"每一时期的中心任务，所占时间亦多"。江宁区崇安里居委会 1952 年一年内承担工作多达 43 项，直接的政治任务就有 11 项，22 项

---

① 市民政局：《行政工作初步总结》，1949 年 6—9 月，上档 B168-1-742。

② 上档 B168-1-749。

任务带有强烈的政治意义，如"宣传无痛分娩法"是与大力推崇首创此法的"苏联老大哥"、高扬"社会主义国家制度的优越性"联系在一起的。①

非单位人群对居委会的认同则主要是与其切身利益密切关联的那些方面，越是在下层居住区的居民，对居委会谋福利的期待就越高。② 当政府派出干部到下层里弄去发现和培养"积极分子"时，结果很是失望：

> 他们眼光短，失业的马上就要工作，吃不饱的立时要粮食。就去了高级里弄，后发现他们对我们的宣传还不如那些困难的，再重新选择重点，结合解决困难进行发动。③

早期的居委会常常有这样的景观：里弄劳动就业一开展，失业与劳动就业登记委员成了最抢手和眼热的职位，其他里弄委员中，不少人"身在曹营心在汉"，出于本身就业的考虑，"思想上倾向劳动就业方面去了"，以致市法院因里弄调解员队伍的"军心不稳"焦急万分。④ 通过里弄工作的积极表现获得就业机会是许多失业者和城市贫民的诉求所在。邑庙区对积极分子动机的分析很有代表性："失业职工的积极表现，如同脱离生产者一样，其中都想通过积极表现依靠我们解决工作问题"；"城市贫民工作虽然表现积极，但不牢靠，职业不固定，以追求多，随时转变职业"。⑤

人民政府充分注意到非单位人群，特别是下层居民对居委会的利益需求，不失时机地把这种需求转化作为政治运动的内在驱动力。在凸显居委会"解决居民的公共福利问题"的宗旨同时，强化了它的政治功能。

1952年冬到1953年春上海居委会第一次大规模的组织整顿就是国家与社会交叉目的中的一次运动。

1950年代上半期上海市区人口的持续增长和无单位人群比例的居高不下

---

① 市民政局：《江宁区崇安里居民委员会调查》，1953年1月31日，上档B168-1-773。

② 市民政局：《上海市居委会调查》，1953年1月31日，上档B168-1-773。

③ 转引自郭圣莉《城市社会重构与新生国家政权建设》，第170页。

④ 里弄工委：《市人民法院关于巩固基层调解组织的专题报告》，沪政法（53）字第56号，1953年2月24日，上档A6-2-134。

⑤ 市民政局：《邑庙区里弄组织工作总结》，1950年（无具体日期），上档B168-1-751。

是新政权面临的诸多难题之一。1950—1957 年为上海人口的高速增长期，由于 1951 年和 1954 年两次大规模的人口迁入，在 1950 年初市区 414 万人口的基础上分别增加了 13.07% 和 35.32%，到 1955 年 4 月，全市常住和临时人口已增至 699 万余。而包括固定职业和流动职业在内的在业人口约 240 多万，仅占总人口数的 34% 左右，其他被抚养人员、失业无业人员、临时户口、游民等共约 450 余万人，占总人数的 66% 左右。①

面对如此庞大的无单位贫困人群，人民政府除了鼓励贫民生产自救、收容遣送外地灾民游民以外，还实行了社会救济。1954 年市民政局的社会救济家庭共 130447 户，总人数 345251 人，约占城市人口的 2.34%，救济金额人均 2.05 元；救济人群中的失业无业贫民、摊贩、临时工及独立劳动者 55154 户，163996 人，占当年救济总户数的 42.28%，总人数的 47.5%。② 可见，无论是政府救济的受益面还是支持力度，对当时的无单位贫困人群而言，不过是杯水车薪。因此，解决就业问题，对政府对里弄特别是下层里弄都是燃眉之急。

1952 年冬季开始的第一次全市规模的失业和劳动就业登记确实是为应对人口与就业压力而采取的措施，但政府的意图是一箭双雕，将劳动就业登记和里弄整顿结合起来，"不仅是可以完成失业人员登记工作，而且对里弄社会情况也可达到一次较深入的全面的了解，尤其对里弄中现有各种居民组织是一次全面的较彻底的审查"；按照"修理机器"的原则，"清除坏分子，加强居民组织"。③ 根据市委、市政府要求，劳动就业作为一次政治运动，由各区政府、区劳动就业分会统一领导。市劳动就业委员会派出 130 多个工作队，深入里弄，掌握一手情况，并吸收积极分子组织里弄失业登记委员会，进行调查访问、登记审查评议等"一连串的必然形成群众运动性的工作"，以完成劳动就

---

① 市委：《关于加强本市户口管理与逐步紧缩人口的指示》（草稿），（55）沪会专发字第 854 号，1955 年 7 月 1 日，上档 B168-1-36。

② 市民政局：《上海市 1954 年社会救济对象分类统计表》，上档 B168-1-695。

③ 市民政局：《各区结合劳动就业整顿居民委员会工作情况报告》，1952 年 12 月，上档 B168-1-760；市民政局：《各区结合劳动就业整顿居民委员会工作情况报告》，1953 年（无具体日期），上档 B168-1-772。

业登记和整顿里弄的双重任务。^①

运动经由试点向全市推开，进程中虽然各区各里弄的进展不平衡，把握尺度有差异，但通过失业登记工作"发动群众揭露成份不纯分子"的方式被领导部门肯定，普遍推广采用。在经过"排队"整顿后的居委会成员的选任原则方面，北站区和杨浦区的不同做法都得到市民政局的首肯：

（北站区）排队分配（居委会）工作的原则是：

1. 成份好，工作积极，能力强——居民委员会正副主任。

2. 政治上最积极可靠的——治安保卫委员会。

3. 办事公正，作风正派——调解委员会。

4. 有一定文化程度与政治水平的——文教委员会。

5. 过去工作锻炼较少的家庭妇女——卫生委员会。

6. 手面清爽，一般表现老实的——福利委员会。

杨浦区里弄干部人选原则，认为不能要求过高，只要具备三个条件：

1. 历史清楚；

2. 工作较积极；

3. 联系群众。

居民委员会主任则选择品质较好，能力较强的担任。并多提拔妇女积极分子，特别是工人家属。^②

从上述原则出发，结合劳动就业的里弄整顿一方面贯彻了政治清理的原则，清除了少数"成份不纯分子"，他方面则通过"劳动就业登记"组建了新的里弄居民组织，为非单位人指示了改变境遇的可能性。

整顿后的居委会成员的最大变化是以大批家庭妇女和失业者取代了兼做居委会干部的单位人。在全市里弄整顿接近尾声时，市民政局局长向上级报

---

① 市民政局：《各区结合劳动就业整顿居民委员会工作情况报告》，1952年12月，上档B168-1-760。

② 市民政局：《各区结合劳动就业整顿居民委员会工作情况报告》，1952年12月，上档B168-1-760。

告的一大收获就是："各区原有居民委员会委员以上有 49000 余人，其中除去 1/3 是'挂名委员'，也清除了少数不纯分子，整顿后吸收了大量失业人员与妇女，使组织初步得到了纯洁"。这 1/3 的"挂名委员"主要是在职职工，"他们忙于生产，无法经常参加（里弄）工作"。当然，通过整顿，单位人在居委会中还有不小的比例，领导部门的要求是"今后逐渐减少"这类委员，"大量培养"新进入居委会的失业人员和家庭妇女这两股"新生力量"。[①]

　　这个工作在 1954 年初有了较大进展。失业者和家庭妇女不但在里弄干部中所占比例上升，且绝对多数的是任居委会正副主任、家庭妇联主任。[②]劳动就业与里弄整顿结合的成果也得以延伸，不少里弄干部的履历上有过劳动就业登记委员会主任、副主任及委员的头衔，他们是居委会权力的主要行使者。以上海 11 个市区当选为第一届区人民代表的里弄干部身份为例[③]（见表 1-3）：

表 1-3　11 个区第一届区人民代表中里弄干部情况

区别	区位特征	代表总数	里弄干部	单位人	非单位人			兼劳动就业登记委员
					失业者	家庭妇女	独立劳动者	
黄浦	市中心商业区及中层居住区	198	26	3		18	5	1
蓬莱	老城厢中下层居住区及商业区	200	31	3	13	10	5	12
卢湾	原法租界中上层居住区及商业区	167	36	5	7	14	10	11
常熟	同上	157	28	7	10	10	1	12
徐汇	同上	118	28	3	2	12	11	11

---

① 市民政局：《各区居委会组织整顿综合情况报告》（草案），1953 年（无具体日期），上档 B168-1-772。

② 1950 年代早期，上海里弄中的主要居民组织，一是居委会，二是家庭妇联和妇联。故里弄干部应包括这两个组织的干部。居委会和妇联干部常有交叉。

③ 是时上海共 30 个行政区，1 个水上船户区。其中 22 个市区行政区，8 个城乡结合行政区。本章选取的 11 个区中，除了东昌区位于浦东外，其余均位于浦西。

续表

区别	区位特征	代表总数	里弄干部	单位人	非单位人			兼劳动就业登记委员
					失业者	家庭妇女	独立劳动者	
普陀	原公共租界工厂区及下层棚户区	201	40		15	14	11	22
杨浦	原华界工厂区及下层棚户区	161	30	2	10	13	5	12
虹口	原公共租界中下层居住区及小工厂区	163	27	5	2	18	2	11
闸北	同上	158	44		12	18	14	22
江宁	同上	198	24		5	6	13	8
东昌	浦东沿江工厂区	117	27	2	9	9	7	9
总计		1838	341	30	311			131
					85	142	84	

资料来源：11个区人民代表登记表，上档 B52-2-80（黄浦）、82（蓬莱）、85（卢湾）、86（常熟）、87（徐汇）、89（普陀）、95（杨浦）、106（虹口）、107（闸北）、109（江宁）、93（东昌）。

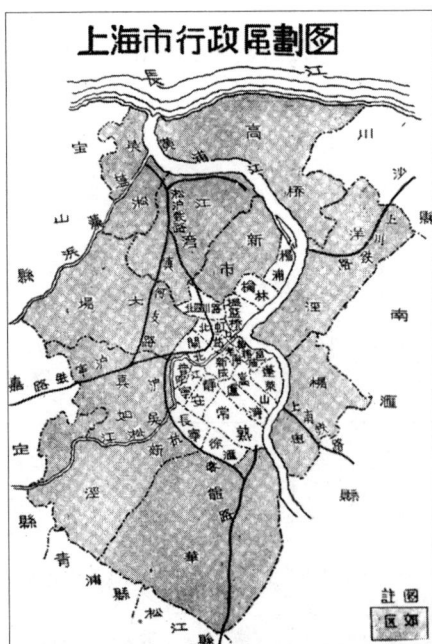

图 1-10 1950 年上海市行政区划示意图

表 1-3 显示，在 11 个区的 311 名失业或无单位的居委会干部中，曾兼任失业及就业登记委员会主任委员、副主任委员、委员的有 131 人。从地区分布上看，在 341 名里弄干部中，下层棚户区集中的普陀、杨浦、闸北三个区有 114 人，占 33.4%，曾兼劳动就业登记委员的有 56 人，占 42.7%；在中上层居住区为主的卢湾、常熟、徐汇三个区，当选人民代表的里弄干部 92 人，占 27%，曾兼劳动就业登记委员 44 人，占 33.6%，这与非单位人群的区位分布基本吻合。

尽管政府对这一时期里弄干部的阶级成分和政治素质并不满意，但还是高扬了居民委员会的双重职能。政府认为，在单位工作的人的福利问题"多数在其所参加的单位获得了解决"，国家的政策法令也主要在单位与他们见面；而非单位人的福利问题"主要在居民委员会中去求得解决"，"有关的政策法令和政府号召，有许多要通过地区性的组织去和他们见面"，因此，居委会"不仅是居民群众的福利组织，还是一部分居民群众（指非单位人——引者注）的政治生活组织"。① 居委会就是这样承载着国家和社会的双向需求，发挥它们的政治功能，国家与社会在这个空间内找到了结合点。

来自内部的冲突与驱力

对大多数非单位人而言，居委会有着巨大的吸引力，在其中谋得一席之地事关个人与公众两方面的利益，也表征着相应的政治身份与被新政权的接纳及认同。因此，早期的居委会常常是基层社会内部各个群体利益交汇的场域。

阶级利益的冲突在居委会权力的分配问题上时有激烈的表现。下层平民和富裕市民之间经常为居委会干部的位子而争吵。结合劳动就业的里弄组织整顿正值"五反"运动之后，一些富裕市民居住区居委会委员成分发生了变化，有些资本家落选，包括保姆、失业者在内的下层群众当选。落选者"很不满意，认为是有意打击、排挤资产阶级"。有人甚至愤愤不平地说："毛主席、周总理是不歧视资产阶级的，这次陈市长找里弄干部谈话也说过四个阶级是好朋友，但到下面就不对头了"；"驻卫警、清洁夫劳动态度差，但是工人阶级，有工会支持，奈何不得"。资本家比较普遍的反映是"佣工出来做里弄工作，妨碍了她们本身的事情（即家政——引者注）"。② 阶级之间相互鄙视和不服气的事例比比皆是，里弄工委常常向市委报告：在中上层居住区，"资产阶级成份的干部轻视劳动人民出身的干部，有讽刺打击的情况"。一位当选居委会委员的保姆被资本家家属嘲笑，工作得不到支持，"叫她们出来开会，敲门要

---

① 市民政局：《上海市居委会调查》，1953 年 1 月 31 日，上档 B168-1-773。
② 里弄工委：《静安区南华新村居民委员会情况调查》，1953 年 9 月 26 日，上档 A6-2-64。

三五分钟，且要再三再四的央求：'谢谢侬出来开会'……"① 反之也如此，一位资本家被居民选为人民代表候选人，居委会其他干部不服气，说他在抗美援朝中卖了房子捐献了飞机大炮，"是 300 万买来的代表"。②

居委会的区划常常是不同阶层利益交汇的空间。根据最初里弄组织的划分原则，居委会"按居民居住人口多少，自然环境和便利居民的条件来划分，一般以 200 户至 600 户根据地区自然居住情况组成"。③ 然而在实际运作中，各区政府与办事处为领导的方便，把过小的居委会加以合并，形成了许多贫富里弄共处在一个居委会的情况，加剧了上海里弄多元利益之间的碰撞。一份来自里弄工委的调查报告写道：

> 金家巷人口共 4799 人，原来是一个居民委员会。为了领导上的方便，将福利要求一致、统一使用水电，并有悠久历史关系的一整个棚户区，割出两小部分，和相接的洋房区平房区分别组成两个居委会，群众极为不满。南洋桥浜，474 户，1000 多人，余姚路 950 弄，95 户，400 来人，是同一工厂工人的住宅区，又都是广东人。两处原来是两个居委会，也是为了领导方便，拟合二为一，因为两地区居民要求不同，群众也不愿合并。

因此，里弄工委再次强调，居委会的区划，"应以居民的自然居住情况大体一致及生活福利要求大体相同为主要标准，并适当照顾人口数字"。④

居委会及里弄新组织也是帮会势力觊觎的场所，还是保甲、同乡、行帮试图倚重的新的共同空间。

当新政府派出的干部一到里弄，着手建立居民组织之时，便发现：

> 先接近我们的表现较积极的，往往是伪保甲长人员、流氓瘪三和上层。他们的具体表现是伪保甲人员人前口称进步，服从工作积极，背后阳

---

① 里弄工委：《静安区南华新村居民委员会情况调查》，1953 年 9 月 26 日，上档 A6-2-64。
② 市选举委员会办公室编《普选情况反映》（后期）第 22 号，1954 年 1 月 12 日，上档 B52-1-40。
③ 市民政局：《上海市居民委员会组织暂行条例》（草案），1953 年 10 月，上档 B168-1-749。
④ 市民政局：《上海市居委会调查》，1953 年 1 月 31 日，上档 B168-1-773。

奉阴违；流氓瘪三天不怕地不怕，说话太左，表现积极，当要他好好
为人民办事则不积极了，总之借此来统治群众或抬高身格（似应为"身
价"——引者注），上层则是捧场颂扬。没有清醒的头脑往往为他们所利
用，但不是说所有接近我们的都是投机分子，都是坏的，而且很多人是真
正的积极分子。①

在居委会的前身清洁卫生委员会、防空队中，有不少保甲长参与其中，常熟区
里弄的清洁卫生小组成员 2997 人中，保长 13 人，甲长 156 人，在清洁运动中
表现出色，被上级确定为"积极分子"的 85 人中，"很多是过去的旧保甲人
员"。比清洁卫生组织政治要求更严的民防组织组员中，也有 2 个保长，48 个
甲长；任组长以上的保长 2 人，甲长 17 人。徐汇区土山湾汇南街在产生防空
小组和小队时，"走了保甲长路线"，该保原有 16 个甲长参加候选，12 人被选
上，其中五六人还当上了组长，保长还当上了组长，保长儿子当了小队长。②

　　在会道门信徒集中的居住区，居民委员会的部分权力操在他们手里。1954
年里弄整顿的 37 个先行试点中，在 346 名"有政治问题"的里弄干部中查出
"反动会道门头子" 9 人，道徒 16 人。全市里弄治保会或治保小组的干部中，
有 5% 的人，即 843 人历史上加入过反动会道门。③ 在道徒集中的地区，宣
布退道而担任居委会干部，甚至被选为人民代表的也非个别。徐家汇一带是道
徒集中的地区，从市选举委员会的情况反映看，仅徐汇区徐镇路居委会的一个
里弄，有 90% 以上居民参加过一贯道。而从徐汇区选举产生的 30 名来自里弄
的代表履历显示，5 人有加入各种会道门的历史，这些人分别担任居委会主任、
代理主任兼福利主任、辖区妇联干事、居委会副主任兼治保委员、居委会主任
兼党宣传员等。④

　　在那些具有乡土色彩的里弄，居委会干部自然是同乡的代言人；而在行

---

①　市民政局:《常熟区里弄组织工作总结》，1950 年（无具体日期），B168-1-751。
②　市民政局:《徐汇区里弄组织工作总结》，1950 年（无具体日期），上档 B168-1-751。
③　里弄工委:《里弄整顿有关政治情况、调研审理工作报告提纲》（草稿），1954 年 4 月 14 日，
　　上档 A6-2-158。
④　市选举委员会办公室编《普选情况反映》第 1 号，1953 年 5 月 18 日;《徐汇区人民代表大会
　　代表登记表》（原件无日期），上档 B52-2-87。

帮聚居之地，行会与居委会也有着千丝万缕的联系。以三轮车夫为例，在早期各种里弄组织和后来的居委会成员中，三轮车夫一直是高比例的群体。徐汇区在打乱原保甲组织，开展新的户政工作过程中，建立了 500 个户籍小组，"民主选举"产生了户籍服务员 1343 人，人员结构中，三轮车夫 277 人，人数之众仅次于"一般小商人"的 308 人；在该区难民工作小组 310 名正副组长和委员中，三轮车夫约占 70%。^① 江宁区金家巷 60% 的住户靠踏三轮车生活，1952 年这里居民选举产生的居民代表会议代表 81 人，三轮车夫和黄包车夫有40 人，这个里弄内还建立了三轮车工会。^② 在前述 11 个区当选首届区人大代表的 341 名居委会干部中，三轮车夫有 32 人，几近 10%，绝大多数为居委会正、副主任，并兼任三轮车工会或搬运工会基层组织的职务。这个群体虽然是新政权可依靠的"城市贫民"，但他们往往是行会、同乡、帮派三位一体的代表，甚至是恶势力的帮凶。徐汇区南北平民村棚户区是三轮车夫的聚居之地，这里的青帮首领居某掌握的 300 多个徒弟，大部分是苏北籍的三轮车夫，内有地痞流氓还乡团等，他们加入里弄户籍组织，争取合法地位，同时又在里弄进行盗窃等非法活动；市民村的难民工作小组长三轮车夫徐某是还乡团，同时加入了三轮车工会，又当上难民收容站长，掌握分发配给米之权，后被查出有大量贪污行为，另外两个组长三轮车夫刘某和李某也有贪污腐化行为。^③

中上层住宅区的市民对居委会的态度相对冷漠，身居市西原法租界和公共租界有高级住宅的殷实富裕人家，极力躲避政治风浪，以保持家庭往日的平静。里弄居委会组织的日常活动，他们一般不屑一顾，敷衍应对。来自静安区南华新村居民委员会的调查报告写道，这个居委会所辖里弄，"为资产阶级、小资产阶级聚居场所"，"一般居民对政治和里弄工作漠不关心，不愿出来开会或参加里弄集体活动。请他们出来开一次会，要经过三番五次的催促才'赏面子'，有时打发佣工出来应付或推说忙，实际却打麻将、跳舞、看戏。"^④

但是，涉及切身利害的政治活动，特别是政府明示要求参加的运动，这

① 市民政局：《徐汇区里弄组织工作总结》，1950 年（无具体日期），上档 B168-1-751。
② 市民政局：《上海市街道里弄居民组织工作情况》，1952 年 6 月 12 日，上档 B168-1-760。
③ 市民政局：《徐汇区里弄组织工作总结》，1950 年（无具体日期），上档 B168-1-751。
④ 里弄工委：《静安区南华新村居民委员会情况调查》，1953 年 9 月 26 日。

些上层富有者还是"拎得清"，能够认真对待、积极参与的。在居民"多系上层，不喜欢参加里弄组织而爱享受和营利"的常熟区，人民胜利折实公债推销委员会区分会的83名委员中，有27名"老板"，9名"地方人士"；常委中有3名老板和2名"地方人士"；1名副主任委员和1名推销组长也由"地方人士"充任。分会下属5个支会，共有会员259人，其中工商业家41人，"地方人士"30人。里弄推销组927人，其中工商界175人，"地方人士"126人。这些人之所以被吸纳进新的里弄组织，是因为政府力图敦促他们"带头多买"，并通过他们带动更多的富裕家庭，完成认购公债的国家政治任务。这些富有者则想通过积极的表现，被政府认定为"进步人士"，政治上能够过关，颇有"花钱买太平"之意。他们提出"钱多者多买，钱少者少买，无钱者帮助推销"的口号，很得政府的赞赏。[①] 这个阶层的市民或多或少地保持着他们当年对于保甲组织若即若离的态度。

综上观之，无论出于何种需求，1950年代的上海居委会受到了绝大多数非单位人的关注，进而成为他们手中的运作工具。用它来为国效力者、为民服务者、为己谋利者、为求太平者皆而有之。各种不同动机与驱力下的主体在居委会交汇，为国家的政治统合提供了最初的社会空间。

三　国家渗透日常：政治整顿与社会生活计划化

如果说，1950年代早期上海里弄的迅速换颜是"不纯洁"的居委会有效运作的结果，那么，这一结果非但没有让党和政府放心，而且感到散居在里弄中的非单位人还没有完全为党和政府所掌控，基层社会的重组与规范任重道远。与全局性的政治运动相伴随，专门整治里弄的政治运动一波接一波地展开。继结合劳动就业的第一次里弄整顿之后，1954—1955年上海里弄第二次全面整顿接踵而至。与此相伴，在国家统购统销实行后的城市粮食计划供应，以政治运动的方式将上海居民的日常生活纳入国家计划体制的轨道，成为相当一段时期里弄政治与日常生活的主旋律。

---

① 　市民政局：《常熟区里弄组织工作总结》，1950年（无具体日期），B168-1-751。

整顿：镇反之延续

结合劳动就业的第一次里弄整顿结束后，上海里弄的总体政治状况并不令执政者满意。市委充分肯定"在构成上海经济主体的重要生产部门以及与生产密切相关联的方面"工作的"近140万职工和文教工作者"，在政治上已大步前进，"基本上弄清了政治情况，清除了反革命分子，加强了内部团结，并初步整顿了基层组织"，同时指出里弄及其非单位人较之明显滞后：

> 在本市21个区及郊区一部分共11000多条里弄，通过抗美援朝、反轰炸、禁毒、劳动就业、普选等运动，逐步建立与调整了里弄组织，并在提高里弄群众觉悟、贯彻党和政府的政策方针、改进群众福利等工作方面起了一定的作用，涌现出了不少积极分子。但由于里弄分布很广，情况复杂，过去对里弄组织尚未进行全面的、系统的整顿，对散布在街道里弄中的163000多摊贩，150000左右失业人员，10000多未登记的工场、作坊、小店以及尚未经过民改的其他人员约60万人，尚未进行系统的清理，加以里弄组织机构不健全，工作混乱，骨干不纯，因而有不少里弄变成了逃亡反革命分子和其他不法分子的藏身之所。[1]

的确，上海解放头五年，中共改造社会的成就可谓惊人，里弄变化可称神速，但距离国家统合社会的目标与按照阶级理论重组社会的构想，上海里弄远未达到。在革命的红色外貌下，中共入城之初遭遇的那个旧里弄还在隐隐作祟。正如里弄工作的领导机关所了解的："上海虽经历次镇反，但敌人的社会基础尚未能彻底控制、管理"。[2]

到1954年里弄整顿前，上文述及的里弄组织"政治不纯"的情况已极为严重。从37个作为先行一步的"整顿试点"的里弄统计结果看，里弄的"敌情"警钟长鸣，劳动人民集中的29个试点尤是。在整顿对象9160人中清理出

---

[1]　中共上海市委：《关于里弄整顿工作的指示》，沪委（54）丑字第088号，1954年8月2日，上档A20-1-116。

[2]　里弄工委办公室材料组：《上海市里弄整顿运动材料工作总结》（草稿），1955年3月28日，上档A20-1-116。

"五类反革命分子" 1931 人，其中特务占 31%；各类分子 722 人，其中伪军政警宪人员占 48%。[①] 里弄干部 "政治材料" 的比例较其他整顿对象高，"清理了五类反革命分子 40 人，各类分子 156 人，作风极度恶劣或严重违法乱纪分子 45 人"。[②] 摊贩的政治情况又较里弄干部复杂，打击对象的比例也较里弄干部为高，发现了 "隐藏着血债累累的反革命分子，如杨浦区有 8 条（人命）血债的陈×ד"。[③] 里弄工委在整顿结束时的总结报告所披露的情况更是触目惊心："平均整顿前每一个（里弄）组织单位中有 4—5 个主要干部有严重政治历史问题的……部分地区里弄组织领导几乎完全为反革命分子和各类坏分子所窃据，不纯程度更为严重。"其中极端的一例来自嵩山区：

> 原第一办事处 11 个居委会平均每个组织中有 10 人是有严重政治历史问题的，其中比较突出的如瑞福里居委会，在 47 名干部中有严重政治历史问题的竟有 34 人，占 72.3%。副主任 3 人中特务 2 人，土匪 1 人，两人已逮捕，1 人已管制，文教正副主任 2 人，一个是特务，一个是社会治安危害分子，调解主任是敌伪特务组织骨干，卫生主任是贩毒犯，治保主任是伪军官，福利主任是流氓，妇女主任是老鸨已逮捕，副主任是妓女在劳改，其余尚有 23 个一般委员有严重政治历史问题。[④]

一部分里弄干部以居委会为谋取私利的场所，保甲组织的腐败现象也开始在新的里弄组织中复活。铺张浪费、贪污挪用、强行摊派是早期居委会普遍存在的问题。1954 年里弄整顿前居委会委员以上干部有严重违法乱纪行为或作风极度恶劣的达 2218 人，平均每个居委会有 1—2 人。[⑤]

然十分吊诡的是，中上层住宅区居委会干部的政治情况倒比下层居民区

[①] "五类反革命分子" 指特务、恶霸、土匪（匪首、惯匪）、反动党团骨干、反动会道门头子；各类重点分子主要是各类反革命嫌疑分子、被管制分子、刑满释放分子、被剥夺政治权利的分子等。

[②] 里弄工委：《里弄整顿试点工作总结》，1954 年 9 月，上档 A20-1-121。

[③] 里弄工委：《里弄整顿试点第一阶段（干部清理）工作情况及今后工作的意见》（根据许建国副市长报告整理），1954 年 7 月 10 日，上档 A20-1-121。

[④] 里弄工委组织组：《上海市里弄整顿组织建设工作总结》（草稿），1955 年 4 月，上档 A20-1-116。

[⑤] 里弄工委组织组：《上海市里弄整顿组织建设工作总结》（草稿），1955 年 4 月，上档 A20-1-116。

"清白"得多，政治运动的清查对象也少得多。里弄工委发现，在一些高等住宅区，属于政治清理对象的居委会干部很少，如常熟区永嘉路、永康路居委会，5000 个居民范围内，交代对象仅 18 人且情况简单。[①] 但政府并不因此感到上层里弄组织的干部那么可靠，相反，从历次政治运动中已经掌握的情况看，"蒋匪高级军政官吏和历史性的特务大部分住在高等住宅地区"，除此而外，"这类地区居民中与港、澳、台及资本主义国家有关系的也很多"，大部分是资产阶级，其中有少数不法资本家。上层里弄中既缺少中共可依靠对象，也很难掌控居民的政治动向。里弄工委为此很伤脑筋：

> 这类地区的周围环境僻静，居民中彼此接触不多，了解不够，在工作中缺少依靠对象；如要入室又必须经过撤电铃、佣人查问、主人允许的三道关口，因而对这类地区居民的动态情况就不易控制掌握，特务、间谍分子如潜藏其中难以发现和了解。[②]

图 1-11 原法租界高档里弄

---

① 里弄工委：《里弄整顿工作试点工作总结》（草稿），1954 年 9 月 14 日。
② 里弄工委办公室材料组：《上海市里弄整顿运动材料工作总结》（草稿），1955 年 3 月 28 日，上档 A20-1-116。

　　而中下层居住区的社会政治面貌也带有明显的旧时里弄特质。里弄工委的调查报告分析：被列入"五类反革命"的恶霸、土匪等多半是解放前夕或解放后逃到上海，"由于经济困难，人地生疏，因而在沪到处乱窜，难以藏身。为图长期隐匿，就都聚居于搭建廉便、户口管理较弱的棚户地区"。"正因为棚户区内居住了很多的逃亡分子，各地的逃亡反革命分子就可通过居住在棚户区的同党、同乡关系再在棚户区落户，因此说逃亡反革命分子在棚户区内有着较为深厚的社会基础"。市中心的中下层里弄则是"社会治安危害分子"集中活动的空间。特别是在老闸、黄浦、北站、嵩山等区，原本是流氓、赌棍、毒贩、娼妓、小偷等"社会渣滓"聚集之地，"解放后数次收容，并对其中的流氓、窃盗分子进行了打击，但旧社会遗留下来的社会渣滓仍游移于这些地区，甚至进行不法活动。因此这类地区的社会治安危害分子总数还是很多。"①

　　政治面目不清的"劳动人民"在中下层里弄中还是大有人在。闸北区的下层里弄江宁殡舍100多户"劳动人民"中，清查结果绝大多数是逃亡地主，"按着籍贯或行业相互聚居，其中不少是参加过敌人扫荡的伪保长还乡团分子"。② 江宁区的整顿试点工作队确定了7个"劳动人民"为"访问对象"，结果却令人大失所望：

　　　　已经访问了6个人，其中发现：3个是老板娘（其中一个是九宫道徒，父亲是道首，现已劳改。 1个是14年的老板娘；1个是小开娘），1个是伪警察局刑长，在职时依靠敲诈，解放后仍不务正业，群众曾与其8次到法院打官司；真正的劳动人民只有1人（职工家属）。③

对于高扬阶级路线的中共执政者来说，如果相对"清白"的高级里弄住宅中的居委会干部还算可用，那些地区的资产阶级、高级知识分子与高级职员至多也

①　里弄工委办公室材料组：《上海市里弄整顿运动材料工作总结》（草稿），1955年3月28日，上档A20-1-116。

②　里弄工委：《里弄整顿有关政治情况、调研审理工作报告提纲》（草稿），1954年4月14日，上档A6-2-158。

③　里弄工委：《里弄整顿情况》，第5号，1954年5月28日，上档A20-1-123。

从统战的角度用其少数代表性人物，那么，中下层里弄中鱼龙混杂的"劳动人民"和底层贫困人群仍是不能完全依靠，也不可丝毫忽略的。这是里弄迅速换颜之后上海"旧社会"对中共阶级路线形成的新一轮挑战，新执政者充分意识到问题的严重性："如再不进行系统的清理和整顿，健全里弄居民组织制度与工作，必然会影响社会主义建设和社会主义改造，也就不能更有力地全面地组织群众和残余的各类反革命分子作有效的斗争"。①

1954年7月，在先行试点的基础上，上海市委做出决定："在1954年内对全市里弄居民委员会及妇女代表会议的干部、摊贩、失业人员以及其他方面约60万人进行一次全面的、系统的整顿工作，作为上海今年改革改造的一个重要方面"。

与1953年结合劳动就业进行的里弄组织整顿不同，1954—1955年的第二次里弄整顿不带任何福利目的与内容，完全是政治性的，沿用了政治运动的方式与路径，突出了镇反的主题。市委要求通过整顿，"提高里弄干部和居民的政治觉悟，划清敌我界限；清理其中的残余反革命分子、封建势力以及社会治安分子；初步弄清居民中的政治情况；在清理工作的基础上整顿和健全里弄居民组织，加强党和政府在里弄组织中的领导，健全里弄中各种群众组织……以进一步密切政府和人民的联系，贯彻'镇反'，巩固人民民主专政"。

这次里弄整顿与镇反运动的过程、方式并无重要差别，但这是里弄新组织完全用政治运动的方式来对付自己——居委会干部成了整顿的首要对象。市委指示，里弄整顿"先干部后群众，首先应训练和纯洁现有的里弄干部，作为运动开展时可以依靠并亲自取得经验的骨干力量"。因此，干部清理是里弄整顿的重头戏。作为人数最众的重点对象，委员以上的约11万里弄干部首当其冲。经检举、揭发、交代、组织处理或群众改选等运动环节，被清洗出列的"有严重政治历史问题"的里弄干部7689人，反革命家属1339人，严重违法乱纪分子2218人，共11246人，占原有干部总数的11.3%。严重政

---

① 本段及以下两段，见上海市委《关于里弄整顿工作的指示》，沪委（54）丑字第088号，1954年8月2日，上档A20-1-116。

治历史问题干部中逮捕法办了 894 人，管制 271，拟法办 683 人，一般清理 5841 人。①

如此声势与力度的整顿对里弄干部自然是一次空前的政治冲击。经过镇反和历次运动，人人都知道"反革命"帽子攸关生死，群众中甚至流行一种说法："共产党（认为）只要不做反革命，男女之间乱搞没啥关系，政府不会叫吃官司的。"② 加之运动中往往有"宁左勿右"的情绪泛滥，导致许多乱批乱斗、逼供信甚至有错捕现象，引起人人自危，造成自杀逃跑事件很多。截至 1955 年 2 月中旬，即整顿试点起 10 个月，共发生自杀事件 145 起，逃跑事故 103 起，其中除某些被确认为反革命分子而"畏罪自杀"或逃跑外，因不明政策或工作方法粗暴所造成的约占 23.4%。③

经过整顿，里弄干部实现了一次"大换血"。整顿前近 11 万人的里弄干部中，46796 人因政治历史问题、在业在学、家务忙、身体衰弱等各种原因被清除、落选或不再担任，约占 42.1%，吸收进入居委会和妇代会的新干部 48387 人，多于被清洗与淘汰者。新干部中的 75.8% 是职工、机关干部、失业工人和独立劳动者以及这些人群的家属，这个群体具有"五多二少"的特征：工人家属多、职员家属多、失业工人多、独立劳动者多、妇女多；在业少、在学少，女性与非单位人在里弄组织中占据了绝对优势。居委会（妇代会）和家属委员会的区辖范围较前缩小，从 1961 个组织单位增至 3086 个组织单位，为整顿前的 157%，里弄干部人数也相应增加，21 个市区的 2798 个组织单位共有干部 161630 人，委员以上干部 100925 人，平均每一里弄组织范围内有 50 人，其中包括委员以上干部 36 人。④

而对广大的里弄群众来说，这次整顿是在"阶级"名义下邻里间革命与反革命的划线与站队。强大的宣传攻势使得"镇反清理深入人心"，"敌情观

---

①　里弄工委组织组：《上海市里弄整顿组织建设工作总结》（草稿），1955 年 4 月，上档 A20-1-116。

②　市民主妇联：《榆林区第 5 办事处 390 弄婚姻情况调查综合报告》，1953 年 2 月 13 日，上档 C31（上海市妇女联合会档案）-2-222。

③　里弄工委办公室材料组：《上海市里弄整顿运动材料工作总结》（草稿），1955 年 3 月 28 日，上档 A20-1-116。

④　里弄工委组织组：《上海市里弄整顿组织建设工作总结》（草稿），1955 年 4 月，上档 A20-1-116。

图 1-12　发动检举

念"大大强化。掌管宣传的部门乐观地报告，里弄居民中普遍存在的"太平观念""麻痹大意思想"以及"怕伤阴德""怕伤情面"的"仁慈观点"在整顿中得到很大的扭转。[①] 见之于行动的是居民对"身边的反革命"检举、告密比以往更广泛、更踊跃。整顿接近尾声时，里弄工委办公室材料组的总结报告显示：整顿前掌握材料76524 份，在运动中共接获居民检举材料 275897 份，增量约为 260%，其中属五类反革命分子的 18653 份，各类分子 214993 份，社会性材料42251 份。[②]

遍及里弄与深入邻里家庭的大规模检举、告密与大义灭亲之举是政府大力提倡、鼓励的结果，理所当然地受到执政者充分的肯定：

广大群众在划清敌我界限、提高觉悟的基础上，积极检举揭发，围攻重点分子，并出现了不少自动了解和反映敌人动态、检举亲人、扭送反革命分子等生动事例……如长宁区第二批整顿时在一个中队所报处的 12 名打击对象中有 11 名就是依靠了群众检举而搞出的……如卢湾区土匪杨××交代时含糊其词，当有群众毛×严厉地指出杨在交代中的矛盾问题，迫使杨匪不得不交代了抢劫罪行而被逮捕……很多在历次运动中未有发动的资产阶级里弄也有所触动，在小组交代时同样能撕破情面对面的斗争……如，长宁区的群众黄××以前对里弄工作很不关心，运动中提高了觉悟，检举了其叔叔黄××是还乡团分子，整顿后黄犯突来

① 　里弄工委办公室宣传组：《里弄整顿宣传工作总结》（草稿），1955 年 3 月 30 日，上档 A20-1-116。
② 　里弄工委：《里弄整顿工作总结》（初稿），1955 年（无具体日期），上档 A20-1-116。

其家，她即推说买点心去报告派出所，并嘱别人暗中监视黄犯。她走后不久，黄犯感到情况不妙，起身就走，当即有一积极分子跟住黄犯，并有意撞黄一下与之引起争执而扭到派出所，经过联系，证实黄系追捕对象，即予捕办。①

不仅如此，检举揭发行为在里弄整顿之后延续，成为国家掌控基层社会的长效机制。执政者满意地看到：

里弄整顿后，居民群众都能主动地协助公安机关做好户口管理工作，如嵩山区有一个居民委员会，协助公安机关进行漏户漏口的核对工作，核出漏口15人，其中有8人是严重的反革命分子。有一个妇女检举了刚从香港来的现行反革命分子。又如蓬莱区平义村的居民，在里弄整顿后，对新搬来的邻居，特别是单身汉，大多能够主动的去了解情况，注意这些人的动态，监督里弄中的管制分子，如发现有未报户口及其他可疑行动，都能及时向居民小组长或户籍警反映。②

还有一些"大义灭亲"之举，到了不可思议的地步。江宁区一位吴姓居委会治保副主任，因身体不好停止工作，生活依靠社会救济。在1957年里弄开展肃反运动时，其妻交代他妹妹在台湾，上海有存款，每月有七八十元吴可领用。事发之后被取消救济，为此，吴背上巨大的经济和政治压力，悲观失望，曾自杀未遂，1958年里弄整风时又因精神紧张而自杀。③

邻里间相互监督的强化一方面有助于加强居委会作为国家控制工具的功能，另一方面也使得政治运动渗透到居民的"开门七件事"，成为里弄生活的日常方式。邻里和家庭的政治色彩更加凸显，共处关系持续紧张。正如魏斐德指出的那样，镇反运动"加重了一种意识，即敌人无处不在，永恒的监督至关

---

① 里弄工委办公室材料组：《里弄整顿材料工作总结》（草稿），1955年3月30日，上档A20-1-116。
② 里弄工委办公室宣传组：《里弄整顿宣传工作总结》（草稿），1955年3月30日，上档A20-1-116。
③ 里弄工委办公室：《里弄整风简报》第18期，1958年3月21日。

图1-13 镇反展览会

重要，你隔壁的邻居完全有可能是个间谍。显然，这种意识一直延续到了'文化大革命'，引起了许多类似那个恐怖时期的牵强指控"。①

计划生活下的里弄政治

如果说，以镇反为主题的整顿加强了国家对里弄日常空间的政治控制，那么，粮食计划供应的启动与实施为这种控制提供了体制性支撑。

几乎与1954年里弄整顿相同步，上海市人民政府根据中央政府的粮食统购统销政策和城镇居民生活必需品计划供应的部署，从1954年3月起在全市范围内先后启动食油、粮食和棉布的计划供应。食油、棉布计划供应的办法直接与户籍人口挂钩，即以人为基准发给定量的购油、购布券，凭券购买。② 粮食计划供应经历了一个从"按户定点"到"按户定量"再到"按人定量"的过程，历时一年。③ 这一举措既是计划经济体制的特殊产物，又以社会生活的计划化保证国家政策的实施。

启动涉及民生大计的计划供应，不仅关系到千家万户的切身利益，且对社会各阶层市民的生活方式影响至深。确如市粮食改造办公室的报告所言："改变600多万人的习惯是一件复杂艰巨的工作"，④ 加之"配给""户口米"与"计口授粮"等战时统制经

① 〔美〕魏斐德：《红星照耀上海城——共产党对市政警察的改造》，第169页。
② 市人民政府：《上海市食油计划供应暂行办法》，1954年3月；《上海市棉布计划供应暂行办法》，1954年9月，上档A6-2-50、52。
③ 1954年8月下旬，上海市实行粮食按户定点供应；1955年5月，上海市实行粮食按户定量供应；1955年9月，上海市实行粮食按人定量供应。
④ 市粮食改造办公室：《关于粮食定点供应工作情况及目前存在的问题的报告》（草稿），1954年（无具体日期），上档B135-1-51。

济曾在上海居民心理上投下了阴影，即使改称"计划供应"也难以在短时间内消除，故每一举措出台，都是一次大规模的利益结构调整，引起了社会生活的紧张和骚动。不法商人的大量囤积居奇和倒买倒卖造成了一时间的经济生活恐慌，由里弄居民的疑虑所引发的抢购风则加剧了整个社会的不安。粮食定点供应的消息一经传出，各区都不同程度地发生了居民排队抢购粮食的情况。抢购风造成了粮食销量激增和脱销，与粮食定点供应前相比，卢湾区的日粮食销量增加 1.2 倍，个别米店增加近 6 倍；新成区日销量增加 245% 以上，全天总销量达 715700 斤，打破历史纪录；普陀区的粮食代销点到上午 10 点就已经脱销，下午排队群众更多，以至于一些粮店"无法按时打烊，打烊后仍有群众在门外吵闹"；北四川路区的抢购情况则是国营粮店比私营代销米店更为严重。[1] 对此，市委、市政府认为，这"绝不是单纯供应上的问题，而是实现国家过渡时期总路线，对私营工商业进行社会主义改造的问题，是一场很尖锐复杂的阶级斗争"，必须用政治运动的方式来推进计划供应的实施。[2] 执政者一方面采取严厉的法律手段查处违法者，另一方面进行自上而下的政治动员，经过宣传说服、制度安排、组织落实，确保社会生活顺利踏上计划化的轨道。

在有关计划供应的政治动员和实施系统中，经历着镇反式整顿和整顿后的居委会继续扮演了国家和社会的双重角色。

在国家计划体制范围内，从居民小组长到居委会主任，都是市委、市政府推进计划供应的体制内力量，是政府行为的重要组成部分。

以 1955 年 5 月起施行的粮食按户定量计划供应为例。尽管市粮食局、公安局在一年前实行粮食定点供应时即向各区公安局派出所配备了管理员，专事粮食计划供应工作，并发文详细规定了管理员的任务和领导关系，[3] 各区又向

---

①　卢湾区财政经济委员会：《关于粮食划片定点供应开展后的情况报导》，1954 年 8 月 25 日；新成区商业改造办公室：《粮食定点供应各方面的反映》，1954 年 8 月 26 日；普陀区商业改造办公室：《私商改造工作报告》，1954 年 8 月 26 日；北四川路区商业改造办公室：《粮食定点供应宣传动员以后情况》，1954 年 8 月 28 日；均见上档 B135-1-51。有关这方面的详细描述可参见汤水清《上海粮食计划供应与市民生活（1953—1956 年）》，上海辞书出版社，2008，第 291—294 页。

②　市人民政府计划供应委员会：《食油管理工作情况》第 6 期，1954 年 1 月 27 日。

③　市粮食局、公安局：《关于管理员的工作任务和领导关系的暂行规定》，1954 年 3 月 21 日，上档 B135-1-47。

各里弄派驻计划供应工作队，但这些必要的组织措施不能取代居委会这一关键环节。

粮食按户计划供应的一项基础性工作，是要求"以户为单位，按实际在家吃饭人数的消费量，编制月份购粮计划"，而有关文件又严格规定了"在家吃饭人口"为以下五种：

> 早出晚归在外区工作或学习带饭；在家居住的妇女、儿童、失业人员、养老人员等；工作在外回家吃饭的；在家吃一餐，在外吃一餐者；户口不在本户而经常固定在本户吃饭的。[①]

除此以外的临时来沪人口不在此列。因此，谙熟每家每户生活详情和人口异动的细枝末节，是完成这项基础性工作的基本要求，而能达到这一要求的，非居委会干部莫属了。他们担当了"第一把关人"：居民小组长要将全组的用粮情况汇总并填表送交居民委员会签注意见，居民委员会则要对其中用粮过多的居民户进行教育核实后，方可报送所在区办事处，换发新购粮证，凭证向指定的粮店计划购买。[②] 若遇临时人口以及因婚丧喜庆所需增加用粮申请，小组长和居委会也是必经的程序。市粮食局又进一步细化了核实居民用粮计划的工作方案，规定居民小组长的职责，不仅是汇总各户的用粮计划申请表，而且要召集小组内的积极分子"酝酿讨论，统一认识，对计划偏高的分头进行访问后召开小组座谈会相互交换意见"，"对应减而不减的再通过个别访问协助算账说服教育，自觉的减低计划"，对仍不肯减低的交区办事处处理。[③]

鉴于"第一把关人"的不可替代性，市、区政府和计划供应的有关部门都高度关注居委会在推进粮食定量供应中的作为，重视里弄干部的示范作用，认为"居民委员会小组长以上干部先行一步编制计划的好坏，对居民的影响很大，有不少居民订计划都向里弄干部看齐"。因此，上海全市"在充分准备的基础上，进行了对居民委员会小组长以上干部的宣传教育和制定用粮计划的工

---

① 市粮食局：《关于粮食计划供应各种证表使用说明意见》，1955年5月14日，上档 B135-1-151。

② 市粮食局：《上海市实行粮食按户计划供应方案》，1955年5月10日，上档 B135-1-151。

③ 市粮食局：《按户核实用粮计划的工作计划》，1955年（无具体日期），上档 B135-1-151。

作，通过骨干先行，达到了训练干部丰富感性知识的目的"。① 公安部门还不时地为里弄居民用粮核实工作扫除障碍，不断地用阶级斗争的观点宣传群众，动用专政工具打击违法及造谣惑众者。东昌、北洋泾、常熟、榆林等区分别发生资本家、反革命分子或家属煽动滋事等情形，致使一些居民小组的核实工作推展困难重重，后经公安机关逮捕或传唤了数人，工作状况迅速改变。②

粮食按户定量工作得到了绝大部分居委会干部的热烈响应。市粮食局乐观地向上级报告："这次核实用粮计划工作，是以群众运动的规模进行的。全市有 23 万个居民小组长以上的干部，投入这一运动，前后历时 50 天，其工作的广度、深度是以往历次计划供应工作所未有。"报告特别肯定了在响应政府计划用粮号召方面，"民主妇联动员最早，而里弄干部妇女占很大比重，因此作用也最大"。经居委会干部走家串户的努力，上海市的粮食核减工作成效显著："根据全市 103778 个小组长以上干部的居民户 481081 在家吃饭人数统计，以原定用粮计划 1354 万斤，核减为 1145 万斤，下降 15.5% 的比例来推算全市 7 月份居民户用粮计划，将由 5 月份的 17088 万斤，降为 14478 万斤，下降了 16%"。③

作为粮食按户定量的一线执行者，里弄干部常以国家角色行走在邻里之间，演绎着计划经济体制与居民日常生活的紧张关系，国家权力通过居委会这个环节走进寻常百姓的私人生活空间。

面对各家持"宽打窄用""宁多毋少"想法导致的用粮计划编制普遍虚高，不少里弄干部的基本态度是"管、卡、压"，或包办代替。静安区某里弄一个居委会干部就像审批公文一样，把居民购粮证逐一审查，每张扣掉 10—30 斤不等，由居委会主任打算盘统计；徐汇区有一户居民是文盲，请小组长代写，要订 100 斤，小组长说"订 75 斤吧"，引起居民不满，认为"上面一套，干部又是一套，根本不是自报计划"。还有些里弄干部将政治运动中惯有的简单粗暴做法用于粮食按户计划定量工作，静安区一个街道办事处召开计划供应的群众大会，有个基督徒要做礼拜，不想参加，居委会干部对他说："上帝不

---

① 市粮食局：《上海市粮食按户计划供应工作报告》，1955 年（无具体日期），上档 B135-1-151。

② 市粮食局：《关于核实用粮计划的情况报告》，1955 年 7 月 12 日，上档 B135-1-151。

③ 市粮食局：《关于核实用粮计划的情况报告》，1955 年 7 月 12 日，上档 B135-1-151。

会给你吃饭，那个会重要你不晓得吗？"①

里弄干部在被纳入计划供应操作系统承担国家任务的同时，还不免会流露出社会角色的本真。如同所有的普通百姓一样，居委会干部对涉及切身利益的吃穿大事也是斤斤计较的。况且经过里弄整顿后，大批家庭主妇进入了居委会，对计划供应的第一反应自然是考虑自己的生计。

当先于一般居民得到计划供应的消息后，有些居委会干部捷足先登去抢购。1954年8月上海市实施粮食按户定点供应，普陀区在20日晚对里弄干部进行粮食定点供应的动员，21日上午全区食米供应就十分紧张；新成区发现在抢购队伍中有里弄干部和妇女代表；嵩山区反映，该区一位居委会副主任听了粮食定点供应的动员后，自己即去买米并动员其他居民去买，共买米2700多斤；另一位妇联主任，一次买了200斤米。② 当向居民进行宣传教育时，有些干部会添油加醋任意发挥，或者不适当地给居民吃"定心丸"，强调"保证供应""不怕大肚皮"，导致用粮计划普遍偏高；或者渲染"一次只能买10斤米"等紧张论调，加剧居民的恐慌情绪。③ 当先行一步制订家庭用粮计划时，有些里弄干部家庭计划大大超出实际用粮，起了逆向的示范作用，如蓬莱区一居民委员会委员家中人口二大二小，订了180斤，使整个里弄居民计划偏高；④ 还有些干部因自身计划偏高，难以去核实居民的用粮计划，闸北区一位居民小组长一家四口订了160斤，"理缺气不壮，顾虑很大，不敢大胆宣传，只有跟着群众跑，以致全组每人每月平均用粮计划高达40斤"；更有甚者，黄浦区一位居委会主任因自家所订计划过高，"认为无颜见人，精神紧张，工作队未能及早发现，最后竟跳楼自杀"。⑤ 当粮食以人定量的政策下达后，有

---

① 静安区委秘书室：《居民粮食计划供应情况汇报》，1955年5月23日，上档A79-2-131，转引自汤水清《上海粮食计划供应与市民生活》，第295—296页。

② 普陀区商业改造办公室：《私商改造工作报告》，1954年8月26日；新成区商业改造办公室：《粮食定点供应各方面的反映》，1954年8月26日；嵩山区人民政府财政经济委员会：《粮食凭证定点供应情况反映》，1954年8月22日；均见上档B135-1-51。

③ 市粮食局：《上海市粮食按户计划供应工作报告》，1955年（无具体日期），上档B135-1-151。

④ 市粮食局：《上海市粮食按户计划供应工作报告》，1955年（无具体日期），上档B135-1-151。

⑤ 普陀区商业改造办公室：《私商改造工作报告》；新成区商业改造办公室：《粮食定点供应各方面的反映》；嵩山区人民政府财政经济委员会：《粮食凭证定点供应情况反映》；均见上档B135-1-51。

些居委会干部对中央规定的 25 斤用粮标准不满意，觉得"有些单位的人照顾得很周到，里弄干部工作也很忙，一点也不照顾里弄工作，像不是工作，里弄干部不吃香"。①

在计划供应第一线工作的里弄干部还经历着在国家与社会之间左右为难的困境。居民常常把对国家政策的不满与抵触情绪朝里弄干部宣泄，干部也着实感到委屈和困惑。这种矛盾在核实居民用粮时尤其突出。有的居民埋怨："政府既然说让我们吃饱，为什么左一次右一次要修改"；"我早已实事求是，不能再减，不然政府规定怎样就怎样"。有的居民冲着居委会干部说："你们惬意了，笃定了，把老百姓的粮食克扣下来自己分了"。② 干部则认为这个工作太难做了，伤感情，做难人，"前门进，后门骂，后门进，前门骂"。有些居委会干部对带头核减用粮也很有意见，甚至表示"我已实事求是，要再减宁可干部不当"。③

上海市的计划供应在历时一年半后，到 1955 年 9 月初步形成了社会生活的计划框架。居委会虽然始终扮演着国家与社会的双重角色，但由于计划供应是以政治运动的方式推进的，因而在政治作用下，里弄干部的社会角色并不能压倒其国家角色的主导地位。这些事实上的基层普通百姓，在计划供应的体制中，具有了政府办事人和代言人以及信息优先者的形象。

也就是从这时起，居委会与每一个居民的衣食住行，包括里弄干部自己，有了不可须臾离开的密切联系。上海基层社会对于社会主义的体制性依赖，前所未有地加强了。

1954 年 12 月 31 日，全国人民代表大会常务委员会第四次会议通过《城市居民委员会组织条例》，从法律上确定了居委会是群众性自治组织的属性，然事实与法律条文始终若即若离。通过革命与反革命的不间断政治划分和社会生活计划化，国家权力浸润到居民的日常生活。在国家统合社会的道路上，里弄干部自觉或不自觉地充当了党和政府的马前卒。

---

① 市粮食局：《里弄干部思想反映》，1955 年 9 月 23 日，上档 B135-1-156。
② 市妇联：《核实用粮计划后各阶层妇女思想情况汇报》（二），1955 年 7 月 25 日，上档 C31-2-337；长宁区居民顾玲仙老人访谈，2004 年 12 月 12 日，转引自汤水清《上海粮食计划供应与市民生活》，第 296 页。
③ 转引自汤水清《上海粮食计划供应与市民生活》，第 297 页。

图 1-14　1950 年代初，居委会正在认真商议

结语　国家与里弄：未完成的社会重构

1950 年代上半期，中国共产党对上海基层社会的治理卓有成效，上海里弄迅速换颜。中共新政权致力的这场大规模里弄改造行动得到了广泛的社会认同，特别是得到了底层社会的积极响应。

经历了长期的战争和动乱，获得一个安居乐业的社会环境，总是人心所思、人心所向，尤其是在上海里弄这个人们的安身立命之处。因此，无论以暴力革命式的"镇反""肃反"相号召，还是以相对平和的"整顿""整风"[①] 去发动，只要有益于社会的安定与有序，都能获得里弄群众的支持。特别是出于对邪恶势力的共同憎恨，对社会顽症的普遍厌恶，不管冠以什么样的政治帽子，总能博得大部分居民的拥护。对曾经生活在"歹土"的大都市居民来说，新道德、新风尚高扬下的城市面貌神速改观，的确极具说服力和动员力。对于"翻身解放"的渴望与"当家做主"的憧憬极大地激发起底层民众参与政治的热情。这种来自里弄社会的能动回应，不仅体现了中共执政的国家目标与社会愿景之相互匹配，而且表征着中国革命的正当性正在转化为中共执政的合法性。

[①]　1958 年 2 月，上海市委决定在全市里弄开展向居民进行社会主义教育的整风运动。市委指示，这次运动以思想教育为主，是解决人民内部矛盾的运动，不进行反右派斗争，不提反右派斗争口号，与一般机关学校等整风运动区别开来。见上海市委里弄整风领导小组《关于开展里弄居民整风运动的通知》，1958 年 2 月 1 日。

然而，这个转化过程充满矛盾与悖论。在 1950 年代上半期的上海里弄，中共新政权遭遇了大都市社会历史遗产与现实的严峻挑战。尽管新的执政者竭尽全力地与 1949 年之前的"旧中国"与"旧上海"做彻底的决裂，按照既定的意识形态重构自己的社会基础，但上海里弄社会的积淀之深、关系之复杂、利益之多元，远远超出新执政者最初的估计与想象。尤其是阶级理论与现实之间形成了持续的张力，理论上的依靠者——里弄空间中的非单位人实际往往靠不住；阶级路线也不那么畅通无阻，最终要被消灭者，尽管政治上名誉扫地，却从新民主主义《共同纲领》与统战中得到优待，仍居于社会生活的上层，与新主政者若即若离。

因此，中共新政权在进入上海里弄的早期，没有也不可能如有的学者认为的那样，只要按照"国家逻辑"，运用"阶级净化机制"对近代上海里弄中的社会基础"进行彻底的清除"，就可以以底层民众为核心"重构了社会"，[1] 相反，在革命（政治运动）与国家（政治控制与统合）两条逻辑的主导下，新政权一方面推

图 1-15 饮水思源

图 1-16 上海第一个工人新村——曹杨新村，1952 年

[1] 郭圣莉：《居民委员会的创制与变革：上海市个案研究》，第 63 页。

动、允许或默认了社会按照自身诉求，营造一方"新型的"自治空间；另一方面，沿用革命时期的政治动员经验，掀动底层，一波又一波专门针对里弄居民的清理整顿与普遍的政治运动交相呼应，革命与反革命的分界成为里弄政治基本的"红线"。革命、国家、社会共同建构了共和国早期的上海里弄。

即便到了1955年，国家权力渗透至里弄的日常生活，国家统合社会的局面基本奠定，上海里弄仍然不稳定，充满变数。底层社会的非单位人群特别是劳动人民仍没有让新政权高枕无忧。

1955年里弄整顿结束以后，以职工家属为主干的女性干部在里弄组织中占据了54.6%的优势，领导者希望通过"性别路线"，[1] 将里弄社会建立在阶级基础之上，强调职工家属"是我们的基本群众和主要依靠对象"，里弄组织可以通过她们"贯彻工人阶级的领导"，但又对职工家属的政治思想状况评价不高：

> 她们的特点是政治单纯，文化低，思想感情朴实，家务重，孩子多，受封建迷信和旧礼教的迫害很深，参加社会活动比较少，不大关心国家大事，对解放后妇女政治地位的提高体验很深，翻身感强，胆子小，有自卑感，思想比较单纯，很容易接受我们的教育，但也很容易听信谣言，当个人利益与国家利益发生矛盾时，就会思想不通。

因此，领导者认为，必须对她们进行社会主义和爱国主义教育，向她们进行时事宣传，并顾及她们的具体困难，才能使她们"真正成为我们在里弄中的依靠对象"。[2]

事实也表明，整顿后的里弄仍不能符合党和政府的政治要求，里弄的政治情况仍然复杂，思想斗争仍很激烈，"社会主义思想还没有占据绝对优势，资产阶级思想仍旧起着很大作用"。"个人利益与长远利益的矛盾，在里弄中

---

[1]　王政认为，"性别路线"与阶级路线的巧妙结合是1950年代共产党重新组织上海社会成功之道。见氏著《居委会的故事：社会性别与1950年代上海城市社会的重新组织》，吕芳上主编《无声之声：近代中国的妇女与国家》（1），台北：中研院近代史研究所，2003，第198页。

[2]　里弄工委办公室宣传组：《里弄整顿宣传工作总结》（草稿），1955年3月30日，上档A20-1-116。

表现得更是突出，排队抢购，拖技工后腿，不让去参加国家重点建设工程等现象，时有发生。残余封建思想和落后意识在居民群众中仍很严重地存在着"。令执政者担忧的是，这方面的"反面典型"几乎全部出自劳动人民集中的下层居住区和职工家属。

> 普陀区长寿里第 14 小组的 24 户居民中，就有 9 户是经常闹纠纷的，闹纠纷的原因有这几种：婆媳不和，大小老婆吵架，丈夫在外有姘妇……等。24 户中有 8 户是工人家庭，因此在不同程度上影响了工人的生产情绪。在里弄中工人家属放高利贷，来标会的也很多。东昌区一个码头工人家庭，赌博亏空了 1200 多元，每天有十五、六人坐在家里讨债，丈夫为此时常和她争吵，逼得走投无路，要投黄浦自杀。赌博的风气也很盛，有个别落后工人请了病假在家里找人赌博，打康乐球也很普遍，有工人，有青年学生，也有家庭妇女，表面上是娱乐，实则是赌博，有的打到深夜还不肯想，严重的影响了生产和学习。①

问题的严重性还在于，从里弄整顿后，共产党的这支依靠力量又经历了不间断的组织整顿与社会主义教育，到 1960 年市委决定在里弄中进行社会主义和共产主义教育时，执政者对职工和劳动人民家属政治状况的基本评价仍未有根本性的改变：

> 解放以来，特别是大跃进以来，经过一系列的政治思想教育和参加社会劳动的锻炼，广大里弄居民的思想面貌已经起了很大变化，大多数职工家属和劳动人民及其家属的政治觉悟有了很大提高……但是，里弄居民的政治思想情况仍然比较复杂。一部分职工家属和劳动人民家属政治觉悟还不高，思想比较落后，对总路线、大跃进和人民公社的认识模糊，分辨不清是非；少数个体的劳动者及其家属，资产阶级思想影响较深，在涉及个人

---

① 里弄工委办公室宣传组：《里弄整顿宣传工作总结》（草稿），1955 年 3 月 30 日，上档 A20-1-116。

利益的问题上，容易对党和社会主义产生抵触情绪……[1]

可见，性别路线也不那么顺畅，以职工家属为主体的家庭妇女政治上还是不那么可靠。然而，在"大跃进"和城市人民公社的非常历史时期，"性别路线"仍有其成功之处。在"解放妇女劳动力"和"建设共产主义大家庭"的号召之下，大批里弄妇女走出家庭，一面作为被解放的生产力，为狂热的经济建设输送大批廉价劳动力，他方面也获得了新的社会身份，无论进了单位，还是在非单位制的里弄集体生产和生活服务组织内，家庭之外的女性空间明显地扩张了。此时的居委会和各种里弄生产生活组织几乎是女性的一统天下，虽然是在国家的强力统合之下，这些空间毕竟开拓出一条属于妇女的上升之路。在这一时期的上海里弄，妇女解放既是一个国家编织的神话，又是一个女性自主创造的真实。

这将是一个关于国家与女性的故事——另一段关于上海里弄的故事。

---

[1]　中共上海市委里弄工作小组：《在里弄中进行社会主义、共产主义教育的通知》，1960年2月22日。

第二章

国家主人翁：第一次普选运动中的底层社会（1953—1954）

引　言

　　1953 年 1 月，在斯大林的强力推动下，中共中央决定在全国范围内实行普选，召开地方各级人民代表大会，并在此基础上，召开全国人民代表大会，制定宪法。2 月 21 日，中央人民政府审议通过了《中华人民共和国全国人民代表大会和地方各级人民代表大会选举法》，3 月 1 日，正式颁布实施。中华人民共和国第一次普选拉开了帷幕。根据中央部署，上海全市的普选工作紧锣密鼓地开展起来。

　　10 月中旬，还在普选的先行试点阶段，杨浦区私营仁德纱厂发生了全市普选运动中第一起自杀案，C 女工在面临可能失去选民资格的心理危机时"吞金"自杀未遂。这一事件引起市选举委员会的高度重视，认为此事系该厂和所在选区选举工作中"左"的错误所致，向各区发了通报要求引以为戒。①

　　就在这个事件发生约半月后，该厂保全工李杏生上了《解放日报》"人民在普选运动中"的专栏，报道他如何在厂党支部的普选宣传教育动员下转变工作态度，发挥工人阶级当家作主的主人翁作用。②

　　是年底，杨浦区普选结束，仁德厂细纱车间女工李小妹与资方厂长严克

---

①　市选举委员会办公室（以下称"市选委办"）编《上海市普选情况汇报》(53)，沪选办密字第 51 号，上档 B52-1-41；中共上海市委宣传部转发《市选委会宣传处关于本市某些先行选区宣传工作中发生若干缺点和错误的检查通报》，1953 年 11 月 23 日；市选委办：《普选情况》第 3 期，1953 年 11 月 27 日，上档 B52-1-40。

②　记者张默：《杏生师傅》，《解放日报》1953 年 10 月 29 日。保全工通常是纺织厂内对机修工的称呼。

被所在第 10 选区选为杨浦区第一届人民代表大会代表。[①] 在该选区选出的 6 位代表中，仁德厂占了 1/3。

发生在仁德厂普选运动中的这三个案例，除一位资方厂长外，其余三位主人公都是生产第一线的普通工人。他们每个个体不同的普选经历恰好发生在普选的三个主要阶段：选民资格审查、普选动员以及候选人提名到最后选举。一系列值得探究的问题由此而引发："吞金案"为何引起市选委高度重视？仁德厂与杨浦区为何受到批评？保全工何以被党报作为典型宣传？仁德厂的普选动员是否有如此成效？普通女工何以当选？仅仅是顶层的制度安排与法定程序的结果，还是与仁德厂上下内外的相关因素？

也许是这些细枝末节的微观史料，能有助于摆脱以往仅仅从文本出发的"人民当家作主"抽象概念的束缚，呈现出普选中上海工人与基层政治的复杂面相。进而从这一微观普选案例推展开去，或能发现在中共执政后第一次大规模民主建政的这一重要时刻，选举的宏观制度设计和指导思想以何种方式到达基层？各种微观环境中的底层民众又如何当家做主，他们是否成为主流意识形态建构的国家主人翁？在通往基层权力机关的大道上，各级组织与底层社会如何因应与冲突？

一　生死攸关："镇反"思路下的选民资格审查

建国伊始，《中国人民政治协商会议共同纲领》就已规定："中华人民共和国的国家政权属于人民。人民行使国家政权的机关为各级人民代表大会和各级人民政府"。[②] 1953 年的第一部《选举法》规定：

> 凡年满 18 周岁之中华人民共和国公民，不分民族和种族、性别、职业、社会出身、宗教信仰、教育程度、财产状况和居住年限，均有选举权和被选举权。乡、镇、市辖区和不设区的市人民代表大会之代表，由选民直接

---

① 　《上海市杨浦区人民代表大会代表履历表》，1953 年 12 月 16 日，上档 B52-2-95。
② 　中共中央文献研究室编《建国以来重要文献选编》第 1 册，中央文献出版社，1992，第 4 页。

选举之。[①]

这两个具有奠基意义的法律文本显示，广大中国公民具有参与政治、选择自己代言人的民主权利；经普选产生的人民代表则是各级权力机关的主体。选民和代表理所当然是国家主人翁。

但是，这个"普遍的""广泛的"的国家主人翁又是经过严格甄别与筛选的。《选举法》规定的"无选举权和被选举权"的四种人中，除"精神病患者"之外，前三种人都是根据政治标准而定："依法尚未改变成分的地主阶级分子"，"依法被剥夺政治权利的反革命分子"以及"其他依法被剥夺政治权利者"。[②] 因此，是否具有选民资格，能否成为法理上的国家主人翁一分子，是维系每个人政治生命的大事。普选的第一步骤便是涉及千家万户的人口普查与选民资格审查。震动上下的仁德纱厂 C 女工的"吞金案"就发生在这一背景下。

维权还是保命

从 1953 年秋冬之交，上海各区进入普选的运动状态。10 月起，市选举委员会（以下称"选委会"）陆续收到各区在人口普查及选民资格审查中发生的 17 起自杀事件的报告，其中，C 女工的"吞金案"引起市选委高度重视，旋即派专人前往杨浦区与仁德厂及相关居委会调查。

有关调查报告显示，C 系一贯道坛主，拒不接受组织劝诫交待其身份，即使在被迫登记交待后，仍"对自己罪行认识不足，无积极表现"，因此而被纱厂团组织开除团籍。"吞金"一事发生在 C 发现两次选民榜上都没有自己的名字，被"挂"了起来之后。调查报告还就其"吞金"一事的细节做了描述与分析，认为她自杀是假，惑众是真。[③]

---

① 《中华人民共和国全国人民代表大会及地方各级人民代表大会选举法》，1953 年 2 月 21 日中央人民政府委员会第 22 次会议通过，1953 年 3 月 1 日中央人民政府公布施行，《建国以来重要文献选编》第 4 册，中央文献出版社，1993，第 24–25 页。

② 《建国以来重要文献选编》第 4 册，第 25 页。

③ 上海市选举委员会（以下称"市选委会"）检察处调查人崔誌呈处长《调查综合报告》，1953 年 10 月 28 日。

继 C 之后发生的自杀事件，不少也因选民资格或被取消，或得不到确认而自寻短见。那么，这是否表示上海底层的这些普通百姓具有强烈的公民维权意识呢？

作为一个纱厂女工，C 尽管在解放初期"表现尚好"，曾到上海总工会学习，又任车间工会委员、妇女委员、纠察队员，1950 年就被发展为青年团员，[①] 但她似乎没有按照团组织的要求行事。她拒绝去观看揭露一贯道罪行的展览和宣教影片，并数度成为厂里工人与厂方闹事的挑动者。团组织要求她与有三青团等复杂历史问题的男友分手，她非常反感，阳奉阴违。C 经常向外散布入团不自由、想退团的言论。因此，在宣布开除她团籍的团员大会上，使得她非常紧张恐惧的，不在团籍本身，而在听到大会上宣布其罪行，由此感到问题非常严重。

直接刺激 C 制造"吞金案"的，是第一、第二次公布的选民榜未见其名，被"挂"了起来。她从户籍警那里得知，所谓"挂"起来就是"不让一个反革命分（子）窃取了选举权，榜上没有名字的，就是没有选举权"。[②] 这就意味着被"挂"起来的 C 与没有选举权的反革命分子已无二致。

显然，在这个女工的认知世界里，去掉团员帽子和带上反革命帽子，两者有天壤之别。前者大不了背一个"落后分子"的名声，而一旦戴上反革命帽子，可是要掉脑袋的。对她来说，不久前的镇反、"三反""五反"运动还历历在目。

所以，与其说 C 制造"吞金案"是为争得作为公民的选举权，不如说是在要回性命交关的生存权。

与 C 相似的几起自杀案也起于对失去或可能失去选民资格的极度担忧与紧张。

如提篮桥区某居委会委员、失业工人 Z 某，普选时由原籍转来材料，"称其为地主出身，当过二十几天伪保长，对土改不满"，"派出所在近半个多月中连续与其谈话五次之多，嘱其限期交代历史，形成追逼"，Z 遂自杀。

---

① 市选委会：《普选情况反映》第 35 号，1953 年（无具体日期）。
② 市选委会检察处调查人崔誌呈处长《调查综合报告》，1953 年 10 月 28 日。

又如，长宁区 S 某，因"有反动活动嫌疑"，"长宁路派出所同志对他施行点、套、压等追逼方式，企图弄清其反革命嫌疑问题"，致其服毒自杀。

再如，上海市劳动就业登记委员会嵩山区分会办事员 D 某，因"历史复杂"，所在选区选举工作队呈准区委剥夺其选举权，将其"挂"起来，同时又将 D 从劳动就业分会"清洗回家"。D 不服而自杀（未遂）。

还有更为极端的一例：常熟区家庭妇女 N 某，与人姘居被丈夫发现而吵架，恰被居民小组长检查填写选民登记表情况时撞见，紧接着"在开会时听了选民资格的报告，误认为自己过去有过不正当男女关系，怕别人对她提意见"，精神紧张，遂自杀身死。①

这些自杀案虽有每个个体面临的特殊情境和自身的偶然因素，但有一个共同的原因促使他们都选择了死亡：在基层社会，选民登记变成了一次全面政治审查、清理阶级队伍，甚至是道德整肃的过程，对于任何一位被怀疑和被剥夺选民资格的对象来说，这个过程是与镇反、"三反""五反"等政治运动毫无二致的生死一劫。

然值得注意的是，普选的领导层对上述自杀案件的表态及处理却较前宽松得多，平和得多。

C 事件引起了选举领导机关的高度重视，上海市选举委员会以这一案件为典型，力图纠正选民资格审查中的偏差。

市选委会将这一事件定性为选举工作中"严重的缺点和教训"，认为 C 的自杀是纱厂"审查选民资格处理不当"，所在选区"企图扩大剥夺选举权利范围"所致，也有区领导"交代政策不当，深入不够，（政策）控制不严"的责任。市选委不止一次向下通报此事，要求各区引以为戒，"以后应争取一榜定案，以尽可能不'挂'为原则"。②

---

① 市选委办：《大场、常熟等选区选委会关于在普选运动期间发现有自杀情事的调查报告及处理经过的报告》，1953 年 10 月；市选委办：《上海市普选情况汇报》（53），沪选办密字第 51 号，上档 B52-1-41。

② 市选委办：《上海市普选情况汇报》（53），沪选办密字第 51 号，上档 B52-1-41。中共上海市委宣传部转发《市选委会宣传处关于本市某些先行选区宣传工作中发生若干缺点和错误的检查通报》，1953 年 11 月 23 日；市选委办：《普选情况》第 3 期，1953 年 11 月 27 日；均见上档 B52-1-40。

运动依旧

倘若在镇反、"三反""五反"或肃清反动会道门的运动中，一个拒不悔改的一贯道坛主的自杀行为一定会被认定为畏罪自杀，罪加一等。而C的"吞金"事件却被当作底层普选试点中工作失误的典型，要求下面纠正偏差，这确乎表明决策者有关普选的指导思想与方针政策与此前的政治运动很不相同。

新中国第一次普选是根据《共同纲领》的原则，在"人民民主专政"框架下进行的一场和平运动，有别于急风暴雨式的土改、镇反、"三反""五反"，强调选举的普遍性和广泛性，也凸显了急风暴雨式的革命与继续革命在指导思想上的差异。

自普选试点开始，中央和上海市领导就不断重申选民资格审查的原则和政策。1953年11月，中共中央和华东局向各地发出指示，要求"对于审查选民资格的工作，须与土改、镇反严格地区别开来"：

> 要坚决防止在选民登记工作中，企图重新划分阶级成份，或顺便达到清理组织以至镇压反革命的目的。凡属嫌疑分子和在思想改造或镇反运动中尚未作出结论者，以及五类反革命骨干分子中解放后已坦白或登记过，但未予判处而本人亦无现行反革命活动者，我们一般地均应给予选举权利。只对其中个别恶迹甚多，民愤甚大，并有确实证据且能据以判刑的人，则可依法判处，然后依法剥夺其选举权。①

随之，市委制定并下达《关于选民资格审查工作的规定》，就依法剥夺选举权的具体标准和程序、选民资格审查的相关组织等项，将中央和华东局的指示细化为可操作的办法。② 三天后，市选委有关C女工事件的通报下达。

12月，上海市长陈毅在普选动员讲话中强调："要认清普选的目的是要积极地发动和团结广大人民，来共同建设我们伟大的祖国"。"要坚决贯彻选举法所规定的普遍平等精神，凡是年满十八岁的公民……都应有选举权和被选举

---

① 市委：《关于选民资格审查工作的规定》，1953年11月20日。
② 市委：《关于选民资格审查工作的规定》，1953年11月20日。

权"；在分清敌我界限的原则下，"反动党团分子和一般反动会道门分子，只要已经登记交代，一贯遵守法令，都不应加以歧视"；甚至那些"被剥夺选举权的地主分子和反革命分子"，只要遵纪守法，努力劳动，如将来"改造好了，仍然还有改变成份和政治待遇的希望"。① 副市长潘汉年在部署普选工作时也反复叮嘱："必须严格执行中央规定，把选民资格审查与镇反严格区分开来，坚决防止在选民登记中企图重新划分阶级成份，清理组织或达到镇反的目的"。② 他把企图借机"整一整"所谓"落后分子"，扩大"挂"起来的范围视为"左的情绪和偏差"的突出表现，明确要求"特别掌握两点"：一是"尽量少'挂'，能不'挂'者就不'挂'"；二是"对宣布剥夺的和'挂'起来的一定要找他们谈话"，"应该进行教育和消除他们绝望情绪或恐惧情绪"。③

然而，中共设计的这场普选依然是阶级原则主导下的自上而下的群众运动，其革命的惯性并没有改变基层政治生活的基本轨迹，相对宽松的政策也没有缓解底层政治生活绷紧的基调。

有关 C 事件调查报告所反映的基层组织的处理意见充满了火药味。在选民资格审查过程中，纱厂党支部以其"'参加反动组织拒不交代'等理由，提请管制一年"，经公安局长批准并报区委获准。④ "吞金"事件发生后，杨浦区公安分局考虑 C 在配合公安机关破获一贯道头子过程中"起了一定作用"，"有立功表现"，对管制决定"应当重核"，于1953年10月22日批准"免于处分"。但是，仁德厂党、团支部和工会以及里弄居委会等底层组织都不同意分局撤销管制处分的决定，认为 C 的表现"已够逮捕资格"。因此，10月28日的调查报告综合各方面的意见是"区选委将其挂名是应当的"，"区委批准管制也是应当的"，"她这个立功，不是觉悟程度提高所出发，而是在群众监督之下，在同党检举之下，迫不得已而矣"，建议上级"对这样的坏分子，应当适当的给予管制，剥夺其政治权利以教育群众。她有点立功表现，可在管制期限内缩

---

① 陈毅市长在上海市选举运动广播大会上的演讲词《积极参加选举，巩固人民民主政权，推进国家的建设事业！》，1953年12月。
② 市选委办整理《潘汉年同志关于上海市基层普选的报告提纲》，1953年10月7日。
③ 潘汉年（原件无署名，根据上下文件内容和格式判断）：《关于选民资格审查工作的报告大纲》（原件无日期）。
④ 市选委办：《普选情况反映》第35号，1953年（无具体日期）。

图2-1　看选民榜

短一些时期，三、五个月来达到惩（前）毖后之目底（的）"。① 直至两次被市选委会点名批评后，各方才收回前议。

选民登记中过"左"的宣传和做法也不鲜见。市选委宣传处的一份通报说："少数干部对选举运动的性质、政策及具体做法认识不足，发生了一些片面性的或错误的宣传，违反政策及强迫命令的现象也有发生"。② 如，曹杨新村工作队以"检举、告密"做公开号召，发动群众参加民选资格审查；常熟区一选区打出"选举权只给好人，不给反革命"的大横幅；上钢二厂工作队提出"要有意识的保留一批可以剥夺选举权利的人，发动群众检举"的要求；杨浦区两个选区出第一榜时，被"挂"起来的多达349人，其中，国棉九厂所"挂"者"竟占十分之一"。③ 凡此种种，都与镇反的思路及方式一脉相承。

尽管普选运动中上海基层政治中"左"的偏差不断被上级领导部门纠正，但这不意味着整个运动的指导思想与此无关。在"人民民主专政"的理论指导下，普选的领导者虽不断强调"人民民主"的一面，而在实践中，要依靠一场群众运动来划分敌我，挖出反革命，确定专政对象，就必然是"你死我活"的政治分界了。就在上海普选运动的高潮时期，以"破坏选举罪"和"反革命罪"将8人推上公审大会，其中5人因另有命案数罪并罚被判处死刑，其余3人被分别判处有期徒刑10年、7年及5年。④ 与普选同步进行的，还有没收反革命及反动会道门财产等一系列政治斗争和社会改造。这一切都强化了普选运动的革命和

① 市选委会检察处调查人崔誌呈处长《调查综合报告》，1953年10月28日。
② 市选委办:《普选情况》第3期，1953年11月27日，上档B52-1-40。
③ 上档B52-1-40。
④ 上海市新闻办:《严惩破坏选举的残余反革命罪犯，市军管会判处陈凤鸣等五犯死刑》，《解放日报》1953年12月23日。

专政色彩，从而在基层政治生活中营造出紧张的政治氛围，那些"疑似"反革命、"疑似"地主分子以及可能的"坏分子"，便会受到严厉拷问，随时可能被列入专政的范围。

普选中的基层社会，运动依旧。无缘主人翁的人们，大部被列入"专政对象"，生死攸关。

二　塑造"主人翁"：树立典型与宣传引领

即使 C 女工几经波折取得了选民资格，但这丝毫不意味着具有选举权的公民都能符合国家主人翁的要求，进入中共设计的普选轨道。如 C 女工者自不待言，就是在工人和底层劳动人民中间，不合主人翁面貌的言行也并不鲜见。为此，中共驾轻就熟地开展了大规模的底层宣传教育。

如同革命时期的政治动员，普选中"当家作主"之鼓动，"国家主人翁"形象之塑造，是贯穿运动始终，特别是前期发动阶段的宣传主旋律。经由《解放日报》的报道，仁德厂一位普通工人有幸成为其中的一个正面典型。

突降的荣誉

与焦虑的 C 女工不同，"政治清白"的保全工李杏生不但笃定获得选举权，而且从一个"觉悟不高"的老工人一跃而为党报宣传的"主人翁"。

在题为《杏生师傅》的报道中，李杏生是仁德厂的"牛人"，从 8 岁进厂"拣铜管"起，他在这里过了快 50 年。这个老资格的"平车头"，[①]"技术好，心眼实"，就是"老脑筋，脾气倔"，由着性子干活，还听不得别人意见。逢到事关切身利益，他斤斤计较，曾经为了一角钱工资，为了分配住房的事，"脸红脖子粗地吵到工会"。"拿一分钱，做一分事"是他常挂在嘴上的"原则"。他尤其不喜欢参加政治活动，"对读报、听报告一向不感兴趣"，常常直言不讳："太理论了，听不进"。普选前几个月，全组人都同意工会小组提议，在爱国公约里加进"尽量减少车子发生事故的一条"，唯独他拒绝签名，说

---

①　指保全工当中负责检测调试纺织机的领头技工。

"我没有那个本事，你们保证去，我杏生一个人不保证"。周围的人都很清楚，"平车头"动不起来，公约里添上这一条也是白搭。①

报道至此，记者忽然笔锋一转，这个仁德厂的"老土地""老顽固"居然被一场党支部书记的普选报告感化了。听报告那天，杏生师傅虽然"按老例在后面拣个空位子"坐下，但"听得竟出了神"，会后主动找宣传员"搭讪"，和他谈起选举人民代表的事。

此后的李杏生似与此前判若两人。他不仅热情参与政治活动，而且兴趣浓厚，经常催促宣传员："辰光到了，报纸读吗？"工作态度大有改观，不再听到他讲"拿钱干活"之类的话，不但做好自己份内的工作，还积极主动地帮助别人修车子；每遇纱头出现问题，女工没有看到的时候，"他就主动地关上车，该拉的拉开，该接头的接上"；对别人的意见，这位老师傅也能认真听取，虚心接受。

报道最后，杏生师傅的主人翁形象被描述得绘声绘色：

> 发选民证那天，李杏生满面光彩，仿佛年轻了十年。小组里的人都争着谈感想，李杏生笑咪咪地坐在一边，直到人家差不多讲完了，他才不大好意思地说："话我是讲不来的。当家作主就要拿出主人翁的态度来，我要尽量使用这两只手，修车修好，平车平好，发生事故要仔细研究，做到尽量保证车子不出毛病。"杏生师傅讲得这样诚恳，这样朴素，想起几个月前杏生师傅瞪着眼睛拒绝修订爱国公约的情形，人们都禁不住笑了起来。

应当说，记者笔下的这个"杏生师傅"还是挺鲜活的，在1950年代的上海工厂，这样的老工人到处可见。他们的"落后"常常令党、工组织头疼，但离了他们，生产上还真玩不转。假如哪一天发现他们有点积极的变化，组织上当然是求之不得的。何况，杏生师傅这样大幅度转变的事迹犹如一份突降的荣誉，给仁德厂的普选运动带来了转机。

---

① 　记者张默：《杏生师傅》，《解放日报》1953年10月29日。

作为杨浦区先行选区，仁德厂的普选动员在1953年9月初就开始了。运动本来就是"任务如山倒"，厂里的党、政、工、团都忙得不可开交，但C女工却不断给厂里制造麻烦。

普选开始前的6月，全市开展取缔反动会道门运动，C先是称病到常州乡下去"避风头"，后在厂方与里弄及其父的多方压力下，才勉强去公安分局登记"一贯道坛主"身份。此后C也无任何"悔改"表现，继续在道徒中"煽风点火"，并向"同道"和三青团的未婚夫"透露"说，公安分局把她作为"线索"，"给她布置了任务"。鉴于C的表现，仁德厂团总支在选民登记前为她的问题召开专门会议，提议开除其团籍，并提请管制一年。9月5日，团总支大会一致通过将C开除出青年团。

这事已在全厂震动不小，第二次选民榜公布后，C女工的"吞金案"更闹得全厂沸沸扬扬。"吞金"一事本身充满疑团，各个"当事人"说法不一，前后矛盾。C的姨妈说，"吞金"一事是她发现，C把金戒指切成六段吞下，工会干部将其送医院采取措施后当晚拉出三段；公安分局方面的消息称C只吞下三段，全部拉出，10月19日到厂上班"身体看来正常"；C父又说，他看到女儿有"三封遗信"，发现其"吞金"自杀。至于吞了没有，吞下多少，他也不确定，只是"听说"金戒指被C切成了"三十多段""和米一样大"的。[①]

如此悬乎的"吞金自杀"，不但牵扯了厂党、工、团干部的大量精力，还迅速在坊间小道流传开来，对仁德厂的普选运动干扰不小。更令仁德厂领导不安的是，这个"假案"倒有可能让C女工得逞，杨浦分局已决定撤销管制一年的前议。

因此，在这个时刻，上了党报的杏生师傅为仁德厂赢得了一份很大的荣誉，帮了厂领导一个大忙，这一来可以表明仁德厂普选工作的成绩，抵除一些几个月来C女工对厂里党团工作造成的负面影响，且市选委也还未就"吞金"事件给出最后处理意见；二来也可借此"先进典型"弘扬正气，带动更多的工人以主人翁的态度投入普选。

---

① 市选委会检察处调查人崔誌呈处长《调查综合报告》，1953年10月28日。

而更具意义的是，杏生师傅的"事迹"不但对仁德厂普选的微观环境产生影响，而且踩上了重要的政治节点。对于宣传部门来说，这是一个塑造"国家主人翁"形象的好素材。

弘扬典型

还在普选准备阶段，上海市委、市政府就根据中央的统一口径，拟定了普选动员报告和各种宣传计划。"当家作主""主人翁"和"主人翁精神"是这类报告和计划中使用频率最高的词语。以此为标题的宣传品也大量问世。在市委宣传部制定的"关于普选运动的报导计划要点"的宏观指导下，市选举委员会编印的各种宣传讲话材料下发至各区，要求以统一的口径对选民宣讲"我们的选举制度是真正民主的选举制度""严肃地讨论和鉴别代表候选人""认真严肃地提出代表候选人"以及"庄严地行使自己的选举权利，积极参加选举大会"等内容，贯穿其中的主题思想就是"以主人翁精神搞好普选"。① 考虑到很多底层选民文化程度低甚至是文盲，这些内容又被宣传媒体转化为"选好人，当好家""当家作主喜洋洋"等形象语汇。各报社、剧团和出版社也纷纷刊登报道、编写上演或出版制作相关的应景之作，一时间，宣传画、连环画、小故事书、幻灯、越剧、沪剧、话剧、相声、说唱等，都为"当家作主"的普选内容所充满。

图2-2 上演普选宣传剧

然而，来自上海基层选区的信息并不乐观，尤其是在普选试点、先行选区以及全面推开之后的初步候选人酝酿提名阶段。

对普选的漠视和曲解在许多内部报告中反映出来。上海市中心城区黄浦区的报告说：

---

① 市选委宣传处编印的普选宣传材料，1953年9月，上档B52-2-33。

有些人开始把普选当做"浦东""浦西"（上海话"普选"的发音与"浦西"完全相同——引者注）；听到了"候选人"以为还有"先选人"。①

还有的选民说："现在候选人是上头提名的，在国民党时期也选过，我们要选的选不着，不要选的却一定要我们选"。② 部分先行选区讨论候选人或选举中出现了上级最不希望看到的结果。如：

在讨论提名原则时，一个有二十六个选民的小组，第一次只来了三人，第二次来了六人，只得与其他小组合并讨论。开会时除了个别积极分子外，其余选民皆未发言。这一情况向工作队长汇报之后，工作队长说："没有发言，就是同意"。一个先行选区中经联合提名的三名初步候选人，虽然进入等额选举，但最终都因得票低于半数而落选。③

针对群众的"思想问题"，市委要求普选宣传必须加大"主人翁"的正面引导，突出"当家作主"的主旋律。作为上海"第一大报"的党报《解放日报》，理所当然地要负起示范引领之责。

根据原拟的宣传计划，《解放日报》准备以社论形式重磅推出"一论"并"再论""克服不关心政治，不关心普选的倾向"，但市委宣传部认为这样的题目不妥，指示报社"应从积极的正面来提"，"希望能多介绍一些典型人物，以活的榜样启发群众，教育群众"。④ 记者们被派往工厂和街道基层选区，发掘各种"主人翁"的典型材料。

对于写报道的记者来说，不管是"杏生师傅"，还是"李生师傅""桃生师傅"，只要有能够体现"主人翁"形象的"原型"，都是可以用来加工塑造的"毛坯"，因为这是记者的当务之急，是必须全力以赴的中心任务。包括《杏生师傅》在内的"人民在普选运动中"专栏便应运而生。

---

① 黄浦区选委办：《刘秘书长在本区第19选区的选举动员报告稿》，1954年1月13日。
② 市选委办：《普选情况反映》第3号，1953年5月28日，上档B52-1-37。
③ 市选委办：《普选情况》第20期，1954年1月6日，上档B52-1-40。
④ 《市委宣传部致解放日报社编辑委员会》，沪委宣（53）字第1167号，1953年7月9日，上档B52-2-32。

从 1953 年 10 月 27 日专栏开辟起，仅在普选运动开始后两个月内，所刊登的关于上海公布选民榜和发放选民证的报道就近 40 篇，其中 80% 来自工厂，其余来自里弄居民。经宣传部门精心挑选的工人为主的劳动人民、"苦大仇深"的底层妇女以及曾遭受歧视的少数民族为采访和报道的重点对象。①

与"杏生师傅"一样，每篇报道的"主人翁"都有真名实姓，身处时空与个人经历各不相同，但仍是"千人一面"，话语套路如出一辙。

循着新旧对比的思路，被当作宣传典型的所有"主人翁"都会道出自己的翻身感恩之情——

一篇报道记叙了儿时被法国炮车压断了一条腿的青年工人积极参加普选"当家作主"的感受。他说：

> 政权就是命根子，从前，反动派掌握政权，我们是牛马……自己的性命也抓在人家手里；如今，人民掌握了政权，你看我们劳动人民的生活，越过越幸福，我这个一条腿的人也变成两条腿了。普选是由人民自己选举代表管理国家大事，这不是别人的事，是我自己的事。②

又一篇题为《哪能可以不忙些呢》的报道讲述的是一个叫张丽卿的军属，为普选不辞辛劳积极工作的事迹。记者问及为何如此奔忙，她答：

> 反动派时期的"大选"，伪联保办事处的人，无耻地连夜为反动头子潘公展拉票。老百姓在反动派的天下，连生活和生命都没有保障，还谈什么"选举自由"！从前像我这样的老太婆是被人家看不起的，现在，我们女人家也好参加选举了。比比过去，真是完全不同的两个世道！③

---

① 见《解放日报》1953 年 11 月 27 日至 12 月 20 日。
② 《政权就是命根子》，《解放日报》1953 年 11 月 10 日。
③ 《解放日报》1953 年 10 月 27 日。

两篇反映回族选民心情的文章写道："在反动派散布的大汉族主义思想影响下，少数民族到处受歧视、受排挤。"李寿彭说，40年来不敢公开承认自己是回族，在外面吃饭，别人请吃猪肉，"只好说我是个胎里素"。当话题转到新社会，谈到《选举法》，李"越谈越兴奋"："祖国对我们少数民族的照顾是多么周到。比起我的祖父、父亲来，我真是太幸福了……我的母亲今年83岁了，她也欢天喜地说'没有毛主席哪有今天'。她这话正是我们家里人的心里话"。①

还有一篇来自申新九厂的报道更具回忆对比的强烈现场感：

> 从第三道铁门到第一道铁门，灯火辉煌，人声欢腾，六块披红挂彩、连接起来有十多丈的选民榜上，排列着六千多公民的名字。就是在同一块地方，五、六年前的二月头里，曾经展开过一场人和兽的搏斗……今天，聚集在这里的成千成百的工人，正是当年以砖瓦以肉身阻拦国民党反动派的装甲车的人们，正是当年担任纠察队员的英雄的人们……一个女工说："二二"斗争时，是反动派来捉我们，杀我们；而今天，是我们的光荣的名字公布在这里。我们永远成了新中国的主人了。②

报道中的"杏生师傅"也是如此。他之所以被党支部书记报告所打动，是因为这个"当过十几年女工"的书记"用一桩桩活生生的事实，特别是他们本厂里的具体例子来说明普选的道理"，促使他在"忆苦思甜"的回忆对比中，激活了感恩毛主席的真心情。

按照以"实际行动"体现"当家作主"的思路，报道中所有的"主人翁"都会将身边小事拔高为普选和贯彻国家总路线的大事——

在"忆苦思甜"的基础上，记者笔下的杏生师傅有这样一段"内心独白"：

---

① 《回民马安泰的兴奋》《一个回族人的喜悦》，《解放日报》1953年10月29日、11月17日。
② 记者：《我们永远成了新中国的主人》，《解放日报》1953年12月17日。

他不止一次地问自己：毛主席把管理国家的大权交给我们，难道我们只为自己争吃争穿别事不管吗？谁不想生活得好上加好！一根甘蔗头甜根也甜，整个工厂单靠一部分人不行，整个国家要靠大家心齐。

这段"独白"想要告诉大家，杏生师傅的思想已进入了国家主人翁的境界。

在这个专栏里，所有"翻身做主人"的事迹，都达到了这样的高度。国棉六厂女工姜小妹对记者说：

普选运动以前，我每天要出八九只坏纱，我们厂展开普选运动以后，九月份我只出了四只坏纱；十月份以来，只出了一只坏纱。坏纱是我们生产上的敌人，要打倒它。我知道，减少坏纱，就是当家作主的具体表现。[1]

她的口述文章见诸报端时，被记者加上了《普选教育我要搞好生产》的醒目标题。

图 2-3 搞好生产，迎接普选

上海丝绸厂女工莫巧云谈到选民榜对她的激励。她原本想参加厂里生产技术攻关任务，但又顾忌别人说闲话，颇为犹豫。当看到自己名字上了大红选民榜，"就有一种说不出的快乐滋味"，"心里就有了底"："我是主人，应该想法开车换筒，提高产量。只要我做的是

---

[1] 《解放日报》1953 年 11 月 25 日。

对的，何必怕人家说我呢？"心头疙瘩解开了，她大胆试验，终于攻下难题。①

中国内衣厂扫地工张金南原为自己能"认真做生活（上海话，意为'认真干工作'——引者注）"而感到满足，听了几次普选报告，参加小组讨论后，心想："我虽然是扫地工，但我也一样是主人……更何况我是工人阶级！"他开动脑筋，把积压仓库的皮拉索改制成有用的皮仁，节省了几千万元。②

杨树浦路崇益里64岁的阿毛婆婆"抚摸着选民证"，激动地表态：

> 我想，当家人就得像当家人的样子。我的儿子媳妇在工厂里做工，我也要在家里带好小囡，

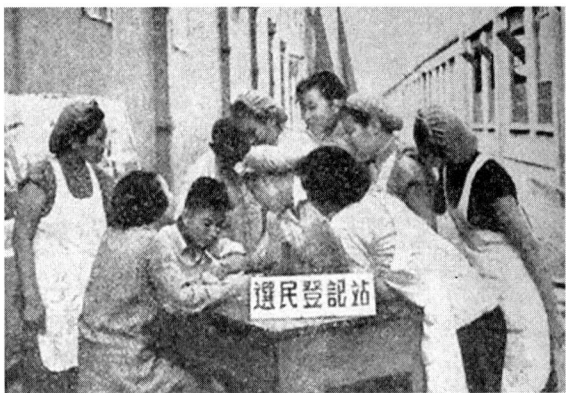

图 2-4　普选运动在上海国棉六厂，《解放日报》1953年11月30日

---

① 《莫巧云开车换筒》，《解放日报》1953年11月28日。
② 《扫地工动脑筋》，《解放日报》1953年12月10日。

按时喂奶粉，洗尿布，好让儿子媳妇安心生产，多给国家生产布，生产纱，好让我们的日脚（上海话，意为"日子"——引者注）一天比一天过得好。①

除了文字报道外，记者们还捕捉了许多当家作主的瞬间，《解放日报》等重要宣传喉舌不时地予以刊登，向人们展示主人翁的风采。

与文字报道一样，照片上的主人翁也都是"工人阶级"，尤其是那些笑容灿烂的工人姐妹们。

根据"国家主人翁"的形象要求，记者的任务就是把从基层发现的"原型"嵌入其中，使这个骨架有血有肉，并具有现场感，让他们变得真实而可信。至于党支部书记们的普选报告是否真有如此的感召力，杏生师傅们的翻身感是否提升到了"当家作主"的"国家"境界，似乎不那么重要了。

通过宣传机器的强力运作，普选的领导者希望这些典型的言语和形象能够首先在基层劳动群众中引起共鸣，以积极参选的行动，来体现对共产党、新中国的热爱与忠诚。扩而言之，他们希望通过"当家作主"的宣传，使得普选全过程成为"提高人民政治积极性和国家主人翁感觉的过程"，从而彰显"我国民主制度的广泛性和真实性"。②

盛大节日

与"国家主人翁"的宣传教育相呼应，节庆仪式的环境烘托也是领导层十分重视的。普选运动中两个关键节点是由两个仪式凸显出来的：一是选民榜张榜和领取选民证；一是人民代表的选举大会。市政府领导和选委会对此做了精心部署，要求基层各单位根据庄严、隆重但不铺张的精神，在选举的重要场合"做某些必要的环境布置和较集中的宣传鼓动工作"，并配以"各种形象化和文娱宣传工具"，营造出一种庆典仪式的氛围，以增加人民"当家作主的光荣感和责任感"。③

---

① 《阿毛婆婆在发选民证那天》，《解放日报》1953 年 11 月 10 日。
② 解放日报政治组：《关于普选运动的报道》（原件无日期），上档 B52-2-32。
③ 潘汉年：《普选宣传工作讲话提纲》（初稿），1953 年 10 月 13 日。

上海基层选区闻风而动。各个选民登记站和选举大会会场张灯结彩，悬挂横幅，张贴标语，显示了一派盛大节日的景象。选举大会前后，市区主要街道的商店橱窗布置了普选的内容，马路两边人行道上举办了有关普选的图片和黑板报展览。各电影院、剧场、文化宫、公园都做了相应的环境布置，电影院在放映电影前加映普选宣传幻灯片，剧场安排了普选短剧的演

图 2-5　欢欢喜喜去投票

出。[①] 在普选场景中，许多中国百姓传统的喜庆习俗元素闪现其中，而普选作为一场政治运动的各种标志更时时可见，有强烈意识形态的"主人翁"形象处处凸显。

在交织着传统民俗与政治警示的现场感中，底层大众的"主人翁"想象被极大地激发出来。选民们穿上新衣，许多妇女还穿上了绣花鞋；不少回民"按照他们参加隆重节日的习俗，洗了澡，穿了他们清洁的衣服，戴了平日不肯轻易戴的小白帽子参加投票"。[②] 记者采集的那些"当家作主"的故事，几乎都融入了这些场景触发的"从奴隶到主人"的翻身情感。

尽管无法断言这些节庆场景在多大程度上反映了底层选民的真实心态，但可以肯定这就是主流意识形态导向的主人翁的表现。这些底层百姓在热热闹闹的喜庆仪式中，扮演了一次主角，体验了当家作主的欢愉。

就是在选举的高潮中，全市 96.53% 的选民走进了当家作主的情境，投下了"庄严的一票"。[③] 虽然无法知道这 687 万多选民中有多少种投票心态，但这样一个空前盛况正是为"国家主人

---

① 市选委会：《卢湾区选委会关于选举大会前后宣传工作必须注意的几个问题》，1954 年 1 月 14 日，上档 B52-1-23。

② 黄浦区选委办：《刘秘书长在本区第 19 选区的选举动员报告稿》，1954 年 1 月 13 日。

③ 市委转发市选委会：《上海市基层选举工作总结》，1954 年 8 月 12 日。

翁"的话语做了成功的阐释。

更为成功的是普选的"压轴戏"——4613名区人民代表的产生。1954年2月19日，《解放日报》头版刊登新闻，宣告"上海市基层选举胜利完成"。这则新闻列举了23位人民代表中的"优秀人物"，排在前列的是以全国劳动模范、上海第二纺织机械厂副厂长陆阿狗领衔的工人农民中的劳动模范和先进工作者：国棉十七厂青年女工、1953年全国劳动模范黄宝妹，全国纺织工业劳动模范戴可都、裔式娟，在生产上有着10多种创造发明和改进、为国家节约了11亿元财富的全国劳动模范范东科，由于改进发电机使增加电量相等于供给一家5万纱锭纺织厂用电量的上海电力公司工程师吴作泉，安全行驶并得到车辆不抛锚特别奖的公共交通公司工人刘宝山，跟资本家不法行为做坚决斗争并被评为上海市店员劳动模范的董连元以及华东区丰产模范沈油民，上海市农业劳动模范、新泾区农业生产合作社主任顾小弟。

这个代表构成不仅与国家主人翁的阶级面貌完全吻合，而且他们的"先进事迹"又使得主人翁形象更加高大，更加完美。

当选代表陆阿狗是《解放日报》记者采访报道的最热点人物。还在提名推选正式候选人阶段，一篇报道就通过一位选民小组长、里弄妇女委员俞士瑞的普选经验，把他塑造成选民心目中当然的代表、崇拜的偶像。选民小组会前，这位俞大姐"想来想去，最后想定了一个人"：一定要在小组会上提名陆阿狗当代表候选人。"因为他是著名的全国劳模，对国家有很多贡献，选他当人民代表，一定可以为人民办好事"。在陆阿狗与选民见面的那天，"俞大姐比平日来得更高兴，晚饭提早吃好后，便同另一个选民小组长一齐到会场去"。一进会场，"俞大姐的两只眼睛东张西望地在寻找陆阿狗"。会后，她"逢人便说，'我今天看见了劳动模范陆阿狗了'"。[①] 对陆阿狗所在选区选举大会的报道更是图文并茂，有"陆阿狗小组"组长应忠发代表全组选民表达的决心：以"开展劳动竞赛，超额完成任务"的"实际行动支持和拥护我们的代表"；有该小组青年女工邹全英表达对陆师傅手把手指导和帮助的感激之情；有陆阿狗本人满怀豪情的一番"当选感言"："由于毛主席和共产党的英明领导，人

① 《见面》，《解放日报》1954年1月7日。

民翻身掌握了政权，今天我才会被选为人民代表。为了实现国家的社会主义工业化的美好理想，我一定要搞好业务，做好工作"。[①] 这些文字的表达在摄影记者的镜头里便浓缩为一个众星捧月的瞬间。

图 2-6　全国劳模陆阿狗当选

名不见经传的底层"劳动人民"跻身人民代表行列是宣传报道的另一个重点。《解放日报》的连续几篇报道都是在"谁是最满意和必要的候选人"的热烈争论中，推介那些平凡人物的事迹。

在江宁区第 25 选区，初步候选人、三轮车工人郭正发得到的好评是："工作很积极，经常踏了三轮车回来还要做里弄工作，有时候工作忙，他宁愿家里吃的苦一些，少踏一班车子，也非要把工作做完不可"。被选民认为比郭正发更胜一筹的莫龙英获得的赞扬是："一个年轻的家庭妇女，什么工作都肯干，立场又稳，镇压反革命分子时她不顾情面检举了反革命亲戚；弄堂里不论老少，大小事情都喜欢找她商量"。[②]

在虹口区第 12 选区，许多选民认为"一定会被选出来"的初步候选人、里弄妇女委员会副主任吴佩珍的优秀表现是"爬梯刷墙、下地挖阴沟，发动群众打预防针、种牛痘，总是自己带头，积极推动"；"还有付房捐，储蓄，收款缴银行，发收据，贴奖券，只要便利居民，她说做就做"；"从前做调解工作时，半夜起来给人家调解纠纷"。另一位也很有人气的里弄治保委员张冰心获得支持的理由是："家里有五个孩子，可是逢年过节，自己不出去玩，领导大家做纠察工作"；"经常把所了解的情况向上汇

---

① 《代表和选民》，《解放日报》1954 年 1 月 19 日。

② 《选郭正发，还是选莫龙英？》，《解放日报》1954 年 1 月 9 日。

报，对治安保卫工作很负责"；"立场稳，也积极"。①

在普陀区第 28 选区，候选人吴阿宝被许多选民称为"心中喜欢的人"："已经 49 岁的人了，头发落了，身体又不好，还一天到晚忙生活（上海话，意为'工作'——引者注）。当美国强盗用尽心思想再到中国来杀人放火的辰光，她叫三房合一子的儿子去参加军事干部学校"；"儿子上了前线，她还写信叫她儿子好好抗美援朝，保卫住和平的日子，保卫住人民的政权"。19 岁的居委会干部吴小妹也大受褒扬："人虽小也不容易啊！去年飓风来的时候，她半夜摇铃把大家喊起来，帮助棚户居民做好防御工作"。②

类似的候选人也在各种内部通报上频频亮相。来自里弄的情况反映，几乎所有的选民小组讨论里弄干部候选人的时候，都会有人不约而同地说，若不是联合提名，他们怎么可能选上！有的居民形象地说："角角落落里的人也被共产党提出来了，真深入"。③ 不少候选人受到居民的称赞，有的选民说："像这样的候选人，工作积极，落雨落的嗒嗒滴（上海话，意为雨下得很大——引者注），还是一样出来喊开会，不选她选谁？"也有的说：像这样的居委会主任，"连 3 岁小孩子都说他好"，"我们里弄只有他一人见过毛主席，别说区里见过毛主席的人少，全市也不多"。还有的说，像这样担任居委会主任的三轮车工人，"经过居委会门口时，将车子放下还进来扫扫地，倒痰盂，凭良心讲，我们这些里弄干部哪个像他一样，他的优点是说也说不完的"，"他当代表候选人是全体（里弄）干部的光荣"。④

无论是众人仰视的劳动模范的英雄业绩，还是百姓身边平凡琐碎的好人好事，一经作为"当家作主"的人民代表的话语建构，就有了共同的面貌与特征：一是忠实为国家服务，立足本职，以"主人翁精神"积极贯彻国家过渡时期总路线；二是带头响应国家一切号召，积极投身各种政治运动；三是全心全

---

① 《认真挑选再挑选》，《解放日报》1954 年 1 月 12 日。
① 《民主花儿朵朵开》，《解放日报》1954 年 1 月 9 日。
② 长宁区选委会：《选民小组讨论中对联合提名、等额选举及对初步候选人名单拥护的反映》，1954 年 1 月 8 日，上档 B52-2-29。
③ 普陀区选委会：《第 9 区劳动人民代表候选人于顺德同志事迹》，1954 年 1 月 9 日；郊区选委办：《群众对联合提名、等额选举一些好的反映》，1954 年 1 月 7 日；提篮桥区选委会：《33 选区群众认真讨论代表候选人》，1954 年 1 月 12 日；均见上档 B52-2-29。

意为身边群众做好事，堪称道德楷模。各种媒体所呈现的，是以劳动模范为典型的一批榜样，起码也是底层社会的好人，是勤恳的为民服务者，而非忠实的代言人。

三　当选"主人翁"：翻身通道上的小人物

在数以千众的人大代表中，仁德厂的女工李小妹榜上有名。她与许多代表一样，是极其普通而又平凡的劳动者。

新中国第一次普选确实让众多的底层百姓步入基层人民代表大会的权力殿堂。全市当选的代表中，工人（包括店员、机关工作者）占49.99%，农民、独立劳动者、职工家属等劳动人民占21.55%；中共党员占37.55%，团员占8.36%。市区代表中的工人比例更高一些，占57.27%。[1] 其中有许多底层的百姓——生产一线的普通工人、家庭妇女、各类失业者、小商小贩，还有保姆。

如此众多的小人物"翻身"当上人民代表，这在中国现代国家建构的历程中的确罕见。是什么力量和路径使他们在第一次普选运动脱颖而出，摘得人民代表的桂冠？

"天时""地利"与"人和"

从12岁到汇通纱厂当童工起，36岁的李小妹陆陆续续在纱厂度过了15年的光阴。她一直是生产第一线的一名普通挡车工，工人家庭出身，本人经历十分单纯。除去性别和阶级出身的"先天条件"，李小妹的过人之处就是在学习"郝建秀工作法"[2] 的过程中，不断总结出一套自己的巧干操作法，在厂开展的竞赛活动中，取得超产70%的好成绩。[3]

然而，在纺织女工云集的杨浦区，李小妹非但不显突出，而且过于平凡。包括其在内，当选区人大代表的纺织女工12人，她们的情况如表2–1。

---

[1]　市委转发市选委会《上海市基层选举工作总结》，1954年8月12日。

[2]　郝建秀是青岛国棉六厂的细纱挡车工，一人看600多纱锭，摸索出一整套工作合理化的操作法，成为中国棉纺织系统推广的第一个（细纱）标准操作工作法。1951年8月，纺织工业部、中国纺织工会发出推广郝建秀工作法的通知。

[3]　杜钰洲主编《中华纺织英模大典》，中国纺织工业协会，2003，第622页。

表 2-1　纺织女工人大代表情况

	代表人数	中共党员 （包括党团 双重身份）	青年团员 （含干部）	工会干部	妇女干部	生产组长	无任何党政 群头衔
人　数	12	8	5	3	3	5	2
比　例	100%	66.6%	41.6%	25%	25%	41.6%	16.6%

资料来源：《上海市杨浦区人民代表大会代表履历表》，1953 年 12 月 16 日，上档 B52-2-95。

　　李小妹属于两个"普通一兵"之列。且不论这些当选代表的纺织女工中，有全国劳动模范黄宝妹这样的标杆性人物，就是与李小妹一样的"平头百姓"，起码也有青年团员的政治身份。即使另一位同样无头衔的国棉十七厂挡车工，但参加了"三反"、婚姻法、民主改革等一系列运动，而李小妹在"人民代表履历表"的"解放后参加过何种运动"一栏内，填写的是"因身体勿好，所以未曾很好参加运动"。① 在杨浦区当选代表中，如此填写者，绝无仅有。由此来看，李小妹只是一个老实勤恳的"资深女工"，"根红苗正"，恪守本分。她一连串出众的荣誉和政治身份的获得则是在当选人大代表之后——1953—1955 年连续三次被评为上海市劳动模范，1956 年被授予全国纺织工业先进生

图 2-7　第一届上海市杨浦区人民代表、全国劳模黄宝妹（中）

产者称号，同年成为中共党员。而 1953 年市劳模的当选是在区人代会后的 1954 年 5 月底才公布的。②

　　如果说，人大代表是李小妹政治生命的光荣起点，那么，是什么力量把这样一个极为普

① 《上海市杨浦区人民代表大会代表履历表》，1953 年 12 月 16 日，上档 B52-2-95。
② 《中华纺织劳模大典》，第 622 页；《上海市 1953 年工业劳动模范名单》，《文汇报》1954 年 5 月 31 日。

通甚至在政治上不善表现的女工推到了这样的起点上？

选举的法定程序犹如"天时"，为李小妹的当选提供了"民主"与"集中"的双重支持。《选举法》第 7 章第 47 条规定："中国共产党、各民主党派、各人民团体和不属于上述各党派、团体的选民或代表均得按选举区域或选举单位联合或单独提出代表候选人名单。"[①] 上海出台的《实施细则》虽没有正面提出取消单独提名的方式，但在操作程序上只对联合提名做了详尽和明确的规定："各区（乡、镇）选举委员会应事先邀集中国共产党与各民主党派、各人民团体的代表协商各该地区代表候选人提名的原则和方法，提交各选民小组讨论之"。代表候选人之初步名单，也按此联合提名的方式产生。[②]《实施细则》还规定了"等额选举"的原则，即"选举委员会提出之每一选区候选人的名额，应与当选代表人数相等"。[③]

显然，上海的做法意在把住"入口关"，通过联合提名体现"集中指导下的民主"，以便于对选举的掌控，并用等额选举的方式确保选举结果与联合提名高度吻合。副市长潘汉年对选举工作干部所做的报告中，多处强调联合提名和等额选举的"民主性"，明确指出"自下而上提名不妥"；要求在宣传中"要针对实际情况批判资产阶级旧民主思想，小资产阶级的极端民主思想，本位主义观点等"。

联合提名也为后台运作留下了空间。潘汉年要求选举工作干部对代表候选人"要有内部掌握的比例，但不是机械规定"，"全区代表要通盘安排，允许代表在住地、工地、团体所在地、兼职地点择一处提名，必要时亦可在本区其他选区提名，但必须事先经过条条排队，块块摸底，又不可过早暴露意图，引起被动"。他还宣布了一条党内纪律："正式候选人产生以后，党员要保证按党的决定投票"。[④]

在联合提名和内部操控的双重运作下，除了极个别的初步候选人被基层选民提出强力的理由遭否决外，进入联合提名的绝大多数人都获得了正式候选

①　《建国以来重要文献选编》第 4 册，第 34 页。
②　市选委：《上海市基层选举实施细则》，第 5 章第 17、18 条，上档 B52-1-9。
③　《实施细则》，第 5 章第 29 条，上档 B52-1-9。
④　本段及上段，均见市普选办公室整理《潘汉年同志关于代表候选人提名与进行选举的报告提纲》，1953 年 10 月 7 日。

人的"金榜题名"。以先行选区为例，[①] 虽然在先行期内还有单独提名的代表候选人产生，但联合提名的候选人占到了 95.8% 的绝对多数，等额选举又保证了这些人当选。[②]

李小妹是在联合提名产生的绝对多数之列。仁德厂所在的杨浦区两个先行选区，产生代表 13 名，全部经联合提名获得候选人资格，最后以高达 99.88% 的有效票率，"等额"全部入选。[③]

然而，要获得八百分之一的机会却非平常。[④] 李小妹究竟具备何种政治优势能入围联合提名？

杨浦区是近代上海纺织业的半壁江山，[⑤] 又是工厂云集的老资格工业区。全区在工厂范围内产生的人大代表 88 名，占杨浦区 162 名人大代表总数的 54.3%；其中在纺织行业产生的代表 43 名，将近一半。[⑥] 仁德厂所在的第 10 选区，私营工厂的选民人数 1849 名，超过国营工厂，为选区内企业选民人数之最。[⑦] 而以仁德厂的千余名工人的规模推测，在选区的企业选民数量中不至无足轻重。第 10 选区内，除有国棉九厂和中国纺织机器厂各一个附属单位外，属纺织行业的只有仁德一家。

作为一家可上溯至 1917 年的永元机器染织公司的老牌棉纺企业，仁德的

---

① 1953 年 12 月，根据中共上海市委指示，市选举委员会在 21 个市区确定了 43 个先行选区。

② 市选委选举事务处：《上海市市区先行选区代表情况分析表》，1954 年 1 月 4 日填，上档 B52-1-68。

③ 市选委选举事务处：《上海市市区先行选区选举结果统计表》，1954 年 1 月 4 日填，上档 B52-1-68。

④ 根据《上海市基层选举实施细则》，市区人民代表大会代表名额一般按每人口 1000—2000 人选举代表 1 人。根据杨浦区的人口总数，上海市下达的代表名额数是 154 名（经协商后，代表数为 162 名），每一代表所代表的人口数为 1341.41 人，代表选民数为 888.65 人。仁德厂所在的第 10 选区人口数为 7040 人，选民数为 5053 人，额定产生代表 6 名，每一当选者的入选几率约为 1/827（人）。参见市选委选举事务处《上海市各区人民代表名额统计表》，1953 年 12 月 31 日，上档 B52-1-68；杨浦区选委《上海市杨浦区选区划分情况表》，1953 年（无具体日期），杨浦区档案馆 46-1-14。

⑤ 上海的纺织厂主要集中在沪东的杨浦区和沪西的普陀区。1992 年以前，杨浦区 80 万人口中几乎一半是纺织工人，全市 418 家纺织企业杨浦就有 82 家。见雷新军等《城市产业转型比较研究——上海市杨浦区与日本川崎市产业转型经验》，上海人民出版社，2011，第 260 页。

⑥ 《上海市杨浦区人民代表大会代表履历表》，1953 年 12 月 16 日，上档 B52-2-95。

⑦ 杨浦区选委会：《第 10 选区准备工作统计情况》，杨浦区档案馆 46-1-14。

规模虽不及申新，但在上海棉纺织业和近代工业史上也颇具声誉和影响。[①] 仁德纱厂是大隆机器厂创办人严裕棠"铁棉联营"战略的产物。当 1923 年以后中国棉纺织工业步入整体困境时，严裕棠以银元 30 万两买下奄奄一息的苏州苏纶纱厂，与大隆厂联营，使其扭亏为盈，焕然一新。严又于 1934 年以 35 万两银元买下上海隆茂纱厂，改名为仁德纱厂，扩充纺纱机器为 17088 锭，新增织布机 470 余台，1935 年全部开工后，两年之内盈利甚丰。仁德厂在新中国开局的年代也有上乘的表现。1950 年，全市私营企业面临经营的严重困难时，仁德厂实行的"维持开工，保本生产"的办法，被作为全市私营工商业"劳资协商，改变旧的经营方针和方法，共同克服困难"的成功经验，在上海和整个华东地区推广，从 4 月到 7 月，新华社和上海各大报陆续报道。"仁德经验"有二：一是在同行中以"老太爷式的厂房和老太婆式的机器"著称的老厂，创造了同等级的最好生产效率，达到 20 支纱 20 小时每锭 0.86 磅，破了全国纪录；二是全厂职工与资方代理人厂长经理一起克服困难，职员薪金打了折扣，工友的工资如旧，齐心协力，最终做到保本自给，劳资两利。[②] 1952 年，严裕棠的长子严庆祥将存在香港的 40 亿元巨款调到仁德厂，大大补充了厂内流动资金之不足。仁德厂也经常是上海向国家领导人和国际友人展示的"形象窗口"，一些重要的社会主义国家及国际组织的工人代表团多次到厂参观。1955 年 7 月，全国人大常务委员会副委员长宋庆龄到厂视察，并在全国人大一届二次全体会议的发言中，表扬仁德厂增产节约运动开展得颇有成效。[③]

　　因此，无论是身居的行业还是所在的选区和单位，仁德厂的候选人李小妹与资方厂长严克在第 10 选区 6 个代表名额中有着明显的"地利"优势。就是该选区中国纺织机器厂职工业余学校有一位当选代表，这个单位地址也就在

---

①　1947 年的统计显示，位于杨浦区的私营纱厂中，申新六厂的规模最大，拥有纱锭 6.504 万，工人 4090 人，申新五厂次之，拥有纱锭 5.7188 万，工人 1812 人；仁德纱厂拥有纱锭 1.7088 万，工人 1490 人。见上海纺织工人运动史编写组《上海纺织工人运动史》，中共党史出版社，1991，第 16 页。

②　《棉纺业开会员代表大会》《一片光明远景》《沪私营工商业劳资协助》《结合公私劳资力量搞好华东纺织工业》《上月生产保有余，创造两个全国纪录》《仁德纱厂》《再加一把劲！》，分见《文汇报》1950 年 4 月 25、28 日，5 月 12、26 日，7 月 17 日。

③　宋庆龄：《为了社会主义，为了和平》，《文汇报》1955 年 7 月 24 日。

仁德厂后 202 号。[①]

除了《选举法》及《实施细则》的制度性规定和杨浦区、第 10 选区以及仁德厂的"地利"因素而外，李小妹的当选仍与仁德厂"微观环境"的政治因素有关。

与杨浦区其他老牌私营纱厂相比，中共在仁德厂扎根并不很深。抗战胜利后，中共在沪东建立了两个棉纺业组织——沪东棉纺委员会和沪东民营纱厂委员会。前者包括国营"中纺"系统各厂的支部，后者则包括申新五、六、七厂及恒丰纱厂、永安印染厂、荣丰纺织厂、老怡和纱厂等支部，是时仁德厂还没有支部，只有个别地下党员。[②] 在中共党组织资历浅、力量相对薄弱的仁德厂，1950 年代初成立党支部后，首先把组织发展的重心放到青年团上，到 1953 年，已经有一个团总支，团员人数应在百人以上。[③]

但是，就在仁德厂青年团员的大发展期，如 C 女工这样的有一贯道背景的"政治不纯者"被当作积极分子吸收入团。因 C 的一贯道活动主要在其居住区及亲属间，其 1951 年入团时居民组织还未建立，大规模的取缔反动会道门的运动也未开始，[④] 因此，团组织不但不了解 C 的这些政治情况，而且 C 在工人中间也是一个颇有影响的挑头人物。这对于仁德厂年轻的党团组织来说，无疑是埋下了"祸根"。

1951 年，正当"仁德经验"取得成绩，生产和经营状况很有起色，劳资关系也比较协调之时，工人内部的矛盾却趋尖锐，甚至发严重斗殴事件，引起部分车间息工。事件惊动了区委，当即派员到厂调解，协助厂党支部平息了这

---

① 《上海市杨浦区人民代表大会代表履历表》，1953 年 12 月 16 日，上档 B52-2-95；罗苏文：《高郎桥纪事——近代上海一个棉纺织工业区的兴起与终结（1700-2000）》，上海人民出版社，2011，第 200-201、227 页。

② 《上海纺织工人运动史》，第 490-491 页。

③ 根据 1949 年 4 月 17 日中国新民主主义青年团第一次全国代表大会通过的团章第 3 章第 14 条规定："每一工厂、企业、连队、学校、机关、街道、农村（或乡），有团员五人以上，即成立团的支部，支部下划分若干小组，每组三至十人，百人以上即成立总支，下设分支，五百人以上设该单位的团委员会。"共青团中央青运史档案馆馆藏，来自中国青少年研究网：http://www.cycs.org/InsInfo.asp?InsID=18&ID=7646。

④ 1952 年 11 月，根据中共中央 10 月批准的第五次全国公安会议关于摧毁反动会道门组织的决议，上海市公安局开始系统的调查研究，取缔反动会道门的运动由此开始。见陈祖恩等《上海通史·当代政治》（熊月之主编《上海通史》第 11 卷），第 85 页。

次风波。据查，四名工人在这一事件中"表现突出"，被厂方认为有"肇事者"之嫌，C便是其中之一。有人反映，C在背后指骂上级来人："哪里来的瘪三，不为工人主持正义"，煽动工人的不满。[1]

"怠工事件"虽然平息，但"仁德经验"带来的正面效应已明显被冲淡。加之1952年底开始的工厂"民改"和取缔反动会道门运动，C女工又不断地给厂里带来政治麻烦，故到1953年11月普选即将进入候选人提名阶段时，仁德厂党支部、团支部和工会，感到非常棘手，左右为难。因为如前所述，市选委已经就C的"吞金"事件对杨浦区、第10选区以及仁德厂都进行了严厉的通报批评，而普选中像这样就一个事件向全市数次通报的，也只此一件。

在这样的局面下，平稳地度过普选，选出"四平八稳"的"好人"，才是仁德厂党团组织唯一的选择。而从工人方面来说，只有埋头干活，生产上过硬，又远离是非的"老师傅"才能服众。如此，由于"巧干工作法"而在厂劳动竞赛中成名，又"因身体原因未很好参加政治运动"的李小妹便成为符合仁德厂"官意"和"民意"的代表候选人。

若从第一次普选运动的全局来看，如李小妹这样名不见经传的底层"劳动人民"跻身人大代表行列的还真不在少数。尽管各有"独到"之处，但他们的当选，除了"民主与集中"的制度性规定与保障外，所处的各种千差万别的"中观"和"微观"环境，也可以是一条由下而上的民主之路。可谓"天时""地利""人和"缺一不可。

另类主人翁

如果说，如李小妹这样的普通工人当选人民代表是体现工人阶级领导地位的应有之义，是国家主人翁的主旋律，那么，676位来自上海里弄的人民代表翻身"当家作主"，却有一番别样的意义。

如上章所述，1950年代初上海里弄中的大量劳动人民仍是一个十分庞杂的群体，包括居委会干部队伍中的许多政治不可靠者。同样是翻身通道上的小

---

[1]　上海市普选办公室整理《潘汉年同志关于代表候选人提名与进行选举的报告提纲》，1953年10月7日。

人物，这个代表群体则显"另类"得多，他们中一部分人的形象和行为与国家的主旋律话语格格不入。

上海普选期间发生的自杀事件中，北四川路区刚当选的人民代表 M 的自杀案格外引人注目。领导机关进行了详细调查，分析死因，收集反映，提出处理意见。当地居民对此议论纷纷，有激烈批评者，有同情惋惜者，也有借机造谣者，虽舆论上莫衷一是，但聚焦点都在他的"人民代表"的特殊身份上。

一个光荣的人民代表为什么自杀？北四川路区选委会有关 M 死因的调查并无结论，只是综合被访者提供的情况提出了"最大可能性"是"有历史问题未彻底交代"，"由于个人得失严重疑虑多"，"虽被选为人民代表，仍一直顾虑政府要对其问题作处理，而且是对里弄干部、人民代表要求更高，认不清政策"。这一分析所依据的主要事实是 M 在民主改革运动中曾交代过自己的历史问题，"由于检查不够深入，未得通过，但无严重情节"。[①]

调查报告分析的另一个死因是生活所迫。报告披露，M 本人自 1951 年失业，一度靠两个儿子就业维持全家生计。经济上刚有好转，长子失业，次子的临时工也将期满，年关时向人所借 10 万元还未偿还。M 当选人民代表时，恰逢他又一次处于生存危机的状态，"人民代表"的光环并没有让他释怀，相反，他"情绪低落，思想焦虑"。调查过程的被访者中，熟悉他的里弄干部和居民都认为 M 是"忧虑生活而致死"。

不管上述死因哪一个更接近事实，有一点可以肯定：这个处在历史问题和生活窘迫的双重压力之下的居委会主任，的确没有完成从小人物到人民代表的大跨度的角色转变，在他的自我认同中，当家作主的人民代表似乎依然是遥不可及的身外之物。

在新中国第一次普选中，以结束生命来摆脱现实和心灵痛苦的人民代表未能找出第二人，然而，如 M 那样境遇的人民代表在上海里弄中却并不鲜见。

在来自社会底层的人民代表中，面临生活困难压力的不在少数。以 M 所在的北四川路区为例，全区 29 位里弄干部出身的人民代表中，有 5 位居委会

---

① 北四川路区选委会呈上海市人民政府、市选委会、市政府民族事务委员会、中共北四川路区委员会《报告本区人民代表 M×× 自杀情况》，1954 年 5 月 21 日。

主任或委员属于威胁到生存的家庭生活"极端困难者"。区选委会向上报告了
他们的窘况：

> 广中路居委会主任 J 某，失业四年，一家八口靠儿子每月回贴六十多万元
> 维持生活。后经区政府民政劳动科安排失业工人自救工场工作，才得月工
> 资四十万元，方能糊口。
>
> 和团居委会主任 L 某，派报工人，一家五口，靠其一人每月四十六万元生
> 活。房子坏了无法修理，子女读书学费无力缴付。街道办事处转函派报工
> 会，复称：只能临时补助，不能经常照顾。
>
> 杨横中宅居委会委员兼治保委员会主任 Y 某，一家十口，靠牛肉摊贩所
> 得生活，逢菜牛来源减少，收入大减，转而贩卖青菜，日收入仅三、五千
> 元，无以为继。只能变卖用具和借债度日，是代表中最困难者。
>
> 欧阳路北段居委会主任 Z 某，失业四年，在郊区踏二等车为生，遇阴雨
> 天或里弄工作忙就影响踏车收入。
>
> 瑞庆里居委会主任 H 某，筑路工人，每月工资六十万元，一家七口，子
> 女衣衫不全，吃粥时多。
>
> 还有一位各界人民代表会议代表、邢吟居委会主任 Z 某，原在山阴路鲁
> 迅纪念馆弄口摆水果摊。因该处国际友人常来，政府动员迁移，Z 首先响
> 应，移动到较冷落地段，因做不到生意而歇业，一家四口靠救济维持。去
> 年年底因无法过年，里弄干部私借识字班公款予他，近日被人揭发。Z 痛
> 哭流涕地加以检讨，公款已设法归清，生活困难尚未能解决。[1]

类似的问题也发生在代表候选人身上。长宁区 21 选区选民举报该选区代表候
选人、居委会副主任、失业裁缝 C 有挪用公款、账目不清等贪污行为。经市
选委会检察科调查，C 虽未构成贪污，但账目不清等问题确实存在，而究其原
因，也是"因收入不好停业，主要搞里弄工作，做些零活，主要靠救济，又拖

---

① 北四川路选委会：《关于本区人民代表中生活困难者的情况报告》，1954 年 7 月 14 日，上档 B52-2-3。

欠了房租"。①

这些人民代表的生活困难情况很得市区领导的重视。经市领导批示，市选委会办公室将北四川路区的报告转发至各区选委会，要求"用适当的方式进行一次调查，写出报告并请提出处理意见"，供有关部门研究后，"再决定处理办法"。②

虽然目前尚未见到有关这一问题最终处理办法的材料，但显然这是一个政府无法根本解决的问题。正如北四川路区的报告中所写："人民代表为人民服务应是必要条件，但有特殊困难，似亦有加以照顾之必要"。所谓的"照顾"也多是救助性质，属"输血"而非"造血"。即便是该区提出的最佳方案，也就是在"今后里弄设脱产干部时，可根据情况适当照顾人民代表中生活极端困难者"。③且不论这个措施是否可行，即便能够实施，其结果也是在里弄干部队伍中又增加了一些生活困难的人民代表。

因此，养家糊口求生存，是这些小人物的燃眉之急，第一需要。当走投无路之时，这些代表或候选人的个别者也会因一念之差而将人民代表的身份置诸脑后。当家作主，议论政事，其实离他们很远。只不过，M采取了与众不同的解脱方式。

除了日常生活的相同遭遇外，与M同样背负着历史问题的人民代表也并非个别。在黄浦、蓬莱、卢湾、徐汇、常熟、普陀、虹口、闸北、江宁、东昌、杨浦等11个区的341名里弄干部出身的人民代表中间，参加过一贯道等会道组织以及"拜老头子"的有17人；担任过甲长的6人，警察4人；加入过国民党的3人；参加天主堂保卫团和忠义救国军的各1人。④这11个区的

---

① 市选委会检察处：《关于长宁区第21选区代表候选人C某及该选区工作队长Z某问题的调查报告》，1954年1月27日。

② 市选委办下发《北四川路区的"关于本区人民代表大会代表中生活极端困难者的情况与处理意见的报告"的通知》，1954年7月26日，上档B52-2-3。

③ 北四川路选委会：《关于本区人民代表中生活困难者的情况报告》，1954年7月14日，上档B52-2-3。

④ 此数据根据11个区的《区人民代表大会代表履历表》统计，见上档B52-2-80（黄浦）、B52-2-82（蓬莱）、B52-2-85（卢湾）、B52-2-86（常熟）、B52-2-87（徐汇）、B52-2-89（普陀）、B52-2-93（东昌）、B52-2-95（杨浦）、B52-2-106（虹口）、B52-2-107（闸北）、B52-2-109（江宁）。本文选取11个区作为统计样本，考虑如下因素：浦西市区（10个区）、浦东1个区（东昌）；商业区（黄浦）、工厂及棚户集中地（普陀、闸北、杨浦）、居住及商业（卢湾、徐汇、常熟）、小工厂、商业及学校（江宁、虹口）；老城厢（蓬莱）。

人民代表中已明确有"历史污点"的人占9%。与M不同的是，这些人的"历史问题"都见之于他们本人填写的代表履历表上，不致产生如M那样的极度焦虑。

但这是否意味着，这些带着历史包袱的人民代表从此便可轻装上阵，当家作主了呢？

上一章已述及，自进入大上海，里弄干部始终是共产党很不放心、密切关注的群体。基于里弄干部队伍的"严重不纯"和居委会组织的"极不健全"，上海市委部署的整顿里弄的工作接踵展开。1952年冬至1953年春开始的各区结合劳动就业登记进行的大规模的里弄民主改革还在尾声，没收反革命及反动会道门财产的政治运动又把里弄推向激烈的整治状态。普选刚一结束，中共上海市委便"决定在1954年内对全市里弄居民委员会及妇女代表会议的干部、摊贩、失业人员以及其他方面约60万人进行一次全面的、系统的整顿工作，作为上海今年改革改造的一个重要方面"。市委要求，通过整顿"初步弄清里弄居民的政治情况"，并明确将"里弄组织专门委员以上干部"列在整顿清理对象之首。市委还做出部署，普选中有关里弄政治情况的材料移交到里弄整顿的专门工作机构，"进行内部排队，分析研究"，普选工作队留下的干部也全数加入里弄整顿工作队。[①]

里弄整顿就这样以迅雷不及掩耳之势，将普选和人代会欢庆声中的里弄干部无一例外地卷入又一场严酷的政治运动中。

就在各区普选结束相继召开人民代表大会期间，里弄整顿的试点与各项准备工作在紧张地进行。整顿历时一年，至1955年4月方告结束。全市居民委员会委员以上的干部共约11万人被划为整顿对象。从试点阶段起，市委政法委员会里弄工作委员会就派出大批干部深入里弄调研，层层排摸，广泛发动居民揭发检举，收集了大量里弄干部的政治情况。经过整顿，掌握里弄干部政治问题的材料24278份，"个别地区里弄组织的干部不纯的比例甚高，例如长宁区三泾北宅居委会，除主任外其余几个主要干部都有问题，福利主任是个

---

① 市委：《关于里弄整顿工作的指示》，沪委（54）丑字第088号，1954年8月2日，上档A20-1-116

扒窃犯（已捕），文教主任是匪军宪兵，调解主任因包庇反革命被捕办，而治保主任却是现行特务"。[①]

如此规模和声势的里弄整顿使得里弄干部面临又一次人人过关，也面临着被清除或下岗的危险。不难断定，在如此紧张的政治氛围中，那些背着历史问题包袱的里弄干部处在人人自危的状态，人民代表当无例外。M的自杀案发生在1954年4月30日，正是里弄整顿试点开始之时。在M自杀前，居委会干部被清查和法办的消息不时传出，对他是一个极强的暗示。区选委会的报告反映：因相邻的中伦路居委会主任被捕，本来就背着历史问题包袱的M"更加恐慌不安"，"派出所与其联系工作，已发现有避开不愿接近的现象"；区法院召开宣判大会，"避而不敢出席"；"再加上里弄中可能有坏分子恐吓挑拨说政府要办他，层层节节形成了自杀的念头"。[②]

虽然市委一再叮咛各区及工作队，要严格掌握政策，"争取多数，打击少数"，但实际上对里弄干部非常严厉。他们的交代范围不限于"应该登记的反动骨干以上"，比其他整顿对象的交代范围要宽泛得多。各区在执行时也宽严不一，有些区一开始就揪住小问题不放，想以小牵大，生怕"一般（问题）不交代，大的问题就很难暴露"。里弄工委虽然不赞成"因此而左右政策"，主张"用政策攻心，促其自觉交代"，但不反对以此作为"技术"层面的一种手段。[③] 在这样的政治高压之下，从1954年4月里弄整顿试点工作开始至同年11月，发生自杀事件110起，而在交代阶段的自杀者占了81.6%。[④] 即使那些人民代表的历史污点不再被追究，但他们的精神负担也可想而知了。与家境贫寒的窘况相比，政治上的麻烦或许对人民代表的威胁更大，当家作主或许离他们更远。

机会来临

M们的故事提供了与当家作主的人民代表相悖的一个面相。但他们的经

---

① 里弄工委：《里弄整顿运动材料工作总结》（草稿），1955年3月28日，上档A20-1-116。
② 北四川路区区选委会：《报告本区人民代表M××自杀情况》，1954年5月21日。
③ 里弄工委：《里弄整顿试点第一阶段（干部清理）工作小结》（原件无日期）。
④ 里弄工委：《里弄整顿有关政治情况、调研审理工作报告提纲》（草稿），1954年4月14日，上档A6-2-158。

历同时又揭示了另一种真实：新中国的第一次普选确曾让众多社会底层的小人物，包括处在生活、政治双重压力下的平民百姓获致改变命运的可能性。

如果不考虑可能隐瞒的"历史问题"，M被选为区人民代表顺理成章。无论是他的身份，还是经历与表现，都足以使他获得这个机会。

在"北四川路区人民代表大会代表履历表"上，M这样填写：男，53岁，北京市人，回族，失业工人。北四川路区恒业路四联居民委员会主任，失业登记委员会主任，优抚委员会主任。年轻时曾在财政部印刷局学徒，后入大东书局当技术工人，至1950年6月失业，其后一直从事里弄工作。参加过抗美援朝、爱国卫生、"三反""五反"、婚姻法、禁毒、整顿民警作风、取缔反动会道门等一系列政治运动。[①]

M的回族身份，是他当选区人民代表的有利条件。1953年颁布的第一部《选举法》和上海的《实施细则》都做了特别的规定，必须确保少数民族代表的名额，即使在非少数民族聚居地区，也至少选出一名少数民族代表。[②] 基于这些规定，北四川路区将一个少数民族代表名额落到了M头上。

居民委员会主任身份是M当上人民代表的另一个重要因素。失业后的三年多时间，他一直活跃在基层里弄。虽无更详细的资料记载他的里弄工作情况，但从北四川路区选委会的调查报告中可见，作为一个居委会主任，M得到了上上下下的认可。报告写道：M先后担任两个居委会主任，"兼任里弄工作甚多，积极，不怕困难，在镇反运动中很积极，工作作风正派，在群众中甚有威信"。对M的自杀，群众的"一般反应"是认为他"死的不对"，因为"政府对他这样的信任，群众又很拥护他"。与M比较接近的群众和里弄干部则"对他十分同情，为其解决处理善后丧事"。[③]

单就一个个体而言，回民和里弄干部的双重身份，把M从底层社会推上了区人民代表这个政治舞台。但以群体而论，M的少数民族身份并无实际的族群代表性。在上海城市的人口结构中，少数民族人口只有27926人，占人口总

---

①　上档 B52-2-105。

②　根据《选举法》和上海市的《实施细则》，倘若聚居区内的同一少数民族总人口数"特少者"，"亦应有代表一人"，上海各区少数民族代表名额的确定，需根据各区情况，报请市人民政府决定。见《建国以来重要文献选编》第4册，第29页；上档 B52-1-9。

③　北四川路区选委会：《报告本区人民代表M×× 自杀情况》，1954年5月21日。

数的 0.45%，约占选民总数的 0.75%，[①] 包括北四川路区在内的许多区内，少数民族人数不过数百，且多散居，[②] 故上海少数民族代表的法律和政治象征意义远胜于族群意义。

居委会主任的身份则不然，他们自觉或不自觉地担当着社群代表的角色。绝大多数从社会底层走出的人民代表都如 M 那样，因大大小小的里弄干部身份而当上了区人民代表。他们遍布各选区，只要不是大工厂、大学校等大单位覆盖的选区，几乎每选区有 1 名里弄干部当选，有的选区还会有 2 至 3 名。倘若对前述 11 个区做一抽样统计，里弄干部当选人民代表的高比例和广覆盖便可见之一斑。这 11 个区共有选区 321 个，选出人民代表 1838 名，里弄干部人民代表 341 人，占 18.5%，来自 233 个选区。其中闸北区比例最高，全区 33 个选区 158 名当选代表中，里弄干部 44 名，占 27.8%，由 32 个选区选出。[③]

区人民代表中的里弄干部与他们的社区之间形成了既自然又特殊的关系。在上述 11 个区 341 名当选代表的里弄干部中，近 93% 为无工作单位的人，单位人仅 7% 强。非单位人群中，最多的是家庭妇女（142 人）和各类失业者（85 人），其次是三轮车夫、摊贩和个体劳动者（84 人），还有弄堂烟纸店主 3 人，佣工 3 人。单位人群中有在职工人或职员，也有个别资本家或资方代理人。

与兼做里弄工作的单位人不同，非单位人完全靠里弄干部这一身份获得官方和社会的认同。虽然不是所有的里弄干部都有官方确认的正式身份，但居委会主任是被官方认定的"公职"人员，与政协委员、工会主席等同。[④] 非单位人因此而获得了一种"本职工作"的社会身份，在为里弄居

---

① 此统计数以第一次人口调查的标准时间 1953 年 6 月 30 日为准。上海市人口调查办公室：《本市人口调查与选民资格审查的初步统计资料》（初稿），沪选人字 040，1954 年 1 月 12 日，上档 B52-1-67。

② 第一次人口调查初步结果显示，居住上海的少数民族最多的是回族，共 29383 人，其次是满族，885 人，第三是蒙古族，675 人。少数民族最多的是普陀区，居住回族人口 4082 人，满族和蒙古族分别是 73 人和 93 人。15 个区少数民族人口数百人，6 个区在百人以下。北四川路区住有回族人口 464 人，满族 45 人，蒙古族 47 人。见上海市人口调查办公室《上海市各民族人口统计表（标准时间）》，上档 B52-1-67。

③ 本段及下段均根据第一章表 1-3《区人民代表大会代表履历表》统计。

④ 上海市《区人民代表大会代表履历表》的填写说明中要求，在"现任公职"一栏中"应填兼任之党政工作及人民团体等职务，如政治协商委员、工会主席、居民委员会主任等"。

民服务的同时，也可能先于邻里改变自己的境遇。如第一章所述，在 1950 年代早期的上海里弄，居委会劳动就业登记委员会（也称失业登记委员会）主任和委员的位子最为里弄干部所青睐，且多为失业后从事里弄工作的干部所占据，因为他们总能优先获得劳动就业的信息。类似的"机会"和"权利"还可列举，尽管看起来微不足道，但其足以显示里弄干部与底层普通百姓的不同。

普选运动向里弄干部又打开了一扇机会的大门。虽然从 1949 年至 1953 年，上海市举行过三届各界人民代表会议，"里弄"已是一个界别，许多居委会干部也列入其中，但是，普选和人民代表大会还是头一回，是新鲜事。不少里弄干部跃跃欲试，暗中明里地表现自己，相互较劲，也有人为此拉帮结派，钩心斗角。市妇联反映：

> 一些想当代表的里弄干部中，有的放掉原来的工作，积极参加普选；有的怕别人当选，妒忌，因而背后诽谤别人；也有的与别人互相吹嘘，互相表扬。有些里弄干部争先恐后想当代表，弄得选民小组长很无奈，说："我们这里最好不要产生代表，没有代表倒太平，有了代表恐怕要有纠纷"。[①]

新成区也发现："部分基层干部中间存在宗派情绪和相互成见。当代表候选人提出以后，这些情绪愈益暴露，愈益尖锐"。[②]

因此，对于由家庭妇女、失业者、流动不定的三轮车夫以及小贩构成的人民代表群体来说，里弄的意义非同寻常。他们在这个空间里，既保持着基层社会日常生活的各个自然面相，又进行着改变命运和告别底层的种种挣扎与竞争。尽管这些非单位人还是里弄草根中的一员，但人民代表的桂冠似乎向他们预示着翻身日子的到来。里弄是这些小人物的安身立命之本，承载着他们的梦想与希望。

---

① 市妇联宣教部：《情况反映》第 11 期，沪妇宣（53）字第 318 号，1953 年 12 月 28 日，上档 C31-2-205。
② 市选委：《新成区对代表候选人提名的意见》，1953 年 12 月 19 日，上档 B52-1-40。

制度保障与教育规训

与李小妹一样，里弄中这些翻身通道上的小人物首先靠法律的规定和制度的安排获得了人民代表的荣耀。但这不只是法律赋予的"普遍性"和"平等性"所致，[①] 而是在中共掌控之下，社会底层在感受、想象与争当主人翁的特定场景中，不断地被鼓动、教育与规范的结果。

如前所述，最易各级组织集中指导和规范选举行为的两个程序便是联合提名和等额选举。

组织掌控之中的联合提名还是显现出协商民主的一些特征。在制度安排上，联合提名要求"适当照顾各地区的不同情况和特点，注意代表的广泛性"；[②] 在操作层面上，区选委会在邀集各方代表商议候选人初步名单时，总要考虑安排无党无派的基层代表参与协商，包括家庭妇联之内的妇女团体也是当然的协商成员，其中也不乏里弄干部。这些都利于里弄干部进入初步候选人名单。邑庙区基于先行区内选民的主要成分是小手工业者、小商店主及里弄居民，其中家庭妇女占了 40% 左右，故初议的 7 名候选人中，有"家庭劳动里弄妇女二名，其中一名系指职工家属，另一名为失业工人，但他们都是里弄干部"，另一个名额也在小手工业主和里弄干部之间定夺。[③]

然而，就在联合提名与等额选举这两个组织可控的关键环节上，底层选民的意见最为集中。1953 年底提名阶段刚刚开始，市选委会就收到各区的报告，大量反映底层选民特别是里弄居民的不满。

市妇联宣教部的报告称，北四川路、普陀、常熟等区里弄选民小组提意见说："联合提名等于包办"，"既然上面确定了，就不要我们讨论了"，"好像群众只有选举权，没有被选举权"。有些"积极"的意见中也带有一定的牢骚：

---

① 一般认为，新中国第一部《选举法》体现了人民选举权的普遍性和平等性，普选的本身及其结果就是这种广泛和真实的民主的体现。新近出版的《中国共产党历史》仍持此说。见中共中央党史研究室《中国共产党历史》第 2 卷（1949–1978，上），中共党史出版社，2011，第248 页。

② 市选委：《实施细则》，第 5 章第 17 条，上档 B52-1-9。

③ 邑庙区选委会选举事务科：《关于邀集中国共产党、各民主党派、各人民团体如何讨论协商先行点代表初步候选人名单的几点意见》，邑选事密（53）字第 4 号，1953 年 10 月 20 日，上档 B52-2-26。

"反正由共产党提出来的，我们相信它，有什么好讨论的呢？"[1] 市选委会的《普选情况》中还反映："里弄妇女有的不懂（联合提名），有的只讲'蛮好！蛮好！'"[2]。

在市选委会汇总上报市委的"拥护联合提名和等额选举"的"正面情况"中，汇报的也多是底层选民的"认识转变过程"，先前的许多"错误看法"和"糊涂思想"被一一罗列其中。诸如，"联合提名不民主，按级产生代表才是民主"，"上面搞好了，啥民主，共产党，是宣传一套"；"候选人是上头提名的，在国民党时期也选过，我们要选的选不着，不要选的一定要我们选"，联合提名提出的人是"叫花子吃死蟹，只只好"；"五个候选人选五个没有'拣头'"等选民言论，[3] 已经不是在个别选民小组会上才听得到。

许多里弄干部的认识也不到位。市妇联反映："各区里弄干部都已听过候选人提名原则的报告，一般干部听过两次以上的，才能了解清楚，特别对有些名词如联合提名、等额选举，甚至民主等的意思，一时不易领会，因之在小组讨论时，群众很少发言"。[4] 市选委会收集的情况中，有的选民小组长说不清楚联合提名的道理，"急得哭了起来"；有的里弄干部向选民解释联合提名就是"宁波人可以选宁波人，江北人（即苏北人）可以选江北人"；还有的里弄干部竟将"等额选举"解释为"80人开会，40人选举，40人等候选举"。[5]

基层选举中偏离或有违国家主人翁形象的种种言行，引起选举领导机关的高度重视。因为主人翁的每一个动向，都维系着选举的结果：即使是可以掌控的联合提名，但之后还要"几上几下"，选民小组的讨论是法定程序，不得跳过；即便是等额选举，但每个选民都有一票，参选率和得票率也大有讲究。

① 市妇联宣教部：《情况反映》第 11 期，沪妇宣（53）字第 318 号，1953 年 12 月 28 日，上档 C31-2-205。

② 市选委办：《普选情况》第 14 期，1953 年 12 月 22 日，上档 B52-1-40。

③ 市选委会：《关于群众对联合提名的反映情况的材料》《关于人民对选举的光荣感、胜利感、责任感的看法》，1953 年（无具体日期），上档 B52-2-12；市选委办：《普选情况反映》第 3 号，1953 年 5 月 28 日，上档 B52-1-37；郊区选委办：《群众对联合提名、等额选举一些好的反映》，1954 年 1 月 7 日，上档 B52-2-29；市选委办：《普选情况》第 20 期，1954 年 1 月 6 日，上档 B52-1-40。

④ 市妇联宣教部：《情况反映》第 11 期，沪妇宣（53）字第 318 号，1953 年 12 月 28 日，上档 C31-2-205。

⑤ 市选委办：《普选情况》第 20 期，1954 年 1 月 6 日，上档 B52-1-40。

因此，转变选民的态度，形成拥护联合提名和等额选举的舆论氛围及监控机制，阻止上述那些"领导不力，选民消极，选举失败"的情况蔓延，让他们以国家塑造的主人翁姿态投上一票，就显得尤为必要。

在开展大规模的面上宣传教育，塑造国家主人翁形象的同时，自上而下的组织网络也是监控基层选举的重要手段。派至全市 810 个选民小组的近万名选举工作干部随时向各区选委会报告基层选举动向，1800 余名各区选委会干部又将各种信息归类上报，经市选委会集中处理后，编成简报下发，供基层及时掌握动向，或加以引导，或加以规劝。[①] 各区还不时收到来自选区工作队发现破坏选举的情况报告，这些人被送上普选人民法庭或公审大会，成为反面教员。

在强大的宣传攻势和强力的组织监控之下，基层选民中的消极言论迅速沉寂，许多选区都传出了"联合提名、等额选举就是好"的声音。各区选委会的情况报告中汇集了许多选民"积极的反映"：

> 我们自己的党，自己的政府，领导老百姓翻身，当家作主，绝不会作弄我们的，笃定泰山好了；党为我伲（上海本地话，意为我们——引者注）斗争了 30 多年，现在又为我伲提名，又有啥不正确，不民主呢？毛主席提出来的办法意思很深，主要的是为了巩固我们工人阶级的领导权，为了统一战线，否则如果全部选了工人，就变成工人大会，假使全是老板，那不就会造反了吗？
>
> 联合提名的办法可以解决"人多，互相不熟悉，不晓得选谁"的困难，可以避免"盲目选举"，替我们解决了选举对象；假使从下面提了很多人出

图 2-8　选举工作组

---

①　市选委会关于普选干部情况表（1953 年 12 月）显示，至 1953 年底，全市共派出选举工作队干部 9929 名；各区选委会共有干部 1849 名。见上档 B52-2-61。

来，结果就像箩里拣花，还是上面提名再让大家讨论好；共产党为我们拣了四个最好的大白梨（指候选人——引者注），我们当然欢迎；要我们自己提名怎么提法呢？就是本里弄的人，又是看他工作倒很积极，但他的历史到底怎样我们又不知道了，领导上是全掌握

图 2-9 举手选举

的，党像是站在国际饭店顶上看跑马厅，看得很清楚。

上面挑三挑四挑出来的总归好的，何必还要多两个再来挑，这种做法反而叫我们麻烦，而差额选举就譬如你需要买五只橘子，你已经拣了最好的五只，如果再把不及它的几只也放上去，不是形式主义吗？ [①]

虽然无法确定这些基层选民的表达是否真心，但可以肯定这是共产党所期待的主旋律。因为他们所表达的不是对个体权利的捍卫和自信，而是把自己的权利托付给了他们所信赖的领袖、党和政府。

绝大部分被提名的里弄干部因此而在基层顺利过关。因为经过了联合提名，那些名不见经传的里弄干部，便有了高人一筹的"先进事迹"；那些平凡普通的家庭妇女、失业工人、三轮车夫以及小商小贩，就变成了众人拥戴的楷模。从社会底层通向权力机构之路，也因此变得畅通。

1954 年春，数百名上海里弄干部走进了各区第一届人民代表大会会场。这理应是一派翻身的气象，是一大群底层小人物命运和际遇的重大转折。但对于大多数底层人民代表来说，当家作主是真真切切的感受，却未必是实实在在

① 市选委办：《关于群众对联合提名的反映情况的材料》，1953 年（无具体日期），见上档 B52-2-12。长宁区选委会：《选民小组讨论中对联合提名、等额选举及对初步候选人名单拥护的反映》，1954 年 1 月 8 日；杨浦区选委会：《候选人事迹材料》，1954 年 1 月 8 日；均见上档 B52-2-29。

的经验。

当然，从里弄干部到人民代表的角色转变并非一朝一夕，何况生活在社会底层的这些小人物受教育程度和文化素质普遍低下。他们确实需要一个"训政"的过程。而作为中华人民共和国第一次普选实践，在法制国家建设的道路上也还有很长的路要走。

结语　依然在场的都市与革命

如裴宜理在研究 1950 年代初期的上海工人时所说，"国家的主人"并不是从一开始就是"一个愤世嫉俗的国家所捏造的空话"。尽管"无产阶级在新秩序中地位如何"始终是"模糊不清"并在中共高层存在"巨大争议"的，但至少在"新民主主义"得到强调的人民共和国最初年代，工人阶级当家作主的确是新政权的"承诺"。[①]

第一次普选中的上海底层社会确实呈现出一幅"人民当家作主"的历史场景。广泛而普遍的直接选举，大批平民百姓入选人民代表，这不能不说是新政权承诺的最初兑现。这又是集中与民主的双重变奏：选举全过程尽管有新政权自上而下的领导和掌控，但主人翁的一票也实实在在起了作用；主流意识形态话语全力建构着国家主人翁的形象，底层社会各种微观结构又推出了形态各异的主人翁；社会底层选民将普选视为一次翻身的机遇，在感受与想象中，争当主人翁；也有在面临无缘主人翁的危机时，焦虑、恐惧甚至绝望。

在这一幅"人民当家作主"的历史场景中，清晰可见的是 1950 年代初经历了天翻地覆改造的上海社会仍然充满活力。不仅是底层百姓被激发起巨大的政治参与热情，而且那些资产阶级代表人物也在统战方针与基层选民的双重支持下入围主人翁的行列。

这是上海普选中另一道独特的景观。在全市 4613 名区人大代表中，资产

---

① ［美］裴宜理：《国家的主人？人民共和国早期的上海工人》，周杰荣、毕克伟编《胜利的困境：中华人民共和国的最初岁月》，第 63—82 页。

阶级与民主人士占 15.86%，高于知识分子（包括青年学生、文教科技工作者等）12.6% 的比例，是受到重视的非劳动人民群体。从代表名额分配、构成比例，一直到各方协商联合提名，都由市区选委会和市区统战部主导掌控。为了确保统战需要的那些"头面人物"入选，区选委提供多方面的支持。如申新总管理处副总经理吴士槐，曾在申新九厂任厂长期间遇 1948 年"二二"罢工，工人认为他"直接勾结警备司令部镇压工人"，但普陀区选委"考虑到该厂的代表性，让他当选为区人大代表"。[①] 在杨浦区，申新旗下的另两位头面人物——申新六厂厂长秦德芳、荣丰纺织印染厂总经理兼厂长韩志明都荣登人大代表光荣榜。秦有圣约翰附中和英国留学的经历，是深得申新集团高层器重的技术型管理人才，又是无党派的基督教徒，是一位专家型的企业家；韩是民建会员，第一、二、三届上海市各界人民代表会议代表，市工商联常委，市棉纺织工业同业公会执行委员，集企业家与社会活动家于一身。[②]

与那些"头面人物"相比，严克的资历、地位显然在其之下，但他仍然具有相当的代表性。严于 1952 年参加民建，又有上海市各界人民代表会议"老代表"的资历。他是工商联杨浦区筹备委员会的常委，这个头衔在全区的工商界代表中并不多见。除严克外，全区还有五位担任杨浦区工商联筹备工作的人大代表候选人，均为筹备委员而非常委。严曾在多家纺织厂和机器厂任技术与设计工作，进仁德厂后一直任工务主任，1950 年起作为资方代理人任厂长。[③] 因此，作为一个"红色时代"的新资方，严克的"大隆背景"及"仁德经验"，使他在"统战棋盘"上绝非小卒。从 1956 年起严克多年的杨浦区副区长和民建区工委副主任委员的政治生涯，就是明证。[④]

---

① 市委转发市选委会《上海市基层选举工作总结》，1954 年 8 月 12 日。
② 《上海市杨浦区人民代表大会代表履历表》，1953 年 12 月 16 日，上档 B52-2-95。
③ 《上海市杨浦区人民代表大会代表履历表》，1953 年 12 月 16 日，上档 B52-2-95。
④ 严克自 1956 年 12 月起担任第二届杨浦区人民委员会副区长，此后连任第三、四、五、六届区人委副区长，"文革"结束后，1982 年 4 月起任第七届区人民政府副区长；自 1958 年 11 月民建上海市委员会杨浦区工作委员会成立，担任第一、二、三届民建区工委副主任委员，直至"文革"。见《杨浦区志》，上海地方志办公室官网：http://shtong.gov.cn/node2/node70393/node70400/node70573/useobject1ai70936.html；民建上海市委官网：http://mjshsw.org.cn/shmj2011/node6911/node698/useobject1ai727929.html。

除去顶层的制度保证与各级组织支持外，上海资产阶级代表人物还拥有一份不同于其他城市的政治文化资源。这座大都市使得资方候选人的提出和当选非但没有阻力，而且还十分顺畅。市委转发的市选委的选举总结写道："不少区里，群众对劳动人民的代表提了不少意见，对资产阶级的代表反而意见不多，甚至在介绍候选人事迹时，对党员负责同志介绍不力，对资产阶级分子夸大了其功劳；有的选区，资产阶级得票多于区级党员负责人。"①

上海资产阶级在普选中受到的"礼遇"尽管被上海市委指认为选举工作中的"偏差"，是"对统一战线政策的宣传中可能发生的片面性缺乏足够估计"所致，并在上报中共中央华东局和中央的《上海市基层选举工作总结》中承担了发生"偏差"的责任，但这只是上层政治一种例行的格式化的交代。潜藏于上海社会政治文化中的资产阶级情结，才是这种"偏差"表象下的深层动力。仁德、申新与其他上海资产阶级头面人物如此体面地入围国家主人翁，除了统一战线的宏观政治环境外，上海资产阶级的社会文化影响力，也是极为特殊的政治因素。

然而，上海都市社会虽依然"在场"，革命却远远没有告别。仁德厂三个普通工人的故事，也揭示出普选的另一个面相。无论是"无缘主人翁"的政治惩戒，还是"当家作主"的政治激励与提升，都连接着一场革命的全民动员，"运动"还是基层政治生活中的主旋律。作为新中国民主建政开端的普选仍在革命思路的左右下。

从建国之初以《共同纲领》为"过渡时期的国家根本大法"，到正式制定《中华人民共和国宪法》，其指导思想还在于界定清楚"谁是我们的敌人，谁是我们的朋友"这个"革命的首要问题"，普选还是一场自上而下的群众运动，与革命时期的基层政治动员一样，是为了发动更多的群众投入社会主义革命和建设中。

从继续革命的思路出发，建国之初，中共中央本不打算制定宪法，也不考虑在全民普选基础上召开各级人民代表大会。至少到1952年秋，毛泽东还

① 本段及下段，均见市委转发市选委会《上海市基层选举工作总结》，1954年8月12日。

是想将斯大林建议的在 1954 年之前召开人民代表大会和制定宪法的时间推迟，[①] 以便在此期间开始向社会主义过渡。中共高层领导认为："中国已有一个共同纲领，而且它在群众各阶层中均有很好的威信，在目前过渡时期即以共同纲领为国家根本大法是可以过得去的。"[②]

中共之所以在 1953 年初迅速启动普选和制宪，是斯大林的强力推动。[③] 斯大林建议的要点有三条。

其一，斯大林肯定中共提出的"从现在逐步过渡到社会主义去"的想法"是对的"，"对中国资产阶级所采取的态度是正确的"。他主张"中国不必采取（苏联）这种剧烈的办法"对待富农，要逐步推进工业国有化，"土地国有现在也不能实行"。斯大林将中国宪法定性为非社会主义的"现阶段的宪法"，赞成"把共同纲领变成国家基本大法"。就宪法的基本内容，斯大林主张："第一，全民普选；第二，承认企业主、富农的私有财产；第三，承认外国在中国企业的租让权"。[④]

其二，斯大林将政权合法性问题摆到中共面前。他指出，若不及时进行普选和制宪，则"敌人可以利用两种说法向工农群众进行宣传反对你们：一是说你们的政府不是人民选举的；二是说你们国家没有宪法。因政协不是人民选举产生的，人家就可以说你们的政权是建立在刺刀上的，是自封的。此外，共同纲领也不是人民选举的代表大会通过的，而是一党提出，其他党派同意的东西，人家也可说你们国家没有法律"。斯大林虽然没有正面质疑中共政权的合法性，但他以"敌人利用"的说法提醒毛泽东，进而要求中共"从敌人（中国的和外国的敌人）那里拿掉这些武器"。

---

① 据师哲回忆，1949 年刘少奇访问苏联时斯大林建议，中共必须在 1954 年之前召开人大和颁布宪法。见李海文整理《在历史巨人身边——师哲回忆录（修订本）》，中央文献出版社，1995，第 530–531 页。

② 《关于中国向社会主义过渡和召开全国人民代表大会问题》，1952 年 10 月 20 日，《建国以来刘少奇文稿》第 4 册，中央文献出版社，2005，第 529–530 页。

③ 前揭《中国共产党历史》第 2 卷提到，中共决定召开各级人民代表大会是由于斯大林的建议，但只说斯大林此议是考虑免受敌人之攻击，未提斯大林所说的具体理由。（第 248 页）

④ 本段及以下几段，分见《关于同斯大林会谈情况给毛泽东和中央的电报》，1952 年 10 月 30 日，《建国以来刘少奇文稿》第 4 册，第 535–538 页。

其三，斯大林对联合政府提出批评，进而提出"一党政府"的主张。还是在 1952 年 10 月 28 日与中共代表团的会谈中，斯大林直言不讳地对刘少奇说："你们的政府是联合政府，因此，政府就不能只对一党负责，而应向各党派负责。这样，国家的机密就很难保障"，因为联合政府内有其他党派，"国家重要问题就不能不和其他党派商量，其他党派的人很多是和英美有关系的，他们知道了，等于英美也知道了。你们的计划如事先被敌人知道，对你们是很不利的"。斯大林甚至希望"人民选举的结果，当选者共产党员占大多数，你们就可以组织一党政府"；如果其他党派落选了，在组织政府时可给以"恩惠"，"不应使统一战线破裂"，"应继续在经济上和他们合作"。

上述第一要点是中共高层与斯大林的重要共识，也是接受斯大林建议的最主要原因。

在第二要点"合法性"问题上，毛泽东明显不以为然。就在中央人民政府委员会做出召开人代会决议的会议上，毛泽东即在总结性讲话中有力地申明：新中国普选与制宪的启动，是"中国人民流血牺牲，为民主奋斗历数十年之久才得到的伟大胜利"；召开人代会制定宪法本是《共同纲领》及《中央人民政府组织法》的题中应有之义，有充分的制度准备和法律依据；发动的条件也已成熟，"就全国范围来说，大陆上的军事行动已经结束，土地改革已经基本完成，各界人民已经组织起来"。[①] 1953 年 3 月 1 日，毛泽东的这个讲话在《人民日报》发表，通篇虽寥寥数语，表达的意思却毫不含糊：中共这一战略部署是历史的选择，人民的意愿，本身就具有历史的正当性和合法性，并是瓜熟蒂落、水到渠成之举，有着历史与现实的内在逻辑性和合理性。毛泽东这个公开的表态，既可以视为对斯大林所说的"国内外敌人"的回击，也可以向斯大林表示中共从来不认为有执政合法性问题的存在。

关于第三要点，毛泽东也许与斯大林在"一党政府"的问题上有一定程

---

① 《关于召开全国和地方各级人民代表大会问题的讲话》，1953 年 1 月 14 日，《建国以来毛泽东文稿》第 4 册，中央文献出版社，1990，第 20 页。

度的契合。虽然在公开发表的讲话中，毛泽东没有接受斯大林"一党政府"的说法，宣布未来的政府仍然是《共同纲领》规定了的"人民代表大会制的政府，仍将是全国各民族、各民主阶级、各民主党派和各人民团体统一战线的政府"，[①] 但经过第一届全国人大之后的中央政府成分，已经与第一届政协时期有了很大差异。第一届政协时期，政务院总理、副总理 5 人有非中共人士 2 位，政务院委员 28 人中有非中共人士 17 位，政务院 37 个部级职能部门主管中非中共人士 18 位，占 48.6%；而到第一届人大时，国务院总理、副总理 11 人中已无非中共人士，政务委员取消，45 个部级职能部门主官中非中共人士 13 位，占 28.9%。[②] 这个结果，同斯大林减少民主党派人士在政府中任职的建议完全吻合。

　　基于这些认识与理念，人民当家作主的政治学意义又显现出浓重的革命

图 2-10　北京市第一次人民代表大会

---

① 　《关于召开全国和地方各级人民代表大会问题的讲话》，1953 年 1 月 14 日，《建国以来毛泽东文稿》第 4 册，第 20 页。

② 　据中共中央组织部、中共中央党史研究室、中央档案馆编《中国共产党组织史资料》附卷一（中共党史出版社，2000）提供的资料计算。政务院以 1953 年 3 月为统计截止时间，国务院以 1954 年 12 月为统计截止时间。

色彩，普选与制宪又都是继续革命链条上关键的环节。

运动式的革命动员与依然在场的都市社会共同构成了新中国第一次基层普选的上海旋律。革命与都市社会互动的结果则是国家主人翁在虚拟与现实之间不断摆动，"何谓当家作主"？"谁是主人翁"？主流意识形态的塑造与底层民众的自我认同之间，在毛泽东时代形成了持续的张力。

第三章

从民办到党管：上海私营报业的改制与改人（1949—1953）

引　言

在中华人民共和国的最初年代里，中共新政权对上海大众文化进行了全面改造。实行计划体制和确立国家意识形态的统率地位是改造的两大目标。实现这两大目标的关键，则是将大批文化市场的自由职业者纳入国家计划之下的单位，使之按照党和政府的要求，办报出书，写戏演戏，拍片映片，从而成为国家意识形态系统中的"螺丝钉"。[①]

本章选取 1949—1953 年上海私营报业改造为研究路径，以文汇报[②]为核心案例，去描述报业体制变革与报人改造相同步、相纠缠的复杂历史过程。透过大众文化的市场体制向国家计划体制急剧转型的表层，去揭示国家、执政党与都市社会的紧张关系如何在延续中变迁。

近十多年问世的论著中，与本题相关的研究大致有三类。一类重在研究历史的延续性，探讨中共革命时期的成果和国民党党国体制在共和国时期如何得以保存，并直接影响国家上层与社会基层的关系。[③] 另一类研究提供了中共执政初期改造城市社会与文化的各种案例，揭示了国家控制社会和大众文化

[①]　毛泽东在延安文艺座谈会上的讲话中曾说："无产阶级的文学艺术是无产阶级整个革命事业的一部分，如同列宁所说，是'整个机器中的螺丝钉'"。见《毛泽东选集》，东北书店，1948，第 985 页。

[②]　文章叙及文汇报等，或指报纸，或指报社，为行文方便，一律不加书名号。

[③]　有代表性的著作是：Edward Friedman, Paul G. Pickowicz, Mark Selden, *Chinese Village, Socialist State*（New Haven：Yale University Press, 1991）. William C. Kirby, ed., *Realms of Freedom in Modern China*（Stanford, California：Stanford University Press 2004）. 周杰荣、毕克伟编《胜利的困境：中华人民共和国的最初岁月》。

领域的历史过程。① 第三类是有关共和国早期党与知识精英关系的叙述，其中涉及思想改造运动的研究近年渐多。②

　　尽管上述研究的关注点和视角多种多样，但多数研究者不再认为1949年具有截断中国历史的意义，而赞同历史的连续和断裂或转型是两个并行不悖的过程。与此相关，有一些学者主张，中华人民共和国早期是延续着的党国体制迈向顶峰的开端。还有的研究者似乎不约而同地认为，1950年代是"国家对城市社会和家庭关系管起来的重要时刻"。③

　　笔者对1950年代中共党和国家高度集权总趋势的看法并无颠覆性的异议，但不赞成极权主义从1949年起就必然走向顶峰的观点。新发现的大量档案资料显示了上海民营报业"从民办到党管"这一国家化进程中互为矛盾又相互依存的诸多构成因素：中共既要坚决反对国民党独裁主义的新闻政策，又要消弭民间舆论空间，实现国家对媒体的统合；新民主主义的承诺必须兑现，又要按照阶级斗争工具的理念去构建反对资产阶级的新报业；新执政者与上海进步报人的盟友关系必须继续保持，又要以党的规范和标准让他们脱胎换骨。这一系列因素一方面为上海私营报业留下了生存的可能和余地，使得革命时代造成的"蜜月气氛"得以延续，④ 另一方面却展示出一场如周武所称的"国家和社会

① 有代表性的论著有〔美〕贺萧（Gail Hershatter）：《危险的愉悦：20世纪上海的娼妓问题与现代性》，韩敏中、盛宁译，江苏人民出版社，2003；Christian Henriot，"'La Farmeture'：The Abolition of Prostitution in Shanghai，1949—1958,"*China Quarterly* 142（June，1995）：467—486；阮清华：《上海游民改造研究（1949—1958）》，上海辞书出版社，2009；周武：《从全国性到地方化：1945至1956年上海出版业的变迁》，《史林》2006年第6期，第72—95页；姜进：《断裂与延续：1950年代上海文化的社会主义改造》，《社会科学》2005年第6期，第95—103页；郑重：《毛泽东与文汇报》，香港中文大学出版社，2010。

② 代表性的论著有傅国涌：《1949年：中国知识分子的私人记录》，长江文艺出版社，2005；雷兵：《"改行的作家"：市长李劫人角色认同的困窘》，《历史研究》2005年第1期，第2—33页；陆键东：《陈寅恪的最后20年（修订本）》，三联书店，2013；陈徒手：《故国人民有所思——1949年后知识分子思想改造侧影》，三联书店，2013；杨奎松：《忍不住的关怀：1949年前后的书生与政治》，广西师范大学出版社，2013。

③ 〔美〕贺萧：《危险的愉悦：20世纪上海的娼妓问题与现代性》，第31页。

④ 〔美〕弗里曼（Edward Friedman）、毕克伟以及赛尔登（Mark Selden）以华北平原一些乡村实地调查材料为基础，通过对贯穿人民共和国前后的深层连续性的重点考察，论述了"成功的抗战和改革产生了一个受到广泛支持的和形成中的社会主义国家的蜜月气氛"，在1949年"国家权力统一之后还在继续"。见〔美〕弗里曼、毕克伟、赛尔登《中国乡村：社会主义国家》，陶鹤山译，社会科学文献出版社，2002，第13页。

的博弈"。[①] 国家权力主导下的计划文化体制只用了不到四年时间便摧枯拉朽般地取代了上海文化消费市场，但新政权对上海文化人的掌控却不像延安时期改造从上海投奔革命的"亭子间文人"那样得心应手。知识分子思想改造运动虽然因袭了中共革命时期的政治传统，但战略考虑和策略选择上都发生了一些重要的变化。新闻界思想改造目标和时机的选择，党对报业上层和中下层所采取的不同态度和政策，都是这些变化的表征。上海私营报界的各种类型、不同层次的报人也不都是消极被动挨批，或是被迫听任摆布，真诚的呼应和消极的附和、自觉的遵从和能动的抵制同样呈现在这一过程中。在与新政权共处的最初年代里，上海民间报人并没有形成一个上下贯通的利益共同体，而是一个取向多元的分裂的群体。

本章将重点描述新政权与一群文化人建立新认同的复杂过程，意在通过上海私营报业改制与改人交错演进的历史，去探讨中华人民共和国早期民主－集权、国家－社会的对立与妥协、冲突与包容如何可能。

一　扶助与控制：新政权与旧报业

尽管国民党屡称开放言论，保障新闻自由，但执政党对舆论的严密掌控始终是其党国体制下新闻政策的主旨。在国共内战的 1947—1948 年，这一政策主旨被推向极致。国民党采取非常政治的和组织的措施，企图全面控制上海新闻媒体，特别是民间报业。作为党国体制的产物，始于 1946 年 5 月的上海新闻党团会报就是国民党中央控制上海新闻界的一种制度性安排。[②] 此时，国民党动辄查封若干报纸，沪上几家民营大报如文汇报、新民报晚刊、联合报等在 1947 年五二〇运动中都有此遭遇。到 1948 年，有政学系背景的大公报也被新闻党团会报指为"反对政府之宣传机器"，态度"尤为恶劣"，甚至主张

---

① 周武：《从全国性到地方化：1945 至 1956 年上海出版业的变迁》，《史林》2006 年第 6 期，第 72—95 页。

② 上海新闻党团会报建立于 1946 年 5 月，结束于 1949 年初。该组织受国民党中宣部和上海市党部直接领导，成员主要是沪上与党团有关的各报社的负责人。主要任务是向各报通报时局发展和中央指示，研究上海社会动向和突发事件的对策及宣传口径，特别是商讨对付中共的办法。

不封大公报"不足以使国人心服"。① 然而，国民党控制上海报业的种种努力收效甚微，不但一部分知名报人移师香港，与中共密切来往，就是新闻党团内部的离心倾向也日益严重，至 1949 年初便偃旗息鼓。国民党、政府与上海民间报界、党国与其组织内的报人之矛盾和冲突，已到了难以调节、改善的境地。

上海新闻党团会报是国民党党国制度性危机的一个缩影，也是一份执政党掌控都市社会舆论空间的失败记录。中共在其执政以后如何规划部署新报业，如何统领和改造上海大众文化，不能不以此为前车之鉴。

谋划与开局

还在西柏坡谋划新中国大政方针之时，中共已经将建国后新闻事业的各项原则基本定夺。新闻事业的新格局是共产党领导的中央行政计划主导的国营媒体网络。就其功能而言，则是执政党及其国家意识形态的宣传工具。新的报业格局是以各级党委主管的党报为统领的国营报业体系。这一设计的核心理念是阶级斗争工具论，即认为新闻事业是"一定的阶级、党派与社会团体进行阶级斗争的一种工具，不是生产事业"，② 与都市大众文化市场的消费品绝不能同日而语。形成这一格局虽然需要时日，需要部署，但从一开始中共就秉承"全党办报"之传统，紧紧抓住三大要素：自上而下的党管报纸的机构和制度的建立，党报及其权威地位的确立，民营报业的控制与改造，以此推动报业国营化、报纸政治化的进程。

严密的新闻管理机构和严格的新闻审查及纪律规定，是党管报纸的组织及制度保证。中央人民政府成立后，政务院文化教育委员会所属的新闻总署即成为掌管全国新闻事业的行政权威机构。但中共中央同时强调，政府文教委及其所属机构必须"在党（通过政府党组）的领导和党外民主人士的参与下负起管理全国文化教育行政的任务"，有关重大问题仍需按照此前相关的中央文件

---

① 《上海新闻党团会报第 12 次会议记录》，1948 年 7 月 9 日，上档 Q431（军管会新闻出版处暨旧政权新闻出版机构档案）-1-313。

② 《中共中央关于新解放城市中中外报刊通讯社的处理办法》，1948 年 11 月 8 日，中央档案馆编《中共中央文件选集》（以下简称《选集》）第 17 册，中共中央党校出版社，1992，第 465 页。

规定，"经过党的系统，向中央报告和请示"。① 自 1948 年 7 月起各中央局、分局宣传部，每半年向中宣部"作一次系统的情况报告"的制度继续执行，其中第一项报告内容便是"党的与非党的报纸种类、发行数，编辑、记者、通讯员的数目"。②

关于新闻出版的审查和纪律，中共中央下达了明确指示，规定各地党报社论、涉及政治性和政策性的编者按语及答读者问，"必须由党委的一个或几个负责人阅正批准后，才能发表。凡该级党委所不能负责答复的问题，应请示上级党委或新华总社，而不应轻率答复"；各地新华社要求向全国广播的稿件，新华总社有"必要的增删或修改之权"，"凡要求新华总社向全国广播全文的重要言论，在新华总社广播以前，不得先在地方发表"。③

党报建设迅速推进。人民共和国成立前夕，中共决定建立从中央到地方的党报系统，以此为全国报纸的示范和引领。1948 年 6—8 月，中共中央两次就党报问题发出指示，要求各级党委负责人切实担负起领导党报的责任，确保党报"主要是为工人和农民服务"的方向，并逐步积累"在城市办报的经验"。④

在建立国营报业的总目标牵引下，中共对民营报纸做了统筹考虑。总的指导原则是根据报纸的政治态度区别对待。1948 年 11 月 8 日，中共中央发出《关于新解放城市中中外报刊通讯社的处理办法》，明确"对于私营报纸、刊物与通讯社，一般地不能采取对私营工商业同样的政策，除对极少数真正鼓励群众革命热情的进步报纸刊物，应扶助其复刊发行以外，对其他私营的报纸刊物与通讯社，均不应采取鼓励政策"，但要区别对待旧有报刊中"有反动的政治背景"的和"少数中间性的和进步的"，既不能"毫无限制的放任"，也不能"不分青红皂白，轻率地一律取消"。这个文件还点名上海申报、新闻报，

---

① 《中共中央关于中央人民政府成立后党的文化教育工作问题的指示》，1949 年 12 月 5 日，《建国以来重要文献选编》第 1 册，第 65—66 页。
② 《中共中央关于宣传工作中请示与报告制度的规定》，1948 年 6 月 5 日，《选集》第 17 册，第 204 页。
③ 《中共中央关于宣传工作中请示与报告制度的规定》，1948 年 6 月 5 日，《选集》第 17 册，第 202—203 页。
④ 《中共中央关于宣传工作中请示与报告制度的规定》，1948 年 6 月 5 日；《中央宣传部关于城市党报方针的指示》，1948 年 8 月 15 日；均见《选集》第 17 册，第 202、312 页。

是"有明显而确实的反动政治背景，又曾进行系统的反动宣传，反对共产党、人民解放军与人民政府，拥护国民党反动统治"的报纸，指示"应予没收"。①

作为民国时期全国的新闻中心，上海在中共报业新格局中的地位既举足轻重，又须颠覆重建。如何将中央的报业设想在上海变为现实，使上海报业走上党所期望的轨道，是上海党政军领导机关迫在眉睫的任务。上海解放一年间，中共中央华东局、上海市委、市军管会和人民政府就全盘推开上海报业破旧立新的工作。

新闻出版的领导和组织机构从1949年5月底相继建立。由上海市军管会主任陈毅亲自挂帅的文化教育管理委员会下属的新闻出版处负责接管新闻机构和报刊的登记工作。新闻出版工作的领导责任由中共中央华东局宣传部和上海市委宣传部担负，两部分别设置的新闻出版处为职能部门，管理各报的编辑业务。华东军政委员会成立新闻出版局，上海市人民政府下设新闻出版处，行使对各报的经营管理权。

上海党报备受重视。经中共中央决定，将延安时期党中央机关报报名解放日报给予上海。1949年5月28日，中共中央华东局和上海市委机关报解放日报创刊，华东局和上海市委为解放日报社配备了强大的领导阵容，由中共党内资深办报人范长江、恽逸群、魏克明、陈虞孙、陈祥生等组成社务委员会和编辑委员会，全盘接收了申报原有的场馆和设备，并沿袭了申报的管理制度。华东局还特设党报委员会，凸显党报地位，加强党对报纸的领导。② 强有力的政治保证和民国第一大报的硬件条件打底，解放日报一问世就显现出上海第一大报的势头。

在上海新报业开局的同时，号称全国新闻中心的旧报业迅速瓦解。市军管会和人民政府的报告显示，上海解放仅两月，实行军管和接管的"报馆通讯社20个"，"停止了国民党反动派办的报纸和过去作为反动喉舌的报纸，刊行了人民的报纸，实行了两家报纸的改组，扶助了过去在国民党时代受压迫而停

---

① 《选集》第17册，第465—467页。
② 华东局党报委员会由舒同、刘晓、魏文伯、夏衍、恽逸群五人组成，舒同为书记。见马光仁主编《上海新闻史》，复旦大学出版社，1996，第1091页。

刊的进步报纸的复刊"。① 国民党党政军各系统官办以及官僚资本独资举办的中央日报、时事新报等14家报刊被市军管会接管后停刊。官商合股的申报、新闻报被接管后，受到不同对待。前者彻底终结，以解放日报全新开始；后者改组为公私合营的新闻日报，进入新的报业体系。43家中国人办的民营报纸按军管会要求前往登记，获准登记的只有14家，未获批准的或自行停业，或陆续由军管部门接管。外商外侨的报纸也先后退出上海。英商字林西报、美商大美晚报因取敌视立场受到军管会警告于1951年先告停刊，其余外报也坚持未久，到1953年全部销声匿迹。②

一个以解放日报为统领的报业新格局在上海新闻舆论空间内崛起。

复刊、得助与受制

在中共执掌上海报业的开局中，文汇报、大公报、新民报晚刊等几家上海民营大报以及亦报等几家民营小报获得了继续生存的权利和空间，民营报界的精英们也受到了与国民党治下截然不同的礼遇。

从1948年到1949年，为筹备新政协和开国大典，中共热情邀请和精心安排数百民主人士、知识精英和文化名人从香港启程，取道东北、华北、山东解放区到北平，与他们进行广泛接触和交流，这就是中华人民共和国建国史上著名的"知北游"。大公报社长兼总编辑王芸生、文汇报总编辑徐铸成、新民报总编辑赵超构等上海报界名流均受到邀请。1949年3—5月，徐铸成利用北上机会，数次就文汇报回上海复刊一事与中共有关领导商议，并得到中共中央统战部部长李维汉和负责新闻出版接管工作的范长江明确首肯。③ 大公、新民两报也获得继续办报的指示。徐铸成与一部分上海知名报人得中共中央允诺，于5月初随人民解放军南下。行前，周恩来设宴为之饯行，给各报以很大鼓励。6月21日，文汇报在上海正式复刊。在此前后，大公报、新民报晚刊获准继续出刊。

---

① 陈毅：《关于上海市军管会和人民政府六七两月工作的报告》，1949年8月3日，《上海解放》（中），第149、153页。

② 陈同等：《上海通史·当代文化》（熊月之主编《上海通史》第14卷），第234页。

③ 1947年5月25日，文汇报因为反饥饿、反内战、反独裁的爱国民主运动宣传造势，遭国民政府查封，被迫停刊。次年9月3日，香港文汇报创刊。

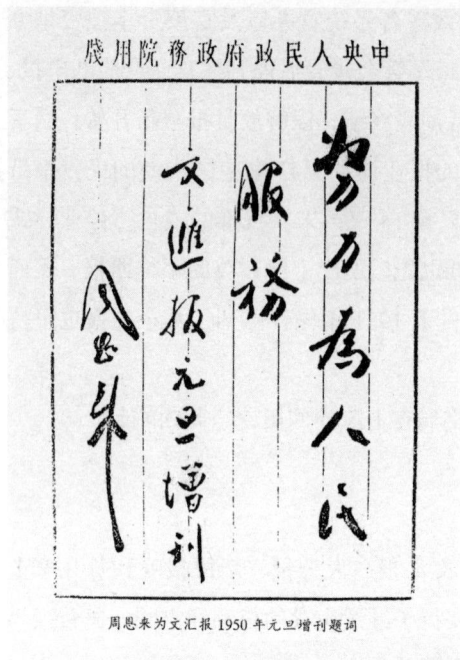

周恩来为文汇报 1950 年元旦增刊题词

图 3-1　周恩来题词

上海民营大报的复刊或继续出刊，得到了新政权在物质上的大力支持，文汇报尤是。资金短缺、设备简陋、空间狭小，是文汇报复刊的几大障碍。报社向市军管会文化教育管理委员会的复刊求援立即得到应允，文管会指示其下属新闻出版处"给予纸张和印刷方面的资助"，后又由中共华东局和上海市委机关报解放日报"借给大量纸张、油墨等，并协助解决房屋、机器等方面的困难"。[1]　复刊后的相当一段时间内，文汇报一直亏损经营，步履维艰，[2]　人民政府批准文汇报向国外订购 1000 吨白报纸以周转资金，以出售进口纸购买国产纸赚取差价的方式，来维持报馆日常开支。[3]　此时，文汇与大公等 5 家报社联名申请享受优惠水电费、减免房捐、核减邮政运费以及免征营业税等项，市军管会均予一段时间内的准许，以救燃眉之急。[4]　为缓解文汇报高达 54 亿元以上的亏损，华东新闻出版局、市新闻出版处与之签订协议，从 1950 年 9 月至 1951 年 2 月，由

---

①　文汇报史研究室编写《文汇报史略（1949.6—1966.5）》，文汇出版社，1997，第 6-7 页。

②　文汇报 1949 年 5 月 26 日至 12 月 31 日的损益状况统计显示，这一时段内，文汇报纯亏 139477 万元。见上档 G20（文汇报社档案）-1-8。

③　《文汇报史略》，第 7 页。

④　文汇报关于五报联名申请享受优惠水电费、减免房捐、核减邮政运费、卷筒纸管理措施的函及市府及有关部门的复函，1949 年 7 月至 1950 年 2 月，上档 G20-1-26；文汇报社关于五报联名申请准予免征营业税的函、复函，1949 年 8 月至 1950 年 4 月，上档 G20-1-27。

政府拨给补助费人民币 8 亿元，并商请银行给予贷款 10 亿元。[①]

　　在前后两个执政党不同态度的对比之下，上海民营报界的精英们依然感受着革命时期与中共结为反蒋盟友的那种蜜月气氛。时隔三十七八年，徐铸成遥忆当年心绪时仍如是说：

> 解放之初，民主生活是相当充分的；各界上层人士，都热烈拥护党的领导，而决心于自我改造主观世界。他们的私人生活是自由的、舒畅的，我当时心情也无比开朗。[②]

尽管有十分的必要允许并扶助私营报业继续生存，但新报业的领导者充分意识到了矛盾和冲突不可避免。暂且撇开体制碰撞、阶级和意识形态斗争等层出不穷的问题，对新执政者而言，当务之急之首，就是如何坚持党对私营报业和民间报人的领导，使其成为新报业体系中名实相符的一部分。

图 3-2　1950 年代上海街头的私营报纸

　　1950 年夏，在上海非公营报中合设一个党组的动议，由市委宣传部副处长吴江建议并经处长姚溱审阅后，报请市委组织部审批。提出这个动议的直接

---

① 《华东新闻出版局、上海新闻出版处与文汇报关于政府扶助事宜的协议》，1951 年，上档 G20-1-30。
② 《徐铸成回忆录》，三联书店，2010，第 165、184 页。

依据和理由，一是认为"私营报纸情况较复杂，无党在内部的领导与支持"，除新闻日报有一个党支部外，其余各报均无支部或小组，"在工作上很难展开"；二是"为保证党的宣传任务在各报统一完成，必须有统一的党组织领导"；三是根据党章规定，在群众组织的领导机关中，"凡有负责工作的党员三人以上者，即成立党组"，因此，以全国新闻工作者协会上海分会这一"群众性的"行业组织为载体，设立党组，符合党章规定；四是"解决各报之间的有关问题，必须通过党组了解情况"。① 市委组织部研究了吴、姚的建议并回复原则同意。

7月中旬，上海市委批准新协党组成立。19日，由华东局宣传部副部长、市委宣传部长夏衍，华东局党报委员会成员、解放日报社副社长恽逸群主持召开第一次会议。新协党组由10名党员负责干部组成，主要来自各非公营报社，解放日报社、市委宣传部以及市政府新闻出版处均派员参加。② 为体现党报的核心地位，解放日报社副社长陈虞孙③ 担任党组书记。新协党组的直接领导是由中共上海市委委托的市委宣传部，市政府新闻出版处及市、区两级党委的统战部也与之联系密切。

市委组织部综合考虑吴江和姚溱的意见，确定新协党组的工作对象是党的力量还很薄弱的非公营各报。党组活动以1—2周的例会为主，活动内容的通报面向各报全体党员。

新协党组和各级新闻领导机关的第一要务，就是要变文汇报等堪称全国性综合性的民营大报为地方的专业性报纸，为上海报业在国家报业格局中重新定位，切实推进党主导下的报业国家化的进程。

---

① 《吴江致姚溱》，1950年6月15日；《上海市委组织部致夏衍并姚溱》，1950年6月26日；均见上档B36（上海市新闻协会党组档案）-1-2，第9、12页。

② 《上海市委组织部通知》，1950年7月；《市委组织部致夏衍》，1950年7月13日；均见上档B36-1-2，第1—3页。新协党组由陈虞孙、许彦飞、邹凡扬、李纯青、郑心永、蒋文杰、张春桥、许鲁野、姚溱、李之华10人组成。

③ 陈虞孙（1904—1994），江苏江阴人。1938年9月加入中国共产党。历任中共浙江省委统战工作委员，浙江日报社总编辑及文汇报社主笔，中共中央上海局宣传委员会委员、文化工作委员会书记。中华人民共和国成立后，历任上海市军管会文教管制委员会秘书长、解放日报社副社长、上海市人民政府新闻出版处处长、文化教育委员会秘书长、上海市文化局副局长、文汇报社副社长兼总编辑等职。"文革"中受到严重迫害。粉碎江青反革命集团后，出任中国大百科全书出版社上海分社总编辑、上海市文史研究馆副馆长等职。

　　1949 年以后继续生存的文汇、大公、新民三家民营大报，在民国时期的上海报界都曾名噪多时。它们的实力虽不及申报和新闻报，但就其在民间舆论界的影响以及大众传播的辐射力而论，都称得上全国性的大报。而在上海土生土长并一直沿用创刊报名至今的，文汇报是其中之唯一。[①] 其主办人和经营者在民营报业中也颇为独特："它不是由一个或几个资本家创办的，也没有任何政党作后台"，"它是由少数并无多少资财的中小职员偶然凑合兴办的"，自 1938 年创刊始，就以其鲜明的民间立场和抗日主张受到广泛欢迎，在孤岛上海"发行曾近六万，擢为上海各报的首次"。据总经理严宝礼聘请的汇丰银行总会计师查账所计，当时的营业情况表明，"票面为 20 元的每股股票，实值应升为 720 元"。徐铸成曾说，文汇报是"异军苍头突起，蒸蒸日上"，[②] 此话是毫不夸张的。1939 年 5 月和 1947 年 5 月，文汇报先后遭日伪迫害和国民政府查封，两度停刊，它不但没有因此一蹶不振，反而在民间舆论界声名大振，尤其是在知识分子中间。1956 年 10 月，文汇报结束在京办教师报的短暂历史重返上海时，许多大学者、大名人、文汇报的老朋友，包括陈叔通、郭沫若、马叙伦、梅兰芳、老舍等，欣然命笔，祝贺第三次复刊。[③] 这也佐证了文汇报挥之不去的历史性影响。

　　凭借如此的历史底蕴和社会声誉步入共产党执政的时代，文汇报自然不甘于局限在上海，成为一张地方报纸。还在复刊准备期间，徐铸成就"抱着一肚皮'雄才大略'，想在北京搞一个文汇报，以后至少全国有三个文汇报"，"成为新闻界的巨头"。从复刊之日起，文汇报就决心要"代替大公报"，成为名副其实的全国大报。[④] 大公报、新民报本来就是一报数地数版，[⑤] 王芸生、

①　大公报于 1902 年 6 月在天津创刊。1936 年 4 月，大公报上海版正式创刊，其主要骨干从天津移师上海。1953 年初北迁天津，与进步日报合并成为天津大公报，后迁北京，直至"文革"结束，只留香港大公报存在至今。新民报于 1929 年创办于南京。抗战胜利后，在上海出版新民报晚刊。1958 年 4 月改为新民晚报。

②　徐铸成：《报海旧闻》，第 288 页。

③　《文汇报史略》，第 4—7 插页。

④　《徐铸成同志的思想检查》，华东学习委员会上海新闻界分会办公室（以下简称分会办公室）编《学习》第 10 号，1952 年 9 月 25 日，上档 A22（上海市委宣传部档案）-2-1550。

⑤　大公报最盛时期，同时有重庆、上海、香港、天津四馆。新民报在抗战爆发后，从南京迁至重庆出版，后又增出成都版。抗战胜利后，以南京新民报为总社，又创办北平版和上海新民报晚刊，形成了五社八版的报业集团。

赵超构更是踌躇满志，准备大展宏图。然而，全国大报的憧憬很快变得迷茫。"知北游"途中，曾在文汇报任职的中共地下党员、时任新政协筹备会副秘书长的宦乡对徐铸成耐心讲解党的新闻工作方针，对其大报计划婉言劝弃，使他意识到"这个计划不能实现"。①

民营报纸的定位很快被提上各级新闻领导机关掌门人的议事日程。1950年春全国新闻工作会议后，上海报业的各领导机关根据会议精神，研究民营大报的分工问题，力图进一步转变各报根深蒂固的大报观念，定格在专业性的报纸上。拟议中的意见虽不一致，报纸调整方案也有几套，但相关领导达成了两点共识：一是"上海的报纸太多，群众不需要那么多种的报纸"；二是民营报纸须重新定位，"调整集中办好一两张报纸"。② 关于文汇报，也有过多种考虑，最终没有离开以教育界为对象的专业性报纸的定位，③ 全国性综合大报的地位将成为昔日辉煌。

去掉民营帽子，换上私营帽子，是新闻领导者对民营报纸性质的重新认定。一字之差的改性既是民营报纸在报业新格局中准确定位的需要，也为民营报纸的改造铺设前提和依据，新执政者对此毫不含糊。复刊第一天的文汇报就刊登了相关消息，在市军管会文教管理委员会召开的第一次新闻出版界座谈会上，文管会副主任范长江明确阐述：

> 在国民党反动统治时期，有些私营的文化出版事业中，是曾在不同程度上代表人民的，是应当称为"民"营，或属于"民间"的，但在人民政权下，政权的本身是代表人民的，这里只有公营和私营之分，不再是"官方"与"民间"的区别。④

由民改私的性质认定，不仅动摇了文汇报"人民报纸"的自我认同，强化了它的资本和阶级属性，而且预示着作为国家文化权力的公营报纸将在上海舆论空

---

① 《文汇报史略》，第20页；《徐铸成同志的思想检查》，《学习》第10号，上档 A22-2-1550。
② 夏衍、姚臻致胡乔木《关于调整上海报纸的问题》，1951年10月11日；夏衍、恽逸群、姚溱致胡乔木《关于调整上海各报纸的问题》，1952年1月4日；均见上档 A22-1-20。
③ 市委宣传部：《关于上海几张私营报纸整顿的情况报告》，1952年7月1日，上档 A22-1-47。
④ 《文汇报》1949年6月21日。

间占据绝对的主导地位，而私营报纸的唯一出路，就是尽早地脱掉"资帽"，加入公营的行列。

用党的新闻纪律和规范约束私营报业，破除抢新闻、抢市场、争独家、自主办报、张扬个性等在旧报业内通行无阻的行规和理念，也是新执政者一开始就十分关注的问题。

上海市军管会不仅要求各报不折不扣地执行中央下达的各项新闻审查纪律和操作规范，而且对私营报纸的纪律要求进一步加码，规定"对于国际新闻和评论，对全国、全市重大的政治新闻，均须以新华社的稿件为准"，"不得解释中共及政府的法令政策"。① 私营报纸稍一不慎，就会受到批评。徐铸成对此一直耿耿于怀。他举例说：

> 在长沙解放之日，我们已在无线电中收到确讯，而翌日刊出，即被指为抢新闻，是资产阶级办报作风，因新华社尚未正式公告也。再如《论人民民主专政》发布之日，要闻编辑郑心永按所列问题，作分题以醒眉目，亦被指为离经叛道。如此重要文件，只能作经典郑重排版，安可自由处理！

他叹道："老区方式，苏联套套，只能老实学习，不问宣传效果，此为当时必经之'改革'"，"无奈解放后一些套套，每使人瞠目结舌"。②

新闻总署对上海民营报纸的监控也十分到位，向上的请示报告制度很快就建立起来。1950 年 6 月，文汇报等接到胡乔木署长函示，要求各报社长、总编辑自 6 月份起，"于每月初旬向本署作上一个月报纸工作情况和问题的简要报告。在 6 月初旬的报告应以'改进报纸工作决定'的执行情况为主要题目之一。务希准时交到"。③ 9 月，市人民政府新闻出版处又要求文汇报编辑部自当月起，"将工作报告分寄新闻总署、华东新闻出版局及本处"，并将 8 月

---

① 王中：《上海解放初期接管新闻机构的情况》，《上海解放 35 周年》专辑，上海人民出版社，1984，第 383 页；张涛：《中华人民共和国新闻史》，经济日报出版社，1996，第 17 页；均转引自《文汇报史略》，第 22 页。
② 《徐铸成回忆录》，第 165—166 页。
③ 《新闻总署署长胡乔木致文汇报社函》，1950 年 5 月 20 日，上档 G20-1-17。

报告退回按新要求重寄。[①]

经过定位、改性和纪律整饬，党管报纸的上海报业新格局已见雏形。但这只完成了制度变革的第一步，还未触动私营报业的所有制，也未从根本上改变上海报纸的市场消费主导的权力结构，更未触及私营报业从业者灵魂深处的"小资产阶级的王国"。[②] 随着新政权和私营报业共处关系日久，人的改造问题日显紧迫。

二　放慢脚步：思想改造运动的时机与目标

1952 年 8 月 21 日，上海新闻界开始了为期两个月的思想改造学习运动。因解放日报等公营报纸已进行了"三反""五反"运动而"毋须参加"，故参加者仅限于新闻日报、大公报、文汇报、新民报、亦报五个单位的编辑、经理两部门工作人员共 566 人，其中编辑部门人员 356 人。[③] 除公私合营的新闻日报外，其余各报均为私营报纸。可以说，这就是一次上海私营报业的思想改造运动。

上海新闻界的思想改造运动是在整个运动进入尾声时开始的。1951 年 9 月，京津两地高校首先启动了教育界思想改造运动。11 月，经毛泽东批语，中共中央转发了中央宣传部关于在文艺界开展整风运动的报告，[④] 次年 9 月，文艺界整风告结束，文化部部长沈雁冰做了总结报告，历数整风成绩种种。[⑤] 10 月 17 日，政务院第 155 次会议听取了教育部副部长钱俊瑞所做的全国各级学校教师思想改造报告，紧接着，"上海市高等学校思想改造全部胜利完成"的消息见诸报端。[⑥]

如果按照时间顺序推论，上海私营报业的思想改造可以按部就班、援引

---

① 《上海市人民政府新闻出版处致文汇报编辑部》，1950 年 9 月 15 日，上档 G20-1-17。
② 毛泽东曾批评延安的知识分子立场还未转变，"灵魂深处还是一个小资产阶级知识分子的王国"。见《在延安文艺座谈会上的讲话》，1942 年 5 月，《毛泽东选集》，第 977 页。
③ 陈虞孙拟《上海新闻界思想改造运动学习计划》(草案)，1952 年 (无具体日期)；市委宣传部：《上海新闻界思想改造总结》，沪委宣 (52) 字第 1189 号，1952 年 12 月 13 日；均见上档 A22-1-47。
④ 《中央转发中宣部关于文艺干部整风学习的报告的批语》，1951 年 11 月 26 日，《建国以来毛泽东文稿》第 2 册，第 521—522 页。
⑤ 沈雁冰：《三年来的文化艺术工作》，《文汇报》1952 年 9 月 26 日。
⑥ 《文汇报》1952 年 10 月 20、21 日。

先例，顺理成章地启动了。运动的领导者确实做了这样的设想：拟"参照教育界的思想改造与文艺界的文艺整风的办法"，进行上海新闻界的思想改造。[①]然具体的历史情境并不如此，上海私营报业的思想改造面临着一些特有的矛盾和问题，需要运动的发动者慎重考量。

缓进的改制与紧迫的改人

上海私营报业思想改造的直接导因，是上海各报的调整和分工问题。中共新政权一直将建立解放日报引领下的各专业报纸分工合作的新格局视为实现党对私营报业领导的关键之举，并与上海新闻界思想改造运动的直接目标、口径分寸、启动时机等一系列重要决策密切关联。

正如上文论及，思想改造运动开始前两年，上海新闻工作的领导机关就在仔细研究这个问题，新闻总署署长胡乔木对此十分重视，曾与华东局宣传部副部长兼上海市委宣传部部长夏衍当面交换意见，上海方面也多次向他做书面汇报。

然而，此项工作的进展并不理想。领导机关虽一致认为此举"从领导新闻工作方面来说非常必要"，但对调整的方案意见不一，几易其稿，迟迟不能定夺。[②] 关于调整工作的时机如何把握，领导的看法也不尽相同。究其原因，除了私营报纸"旧的办报思想"作祟外，[③] 上海各报的业务经营困境也是当政者不能不权衡再三的因素。

据1951年9—12月的统计，私营的文汇、大公、新民三报均有亏损，"发行既无起色，广告又每况愈下，更严重地威胁了自给自足的方针"。[④] 文汇报的经营危机更为严重，1952年5月的统计显示，文汇报"每月亏耗在2亿元以上"，估计"两三个月后也要搁浅"。7月，该报致函解放日报称，其两年前所借的24.5亿元人民币，还欠1.4497亿元尚未还清，要求解放日报理解

---

① 陈虞孙拟《上海新闻界思想改造运动学习计划》（草案），1952年（无具体日期），上档 A22-1-47。
② 夏衍、恽逸群、姚臻致胡乔木《关于调整上海各报纸的问题》，1952年1月4日，上档 A22-1-20。
③ 市委宣传部抄报上海新闻协会党组《关于上海私营报纸调整办法的报告》，1952年5月29日，上档 A22-1-47。
④ 夏衍、恽逸群、姚臻致胡乔木《关于调整上海各报纸的问题》，1952年1月4日，上档 A22-1-20。

其"资金短绌暂仍无法归还"的困难。① 如此小数的借款尚无力还清，足见文汇报当时的窘境。

对于在经营危机之下能否进行私营报纸的分工调整问题，上海新闻工作的几位领导人意见相左。1951年秋冬之交，夏衍等认为到了"下决心，用大力来调整"的时候了，否则"结果亏累不堪，增加我们的包袱"。② 新协党组书记、市政府新闻出版处处长陈虞孙等则顾虑此时"总销数没有很大发展，遽尔分工以后，可能使销数反减"，主张观察一段时间再行决定。③

陈虞孙的顾虑不无依据，文汇报的三次改版就是教训。从1950年6月21日复刊一周年到1951年8月1日，文汇报经历了三次改版。尽管每次改版都是为了贯彻上级对私营报纸分工的指示，凸显文汇报的主要读者是"工农青年、学生、知识分子"，主要面向"文化、教育、科学、技术"等领域，④ 但是，指示者和执行者对这几次改版都不满意。领导机关认为，文汇报的编辑方针还是"强调'市民路线'，强调'趣味化'、'人情味'，以'四大连载'吸引读者，以资产阶级、小资产阶级的庸俗趣味去影响读者"，"资本主义办报思想，曾严重地支配着文汇报每一个工作人员"，"今天还没有肃清"。⑤ 文汇报对改版也左右为难。面向青年读者和文教界的方针一方面发挥了文汇报过去的特长，另一方面却影响了销量，"除一部分教职员订阅外，学生订报者甚少"，"学生穷，都喜欢看本报而无经济能力"。而多数读者认为文汇报的"经济版不够充实，甚至太忽视了，不能满足读者要求，因而在外埠的发行受到很大限制"。⑥ 一年内三次改版，文汇报销量不升反降，在外债台高筑，在内拖欠职工工资，经营危机十分严重，以至于在1951年12月报社自发开展"起死回生"的增产节约运动，谓之"救报运动"。

---

① 新协党组：《关于上海私营报纸调整办法的报告》，1952年5月29日，上档A22-1-47；《文汇报经理部函致解放日报所借资金无法归还由》，1952年7月16日，上档A73（解放日报社档案）-1-113。

② 夏衍、恽逸群、姚臻致胡乔木《关于调整上海各报纸的问题》，1952年1月4日，上档A22-1-20。

③ 新协党组：《关于上海私营报纸调整办法的报告》，1952年5月29日，上档A22-1-47。

④ 《本报复刊一周年》（社论），《文汇报》1950年6月21日。

⑤ 孙葵君：《文汇报工作人员三年来的情况与问题》，1952年7月，上档A22-2-1532。

⑥ 《文汇报1950年9月份工作报告》，上档G20-1-18。

领导层的意见虽不一致，但都觉察到了私营报业经营危机背后上海文化市场所起的负面作用。面对持续多时的亏损，私营报业一面在新政府的继续补助上打主意，一面还是从市场上动脑筋，争份额，这样既形成对政府的压力，又使得大报意识重新抬头，自由主义办报作风再度兴盛。这种状况令新闻管理部门的领导十分焦急，他们向上级报告说："过去虽一再强调分工，但实际上分工很不容易明确。更由于发行情况不佳，各报为了争取读者，不能不使内容'应有尽有'，因而更使各报内容交叉重复，与分工的方针背道而驰"。因为亏损，各报"都在广告上打主意，不断组织所谓'专业广告'，动辄牺牲新闻与副刊篇幅，刊出整版广告，而且在第三、四版等重要地位，简直是为广告办报，不成其为应该具有高度思想性的报纸了。这并不表示其业务经营上的发展，恰恰暴露了其在业务上的狼狈状态"。[①]

既然市场竞争助长了私营报业的旧思想、旧作风，阻碍了报纸分工调整的推进，干扰了党对私营报业的领导，那么，解决问题的最佳选择应当是进行私营改公营的体制变革。领导们理应迅即把此事提上议事日程，进而成为上海新闻界思想改造的直接目标。但他们并没有如此决策。

消费大众的选择是决策者必须顾及的重要现实。中共执政后，尽管迅速摧毁了国民党官办和外人经营的报业市场，但不可能同样迅速地取消上海大众消费文化市场。即使党管报纸的新报业格局初步形成，市场的拉动作用仍然十分强大，无论是党报、公营报还是私营报，都难以摆脱消费大众的市场考验。解放日报创刊后 7 个月，计亏损 23 亿—24 亿元，导致亏损的原因，一是政治考虑，照顾其直接订户中 90% 的工人、学生享受优待折扣；二是市场考虑，要压低价格与新闻日报、大公报竞争。[②] 党报虽然有强大的权力后盾，1952 年发行情况大有好转，到 5 月底日销量已稳居各报第一，[③] 但上海市民的多元

---

①　夏衍、恽逸群、姚臻致胡乔木《关于调整上海各报纸的问题》，1952 年 1 月 4 日，上档 A22-1-20。

②　解放日报社：《1949 年工作总结报告暨 1950 年工作计划大纲》（草案）（原件无日期），上档 A73-1-3。

③　1952 年 5 月 29 日，解放日报销量达 154415 份，占全市报纸当日销量的近 30%，比第二位的新闻日报高出 55000 多份。见新协党组《关于上海私营报纸调整办法的报告》，1952 年 5 月 29 日，上档 A22-1-47。

选择依然要求报纸的多样化。正如新闻界几位上级领导人意识到的，上海"没有达到大家都只以看党报为满足的程度"，"解放日报面对整个华东又要具体照顾上海这个大城市中的异常复杂的业务，亦有许多困难"，"需要有一张强有力的比党报更灵活一些的教育上海人民的报纸"。[1] 因此，几家私营报纸或合并或重组或北迁的种种方案应运而生。而各种方案的核心意图都在于，既不能让私营报纸完全脱离市场，变为公营，又不能任其由市场摆布，迁就"落后群众"。

同样出于现实的考虑，新闻工作的领导也一致认为，对于私营报业的亏损"公家万难无止境地补贴维持"。即使是政府为促进各报分工提供"适当的援助"，也"不能用于消极性的弥补亏损"。[2] 也就是说，至少到新闻界思想改造运动前夕，政府是不考虑将这些处在亏损中的私营报业变为公营的。事实也是如此。上海解放之初政府给予私营报业的优惠政策并未维持多久。从1950年元月起，市政府先前给予文汇、新民、大公等5家大报的水电费8折优惠，经公用事业局审核后不再继续；4月，财政部又驳回上述5报免征营业税的请求。[3] 尽管文汇报从政府那里得到的支持胜于其他私营报纸，但政府在给予补助的同时，要求其承诺"以自力更生为主"，"争取在1951年2月底以前，做到自给自足"。[4] 补贴和优惠政策的逐步收缩表明了党和政府在体制问题上的审慎态度。

改制虽然缓行，改人却日益紧迫。执政者可以对私营报业的经济亏损不予援助，却不能对其政治表现置之不理。1951年10月，夏衍和姚溱不无忧虑地向胡乔木报告：

工作日益深入复杂，三张报纸（指文汇、大公、新民——引者注）的编辑

---

[1]　夏衍、恽逸群、姚臻致胡乔木《关于调整上海各报纸的问题》，1952年1月4日，上档 A22-1-20。

[2]　夏衍、恽逸群、姚臻致胡乔木《关于调整上海各报纸的问题》，1952年1月4日，上档 A22-1-20；新协党组：《关于上海私营报纸调整办法的报告》，1952年5月29日，上档 A22-1-47。

[3]　《上海市人民政府函致文汇、大公等报社不再继续优惠水电费由》，1950年1月11日，上档 G20-1-26；《财政部长薄一波等函复报业不免营业税由》，1950年4月5日，上档 G20-1-27。

[4]　《华东新闻出版局、上海新闻出版处与文汇报关于政府扶助文汇报事宜达成的协议》，上档 G20-1-30。

部都没有力量单独应付这个局面。最近报上泄露机密事件层出不穷，生产虽成中心，而大公报公然说"与报纸无关"，文汇报的编辑负责人甚至连郝建秀工作法这样常识的东西也一无所知。[①]

领导们感到最严重的问题还是中共在私营报业内力量薄弱，"领导不够有力"。文汇、大公、新民三家私营报社各有两名共产党员，加上新闻日报13名党员，不过19人，且"能真正起领导作用的党员不过一两个，有的党员竟跟在民主人士后面向党'要求'、'竞争'"。而各私营报的大部分人是"从解放以前原封不动继续下来的"，"不仅情况复杂，而且都保持了过去一套旧的办报思想与作风"。[②] 有基于此，夏衍等急切呼请："就我们对私营报纸的领导上来说，也到了非调整不可的时候了"，否则"一定会出乱子的"，故望从速指示，"以便我们提出最后方案，请华东局与中央宣传部最后决定"。[③]

转机的出现

与此同时，私营报业出现了若干有利于执政者决策的好兆头。先是私营报的几位头面人物对调整工作的看法有了转变，不再认为"调整就是'涸辙之鲋，相忘于江湖'、'与共产党共患难易'"；[④] 而后是各报销量从低谷中走出，经营困境出现了转机。1952年春，全市报纸总销数从3月4日最低的日销量357000余份增加到5月29日的470000余份，并有"继续增加之势"。[⑤]

最好的兆头还是来自文汇报。在新协党组书记陈虞孙的直接参与下，文汇报总结前三次改版的经验教训，于1952年4月进行第四次改版。与以往三次改版不同，大张改小张是文汇报这次改版的一个带有战略意味的抉择。3月，报纸编委会提出了"改版缩张，为提高文汇报的质量而奋斗"的方案，动员全

---

① 夏衍、恽逸群、姚臻致胡乔木《关于调整上海各报纸的问题》，1952年1月4日，上档A22-1-20。

② 市委宣传部：《上海新闻界思想改造总结》，沪委宣（52）字第1189号，1952年12月13日，上档A22-1-47；夏衍、姚臻致胡乔木《关于调整上海报纸的问题》，1951年10月11日，上档A22-1-20。

③ 夏衍、姚臻致胡乔木《关于调整上海报纸的问题》，1951年10月11日，上档A22-1-20。

④ 夏衍、姚臻致胡乔木《关于调整上海报纸的问题》，1951年10月11日，上档A22-1-20

⑤ 新协党组：《关于上海私营报纸调整办法的报告》，1952年5月29日，上档A22-1-47。

脍炙人口的几个连载作品

图 3-3　受读者欢迎的连载作品

社上下为改版做准备。4 月 1 日起，文汇报由正张对开 4 版加副页 4 开 4 版改为 4 开两张 8 版，缩减半张，[①] 版面内容更加突出为教育界服务的宗旨。这次"改版缩张"之举，表明文汇报公开宣布放弃大报路线，接受上级领导机关的调整分工方案。正如在改版当天发表的《敬告读者》中所称："希望通过这样的改版，放下我们大而无当的旧架子，进一步贯彻大众化的文教路线"。[②]

　　第四次改版之举使得文汇报不但销量上升的幅度居私营报纸之首，"致新闻、大公、新民等报不得不考虑其工作方针"，而且让领导从中总结出两条"成功经验"：其一，"放下'全国性'的大报架子，明确地以教育界（中小教师，乡村教师、职工教师、中学生以及一部分大学生与职业青年）为对象；小型；通俗化"。其二，"加强报纸的群众工作"。[③] 在领导看来，这些变化和转机，都是抗美援朝、镇压反革命、"三反""五反"等一系列政治运动带来的办报人和读者的觉悟所致。因而，通过思想改造来实现报纸分工调整的时机已经成熟。

---

① 《文汇报史略》，第 37 页。

② 《文汇报》1952 年 4 月 1 日。

③ 新协党组：《关于上海私营报纸调整办法的报告》，1952 年 5 月 29 日，上档 A22-1-47。

其实，在这些变化和转机后面，还潜藏着各种复杂的矛盾和问题，私营报业的经营危机也还没有渡过。然而，对于持续两年多未能将分工调整做到位的上海新闻工作领导机关来说，这些变化就足以为决策提供一个契机。1952年5月底至6月初，新协党组关于上海私营报纸调整办法的报告经市委宣传部批示呈送华东局宣传部和中央宣传部，其中对各私营报纸和新闻日报的分工做了规定，并提出："为了使各报在'三反''五反'后全面发展的情况下各得其所，在党的统一领导下有组织有计划地各发挥其战斗力量"，拟从6月起在私营及公私合营各报"进行一次思想改造，并经过这一运动来进一步明确分工，改进工作"。[①] 数日后，市委宣传部正式向上级递交了上海新闻界思想改造学习计划。

经过两年多的反复酝酿，上海新闻工作的领导机关将不改变所有制前提下实现私营报纸的分工作为思想改造的直接目标，启动了上海私营报业人的改造。

三 由困惑到亢进：运动群众与群众运动

上海私营报界的报人对思想改造并不陌生。且不论他们早就不是一系列政治运动的旁观者，就思想改造运动而言，毛泽东早在1949年《论人民民主专政》中已经提出，并在1951年10月政协一届三次全会上宣布与抗美援朝、爱国增产节约同步进行的"三大任务"之一，上海所有报纸对此有大量报道，部分编辑记者还参加过文艺整风、"五反"运动及学校思想改造，对此耳熟能详，有相当的心理和思想准备。尽管如此，上海私营报业的报人还是对思想改造态度不一，反响各异，有着许多不同声音。文汇报当然也不例外。

"换脑不摘帽"？

长期以来，文汇报一直面向知识分子读者，虽然被新政权确定为以教育

---

① 报告提出：新闻日报的读者对象应以工商界、高级职员与广大店员为主，多登本市新闻。大公报在国内以大资产阶级与大知识分子为主要对象，并应多登国际新闻。新民报以里弄居民和家庭妇女为主要对象，多登文娱消息。文汇报以教育界为主要对象（具体的文中已引）。见新协党组《关于上海私营报纸调整办法的报告》，1952年5月29日，上档A22-1-47。

界为主要对象的专业性报纸，但终究没有离开知识界这个读者圈子。所以，"配合知识分子思想改造运动，出版一个专搞思想改造与学习的《文汇》周刊"，曾经是拟议中的报纸调整方案之一。[①] 此方案并没有付诸实施，文汇报多多承担思想改造的报道任务却是其题中应有之义。从1951年9月京津地区高校思想改造运动起到1952年底上海新闻界思想改造告结束，在文汇报刊出的有关思想改造运动的各类报道、专题文章计767篇，[②] 新闻强度和密度前所未有。可以说，文汇报在思想改造运动中发挥了党所期待的宣传工具的作用，自身进入改造后理应表现上乘。但报道别人如何检查如何改造是一回事，轮到自己就是另一回事了。运动开始两周后，各报联络员向上级报告学习情况，反映文汇报还是"较混乱"，"小组汇报空洞，只是双手拥护，联系学习态度就联系念小学时的学习态度，连姓名都不敢讲"；"学习文件很不耐烦，觉得都懂了"。[③] 文教组认为"教育界文艺界整风都参加过，自己没有什么问题，几千字的学习心得也写得出来，为什么要像小学生一样拿起文件读上两小时"。还有人以当时正大力宣传推广的苏联产妇"无痛分娩法"作喻，调侃说思想改造是不是可以"发明一种'无痛改造法'？"[④]

文汇报后来在总结回顾时坦言：在运动初期，"有不少同志存在着各种不正确的看法，挨整、整人、陪整和过关等等错误的思想很普遍。有些同志恐惧，有些同志轻松"。[⑤] 正如新协党组书记陈虞孙刻画的那样："我们新闻界一般来说在思想上有一定认识，在文艺整风中受过鞭，在三反五反中打过滚，在教育界思想改造中熟悉行情，每个人都有一套"。[⑥]

上述种种言论和表现其实是中共发动的政治运动之初来自基层的难以避免的普遍反应，教育界、文艺界莫不如此。更多的意见和情绪反应则聚焦在私

---

① 夏衍、恽逸群、姚臻致胡乔木《关于调整上海各报纸的问题》，1952年1月4日，上档A22-1-20。
② 从文汇报图文光盘检索而得。
③ 《联络员汇报记录》，1952年8月26—30日，上档A22-2-1539。
④ 分会办公室编《新闻界思想改造情况（7）·对思想改造的看法与学习态度、方法》，1952年8月30日，上档A22-2-1539。
⑤ 《文汇报思想改造学习总结》，《学习》第13号，1952年10月8日，上档A22-2-1550。
⑥ 《学习分会支会委员联席会议记录》，1952年8月30日，上档A22-2-1539。

营报业自身特有的问题上，因为这与每一个被改造者休戚相关。

首要的问题还是由思想改造的直接目标而引发。根据预定的思想改造学习计划并经中共中央宣传部批准，到任不久的市委宣传部部长谷牧在上海新闻界思想改造学习动员会上做了长篇报告。其中特别对报界思想改造的根本任务和直接目标做了如下的阐述：

> 这次运动的根本任务是要使我们的报纸成为马克思列宁主义以及毛泽东思想的旗手，劳动人民利益的表达者和争取人民民主事业彻底胜利的不倦战士，如毛主席所指示的，很好地成为整个革命机器的一个组成部分。在这个根本任务的前提下，各报纸根据其具体条件可以而且必需（原文如此，下同——引者注）分工，可以而且必须分别联系不同的对象、不同的阶级、阶层的人民群众；可以而且必需在内容与形式上多种多样而不千篇一律，甚至在企业经营的性质上，也可以有私营、公私合营或公营等等的不同。但是，不论企业为何种性质，它的经营管理都必须按照共同纲领所规定，明确工人阶级的领导地位。

报告强调，思想改造就是为实现这个目标而展开的以肃清资产阶级办报思想为中心内容的"批评和自我批评"。[1] 谷牧的这段话把领导层酝酿了两年多的思想改造直接目标公布于众，具有"定调子"的意义，即思想改造既不是为私营报业摘掉私营帽子，又必须改变其私营的头脑，简言之，换脑不摘帽。

然而，在报人看来，这个要求是一个难以理解的悖论。围绕"资产阶级为什么办报""如何看待私营报纸的服务对象"两个核心问题，一系列相关的诘问、困惑甚至是牢骚通过各种途径反映到运动的领导者那里。最有代表性的一说是："私营报业的资本家拿钱办报，请我们去宣传工人阶级思想，批判资产阶级思想，这不是天下最笨的资本家么？出了钱请人打自己的耳光"。另一说是："私营报纸能否宣传马列主义？既宣传马列主义为什么要私营报？"再

---

[1]　谷牧:《在上海新闻界思想改造学习动员大会上的讲话（草稿）》，1952 年 8 月，上档 A22-1-47。

一说是："我们报纸的对象是小市民，或者是教师，他们多半是小资产阶级知识分子，那么我们为他们服务，算不算为工农兵服务呢？"[①] 有些人甚至抱怨说，解放三年来，私营报业"错就错在服务对象上"。[②]

问题的症结很清楚：顶着私营帽子的报纸，又被框定了带着小资产阶级帽子的读者对象，怎么可能换上报告所要求的工人阶级的头脑呢？然这一切不都来自上级领导吗？这个百思不得其解的思想症结在提起各报分工问题时业已存在，但谷牧的动员报告还是没有达到释疑解惑的效果。各报群众对报告"普遍存在轻视思想"，"积极分子"的听后感是"有和平土改的味道"，"报告太客气，搞得不疼"，"报告帮助不大，没有一定要激起思想改造的要求"；"思想落后的"听了报告"松了一口气"，"觉得好像不是痛整一番"。[③] 这些感想很能代表许多人对动员报告的误读。

由困惑和不解引发的对私营报业前途的担忧和苦闷，弥漫在各报的党员和群众中。业内的中共党员几乎都对领导机关保留私营报业的目的和方针大惑不解。几位党员批评上级领导部门"办私营报的方针有问题，采取了私营路线，把报交给民主人士去办"，"对私营报不看作人民的报纸，而看作私营企业"，"向来不关心"。有的党员在党支部讨论时说得更为尖锐："领导上将私营报纸当作花瓶，用来点缀点缀。一般机关原来把民主人士当花瓶，民主人士办的报纸自然也是花瓶"。[④] 他们甚至怀疑说，既然领导一再强调"上海报纸太多了"，那么把党员放在私营报业到底是想"把报纸搞好还是搞垮"，或者仅仅是"为了敷衍民主人士"？最积极的想法也只是自我解嘲：私营报纸的对象是"落后群众，小市民群"，可能"因为上海的落后群众多些"，才需要"我们教育他们进步"，"替解放日报培养读者"，等到他们进步了，"变成解放日

---

① 分会办公室编《上海各报工作中的资产阶级思想影响（新闻界党员学习期内的初步反映）》，1952 年 8 月 23 日，上档 A22-2-1551；《党内的以及初步转向党外后的一些反映（供陈虞孙同志作报告时参考）》，1952 年 8 月，上档 A22-2-1539。

② 《新协党组会议记录》，1952 年 8 月 29 日，上档 A22-2-1539。

③ 分会办公室编《新闻界思想改造情况（6）·对谷、姚部长报告的反映》1952 年 8 月 28 日，上档 A22-2-1551。

④ 分会办公室编《新闻界思想改造情况（2）·对私营报纸的性质与方针的意见》，1952 年 8 月 7 日，上档 A22-2-1551。

报的读者"，"我们的任务尽到就可以关门了"。①

低落的情绪却带来了一个亢奋的呼声：早日改为公营。这成了运动初期私营报界上上下下绝大多数人的要求。多种多样的动机也一起摆上桌面：共产党员和"要求进步者"本来就不屑与私营为伍，但还没有找到机会"另谋高就"；一部分"能力较差"的群众担心私营报纸难以维持，会"敲碎饭碗"，"被迫转业"。因此，这两种相反取向的动机殊途同归："都希望报纸改为公营"。②

而相当一部分报人表达出摆脱私营报业窘境的强烈愿望。经营困境引起的思想波动自不待说，私营报的政治待遇更使报人感到痛苦。在上海报业的新格局中，解放日报作为华东局和上海市委的机关报，享有分级别列席华东局书记办公会、上海市委常委会、市政府各委员会及行政会议的特权，许多官方文件、资料也直接送达报社。他们的记者更是以"无冕之王"的架势在各种场合通行无阻。③ 与党报的信息权威地位形成鲜明对照，私营报纸不但没有这些特权，而且受到新闻纪律的约束及党政机关、国营单位的歧视和冷遇，政治劣势地位时时显现。《文汇报史略》记载："党报记者与非党报记者是在很不平等的条件下竞争的。有时各报记者同赴一个单位采访，党报个别记者常常取走所有数据和材料，有次一位女记者为此回报社大哭一场。"④ 与党报政治待遇的反差促使私营报界一部分人一面对党报"牢骚很多"，对其享受的特殊权利"普遍不满"，一面却肯定私营报"迟早总是党报或公私合营报纸"。⑤ 他们寄希望于通过思想改造实现改制，进而获得与党报或公营报同等的权利和待遇。

"头头"带头？

在关注私营报业前途和自身出路的同时，各报社头面人物的一举一动也

---

① 分会办公室编《上海各报工作中的资产阶级思想影响（新闻界党员学习期内的初步反映）》，1952 年 8 月 23 日，上档 A22-2-1551。
② 分会办公室编《上海各报工作中的资产阶级思想影响（新闻界党员学习期内的初步反映）》，1952 年 8 月 23 日，上档 A22-2-1551。
③ 《文汇报史略》，第 21—22 页；《市府关于记者列席市府各种会议范围给解放日报社的通知》，1951 年 9 月 21 日，上档 A73-1-61。
④ 《文汇报史略》，第 22 页。
⑤ 邹凡扬：《新闻日报编辑部人员三年来情况与问题》，1952 年 7 月 5 日，上档 A22-2-1532。

是运动初期上下注目的一个聚焦点。这不仅因为头面人物的表现往往对运动进展和结果举足轻重，更重要的是他们被运动的领导机关赋予了特殊的角色。

思想改造运动的一般原则，是"先领导，后群众"；"先党内，后党外，党内严，党外宽"。① 教育界、文艺界的领导绝大部分是共产党员，② 这一原则不难体现，而进入运动的上海各报主要负责人，全部为中共党外人士，先后顺序和宽严尺度就难以按上述原则操作了。因此，除了各报的中共党员在运动前"先行一步"进行了 40 天的集中整风外，运动的领导机关做出了一个既不违反原则，又顾及私营报业特殊性的安排。市委宣传部一方面将各报负责编辑工作的非中共人士全部安排进华东学习委员会上海新闻界分会，指定王芸生、金仲华、徐铸成、赵超构分别为各报学习支会的主持人，赋予他们领导实施思想改造学习计划的重要责任，"一切工作部署均由分会与支会讨论决定"，同时要求他们"以身作则，带头学习"，与共产党干部一起"在本报的一定范围内作检查报告"；③ 另一方面，在学习动员前，下达了"这次思想改造不同于三反，不是首长带头，层层下水"的精神。④ 内定的政策更为宽松，市委宣传部上报的学习计划中提出对各报负责人中的民主人士"应坚决保护过关"，"应保证没有通不过的检讨"。⑤

这样的安排和政策所导致的直接后果，是使这些民主人士扮演起矛盾的双重角色，既当"教练员"，又当"运动员"。由此造成了各报干群关系、党内外关系一度紧张，双方只盯住对方，相互较劲。

各报负责人对于他们的"教练员"身份格外重视，同时对"这次不是领导

① 陈虞孙拟《上海新闻界思想改造运动学习计划》（草案），1952 年（无具体日期），上档 A22-1-47。
② 参加整风学习的上海文艺工作者共 1343 人，其中包括共产党员 215 人，多数为各单位的领导。见《文汇报》1952 年 6 月 13 日。
③ 市委宣传部：《上海新闻界思想改造总结》，沪委宣（52）字第 1189 号，1952 年 12 月 13 日，上档 A22-1-47；陈虞孙拟《上海新闻界思想改造运动学习计划》（草案），1952 年（无具体日期），上档 A22-1-47。
④ 分会办公室编《新闻界思想改造情况（7）》，1952 年 8 月 30 日，上档 A22-2-1539。
⑤ 陈虞孙拟《上海新闻界思想改造运动学习计划》（草案），1952 年（无具体日期），上档 A22-1-47。

带头"的精神特别入耳。文汇报反映：徐铸成"一直以领导者的姿态出现，特别是听到思想改造不是领导带头后，比较麻痹"，"一直不能真正带起头来"。①徐本人也承认"开始时我也有些轻松，后又为带头而带头"。在文汇报学习支会上，徐铸成将上级所提"学习生产两不误"的口号解读为"学习、生产对半开"，"屁股坐在整风上，眼睛看着生产"，还提出"9月份是旺季，强调生产"。文汇报的中共党员一时无法应对，只能向新协党组报告说：对徐铸成"我们摸他不透，不知（他）有无自觉性"，"如何促使他们检查没办法"。②

群众的反响却十分强烈，议论纷纷。新闻界学习分会和各报支会联席会议分析运动开始后存在的问题时，最为集中的问题之一便是"这次运动与文艺界、教育界之间有何不同？为什么不（是）领导带头？"虽然在讨论中有人给予有力解释，"但有些人认为还是不能解决，因为大家对领导有很多意见。有些人说我们对领导要求高，希望领导检查，启发大家"。③文汇报的小组讨论中不但提出了同样的问题，而且给出了一个带讥讽的解释："文艺界的领导都是党员，而且报刊上曾一再对他们提出批评；新闻界的领导水平低，和大家差不多，检查不出什么来，带不带头和我们没有多大关系"。④领导既不能带头检查，群众自然消极观望，有些人认为这次运动"要求太低，不及'三反'有劲"，也"不如整风、五反那样'过瘾'"。甚至连青年团员也抱此态度，认为思想改造应该"整的是那些元老"，我们"搞新闻工作时间短，手面干净，没啥可批判"。⑤运动开始两周后，陈虞孙在听取各报学习情况的汇报后仍然批评文汇报"教条式的汇报，证明群众没有真正地动起来"。⑥

---

① 分会办公室编《新闻界思想改造情况（8）·领导学习的方法，领导与群众关系中的问题》，1952年8月30日，上档A22-2-1539。

② 《新协党组会议记录》，1952年8月29日，上档A22-2-1539；《1952年思想改造文汇报学习支会会议记录》，1952年8月25日，上档G20-1-42。

③ 《上海新闻界学习分会支会联席会议记录》，1952年8月30日，上档A22-2-1539。

④ 分会办公室编《新闻界思想改造情况（9）·对思想改造的看法和学习态度》，1952年9月2日，上档A22-2-1539。

⑤ 市委宣传部：《上海新闻界思想改造总结》，沪委宣（52）字第1189号，1952年12月13日，上档A22-1-47；分会办公室编《新闻界思想改造情况（8）》。

⑥ 《联络员汇报记录》，1952年8月26—30日，上档A22-2-1539。

急转高潮

尽管上海新闻界的思想改造在矛盾和悖论中走过了最初的学习阶段，私营报界的头面人物和基层众生有种种不同的反响和表现，但是，领导者们依然认为运动"情况很正常"，并会沿着预设的轨道进展。[①] 因为由上海新闻工作的各级领导机关组成的政治网络，既牢牢地掌握着运动的领导权，又及时了解基层的各种动向，将所有的被改造者无一例外地拢在其中。华东局宣传部和上海市委宣传部本来就是"党管报纸"的领导机关，当然在新闻界思想改造运动中负有领导责任，华东局宣传部部长夏衍，上海市委宣传部正、副部长谷牧、姚溱为领导运动的主要负责人。思想改造的计划及主要政策、动员与总结报告、进展情况的分析及对策等重大问题，或由他们亲自指示，或由他们亲临现场，都一一抓实。这两个领导机关还要随时将运动情况报告给华东局、上海市委和新闻总署，并通过他们"向毛主席汇报"。[②] 掌控运动中各报社第一手情况的是华东学习委员会上海新闻界分会和各支会分别下设的办公室，这两个临时性组织虽然是办公机构，但与分会、支会明显不同的是，办公室由清一色的中共党员组成，陈虞孙任分会办公室主任，支会办公室也都由各报的中共党员担纲。分会办公室专门汇编了一张名为《学习》的内部小报，下发至各学习小组传阅，定期回收。新协党组也随时召集各报社的中共党员研究运动中的各种动向。分会与各报社支会以及各支会之间不定期地召开联席会议，各报社还设有联络员，随时向各种会议报告最新的运动情况。

在如此严密的组织系统的高速运作之下，上海新闻界思想改造学习动员阶段的各种不同声音迅速沉寂，运动的激进者开始活跃。当学习动员阶段接近尾声时，运动开始时仅限于"检查资产阶级办报思想"的要求，被群众大揭发的激情所突破，"极其自然地扩大深入，去检查一切非工人阶级的错误思想与作风"，直至每个人"全面检查与交待"。[③] 享有"特殊待遇"的私营报界的

---

① 《新协党组会议记录》，1952年8月29日，上档A22-2-1539；《思想改造文汇报学习支会第4次会议记录》，1952年8月25日，上档G20-1-42。

② 《新协党组会议记录》，1952年8月29日，上档A22-2-1539。

③ 市委宣传部：《上海新闻界思想改造总结》，沪委宣（52）字第1189号，1952年12月13日，上档A22-1-47。

头面人物，虽然被赋予"裁判员"和"运动员"的双重身份，但也一样受到这个权力网络的制约。随着运动的推进，"裁判员"的身份迅速淡出。

上海新闻界运动的领导机关虽然在策略上和方式上充分考虑私营报业的特殊性，但是运动进展到普遍揭发阶段，群众性的相互揭发检举还是将运动推向了政治高压的环境之中。《学习》第 2—8 号连续刊登编者的评论或短论，号召"消除顾虑，无情揭发，深刻批判"，赞扬"普遍揭发热烈展开"，运动"形成了新高涨"。在"揭发通讯"的专栏下，每期《学习》都刊出各报检举的大量事例，诸如，"把人民日报头条新闻照抄一番，发成本报专电"的"盗窃性行为"；"组织整版广告，还奉送宣传文字，内容不惜违反政策，甚至泄露机密，以迁就私商"；"搞廉价倾销"的"不正当竞争"；刊登"乱捧旧艺人的黄色内容"；"争着采访封闭妓院，动机不纯"等，所登揭发事例森罗万象，具体而微。[①] 《学习》甚至连续两期刊登一篇题为《电车里面养下双胞胎》报道的批判文章，[②] 指责由于记者的不良动机，原本应该体现"新社会新道德"和宣传"无痛分娩法"的报道，写成了"旧社会封建剥削阶级所'欣赏'的'磨坊产子'、'雪地产子'那样的戏剧性的故事。并未想到剥削者所'欣赏'的事情，正是劳动人民最感狼狈和痛苦的遭遇"。[③] 文汇报揭发的五花八门的事例当然也罗列其中。

至此，上海私营报界的众生由困惑转为亢进，执政者运动群众的局面变成了大揭发、大批判、大民主的群众运动。

四　精英急转弯：运动中的徐铸成与严宝礼 [④]

1952 年 8 月底至 9 月初，上海新闻界思想改造学习运动进入自我检查

---

① 　上档 A22–2–1550。

② 　《新民报》1952 年 8 月 4 日。

③ 　《〈电车里养下双胞胎〉的写作动机和效果》《也来批判〈电车里养小囡〉的写作动机》，《学习》第 5、6 号，1952 年 9 月 14、16 日，上档 A22–2–1550。

④ 　严宝礼（1900—1960），江苏吴江人。1916 年入南洋公学，后在沪宁、沪杭甬铁路局等处工作。1938 年 1 月会同铁路局同事等在上海创办文汇报，长期任总经理。1948 年与徐铸成等筹款去香港办文汇报，得到了郭沫若等人的支持，于当年 9 月 9 日出刊。1949 年 6 月文汇报在沪复刊，再度任总经理。1953 年 1 月文汇报公私合营后，任副社长兼总经理。

图 3-4 1980 年代的徐铸成

和揭发批判阶段。领导机关发现几位头面人物开始放下"领导架子"，主动联系思想，进行自我批判，真正进入运动状态。

"突破性"的转变

在文汇报上报华东学习委员会上海新闻界分会办公室的情况汇报中，认为总主笔徐铸成的态度转变是"突破"性的："他的表现较好，自己批判说：'过去我是站在新社会的外边的。'同时检查了个人学习上的教条主义，小组空气也因之转变"。[①] 文汇报学习支会记录了徐铸成对自己学习态度的反思："思想改造有没有痛苦，这两天有时觉得轻松，有时觉得沉重，是否在学习程度上有缺点？"[②] 新闻界学习分会和各报支会的联席会议记录也显示，徐铸成和其他私营报的总主笔就"领导起示范作用的问题，都表示了态度"。[③]

由学习态度的反思进到严厉的揭发与自我批判，徐铸成先后在学习支会、文汇报编辑部全体大会上检讨。9 月 24 日，《学习》第 9 号摘要发表了徐铸成的长篇思想检查，围绕着批判资产阶级办报思想这个主题，他历数了自己在"办报方针路线""对待干部的政策"两方面所犯的"异常严重的、不能容忍的错误"，并剖析了"错误的思想根源"。[④]

---

① 分会办公室编《新闻界思想改造情况（9）》，1952 年 9 月 2 日，上档 A22-2-1539。
② 《思想改造文汇报学习支会第 4 次会议记录》，1952 年 8 月 25 日，上档 G20-1-42。
③ 分会办公室编《新闻界思想改造情况（9）》，1952 年 9 月 2 日，上档 A22-2-1539。
④ 上档 A22-2-1550。

　　徐铸成的检查获得了文汇报群众的基本认可。大家认为："总的说来，徐的检查是真诚的，还比较完整、全面、深刻，而在检查精神上，亦不是全包下来的态度。"大多数人还十分肯定徐铸成的进步，认为"以过去的情形来看，今天能作这样的检查，是很不容易，是放下架子面子的，经过了激烈思想斗争的"。文汇报向上级的报告中，也充分反映了徐铸成转变后的示范作用："在大会上作检查后，表现出轻松与开朗，他利用深夜等大量的空隙对大部分同志进行帮助，要他们别抓住过去进步的一点不放，须首先否定自己，找最痛之处挖下去，他在第一组起了很大作用"。[1]　当然，还是有不少人指出了徐的检查中若干"不够""不深刻"之处。[2]

　　从 8 月 11 日上海新闻界思想改造正式启动，到 9 月下旬各报社总编辑的检查相继通过，不过短短一个半月。徐铸成从蹩脚的"裁判员"变成了示范的"运动员"，其变化之速似难以令人置信：角色的迅速转换如何可能，态度的转变是否可信？

　　作为建国初期接踵而至的政治运动之一，知识分子思想改造也具有一般政治运动的特征，即根据发动者预定的计划在特定的时间内形成政治高压的环境与氛围。当运动进入自我检讨和揭发批判阶段，徐铸成被指的错误除了人所共知的"资产阶级办报思想"种种表现外，最具杀伤力的莫过于有人在第二组会议上披露："解放初期，他（指徐铸成）从北京到南京，曾对一位同志说：黄炎培在北京第一个喊毛主席万岁，我觉得肉麻。这句话透露了当时他不是全心全意拥护共产党"。[3]　在如此紧张的氛围中，上上下下聚焦的徐铸成和其他几位头面人物是不可能不来一番转变的。

　　如果通读徐铸成、王芸生、赵超构的检查，不难发现他们在检讨"资产阶级办报思想"方面，只有具体内容的不同，而无思路和认识程度的区别，话语框架也完全一致。诸如"把报纸当商品，把读者当顾客"的"资

---

①　分会办公室编《新闻界思想改造情况（21）·各报民主人士在思想改造运动前后的表现》，1952 年 9 月 23 日，上档 A22-2-1551。

②　分会办公室编《新闻界思想改造情况（18）·对各报领导同志检查报告的反映》，1952 年 9 月 25 日，上档 A22-2-1551。

③　分会办公室编《新闻界思想改造情况（14）·对各报行政及党团领导的意见》，1952 年 9 月 19 日，上档 A22-2-1551。

产阶级经营思想"，"有闻必录的客观主义"，"追求版面的形式主义"，"标榜新闻独立""超阶级""超政治"的"自由主义"等，跃然于他们的检查中。关于错误思想根源的分析，也不外乎旧社会和非无产阶级家庭出身带来的"严重的个人主义名利思想"。还有一点相似之处，就是他们都检讨自己"背着进步的历史包袱"。^① 显然，这些格式化的检查达到了思想改造预定的要求，既便于上级领导"保护他们过关"，也能够在报社群众中获得通过。

但也不难发现，这些格式化的检查带有明显的表态意味，其中确有不少牵强和生硬之处，那么，是否可以就此断定，这些检查都是政治高压下的违心之作呢？

徐铸成的两点检查提供了其思想变化的某种可信度。一是他的"进步包袱"不只是指文汇报在国民党时代的"光荣革命历史"，还指文汇报第四次改版后的现实进步表现。另是在检讨"家长式的领导方法"时，他特别列举了对总经理严宝礼的"不正确"态度。^②

如前所述，文汇报的第四次改版举足轻重。而其始作俑者，是正在制定私营报纸分工调整方案和思想改造计划的新协党组书记陈虞孙。是陈的"缩张改版""办出特色"的建议，使得正在经营危机中开展"救报运动"的徐铸成等得到了关键的一招。^③ 也正是文汇报这关键之举，推动了陈虞孙向上级提交了上海私营报纸分工调整方案并获批准，从而成为思想改造运动的契机。

第四次改版对于徐铸成理解私营报纸的分工调整，认同共产党对私营报业的领导，都具有促进意义。只是从思想改造自我批判的要求出发，徐铸成把这个重要的进步叙述成一个"思想包袱"。如他的"思想检查"开门见山所写：

---

① 《王芸生同志的思想检查》《徐铸成同志的思想检查》，《学习》第 9 号，1952 年 9 月 24 日；《赵超构同志的思想检查》，《学习》第 10 号；均见上档 A22-2-1550。

② 《徐铸成同志的思想检查》，《学习》第 9 号，1952 年 9 月 24 日，上档 A22-2-1550。

③ 《文汇报史略》，第 37 页。

在这次运动开始以前，我知道我们工作中的毛病很多，但在知道这次运动主要是批判资产阶级办报思想以后，以为我报在 4 月改版以后，方向已正确了，这种错误思想已不存在了，所以感觉很轻松。不仅自己轻松，而且告诉同志们不要紧张。

徐还检查自己在第四次改版过程中一度产生过"改头换面""别开生面"以"争取销路"的"老一套"思想，特别提及，是"在领导方面的一再帮助下，才初步明确了改版的意义，才决定放下架子，明确读者对象"。①

由此可见，徐铸成的态度发生"突破性"的转变，是文汇报第四次改版带来的认识延续和揭发批判阶段的政治压力双重作用的结果，既有言不由衷的表态，又有出自内心的认同。

如果说，徐铸成的"进步包袱"表示他在运动前已有的认识基础，那么，在与严宝礼关系的检讨中，则更多地表露出他在资产阶级问题上的游移和困惑。

徐铸成的思想检查中，"对待干部的政策"是他自我批判的两大问题之一，而其中又用了很大篇幅剖析了他对待总经理严宝礼的态度。他自述道："三年来，我和严先生的关系，简单说可分两个时期。在解放之初，是强调斗争"；一度，"又一味无原则的团结，百事不问，怕伤和气；三反、五反运动开始到现在，又一味强调斗争"。

徐铸成自述的这种忽左忽右的态度，尽管有他和严宝礼个人恩怨的原因，但在很大程度上，还是出自他对资产阶级的复杂认知和心态。徐铸成在检查中反复写道："我不是站在工人阶级的立场上"，"不是从原则出发，不是从群众利益和人民利益出发"，看到"严先生积极的一面"，同时"好好帮助他进步"，克服"他的消极性"，而是"一心追求名利地位和个人利益"，"只想表现自己进步"，从而使得严先生"感到孤立，感到我和群众一起在攻击他，对付他，而不是希望他进步"。徐的思想检查中有一段心理剖析却是另一番滋味：

———————————————

① 本段及以下数段，均见《徐铸成同志的思想检查》，《学习》第 9 号，1952 年 9 月 24 日，上档 A22-2-1550。

图 3-5 严宝礼

对于严先生的铺张浪费的生活，不是鄙视，而是羡慕。由于我和他同住一处，生活上精神上受到种种压迫，由羡生恨，这个感情，今天想来是非常可耻的。所以，我在报馆虽然没有参加剥削，但不能否认有严重的剥削阶级思想，我也俨然以"老板"自居，到三反、五反以后，才认识这是可耻的想法，时时想摆脱这个尴尬的地位。因为片面地肯定他对文汇报的危害性，认为和他合作下去，文汇报是没有前途的，于是就一直消极怠工，以为自己卖力，让严先生享乐发财，是不甘心的。[1]

急于表现自己进步的动机和又羡又恨的复杂心态，构成了徐铸成自责对待严宝礼"基本错误的"态度。[2] 虽然目前尚无更多的资料证实徐、严之间的关系是否都起于徐的错误，但他的检查至少表明，在对待资产阶级的问题上，徐铸成正在努力按照思想改造的要求，摒除曾有过的左右为难的困惑和曲解，站到工人阶级的立场上。可以说，这又是一个政治压力和自我反省双重作用的结果，既有迎合需要的上纲上线，又有真实的内心独白。

消极与积极的变奏

相比之下，总经理严宝礼对思想改造运动的态度似消极得

---

[1] 分会办公室编《新闻界思想改造情况（16）·各报民主人士的检查报告（1）》，1952 年 9 月 23 日，上档 A22-2-1551。

[2] 分会办公室编《新闻界思想改造情况（16）》，1952 年 9 月 23 日，上档 A22-2-1551。

多。直到徐铸成等检查两周以后，也就是 10 月 13 日，文汇报仍然向运动领导机关报告了严宝礼近乎抗拒的表现：

> 要他作检查报告，推动大家，他表示很愿意，但一再拖延；他对大家提的意见，表面上很镇静，未表示抗拒，但只笼统地接受，对一些具体意见不接受，加以辩护；他不承认办报的投机性（有人说他抗战时合资贩米不成才办文汇报），他强调办报的效果，他不愿意否定他的进步包袱。后来在支会上再作一次检查，对一些具体问题还是搞不通，不肯抹杀他过去的"进步性"，对五毒行为也不肯交代。一般认为他的检查不深刻，不虚心，对大家提的意见逐条强辩。①

而事实上，严宝礼在运动前后确有积极表现的另一面，而且是表现在文汇报的公营和分工调整问题上，也就是事关这次运动直接目标的大问题上。

还在思想改造酝酿时期，文汇报总经理严宝礼就"一直在等待公营"，新民报总经理陈铭德也"早下决心，要仿北京（新民报）办法，卖给政府"。②在当时经营危机的情况下，领导当然认为他们这种要求无异于金蝉脱壳的权宜之计，但也不否认经过历次运动，这些私营报的头面人物"逐渐了解报纸企业必先于一般企业实行社会主义的道理"。也就在领导为私营报调整方案举棋不定之时，严宝礼提出的"以'文汇'财产，搞一企业，又保存'文汇'的金字招牌"的思路，深得领导赞许，认为其"创造了便于我们'调整'后安排人事的条件"，并写入了可供选择的第一方案。③

含有"文汇报改组为文汇出版公司"的第一方案最终虽然没有实行，但严宝礼的公营要求始终未变。文汇报群众对他的思想检查总体不满意，但是他在检查中"表示愿将股份缴出"，在公营后"愿作人民的勤务员"的表态，还是备受关注的。④

---

① 分会办公室编《新闻界思想改造情况（21）》，1952 年 9 月 23 日，上档 A22-2-1551。
② 新协党组：《关于上海私营报纸调整办法的报告》，1952 年 5 月 29 日，上档 A22-1-47。
③ 夏衍、姚臻致胡乔木《关于调整上海报纸的问题》，1951 年 10 月 11 日，上档 A22-1-20。
④ 分会办公室编《新闻界思想改造情况（21）》，1952 年 9 月 23 日，上档 A22-2-1551。

　　在支会上检查后的 10 月 17 日，严宝礼亲笔致信市政府新闻出版处，表达了将自己的股权全部献给政府的急不可耐的强烈愿望：

　　宝礼创办文汇报的主要动机，原是基于在抗日战争中的爱国热情，虽然这些年来，我也曾犯过大大小小不少次数的错误，但大体上总还是沿着这条道路前进的。自从受了"三反""五反"伟大运动的教育，以及我报"整风"及思想改造的学习，更使我开了眼，使我对人生及宇宙有了初步的新的认识。报纸是教育人民的工具，关系何等重大，放在私人手里经营根本上是不妥当的。我深深体会到这一点。决意将我投在文汇报的资金共 34024 股全部献给政府。同时我认识到属于我名下的这些资金，大部分是由于各种各样方式剥削来的，一天不交还给人民，老觉得有什么东西啃着我的心。因此我十分恳切的请求政府为我开路，立刻接受我的要求。

在同一封信内，严宝礼特别向处长陈虞孙个人写了更为动情的几行："关于我的文汇报股权，献给政府一事，我的决意不是起于今天。我不愿意再拖延了。拖延使我痛苦。不但这点股权，还有我借给虞顺懋的一笔款子，以及在苏州买的一幢房屋，我也决意全部献出，其手续如何，请示为感"。[①]

　　如果说，在文汇报经营窘迫的情况下，严宝礼的公营要求还夹带着转嫁危机的投机心理，那么，在思想改造的揭发批判运动将告结束，马上就要转入组织人事整顿的建设阶段之时，严宝礼郑重其事地向人民政府表示的态度，不能不说是动真格的。更何况，思想改造运动开始的目标并没有定在私营改公营的体制变革上。严的信同时印证了他确如文汇报群众所反复批判的背着"进步包袱"：他从来也不肯否定自己办文汇报的初衷是出于爱国，而且这种爱国热忱从抗战一直持续到了共产党执政的时代。

---

① 《严宝礼致陈虞孙》，1952 年 10 月 17 日，市新闻出版处关于新闻界思想改造建设阶段组织建设制度等材料，1952 年，上档 A22-2-1545。

矛盾心态下的紧跟

徐铸成、严宝礼在思想改造运动中的放言立论，不仅是政治运动的特殊环境所致，更可以从他们与中共的历史渊源和关系变化中找到内在的逻辑。

中国共产党和上海各大民营报业并非陌路。不少中共的笔杆子、秀才曾是大公报、文汇报、新民报的名记者，地下党在这些报社也很活跃。报界的几大总主笔，如文汇的徐铸成、大公的王芸生、新民的赵超构等，在 1949 年以前同中共关系匪浅。他们与中共高层中许多人有着千丝万缕的历史渊源关系，更是毛泽东、周恩来的座上宾，几度受到毛的亲口称赞。[①] 即使如严宝礼这样的报业资本家，也同左翼文化领导人过从近密，并得好评。夏衍曾对部下说："严宝礼虽然不会编报，不会写稿，也不擅辞令，却是创办文汇报的元老。你别看他像个生意人，其实是有政治头脑的，否则就不会自讨苦吃来办报"。[②] 文汇报被国民党当局查封的"革命历史"，更加强了徐、严和中共之间的纽带。

中共执掌政权以后，新政权和民营报业的关系发生了历史性的转折，从革命党和民间进步舆论界的同盟转变为执政党和都市大众媒体的两方。尽管在政治安排上，同盟关系仍然存续在共产党领导的多党合作和政治协商的制度中，但在权力和话语系统中，执政党的国家政治空间与民营报业的社会舆论空间的分野仍时隐时现，国家强力统合社会的态势则日趋明显。

在这历史的转折中，执掌政权的中共与上海文化人都在寻求建立一种新的共处关系。

在《共同纲领》的规定下，中共领导人一方面要维持与知识分子和文化名人的"统一战线"，给予一定的活动场域，也给予徐铸成、严宝礼这样的有"反蒋""爱国"历史的报界头面人物以一定的政治地位；另一方面，反对资产阶级和批判小资产阶级则是中共的既定方针，如徐、严这样的"小资产阶级知识分子"和"资本家"及其占有的民间舆论空间，又注定是要被改造和消灭的。而且，在建国初期的中共基层党员中，对资产阶级和知识分子采取蔑视

[①]　有关情况参见杨奎松《忍不住的关怀：1949 年前后的书生与政治》，第 118—119、153—155 页；郑重《毛泽东与文汇报》，第 23 页；《徐铸成回忆录（修订版）》，第 231 页。

[②]　《在两次运动中——追忆夏衍》，《文汇报》1996 年 3 月 27 日。

态度者不在少数。私营报业的党员就对业内的民主人士和统一战线问题歧义颇多。最为极端的意见是：

> 领导到底靠谁办报？应当检查一下。上海四张报纸，五个民主人士，三年来一事无成，一个也没有教育好。领导在党内是家长，在党外是迁就，一味迁就民主人士，这是甚么路线？其实，你越迁就，他越嚣张，越是要到中央告状。实际上，如果把这五位大亨一脚踢开，报纸一样可以办下去，甚至会办得更好。①

中共党员对民主党派在私营报业的组织和发展严加防范，对徐铸成及其民盟组织的活动尤其警惕。徐铸成要把文汇报副刊"社会大学"的讲座与民盟合办的设想被负责该刊的党员坚决否定，"觉得这样会把文汇报办成民盟的机关报"。还有的党员担心"文汇报有被民盟抓住的倾向"。徐铸成曾要求新民报的中共党员"协助"他发展民盟成员，那位党员"口头答应了而实际上按兵不动"。② 在如此的"左倾"氛围中，徐铸成、严宝礼所处的日常政治环境也不难想象。

转折时期的报人对上层政治变化的反应也十分矛盾。面对沧海桑田之巨变，他们确实对新中国、对共产党心怀憧憬，抱有希望。正如徐铸成在亲历"十一"开国盛典的日记中所写：

> 今日为余生平永不能忘之一日，人民政府正式成立，天安门前之壮伟景况，恐中国二千多年历史上所空前也；游行开始，场面尤为空前伟大，毛主席万岁之呼声，响彻云霄，群众秩序井然，而均以一见毛主席为荣，盖衷心感激毛主席为国之功绩，此种场面，每令人感泣。余今日亦数次泪下，不能自禁；今日能身逢三千年未有之盛，已属本事（"难得之意"——引者注），而能参加此开国盛典，更为非常的荣誉，此种荣誉，应视为中

---

① 分会办公室编《新闻界思想改造情况（3）·对私营报中统一战线问题的意见》，1952 年 8 月 7 日，上档 A22-2-1551.

② 分会办公室编《新闻界思想改造情况（3）》，1952 年 8 月 7 日，上档 A22-2-1551.

共数十年苦斗所得，而谦让于人
分享者。①

这些记载当然都是真情实感。同时俱
来的另一种真情实感，却是民营报纸
在党和政府的指令和民间办报自主性
之间的彷徨，以及由此引发的对报纸
的地位、属性的困惑。40多年之后，
徐铸成在忆及当年范长江宣布不再有
"民营报"，只有"私营报"那一幕时，

图 3-6　陈虞孙

仍然心绪难平："简直像一盆冷水向我头上浇了下来，共产党既然
还存在着官民之别，报纸为什么就不能有官方与民间之分呢？我
还是强忍着自己的激动，没有和长江辩论"。②

　　而尤令徐铸成感到忐忑不安的是，身为上海民营报界"五大
巨头"之一，③其他几位都是新政协的正式代表，唯有他是候补代
表，这似乎表明，就是在地位不定的私营报中，文汇报还要逊一
筹。他在1949年9月29日的日记里写下了与储安平谈话的感触：

　　安平兄与余谈，彼之〈观察〉即将复刊，组织方面大力支
持，但恐群众思想难捉摸，又谓彼旅行东北，已草就视察
记25万字，材料甚新。特别着重人事制度方面。组织方面
极为赞赏，促其早日出版，彼事先事后均与组织方面反复
商谈。甚矣，做事之难，余吃亏在不善应付，只知守分做
事，毕竟人还是人，总欢喜多请示商量也，〈文汇〉复刊前
后所遭之挫折，此未始非主要原因。故今日私营报刊者，或

①　徐时霖整理《徐铸成日记》，三联书店，2013，第52-53页。
②　郑重：《徐铸成访谈录》，《毛泽东与文汇报》，第11页。
③　"五大巨头"：金仲华，时任新闻日报社社长；王芸生，时任大公报社社长、
　　总编辑；徐铸成，时任文汇报总编辑；赵超构，时任新民报晚刊总编辑；刘
　　思慕，时任新闻日报总主笔。

以《文汇》最难捉摸，其实《文汇》历史及背景最光明，动机良善，如能好好指导，必能成一好的教育工具，在群众影响中，亦□（原文缺，似为"不"——引者注）比《大公》为差。惜乎，余虽不善处理，而当事者亦气度不广，此为国家之损失，殊可慨也。[1]

尽管这种情感常常是潜在的，或刚一露头就被大转折的历史潮流所裹挟，所淹没，或被建国初期的繁忙、紧张所笼罩，所驱赶，但徐铸成们着实感受到了民营报纸和党的要求之间的差距：想跟上，又很难；想顺从，又不甘。徐铸成、严宝礼抱着如此的心态，度过了思想改造运动的日日夜夜。

老关系，新结交

在徐铸成和严宝礼接受思想改造的日子里，新协党组书记陈虞孙的作用甚为特殊与关键。

如前所述，新协党组是上海市委为私营报业改造而特设的一个基层工作组织。作为中共的一个派出工作机构，上有高层领导和各级领导机关的尚方宝剑，下有基层各报的党组成员和中共党员，新协党组理应得心应手地管控徐铸成、严宝礼等上海私营报业巨头，但实际情况并不如此。

困难首先来自体制和结构的"先天"问题。新闻协会本身是一个群众性的行业组织，对各民营报纸并无行政上下级关系。建于其上的新协党组无法以此为依托号令各报，只能依靠来自各报的党组成员开展工作。这本是一份"内行领导"的有效资源，然而，这些来自各报的党员，在本报社的职务均在报界"五大民主人士"之下，政治地位虽高，实难领导他们的上司。况且，他们大多是在报社"土生土长"，曾是这些巨头眼中的"小巴拉子"（上海话，原意为小孩，常借指小人物），如今突然要倒过来对头上尚有许多光环的"通天人物"发号施令，自然有不小的难度。比如，新协党组成员郑心永，是1949年文汇报复刊时留在社内的唯一的中共候补党员。组织虽然委派他"负责文汇报的工作"，却不担任报社的领导职务，只是一个"要闻编辑"。他自觉

---

[1] 《徐铸成日记》，第51页。

在社内"处于非常尴尬的地位"。他回忆说："当时文汇报的经济极为困难，有时工资发不出，工人认为严宝礼是资本家，要求增加工资，找严宝礼进行说理斗争。我既要支持工人的要求，又要安慰严宝礼"。[①]

对新协党组的职责规定也使其在报界上层的工作不很顺畅。为了避免"五大人士"产生"有职无权"的印象，切实负起办报的具体责任，市委有关部门明文规定，新协党组不能直接插手各报工作，各报党员也不能左右。组建党组的过程中，市委组织部根据姚溱的意见，强调党组主要是把握报社大方向，通过党组织加强领导，而交流各报经验，提高业务等项，"须经过新闻协会由行政办理"，尤其明示的是，协调各级党、政、工、团的关系一项，党组无"直接处理"之权，只有向上反映之责。[②]

这种领导与被领导关系的矛盾一直持续到私营报业改制之后。直到1954年上海市委宣传部对公私合营的文汇报、新闻日报、新民报进行工作检查时仍然发现：

> 各报的最高负责人都是党外民主人士，如何发挥党对他们的领导很成问题。有的报纸党员不敢用党的名义去领导他们。报纸工作中的若干重要环节（如审稿、看大样制度），有两个报都掌握在民主人士手里，党员不去过问。党员对统一战线的认识和做法，仍有一系列的问题未明确解决。[③]

由此造成了一个与中共的强势组织不尽匹配的现象：新协党组的上层工作主要不是通过自身的组织网络，而是在上级领导决策后，由党组书记、解放日报副社长陈虞孙一竿子到底，亲临一线，贯彻落实。从目前所见的有关新协党组的材料中，几乎找不到除陈虞孙外的其他成员代表党组在上层活动的踪迹，说新协党组常常是书记的"独脚戏"，也不算太离谱。这样，与"五大人士"的交道、周旋，对他们的教育、引导和掌控势必成为陈虞孙工作的重中之重。

---

① 郑重：《郑心永访谈录》，2005年6月，见氏著《毛泽东与文汇报》，第28页。
② 《上海市委组织部致夏衍并姚溱》，1950年6月26日，上档B36-1-2。
③ 市委宣传部：《关于新闻日报、新民报、文汇报检查工作的目前情况的报告》，1954年9月，上档A22-2-238。

而陈虞孙的一言一行、一举一动，都有代表党组织之意，报界巨头自然不会等闲视之。

陈虞孙开展上层工作的另一个有利条件，是他在上海民营报界的资历与人脉优势。他初入上海报界的第一站，便是文汇报。

论资排辈，陈虞孙属第二代文汇人。1945 年冬，在前线日报工作的宦乡离职，由徐铸成介绍给严宝礼进文汇报。宦并推荐了陈虞孙同时加入。次年 5 月，徐铸成出任文汇报总主笔，陈、宦二人任副总主笔，三人共同组成编辑部，"三驾马车"掌握全面之言论，社论、短评（后改称"编者的话"）等，统由徐铸成润色。是时，决定文汇报复刊后命运的改版工作紧锣密鼓，陈、宦均是主要骨干。他们一同创造了文汇报战后复刊后的巅峰时期，也一同经历了被国民党当局查封的艰难岁月。可以说，陈虞孙既是严宝礼、徐铸成的得力助手，又是他们的老朋友。

特殊的是，陈虞孙在文汇报工作时，已经是中共地下党员。徐铸成对此心知肚明，故 CC 派陈立夫、潘公展和市长吴国桢等大摆"鸿门宴"，想收买文汇报等"社内重要事件"，都向陈虞孙和宦乡报告过。[1] 严宝礼与陈虞孙的过往更密，"遇事就找陈商量"。[2]

建国后，不少与陈虞孙相似资历的中共党员，如宦乡，或另有高就，或调离至其他部门任职，如陈这样继续留在上海报界，集上海市人民政府新闻处处长、解放日报副社长、新协党组书记三个要职于一身，来直接管理民营报纸的领导，已属凤毛麟角了。

昔日的部下变成了顶头上司，近密的同事、朋友变成了政治领导，陈虞孙与上海私营报界的老关系既让他开展上层工作驾轻就熟、如鱼得水，新职务又让他在与旧上司的交道中恩威并用，得心应手。徐铸成、严宝礼则对老朋友感觉复杂，倚重、敬畏与疏离兼而有之。

在思想改造运动的各种会议上，陈虞孙始终以政治领导与业内行家的双

---

[1]　徐铸成在"文革"的交代材料中，只说到"国民党要收买严宝礼"的事，向陈、宦报告过，并没有提到也要收买他自己。（《徐铸成自述·运动档案汇编》，三联书店，2012，第 199 页）而徐铸成在回忆录及《旧闻杂忆续篇》中，详细记叙了那一次"鸿门宴"，他和严宝礼一同前去，徐回到报馆，便向陈、宦讲了这一幕的经过。见《徐铸成回忆录》，第 121—124 页。

[2]　《徐铸成自述·运动档案汇编》，第 199 页。

重身份出现，讲话常常一针见血，语惊四座，不给任何"老朋友"留情面。他多次强调新闻界思想改造的复杂性，将报界的特点描述得生动而尖刻，提醒大家勿掉以轻心："新闻界的特点不同于教育界，是三教九流到处打过滚的，很多问题的认识都是似是而非"，所以"要在理论上多加指导"。① 针对徐铸成所谓"运动、生产对半开"的"两不误"之说，陈虞孙针锋相对地批评道：

> 生产思（想）改（造）两不误不是 50% 对 50%，这变成两边消耗力量，一定有主次，一攻一守。但也可能发生工作上的困难，是否可采用互济的办法，只要版面差不多，就要防止记者借口工作生产逃避思想改造，另一方面又借口（思想）改造不搞生产。②

本着对民营报界上层人物"统控结合"的方针，陈虞孙在个别工作中却十分讲究策略与方法，既顾及私交，又不失领导身份。他不时地对他们进行批评引导，一面督促他们按报业新要求、上级新指示行事，接受群众批判，认真改造，一面也时时向他们"交底"，给他们吃"定心丸"，还给他们支招，给予实际的帮助。每每遇到徐铸成、严宝礼难以过关的问题，陈虞孙都从中周旋。

如前所述，建国之初，所有报纸都面临严重的经营困难，文汇报更是举步维艰。总经理严宝礼提出辞职，表示不愿再担此经济责任。徐铸成找到陈虞孙，问如何办法。陈笑笑说："他要掼纱帽？那怎么行！老实说，你要掼纱帽，还有些分量，他的纱帽，一点也吓不了人，你劝他还是好好干，真有困难我们可以帮忙"。事后，陈虞孙还是给文汇报搞了一笔钱，严还是干下去了。③

徐、严矛盾是思想改造运动中报社群众强烈反映的问题。尽管社内有人

---

① 《新协党组会议记录》，1952 年 8 月 29 日，上档 A22-2-1539。
② 《新协党组会议记录》，1952 年 8 月 29 日，上档 A22-2-1539。
③ 徐铸成：《交代我和陈虞孙的关系》，1969 年 1 月 22 日，《徐铸成自述·运动档案汇编》，第 200 页。

图 3-7　陈虞孙任文汇报总编辑时期（前排左4），1960年代初

同情徐铸成，有人认为严宝礼不错，但都希望通过思想改造"扭转过来，否则一触即发很不好"。① 然而，直到运动接近尾声，徐铸成已就此做了检讨，两人的关系并没有多大改善。陈虞孙便居中调停，两人不愿直接交锋的，陈就让他们到自己家中去谈。②

当然，顾及老朋友也不是一味迁就，更不是放弃领导。在宽严尺寸上，陈虞孙拿捏得十分准确。凡遇徐、严之言行有违新报业，陈必紧抓不放，就以与他私交甚笃的老上司严宝礼为例。

在思想改造开始前数周，陈虞孙就文汇报一再延宕归还向解放日报所借纸张和资金以及再度请求市政府给予补助等事，"花了三小时"与严宝礼"作了一次长谈"，希望他"认识到自己的前途以后，对目前文汇的经济上的责任勇敢地毫不自私地担当起来，对政府不要再存片面照顾的幻想，对过去经办的纸张应有老实的交代，从此全心全意来办好文汇报这一份有光荣历史的人民事业"。数日后，陈虞孙认为严宝礼"并未通彻了解"谈话的意义，又写下一封

① 《联络员向陈虞孙汇报记录》，1952年8月27日，上档A22-2-1539。
② 分会办公室编《新闻界思想改造情况（21）》，1952年9月23日，上档A22-2-1551。

长信，语气严厉，措辞尖锐。信中列举了严的六大错误：一是"自以为摸到了对付共产党的规律，其实并未摸到，而只是把旧社会中所使用惯了的手段来对付共产党与人民政府"；二是"一向只看到人民政府对文汇的照顾，而没有真正（着重号原文所有）了解为什么要照顾。更没有了解这照顾是有一定条件，一定限度的。因而把'照顾'看成了政府的弱点，看成了空子，常向这个弱点进攻，向这个空子钻"；三是"一直强调，文汇之所以有今天，主要是靠你在纸张中翻筋斗翻出来的"，"而文汇报之所以搞不好，主要是由于职工不尽力"；四是"以为文汇究竟是私营企业，你有专断处理之权"；五是"以为文汇的账（包括纸张）是谁亦无法搞得清楚的"，自以为"与共产党人民政府关系好，'吃得开'"，谁也"不来揭露"，这是"用旧社会的眼光来看新社会"；六是"以为政府对你一向是很好看待的，你跟我（指陈本人）以及其他政党干部是有一定交情的。九九归原，总会加以照顾的"。指出这六大错误的同时，陈虞孙向严宝礼提出警示性的忠告：

> 私人交情是从人民利益作基础的，如果你损害了人民利益为人民群众所唾弃，这所谓私交便失去了基础，就无私交可言。你过去对革命是有一些贡献的。因此，政府照顾你，人民尊重你。你现在已有了一定的声名和地位。但如果你在文汇事业上做了损害人民利益的事，不立即改过来而还要继续向错误的路上发展，那么你将在文汇事业上弄得身败名裂，谁也救不了你。[①]

陈虞孙的信虽然是给严宝礼个人的，但原稿同时在市政府新闻出版处归档并在解放日报社留有副本。因此，这封信完全可视为陈虞孙代表一级组织对严宝礼的批判和规劝。严宝礼由此感到的压力也就非同小可了。他在思想改造前后急于献股摘帽的表态，与老部下、新上司施予的压力不无直接关系。

　　然耐人寻味的是，与陈、严谈话和通信几乎同步，由陈虞孙草拟的上海新闻界思想改造学习计划得到上海市委和中央宣传部的批准。其中不但规定了

[①]　《陈虞孙致严宝礼》，1952 年 7 月，上档 A73-1-113。

对私营报总编辑的宽松政策，而且明确"对严宝礼等资方或资方代理人，不进行'五反'"，强调新闻界"以思想改造为主，着重工作检查中的批判"，"不采取打虎斗争方式"。①

公开的宽松政策和私下的严厉批判，构建了新领导与老朋友互动的历史情境。徐铸成、严宝礼能有惊无险地度过思想改造，除了得益于"保护过关"的政策外，陈虞孙这个老朋友、新领导当功不可没。

徐铸成、严宝礼自然也很识时务，很得要领：市委宣传部正、副部长"夏衍、姚溱找我们指示工作，总有陈虞孙在一起，所以，在这段时期，陈虞孙实际上就是我们的直接的'领导'，我们也把他当作和党接触的代理人"。②尽管他们对本报社的新协党组成员和普通党员并不在意，认为他们"级别还不够"，③但对陈虞孙的分量是充分感受并体认到的。因此，徐、严"凡遇重要事项都找陈请示"，甚至在夏、姚先后调到北京工作后，不管陈在解放日报，还是在文化局，"有事总是找陈商量、请示"；特别是严宝礼，和陈的关系更密。徐铸成说："我到过陈的家里几次，都是严宝礼拉着我一起去的，都是向他请示工作的"。④他们的这层关系一直持续到反右之前。

五　体制内外：从民间报人到国家干部

在各报学习支会及各小组完成学习总结，每个人填写履历表"交代历史"和进行"自我鉴定"之后，上海新闻界思想改造学习运动宣告基本结束，转入建设阶段。11月初，夏衍、姚溱在思想改造建设阶段动员大会上做报告，充分肯定前一阶段的学习检查是"破坏旧的、不正确的思想"，体现了"推陈"的一面，强调要继续进行思想建设，"树立和发扬好的、新的、正确的思想"，以确保思想改造"完全胜利成功"。

上海新闻界的思想改造进展到建设阶段，虽然运动的领导人反复说明

---

① 陈虞孙拟《上海新闻界思想改造运动学习计划》（草案），1952年（无具体日期），上档A22-1-47。
② 《交代我和陈虞孙的关系》，《徐铸成自述·运动档案汇编》，第199页。
③ 郑重：《毛泽东与文汇报》，第28页。
④ 《交代我和陈虞孙的关系》，《徐铸成自述·运动档案汇编》，第199页。

仍要从思想建设入手，要克服学习检查阶段以后产生的自满情绪或"四大皆空""两手空空"等"不敢碰、不敢写"的消极反应，但是，这一阶段工作重心实际上已落在解决包括人事整编在内的"机构与制度"问题上。[①] 也就是说，建设阶段的主要任务已经突破思想改造预设"换脑不摘帽"的目标，进于私营报业的制度性变革。

人事整编

还在普遍揭发检查阶段刚过，各私营报的去向即有定论。除大公报北迁天津外，亦报并入新民报。这样，留沪的私营报就只有文汇、新民两家。而这两家报纸的改制问题也已提上领导机关的议事日程。10 月 17 日，市委宣传部主管新闻工作的副部长姚溱在严宝礼要求捐献股权和私产的信上批有文汇报今后"实际上公私合营"等语。[②] 一个月后，由陈虞孙草拟的《公私合营报社董事会暂行章程》呈送市委宣传部，姚溱批示"原则同意"，部长谷牧提出若干修改意见，私营报改公私合营的体制变革进入实质性启动阶段。[③]

与此相配合，各报在个人交代历史、组织摸底排队的基础上，进行人事整编，为报纸的迁移、合并和改制做人事的准备。根据报纸调整计划，市政府决定：北迁的大公报和并入新民报的亦报共有编余人员 289 人，"由政府包下来"，"加上中央决定停刊的上海新闻（英文）的编余人员（约 60 人），各报调整人事机构的编余人员（约 100 人）和各私营电台改为公私合营后的编余人员（10 余人）共 500 余人，设立新闻学校，予以训练学习，逐步助其转业"。[④] 就私营报编余待转业的总人数约 390 人计，占据了参加思想改造运动的总人数 566 人的一半以上，可见整编力度之大，波及面之广。

实施人事整编的任务落到了各报领导人主持下的学习支会。陈虞孙在学

---

① 本段及上段，均见夏衍《对上海新闻界思想建设的几点意见》，1952 年 11 月 1 日，《学习》第 18 号，1952 年 11 月 4 日，上档 A22-2-1550。

② 《严宝礼致陈虞孙》，1952 年 10 月 17 日，市新闻出版处关于新闻界思想改造建设阶段组织建设制度等材料，1952 年，上档 A22-2-1545。

③ 陈虞孙（起草）:《公私合营报社董事会暂行办法》，1952 年 11 月，上档 A22-2-1545。

④ 市委宣传部:《上海新闻界思想改造总结》，沪委宣（52）字第 1189 号，1952 年 12 月 13 日，上档 A22-1-47。

习分会、支会联席会上指示各报支会主持人："思想改造是群众性的运动，组织建设则不是群众性的运动"，"这阶段的做法强调要有领导"。因此，"大家要明确，人事调整基本上要领导决定，当然一方面要防止领导上独断独行，强迫命令"，另一方面"尤其要防止极端民主"。①

根据陈虞孙的指示精神，文汇报学习支会慎重研究了人事调整方案，参考新闻日报、大公报的做法，结合自身情况，确定了两条整编原则：一是将指派去新闻学校参加轮训班学习的人分为两类，一类是学习结束后仍回报社工作，另一类是不回来的，转行不再从事新闻工作；二是"不回"者的标准是"思想改造中收获不大"，"政治面目不清"，以及"思想落后，能力不强"。②会上还拟议了参加轮训的名单，初定编辑部10人，经理部15人。会后数日，也就是11月17日，文汇报将思想改造后、合营前去新闻学校学习的人员名单送达新闻界学习分会。共有21人列入名单，其中11人被确定学习后不再回文汇报，3人被内定仍回报社工作，其余7人未注明。凡被指定"不回"者，或有"历史复杂"未搞清的，或有对思想改造"无动于衷"甚至"态度恶劣"的，或有"思想落后，讲怪话，工作不积极的"，也有各种情况兼而有之的，总之，政治表现是去留的决定性因素。③

到1953年11月，报界被整编的人经过新闻学校更为严厉的"忠诚老实运动"，实际回原报社工作的只有13人，大部分人改行另做安排。其间，他们还经历了两次大幅度的普遍降薪，最多的减去60%以上。④

留下继续从事新闻工作的，除了工人身份外，不管其职位高低，全部告别了"自由职业者"身份，一律当上了"国家干部"。身为文汇报股东的严宝礼也没有被排除在外。对于迫切要求"摘帽"归公的严宝礼，姚溱不仅指示陈虞孙口头答复他仍可保存私股，"对人民利益并无妨碍"，"不

① 《华东学习委员会上海新闻界分会、各报支会联席会议》，1952年10月31日，上档A22-2-1544。
② 《文汇报学习支会会议记录》，1952年11月4日，上档G20-1-42。
③ 《关于文汇报思想改造后合营前去新闻印刷学校学习的名单》，1952年11月17日，上档G20-1-44。
④ 上海市新闻学校致市府人事局、市委组织部：《对上海新闻学校学员的分配意见》，1953年11月11日；上海新闻学校：《回原单位的学员名单》，1953年10月31日；均见上档A22-2-128。

必多虑"，而且说明在文汇报公私合营后，"他主要是国家干部，没有什么痛苦的"。①

这次人事整编不只是通常的政治运动后期整顿组织、纯洁队伍的必经步骤，更是人事制度上一次根本性的变革。从此，决定报业从业人员职业命运的，不再是市场操控下的自由竞争和自主择业，而是权力指挥下的组织调动。正如陈虞孙在向各报部署人事整编工作时所说："这次是否能做到如大学的院系调整的精神，大家通过建设阶段的思想提高，认识是国家干部服从统一调配，这样公布具体名单牵涉到具体人时就不至有问题"。② 从自由职业者向国家干部的身份转变，标志着上海私营报业的报人从党管国办的体制之外踏入了体制之内。

改制达成

思想改造结束后上海仅存的两家私营报纸——文汇报与新民报，自 1953 年 1 月起实行公私合营。两报虽然还有少量的私股，但完全不足以掌握报业的经营命脉。文汇报从 1953 年公私合营起至 1954 年 9 月，总计股数是 700 万股，每股股值是人民币 500 元，总计股值 35 亿元；其中，公股 6444100 股，股值 32.2205 亿，占 92.06%；合营股 1200 股，股值 60 万元，占 0.02%；私股 529752 股，股值 2.64872 亿元，占 7.56%；其他股 24948 股，股值 12474000 元，占 0.36%。以上股份结构表明，文汇报的公股占据了绝对优势。③ 新民报在公私合营前就发生 90% 的董事"声明退股、捐献或辞去董事职务"，"股东也纷纷退股或捐献"的"董事会危机"，私股已日渐式微。④ 所以，文汇、新民两报从公私合营之日起，实际上已实现了公营，完成了向社会主义计划体制转变的关键一步，为党管国办的报业新格局提供了体制性的保障。

身处这个体制内的"国家干部"得到了前所未有的待遇。国家干部与自由报人待遇的首要区别，是享受来自政府投入而不是来自市场效益的工资。尽

① 《严宝礼致陈虞孙》，1952 年 10 月 17 日，上档 A22-2-1545。
② 《华东学习委员会上海新闻界分会会议记录》，1952 年 10 月 8 日，上档 A22-2-1544。
③ 《文汇报社 1953 年起公私合营后股份情况》，1954 年 9 月 13 日，上档 G20-1-72。
④ 《陈铭德致赵超构》，1952 年 11 月 4 日，市新闻出版处关于新闻界思想改造建设阶段组织建设制度等材料，1952 年，上档 A22-2-1545。

管存在工资级别的差异，但工资的起落是国家计划所致，基本与市场无关。所以，还在建设阶段酝酿体制改革之时，工资问题就成为报人们十分关心的敏感话题。为了防止干扰思想建设的主题，陈虞孙在学习分会委员会会议上特别提醒大家："薪水问题最后是会解决的。这个问题开始不好碰，否则思想改造的一些基础都弄垮"。① 在公私合营后，政府也没有立即在文汇报实行国家工资制度，编辑、经营两部大部分人员维持私营时期的工资，"较目前国家的统一工资标准为高"，也没有套上相应的行政级别，即所谓"定职不定级"。直至 1956 年下半年，文汇报才进行工资改革，确定相应的级别，实行国家工资。② 在这三年多时间里，政府所持方针仍是"拨给一定的资金，做到自给自足"。③ 然正如上文所示，文汇等公私合营的报纸，公股占据绝对优势，因此，无论是政府以财政拨款的方式，还是用资本注入的方式，国家业已成为"国家干部"名副其实的"老板"。

国家干部身份更为重要的意义在其政治待遇。与所有国家干部一样，从公私合营那天起，文汇、新民两报中取得国家干部身份的人，可以开始累计自己"参加革命"的"工龄"，④ 以便为今后的政治提拔升迁和待遇升等晋级积累不可或缺的资历。

享有获取信息的某种优先权则是公私合营后文汇等报获得的渴望已久的又一项政治待遇。1953 年 2 月 9 日，中共上海市委向所属各部、委及各区委、党委、党组、分党组发出通知，告知"上海新闻界思想改造工作已经结束，新闻、文汇、新民三报的机构调整也已完成，这三种报纸已改为公私合营报纸"，要求"今后各有关机关和单位应给这三个报纸经过正式介绍的工作人员以必要的帮助与便利，纠正过去有意无意加以排斥的倾向"；通知还明确指出：三报"都是党领导下的公私合营的报纸，各级党委及邮局在发行工作上，不应有所歧视"。⑤

---

① 《华东学习委员会上海新闻界分会委员会会议记录》，1952 年 10 月 31 日，上档 A22-2-1544。
② 《文汇报编辑部、管理部工资改革计划》（草案），1956 年（无具体日期），上档 G20-1-115
③ 市委宣传部：《上海新闻界思想改造总结》，沪委（52）字第 1189 号，1952 年 12 月 13 日，上档 A22-1-47。
④ 张林岚：《赵超构传》，文汇出版社，1999，第 195 页。
⑤ 《中共上海市委通知》，沪委（53）字第 030 号，1953 年 2 月 9 日，上档 A22-2-163。

各报编辑部主任以上干部享有更高层次的政治待遇。1月24日，上海市委据中央指示精神下达通知，其中规定，在市府党组与市府例会开会时，除请解放日报等单位的相关人员列席外，"可视必要"请"有关新闻单位的编辑部正副主任或有关组长以上干部列席"；市委各部委、各人民团体、市府各委开会时，上述相关人员也在"必要"时被"指定列席"；市委市府召集的"局处长级干部参加之干部会议"，"一般亦吸收新闻单位的编辑部主任以上主要负责干部参加"；市委领导人至少每两个月召集一次"提示一定时间内的报导宣传要点"的座谈会，"必要时吸收各报党外负责人"参加。①

显然，具有国家干部身份的报人所享有的种种待遇均来自国家权力。而执政者正是通过权力运作，进一步凸显党管国办的体制优势，不断增强报人对报业新格局的认同度和向心力。

上海新闻界思想改造后，市委连续下达关于报纸分工和加强领导的通知，明确要求公私合营三报"应进一步明确分工，改进工作，更好地发挥其宣传与教育作用"，其中，"文汇报进一步明确为教育界服务，以中小学教师、高中学生和一部分大学师生为主要对象，亦着重提高报纸质量"。市委指示各级党委及有关各部门应"重视与应用"这三家报纸，"使之成为配合党报解释政策法令、交流经验、指导工作的工具"。② 市委根据三家报纸的分工，要求市政府相关职能部门和相关群众团体各指派一名负责干部参加各报编委会，文汇报编委会由市教育局、市青年联合委员会、市学生联合会及教育工会各指定一名领导人参加。公私合营各报此时虽已实行社长负责制，且正副社长基本都是民主人士，但上述的"社外编委"无疑代表着他们身后的权力部门，显示着党的领导力量。文汇报的正副社长虽分别由徐铸成、严宝礼担当，但社外的编委中，就有新协党组书记陈虞孙、市教育局长戴白韬这样的重量级人物。编委会成立不久，经戴白韬推荐，调《新教育》杂志的责任编辑叶夫出任文汇报的重

---

① 《中共上海市委关于加强与新闻机关、报纸、通讯社及广播电台联系的通知》，沪委（53）字第020号，1953年1月24日，上档A22-2-163。

② 《中共上海市委关于上海新闻界思想改造后加强领导问题的通知》，沪委（53）字第011号，1953年1月10日；《中共上海市委通知》，沪委（53）字第030号，1953年2月9日，上档A22-2-163。

点组——教育组组长并参加编委会。① 市委还重新调整了新协党组，要求其
活动"应进一步加强"，并委托市委宣传部"经常领导其工作"。②

思想改造运动之前在私营报业并无大起色的中共建党工作在合营后迅速
推进，曾经因私营各报党员人数太少而建立的联合党支部逐步裂变为各报独
立的党组织。文汇报在公私合营之初仅3名中共党员的基础上，调进3名，在
1954年8月成立中共文汇报分支部，到年底共发展中共党员7名，成为有13
名党员的中共支部。中共在各报建立党组织、扩大党员队伍的工作，强化了党
管报纸的内在机制。正如文汇报1955年的建党工作总结中所述：

> 经过去年的建党工作，不仅壮大了党在文汇报的力量，直接增强了党对文
> 汇报的领导，密切了党与群众的联系，提高了群众的政治积极性，而且使
> 全体党员明确了积极慎重的建党方针，端正了建党思想，对培养、考察积
> 极分子，掌握入党条件等工作获得了一些经验。③

党管国办的体制运作既强化了党对公私合营报业的领导，又提高了体制内办报
人员对新体制的接受度。各报在报纸的性质与功能、报人的新身份、共产党的
领导及其实现方式这三个基本问题上纷纷表态。文汇报在建设阶段制定的"今
后的方针、方向和组织机构"工作计划中这样表示："经过了思想改造学习，
已经明确了人民报纸是马列主义、毛泽东思想的宣传者，是为人民利益服务、
为人民民主事业斗争的有力工具"；"报纸不同于其他企业，它是生产思想的工
具，是思想斗争的武器，因此，不论经营的方式如何，新闻工作者都应该自觉
地成为国家工作人员、人民的勤务员"；"要把我报从旧形式的私营企业，改变
成一个思想阵地上的战斗单位"，首要的是"贯彻党和政府的领导意图，加强
党的领导"，在组织上，"编辑委员会是生产上的最高领导机构，是战斗的总
司令部，集中掌握思想领导和具体领导"，"编辑委员一部分有领导机关决定，

---

① 《文汇报史略》，第40页。
② 《中共上海市委关于上海新闻界思想改造后加强领导问题的通知》，沪委（53）字第011号，
　　1953年1月10日；《中共上海市委通知》，沪委（53）字第030号，1953年2月9日，上档
　　A22-2-163。
③ 中共文汇报分支部：《建党工作总结》，1955年（无具体日期），上档G20-1-81。

一部分从本报领导同志中选拔，经上级批准聘任之"。[1]

由私营到公私合营的体制变革，从民间报人到国家干部的身份转换，共同构成了上海新闻界思想改造运动可告胜利结束的两大依据。报业体制变革和报人身份转换同时意味着私营报业的历史从此终结，党管国办的报业新格局由此而奠定。

结语　共产党与上海民间报人

如果从集权与民主二元对立的思维出发，1950 年代初确实曾有过一个国家消解大众文化的过程：上海报业告别了晚清以降的大众文化消费市场，走进国家报业与政治报纸的新境地。

然而在这一过程中，尽管党和国家是强势的，但新民主主义的《共同纲领》始终是新执政的共产党与上海报业精英关系的基础。尽管中共对上海报人的基本看法早在延安时代就基本定型，"亭子间"出来的小资产阶级文化人则是最精炼而形象的概括，但中共并没有把他们置于纯粹对立的阶级框架内，而是在严格控制的意识形态领域，对私营报业上层精英兑现了新民主主义的承诺。报界精英虽然对中共报业的新规范、新部署仍有保留与困惑，虽然也经历了思想改造中汗流浃背的人人过关，但总体上，他们接受了新报业，并力图从亦步亦趋地跟上变成真正融入。因此，在私营报业国家化过程中的新民主主义因素是不能忽略不计的。

然同样不能忽视的，是私营报业思想改造与体制变革中执政者与中下层的关系。如上所述，受到运动和体制变革冲击最甚的，就是中下层报人。运动的发动者给予他们以大民主的武器，激励他们掀起大揭发的高潮，运动的结果却是他们中的一大部分被整编出列。

这是一种"抓小放大"的深谋，以对小人物严、大人物宽的方针，既让精英入了轨，又使群众就了范。这又是一个"重在基底"的远虑，以对中下层群众的严格清洗，动摇民间报业精英的根基，为日后报界人员的大换血创造条

---

[1] 《学习》第 20 号，1952 年 12 月 6 日。

图 3-8　1956 年 4 月 28 日，文汇报宣布停刊，刊登社论《终刊词》，
发表《本报启事》向《教师报》过渡

件，以奠定党在其"喉舌"中的合法性基础。

　　由上所述，是否可以认为，共和国早期中共与上海民间报人的共处尽管短暂，但仍不失为新中国政治演进中集权与民主调和与包容的最初一例，这种关系指示着集权主义的某种顺应力，而不是一条通往反右和"文革"的笔直的路。

第四章

约园内外：大变局中的黄氏兄弟
（1930—1960）

引　言

比起那些权贵和富商的圣约翰校友，黄嘉德、黄嘉音兄弟自然不那么显赫。但他们也绝非无足轻重。先不论其他，就从他们主编和发行的《西风》月刊来看，[①] 可说是影响及至海内外。两则"旅途插曲"可见一斑。

嘉音记叙：

1941 年由沪西撤途中，飞机抵达南雄（在广东省韶关附近）机场，想不到一下飞机，竟有人叫起我的名字来。原来航空检查员是西风的读者，在乘客名单上看见了西风保姆（嘉音自嘲）的名字，特别跑过来表示欢迎的。[②]

嘉德记叙：

1947 年赴美进修，途经檀香山在一家中餐馆用餐。结账时，发现账单与牌价不符，便与老板理论。起初老板强词夺理，看见我不肯罢休，似乎有点胆怯，连忙招呼我到里面房间去谈判。他开始露着笑容问我"尊姓大名"，我拿出名片给他看。他看到"西风月刊主编"几个字，居然更加客气起来。他说他在檀香山偶尔也读到几本西风，对我"景仰已久"，今天有机会在此见面，真是难得。他接着面红耳赤地说："今天的事情很对不

---

① 《西风》创刊于 1936 年 9 月，至 1949 年 5 月停刊，共发行 118 期。
② 黄嘉音：《上海西风社停闭经过》，《西风》第 69 期，1944 年 10 月，第 310 页。

起，清蒸鱼仍算一元钱就是了。"我答道："谢谢你。如果你是西风读者，你更不应该做出这种近于欺骗的行为。希望你以后无论对哪个顾客，都能以诚相待。"我们在他说"是，是"声中，付了账，走出餐馆来。[1]

然而迄今为止，关于圣约翰大学的论著和文章不下十数，提及这一对兄弟的，却寥寥无几，且多数只列于教职员或毕业生名录而已。偶有个别著作将他们的简历数行分别归在"名师"和"知名校友"之列。[2] 黄氏兄弟的名字只是附着在"论语派"杂志和林语堂的麾下，随《西风》而飘，散落在海派文化或现当代文学的若干论述中，与圣约翰无甚关联。[3]

他们何以被忽略？以我粗浅之见，这直接与中国教会大学研究的某些缺失有关。尽管自1980年代初起，教会大学研究在中国学界几度形成热点，著述颇丰，进展显著，[4] 但还有一些重要的缺失留下了继续拓展的空间。

从1990年叶文心在其著作中专门用一章讨论圣约翰大学与上海资产阶级文化之关系，[5] 到裴宜理在其新作中揭示圣约翰大学与燕京大学校方对学生运

① 黄嘉德：《初出国门》（下），《西风》第101期，1947年12月，第377页。
② 熊月之、周武主编《圣约翰大学史》，上海人民出版社，2007，第333—334；357—358页。
③ 主要论文有王鹏飞《〈西风〉与西洋杂志文的兴起》，《新文学史料》2010年第2期，第158—164页；俞王毛：《林氏刊物与海派文学》，《美与时代》2005年第12期，第85—86页；邹振环、王纯：《西风社及其主持人黄嘉德》，《民国春秋》2000年第2期，第61—63页；孔令云：《杂志文：1940年代散文的另类形态》，《江苏社会科学》2010年第1期，第170—174页；王婷：《从翻译文学与本土文学的博弈看〈吾国与吾民〉的中文回译》，《文教资料》2011年2月号中旬刊，第28—30页；王婷：《无情、无奈还是无愧：从意识形态角度探究〈吾国与吾民〉汉译本》，《安徽文学》2011年第2期，第166—168页。拙著《中国知识分子的美国观（1943—1953）》（复旦大学出版社，1999）以及拙文《性与性别：一群文化人的社会关怀》（姜进主编《都市文化中的现代中国》，华东师范大学出版社，2007）有相当篇幅论述《西风》及其主编人黄氏兄弟，但未涉及他们与圣约翰大学的关系。
④ 有关研究进展的述评可见马敏《近年来大陆中国教会大学研究综述》，章开沅主编《文化传播与教会大学》，湖北教育出版社，1996，第401—428页；王晓朝《中国教会大学的教育理念及其借鉴意义——兼论中国教会大学史研究的评价模式》，罗兼祥、江丕盛主编《大学与基督宗教研究》，香港浸会大学中华基督宗教研究中心，2002；章博《近代中国社会变迁与基督教大学的发展——以华中大学为中心的研究》，华中师范大学出版社，2010，第1—7页。最近出版的新著有陈远《燕京大学（1919—1952）》，浙江人民出版社，2013。
⑤ Wen-hsin Yeh, "St. John's University and the Culture of the Shanghai Bourgeoisie," *The Alienated Academy: Culture and Politics in Republican China, 1919—1937* (Cambridge and London, Harvard University Press, 1990), pp.49-88.〔美〕叶文心：《民国时期大学校园文化（1919—1937）》，冯夏根等译，中国人民大学出版社，2012，第29—56页。

动所采取的不同处理方式如何受到他们所处的不同城市的政治文化的影响，[①]
地方性问题已成为美国学者研究中一个关切之点。但在中国的教会大学史研究
中，这一问题尚未引起实质性的关注。有所述及者，在于社会变迁与学校办学
模式及经验之"双向互动"的一般性描述，主要集中于制度层面的考究。尤其
缺少观照的是对于那些身处教会大学校园内外的知识人——师生与校友。目前
研究中关注甚少的是，地方性如何通过大学文化的建构，与个体的成长经验融
为一体，进而影响他们的人生选择，与他们相伴终生。这一缺失不但抽去了各
个教会大学安身立命的地方文化根基，抹去了它们的文化个性，而且导致了教
会大学研究中鲜活的生命故事的缺乏。

另一个缺失在于中国教会大学最后岁月的研究。告别定于一尊的"帝国
主义文化侵略说"，是 30 多年来中国教会大学研究的共同进展。然"告别"
之余，多角度的讨论几乎都在 1949 年这个历史时刻戛然而止，而以短暂线性
的政治史匆匆告终。中共是建构这段历史的唯一主角，也可说是"能动者"，
校园内外的师生与校友都成了陪衬的"被动者"，或可称为"政治的符号"，
教会大学最后的历史书写不再独具文化意义。这个缺失与起步较晚的中国当代
史研究有关。在相当长的时间内，以"决定论"或"目的论"为特征的革命史
叙述在这一重大史学领域内居于统治地位，近年来虽然有所突破，但问题意识
的重建和方法论的更新还有些步履蹒跚。如此，1949 年似乎还是教会大学研
究的一道鸿沟，使之显现出文化意义上的断裂。教会大学的消亡、高等教育的
体制转型及校园政治文化的变迁如何侵入学人的知识结构、价值取向和精神世
界，个体的能动性是否就此消解，个人的思想、精神与情感世界是否就此变得
线性而又单调，个人的特殊经验又如何转化为新的政治文化意义，这些与历史
延续性相关的问题被简约了。

其三，包括中国教会大学在内的校史撰写当然要将自己的杰出校友大大
书写和褒扬一番，以彰显学校的办学成就和深厚的底蕴。这本无可厚非。但翻

[①] Elizabeth J. Perry, "Managing Student Protest in Republican China: Yenching and St. John's Compared," *The Frontier History of China*, 2013, 8（1）: 3-31.〔美〕裴宜理:《民国时期的学生运动应对：燕京大学与圣约翰大学之比较》,《中国学术》总 34 辑，商务印书馆，2013，第 71—85 页。

图4-1 圣约翰大学怀施堂

开这些校史，浓墨重彩的几乎都是那些"大名人"，包括校长、上层政要、商界巨头，当然也有学术大师、文坛巨匠，除此而外的校友则严重缺席。校史也因此而呈现"上层历史"的特征和"百校一面"的趋同。"大名人"对学校的贡献固然值得书写，但作为学术研究的校史却不应为权力和金钱所垄断。让"缺席"的校友在校史上找到他们的位置，从而使得校史成为层次丰富的活的历史，成为集合诸多个体的生命史，也是教会大学史研究的应有之义。

但是，仅仅从拾遗补阙的角度去再现两个不该忘却的人的一段不该忘却的历史并无太大意义，类似的工作我们可以不胜枚举，重复无数。本章之所以讲述这一对兄弟、一个杂志和一所大学的故事，旨在透过特定时空内个体命运的"小历史"的"特殊"，去探寻在天翻地覆的大历史中知识群体的"一般"或"普遍"——虽然各自不同，甚至迥异，却构成了知识群体应对大变革的生存方式与策略的通常状态，也是"在不断的变化中人们所能够把握的最小的行动单位"。[①]

在此旨趣之下，我试图将教会大学研究缺失空间中捕捉到的若干问题置于都市知识人日常史的研究，不再纠缠于教会大学功过是非的评判，不再局限于中西文化、民族主义与本土化、都市文化与现代性等问题的一般探讨，也不再受制于知识分子"集体性失语"或"群体性转向"的根源性意义之争，而着力展现非常中的正常，书写一段上海知识人在校园与都市文化急剧变化的大历史中个体生命的小历史。

[①] 董玥：《走出区域研究：西方中国近代史论集粹》，社会科学文献出版社，2013，第21页。

一　《西风》：自校园的乍起与沉寂

"约友"之约

即使把《西风》归于林语堂的"论语派"或是林派杂志，也无法切断它与圣约翰的关系。姑且不论林语堂和黄氏兄弟同出一校，就以事实来说，嘉德、嘉音当时都在约园之内。

《西风》创刊的 1936 年，嘉德毕业留校任教 5 年，而嘉音还是历史系四年级学生。此时的圣约翰，已从 1925 年五卅运动"国旗事件"的重创中恢复过来，[①] 又处在抗战全面爆发之前夜，校园进入相对平静期。在学校一贯秉承的"自由教育"理念和通识教育模式统领之下，院系建制和学科体系日臻完善，文科包括国文、英文、教育、新闻、历史、哲学、政治、经济、社会各学系，覆盖 21 个学科，1934 年开设课程 126 门，1937 年达 135 门。[②]文理交叉的课程设置得到强化，必修与选修课的配套也更加合理。虽然旷日持久的立案问题仍悬而未决，学校继续游离在中国教育体制之外，[③] 但本土化的大势已为校长卜舫济清醒意识，五卅以后一度停顿的国学教育重新复苏。到 1937 年，国学开设 13 门课，并在史学、政治学、哲学、社会学中增设相关的中国课程。

得之于这个中西交融、学科交叉的教育环境，嘉德接受了圣约翰最强势的英文"科班"训练，又到国文系任教，开始涉足《史记》《汉书》等经典教学，也在翻译课的教学中初露头角。嘉音则在主修历史的同时，辅修了心理与新闻课程。两人的知识结构和文化取向便打上了圣约翰的深深烙印。

圣约翰"以产生独一无二的大学精神为重点"的校园风格，也催生着黄氏兄弟承当社会文化改造责任的精英意识。学校通过美国式的班级制度和各种

[①] 1925 年五卅运动中，圣约翰师生为悼念被租界当局枪杀的中国同胞在校园内升起国旗。校长卜舫济粗暴阻止，促使大学和附中的 500 多名师生愤而离校，另组光华大学。

[②] 转引自熊月之、周武主编《圣约翰大学史》，第 145—148 页。

[③] 在收回教育权和非基督教运动的推动下，国民政府于 1928 年要求在华教会大学在中国立案注册。但圣约翰大学起初拒绝立案，后因不能满足立案基本要求被国民政府驳回，故迟至 1947 年才完成立案。

课外活动，培养学生的"团队精神"和群己意识，以服务他人与社会，进而树立"世界主义"的观念，充当"增进东西方同情之了解"的桥梁。[①] 在这样的校园氛围里，生性好静的嘉德亦不满足于当一名囿于三尺讲台和书斋的教书先生，而把眼光拓展到都市文化空间。从1934年起，他就是《论语》《人世间》《宇宙风》等杂志的积极撰稿人，并发挥训练有素的中英文翻译优势，自1931年起就有多部译著问世。兴趣广泛、充满活力的嘉音更是在校园内外大显身手。入约大后，他一年级就当选为年级级长，稍后又任校学生自治会副会长、会长[②]。圣约翰中学数学研究会的名册和照片上，也有嘉音任会长的记载。[③] 1936年冬季，嘉音任"亚洲第一份由中国学生创办的外文报纸"《约翰声》第48期的主编。[④] 如嘉德一样，他也为那些杂志写短文，还常有漫画发表其上，成为当时颇有名气的漫画新秀。

正是约园培育起来的学养与社会关怀，使黄氏兄弟与其同乡兼师兄林语堂创办《西风》的意向一拍即合：

> 西风东渐，不自今日始。翻译西洋报章，林则徐、魏默深亦早已提倡在先。持今日所见翻译西报文字，又皆犯格调太高之病，不曰介绍西洋文学名著，便讲西洋政治，而对于西洋人生社会家庭风俗，不屑亦不能读也……吾辈同人，向不知西洋文学为何物，独于西洋人生之甘苦，风俗之变迁，家庭之生活，社会之黑幕，谈之不屑，且谓从此可更亲切认识西洋文化之真面目，较之高谈阔论"巴尔干形势之鸟瞰"而不识巴尔干地图之流，其志趣之高下为如何也。[⑤]

---

① 〔美〕叶文心：《民国时期大学校园文化（1919—1937）》，第43、45—47页。

② 黄嘉音在圣约翰大学求学期间担任的各种学生团体及班级职务见"黄嘉音毕业照"，《约翰年刊》第19卷，1933年。原刊无页码，下同。

③ 《约翰年刊》第18卷，1932年。

④ 《约翰声》也是中国高校学生自主创办的最早刊物，1890年创刊，初为月刊，后改为季刊，由圣约翰大学学生编辑，约翰声报社发行。黄嘉音主编的是该刊第48期。见〔美〕叶文心《民国时期大学校园文化（1919—1937）》，第47页；熊月之、周武主编《圣约翰大学史》，第324页；黄嘉音《编后语》，《约翰声》第48期，1937年1月。

⑤ 林语堂：《西风发刊词》，《西风》创刊号，1936年9月，第6页。

这段批判性文字，从反面道出了"每愤而有起办《西风》之志"，① 即要让中国都市大众从与之休戚相关的社会人生问题中亲切认识欧美文化之真面目。

秉持上述办刊思想，黄氏兄弟将《西风》定位为"教育工具兼消遣品"，同时担负"领导读者之责任"；赋予自身的使命是借宇宙之学堂、社会之典籍，"帮助读者养成一种多样趣味的习惯，认识人生之意义与价值，使读者有不虚此生之感"。为此，编者在通俗和普及上极下功夫。他们不但追求文风之"畅清流利"，"力避枯涩生硬，诘屈聱牙之弊"，而且内容取材"注重实际生活，力求接近人生，以作者的经验，拿来与读者研究做人的道理"，"贡献读者以宇宙间最新的必要知识"。②

面对来自圈内某些人士对林语堂提倡西洋杂志文的非议甚至讥讽和痛骂，嘉德、嘉音力挺林的主张，一再申明《西风》就是为推广杂志文而办：

> 我们固然不必因为有人赞美，便抱着外国月亮比中国月亮更大更圆更亮的盲目态度去加以拥护，同时我们更不必因为有人隔靴搔痒地叽骂了几句，便垂头丧气，不再提倡。
>
> 西洋杂志文那种自由通俗的格调，在行文上造成一种新鲜自然可爱的风气……我们这次与林语堂、陶亢德先生合办《西风》月刊，目的就是想多介绍这种有生气的文章，叫不懂西文或没有机会阅读外国杂志的国人，也可以认识西洋杂志文的真面目。③

不仅溢于言表，而且全情投入。为西风社开张，嘉德、嘉音和林语堂各出旧法币 200 元作启动资金，两兄弟任杂志主编兼发行人，日常社务由嘉音主持，林语堂任顾问。《西风》出刊不久，林语堂举家迁居美国，西风社由嘉音弟兄全权掌门。

经由这对约园兄弟精心打造，一本充满美国文化气息的流行杂志在 320 多种刊物激烈竞争的上海文化消费市场推出。

---

① 林语堂：《西风发刊词》，《西风》创刊号，1936 年 9 月，第 6 页。
② 《今后的西风》，《西风》第 7 期，1937 年 3 月，第 5 页。
③ 嘉德、嘉音：《谈杂志文》，《宇宙风》第 20 期，1936 年 7 月 1 日，第 394 页。

图4-2 《西风》创刊号，1936年9月

声誉鹊起

《西风》乍起，便势头强劲。创刊号2000册在短时间内便售罄，不久又加印再版1000册，第6期以后便出了合订本，最高峰时发行量达2万份。[①] 虽说与拥有10万读者的《生活周刊》相比还有差距，但是在《生活周刊》已经停刊的年代里，[②] 这个发行量不能不说是比较醒目的。正如柯灵在比较《生活周刊》《文学》与《西风》时所指："这三种战前的杂志，前两种具有极大的权威性和影响力，后者拥有大量读者"。[③] 到孤岛时期，《西风》已作为西洋杂志文最具势力的代表，在战时海上文坛地位显赫。战后，众多作家、艺术家云集上海，于1947年5月成立上海文艺作家协会。[④] 因《西风》的成功和论语社的渊源，黄氏兄弟为会员中的资深作家，嘉音并当选为协会候补理事，两兄弟同为联络委员会委员。[⑤]

从约园刮起的《西风》，不仅使黄氏兄弟声名远播，及至海外，且渗透至他们的内心，将约翰人与西风人紧紧地捆绑在一

[①] 邹振环、王纯：《西风社及其主持人黄嘉德》，《民国春秋》2000年第2期，第62页。

[②] 《生活周刊》创刊于1925年，1933年底停刊，共出8卷。

[③] 柯灵：《〈周报〉沧桑录》，《往事随想·柯灵》，四川人民出版社，2000，第78页，转引自王鹏飞《〈西风〉与西洋杂志文的兴起》，《新文学史料》2010年第2期，第163页。

[④] 成立于1947年5月4日，会员中，大部分是大后方返沪的作家艺术家，也有少数留沪作家。1949年以后因时局动荡陷于半停顿状态，上海解放后自然解散。见吴向北《被遗忘的上海文艺作家协会》，《新文学史料》1997年第3期，第179—187页；第4期，第155—160页。

[⑤] 吴向北：《被遗忘的上海文艺作家协会》（下），《新文学史料》1997年第4期，第156页。

起。本章开头提到嘉音以"西风保姆"自嘲的幽默，足见其身份认同之强烈。留在约大的嘉德也为《西风》主编的头衔备感荣耀。前述的留美旅途小记还只是一个插曲，实质性的收获在于意外地得到了参加美国哥伦比亚大学第 13 任新校长艾森豪威尔就职典礼的"千载难逢"的机会。[1] 这一刻，嘉德充分领受了《西风》的威力，意识到他这个身份大大超越了教授学人，而与美国媒体巨头平起平坐，自豪感油然而生：

> 新闻记者特别席设于最前三排。因为申请记者入场券者甚众，而座位有限，所以限制极严。除纽约各大日报及通讯社外，杂志界领到记者入场券者寥寥无几。我以西风月刊主编的名义取得一张记者入场券，因此得以坐在最前排，参观这哥大 46 年来最隆重的校长就职典礼。[2]

留美期间，他应美国国务院的邀请，以《西风》主编名义，在"美国之音"电台用国语介绍美国的定期刊物；又应一些文化教育机构和社会团体之邀，以教授学者身份，做学术演讲，并介绍圣约翰大学和中国高等教育。嘉德归国后，这些都在约园内成为佳话。[3]

"清算"与反省

然而，也正是这本《西风》，使得黄氏兄弟在政治剧变年代里遭遇了麻烦与磨难。

1951 年 9 月，知识分子思想改造运动从京津地区的高校开始。嘉德被派往华东革命大学政治研究院集中学习四个月，结束时已届圣约翰大学被裁撤前夕。他奉命调至山东大学任教，1952 年初，嘉德告别约园，一入山东大学便投入业已展开的思想改造运动。他的长篇检讨《批判我办〈西风〉杂志替

---

① 黄嘉德：《艾森豪威尔做校长——西游寄语之十二》，《西风》第 114 期，1949 年 1 月，第 438—443、449 页。

② 黄嘉德：《艾森豪威尔做校长——西游寄语之十二》，《西风》第 114 期，1949 年 1 月，第 438 页。

③ Bettie T. T. Liu, Who's Who in St. John's: Prof. C. T. Huang. *The St. John's Dial*, Jan. 18, 1949. Library of Divinity School of Yale University: Archives of United Board of Christian Colleges in China（UBCCC）, Group#11, Box#239, File #3939.

美帝国主义作宣传工具的反动买办思想》先在山东大学校报和学报《文史哲》4月号刊出，后被编入该校《思想改造文集》；7月11日，《光明日报》全文刊登并加编者按，16日和17日，《文汇报》又分上下两篇全文转载。而后，光明日报社编印出版的《思想改造文选》中又将其收入。作为"崇美""恐美"的"反动思想"的典型，《西风》与嘉德一次次地在各种宣传媒体上被曝光，充当反面教员。如《光明日报》编者按所指：

> 《西风》杂志是解放前宣传美帝国主义腐朽的"生活方式"、颓废的人生观、反动的唯武器论最力的一个刊物。前后出版13年，刊行118期，直至上海解放前夕才停刊。它对沿海一带大中城市里的资产阶级和小资产阶级知识分子的崇美、恐美思想是有相当影响的。因此，我们发表了《西风》杂志编行者之一黄嘉德的检讨，在他的检讨中，充分暴露了《西风》杂志编辑思想的反动性。①

嘉德的检讨正是遵循着这样一些定性话语展开，承认自己创办和编辑《西风》是亲美崇美的买办思想及个人名利思想所致：

> 我当时参加创办和编辑《西风》的工作，动机有三：一是做编辑写文章不但是我的兴趣所在，而且可以名利双收。二是认为：我国杂志取材单调，文体刻板，范围拘束，必须加以"革新"；西洋杂志取材丰富，文体活泼，范围广大，足为我国杂志"模范""值得介绍"。三是认为：欧美，尤其是美国，"文化科学发达"，应该使西风东渐，以提高我国的文化科学水平。第一种动机是自私自利的个人主义的表现。第二种和第三种动机完全是亲美崇美买办思想的严重表现。
>
> 我常常把《西风》的出版当做一桩光荣的事，现在看来，乃是一种危害中国人民的可耻的行为。《西风》事实上是一个宣传欧美资本主义帝国主义腐朽堕落文化的刊物，一个充满着浓厚的殖民地买办思想意识的刊物。它

---

① 《思想改造文选》第5集，光明日报出版社编印，1952，第85页。

的十足的买办性格，使它成为资产阶级腐朽思想的宣传工具。[①]

嘉德还列举了《西风》刊登过的"亲美崇美的文章"，检讨这些"宣扬'美国生活方式'和美帝国主义的'物质文明'"的"荒谬绝伦的言论"，"在读者思想上所造成的坏影响是十分严重的"。[②]

比嘉德略早些，嘉音在自己所办的《家》月刊[③] 上发文，"最沉痛的控诉"美帝的文化侵略，检讨自己办《西风》的严重错误：

> 我从大学四年级起，就开始编辑《西风》，自以为中立，自以为是客观，然而是无原则无立场地胡乱介绍一些所谓"西洋文化"和"美国的生活方式"，事实上是不自觉地在为帝国主义（特别是美帝国主义）服务……想到我的笔下曾经无意识地影响了多少中国青年，使他们在不知不觉中产生了亲美、恐美、崇美的奴化思想，我实在无地自容。[④]

如同西风人与约翰人之形影相随，批判办《西风》必然联系圣约翰。黄氏兄弟都对《西风》的罪恶"追根溯源"，批判的矛头直指母校。

嘉德写道：

> 在美帝文化侵略堡垒的圣约翰大学工作期间，我受美帝国主义分子的言论和欧美资产阶级的书刊的影响，结果买办思想意识更为根深蒂固。我盲目崇拜欧美资本主义的"物质文明"，尤其向往于美帝的科学和文化……我痛恨日本帝国主义对中国的军事侵略，可是对美帝在经济文化方面更毒辣更阴险的侵略行为却茫然无知，反而把它当做中国的"朋友"。
>
> 我过去以为自己坚守教育工作岗位多年，为国家"乐育英才"，足以自豪。事实上，我在圣约翰教了20年书，不仅无功可言，而是罪孽深重，因为

---

① 《思想改造文选》第5集，第86—87页。
② 《思想改造文选》第5集，第88页。
③ 《家》月刊创刊于1946年1月，1952年9月停刊，共发行87期。由黄嘉音和妻子朱绮共同创办。
④ 黄嘉音：《我对美帝文化侵略的体验》，《家》第62期，1951年4月，第75页。

我以买办的身份，散布了资产阶级的腐朽思想毒素，使大批青年变成买办，变成资产阶级的俘虏，走上与人民相反的道路。我在兼任学校行政工作期间，更忠心耿耿地为美帝奴化教育政策服务，做了美帝国主义进行文化侵略的工具。①

嘉音写道：

我出身于奥斯汀在联合国公开歌颂的美帝在华"功绩"之一，美国对华文化侵略的得意杰作的上海圣约翰大学。在学校里，我所读的是历史系。然而我们这些教会学校的学生，是置身于中国的历史事外的……当全国学潮汹涌澎湃，提出反对内战，要求反动政府抗日的时候，唯一没有受到影响的，恐怕就是"教育租界"圣约翰大学。②

就这样，从约园乍起的《西风》，与这个73年沧桑经历的名牌教会大学以及约翰人同时沉寂。③ 约园消失后，嘉德在另一个完全不同的校园里，洗刷着身上的圣约翰烙印。嘉音则在一个陌生而又熟悉的"新社会"中，开始与哥哥分途。

二　在疏离与异化之间：大学蜕变中的黄嘉德

无论是家庭和教育背景及宗教信仰，还是求学和职业生涯，嘉德堪称最正宗、最标准的约翰人。他出生在福建龙溪一个基督教家庭，祖母做过女传道，父亲在基督教会做过30多年的牧师，母亲也是虔诚的基督教徒，曾任闽南一所教会学校的校长。他不到两岁便受洗礼，带着"世袭"基督徒的帽子长大。从小学起，嘉德所受教育均来自教会学校，在美国基督教归正教会

---

① 黄嘉德：《彻底清除我的反动的买办思想，并对我编辑〈西风〉作初步检讨》，《思想改造文选》第5集，第86—87页。
② 黄嘉音：《我对美帝文化侵略的体验》，《家》第62期，1951年4月，第75页。
③ 圣约翰大学创办于1879年，1952年被中国政府裁撤，在华办学73年。

（Reformed church）所办的福建寻源中学毕业，在福州协和大学肄业。[1] 享年84岁的他有近24年在圣约翰大学度过，与学校一同走过最后三分之一的岁月。[2] 从学生时代到成家立业，几乎所有与这所大学有关的身份他都具备：学生、讲师、副教授、教授；系主任、助理院长、院长、训导长、校务委员会委员。约大教师宿舍27号，又是他和家人长期生活的居所。

圣约翰既如此这般地成为嘉德生命的重要部分，他的命运自然随之沉浮，而喜而悲。

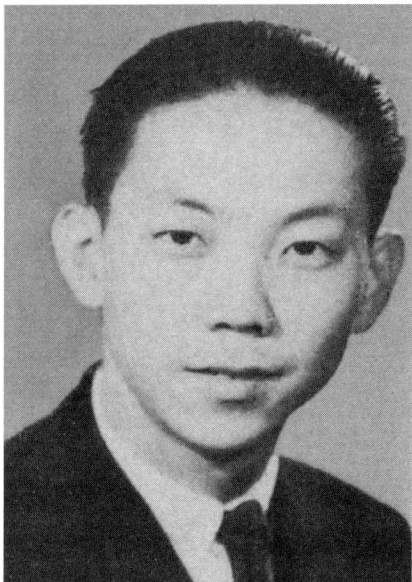

图4-3　黄嘉德

宁静中的变化

作为一所名牌教会大学，圣约翰具有叶文心所称的"被疏离的学府"的一般特征："持续地吸引着大城市的世家子弟，让他们离开家乡到更广阔的世界去，使他们疏离于本土环境及乡土纽带"。[3] 地处上海的圣约翰确实首先使学生从外乡人变成知晓西方的都市社会知识人，进而朝着像真正的基督教徒那样具有道德和世界主义精神的各路精英的目标前进。而圣约翰的不同之处则

---

[1] Associated Boards for Christian Colleges in China（ABCCC），Information Blank for China Christian Colleges' Faculty Members；Bettie T. T. Liu, Who's Who in St. John's: Prof. C. T. Huang, *The St. John's Dial*, Jan. 18, 1949. Library of Divinity school of Yale University: Archives of United Board of Christian Colleges in China（UBCCC），Group#11，Box#239，File #3939；黄嘉德：《彻底清除我反动的买办思想，并对我编辑〈西风〉作初步检讨》，《思想改造文选》第5集，第85页；《由宗教唯心论到科学无神论——学习辩证唯物论和唯物辩证法的体会》，《文史哲》1955年1月，第59页。

[2] 黄嘉德（1908—1992），1928年9月入圣约翰大学就读于英文系，1931年毕业后，留校工作直至1952年1月调至山东大学任教。

[3] 〔美〕叶文心：《民国时期大学校园文化（1919—1937）》，第4页。

在于，它的疏离不仅在乡土文化，而且在中国的教育体制。在美国基督教在华差会所办的大学中，圣约翰被人关注的特点之一便是最早成立而最晚向中国政府立案。在它存在的 73 年时间里，有 68 年是在中国土地上但只是在美国注册的大学。这个奇特的"国籍"问题招致许多"无视中国教育主权"的指责和麻烦，但也抵制了国民党把高等教育从属于意识形态和政治的"党化"校园的企图，保持了约大的教学与学术的自由，以及弥漫着美国色彩的校园的宁静。[①]

但是，疏离并不等于隔绝。民族主义与本土化的问题，并不因为游离于中国教育体制和拒绝校园"党化"而不复存在。圣约翰对此并没有置若罔闻，国文教学和爱国主义教育越来越得到重视。至少在 1930 年代中期，从入学考试对中文科目的要求，到系科和课程设置，国文的比重在增加，难度在提高；在 1934 年的毕业典礼上，第一程序是全场唱"爱国歌"，而后才行宗教的"祝祷"仪式，最后请市长演说"中国大学生之时代使命"。[②] 与同期的许多美国教会大学相比，圣约翰这个"美国学校"在本土化方面的努力并不逊色。

嘉德因其家庭的宗教背景，自幼对于"西洋人""美国人"并不陌生，圣经的福音自小伴随，潜移默化。在家乡教会学校就读的经历也是他从感知西方到认知西方的最初启蒙。如他后来在自传中所说：

> 自厦门开辟为通商口岸以来，闽南地区在经济上和文化上与国外的联系日益频繁。家庭环境和社会环境使我较早地接触到西方文化和英语。我从小喜欢读书，特别喜爱文学作品。[③]

然而，嘉德之成长为一个自由主义倾向的都市知识精英，圣约翰大学和海派文化则是最重要的温床。

---

① 一般认为，这是圣约翰大学和美国圣公会无视中国教育主权，坚持大学的传教性质所致。如果对相关材料做进一步的发掘和研究后，其中也包含有抵制国民政府"党化教育"的意味。

② Entrance Examinations and Requirements for Admission, 1932；St. John's University of Medicine, of Arts and Science School, of Civil Engineering, Senior Middle School Shanghai, Fifty-fifth Annual Commencement Day, June 23, 1934, Austin：The Archives of Episcopal Church in U.S.A., Record 79, Group 11, 13.

③ 黄嘉德：《英语教育五十五年》，季羡林等：《外语教育往事谈》，上海外语教育出版社，1988，第 86 页。

图 4-4　嘉德兄妹与母亲蓝氏

置身约园和大上海，嘉德从外貌气质、行为举止乃至生活方式，都很快地与环境融为一体，一身笔挺而庄重的西装和一口漂亮的美式英语很难让人想象那个曾经操着纯正闽南语的乡镇男孩。然外表的西化和英语的娴熟不只是嘉德外在的表征，而是已经深入心中的文化价值取向。

刚一入圣约翰大学，嘉德就放弃了先前在福建协和大学主修的医预科，改读文科，抱定志向，在语言和文学方面深造。他主修英

图 4-5　少年嘉德

语，兼修教育学。除了必修课外，广泛地选修文学院开设的西方哲学、外国历史、新闻学、心理学、经济学和社会学等课程。每每忆及圣约翰的学生时代，嘉德总是说自己"求知欲望非常强烈"，"对社会科学方面的一切课程都有浓厚的兴趣，特别爱好英国语文和外国文学"。[①] 除去课内用英语听说读写，嘉

_____

① 黄嘉德：《英语教育五十五年》，季羡林等：《外语教育往事谈》，第 86-87 页。

德也在校园活动中锻炼英语才能。他参加作文、演讲、辩论等各种英文比赛，还在校内上演的英语戏剧中扮演角色。

因此，在嘉德那里，英文不是取得文凭的工具，不是用以教书和翻译的谋生手段，而是对西方文化一词一句的钻研解读，大胆实践，从中感受跨文化的无穷乐趣，进而体味西方文化特别是美国文化的精髓所在。由效仿到内化，从而成为自己生命的一部分不可或缺，伴随终生。正如嘉德所体认的"翻译"全然是"极端重要的文化事业"，译才的造就不在技巧功夫，而是在文化功底：

> 我国是一个曾经有过长期光荣历史的文物之邦，过去有过许多有价值的思想学术文章，确有宣扬于世的必要。同时，我国近代文化的落后，证明固有的文化需要新的力量和新的发展。介绍国外的文化，可以帮助调整我国文化的内容，弥补缺憾，走上中兴之路。
>
> 从事翻译者的基本条件，是能够理解，并且能够运用两种或两种以上的语言文字。在文化水准低落的我国，能够适合这种条件的人才自是寥寥无几。况且，他们还得具有冷静的头脑，忍耐的精神，苦干的毅力，忠实的态度，和负责的心机，然后对于此种工作，才能够胜任愉快。除此之外，要翻译的成绩优良译者必须有充分的修养与严格的训练。[1]

1930 年代的圣约翰赋予嘉德的意义更是重要非凡。疏离而非隔绝的约园让刚刚留校成为中文系青年讲师的嘉德亲身体验了宁静之中的变化——这所美国教会大学正在静悄悄地"本土化"。嘉德之所以能够在中西文化之间自如地穿梭往来，离不开他的实践基地——中文系以及国文教学的课堂，此外还有在中学部任英语教师的 4 年。到 1940 年代，他已开设 4 门课：中国小说史、中国当代文学、翻译以及中国经典。[2] 20 多岁的嘉德在 1930 年代上海大众文化的黄金时期，以《西风》和众多的西方名著译著脱颖而出，与他在读书教书

---

① 黄嘉德：《翻译论集》，西风社，1936，"编者序"，第 5—6 页。

② Information Blank for Christian Faculty Members：Form of Huang，Chia-The，UBCCC，Group#11，Box#239，File #3939.

过程中所积累的知识和学术素养是分不开的。1940 年，嘉德编辑出版《翻译论集》，书中收入的大部分文章是他"年来在上海圣约翰大学担任翻译课程时陆续收集起来，以为教室讨论的一部分材料"，且选入的文章，"都以内容充实适当与否为标准"，而非"散漫零碎的杂感之类，或是意气用事的谩骂式的评论"。① 论集以严复《译天演论例言》倡"信、达、雅"三原则开篇，集合了胡适、林语堂、鲁迅、傅斯年、周作人等文坛大家关于翻译的精要论述，既为学生课堂提供了必读范本，又为众多有志于译书者指示跨文化之要领。而作为编者，嘉德本人的译书实践，就是在理解与汲取这些篇章精华之基础上，进行的再创作。举例来说，1936 年问世的林语堂《吾国与吾民》汉译本，当时未曾署名译者黄嘉德，以致在很长时间内，大家都丝毫不怀疑是林氏本人用中文写就。直到近年，翻译界在比较该著若干译本时，虽对黄译本有不同意见，但都承认其"语言优雅，简洁，幽默诙谐，极富有林语堂先生的风格"，而且"更贴近读者与当时的文学规范"。②

　　游离于中国的教育体制并阻止了"党化"的圣约翰又使得嘉德关心民族国家命运而远离党派政治，倾心于都市文化大众而躲避文人派别相争。在都市文化空间，嘉德一方面跟随林语堂"幽默、闲适、性灵"三面大旗，"两脚踏东西文化，一心写宇宙文章"，似与 1930 年代救亡文学所倡导的突出民族、国家、时代的大主题格格不入；他方面，则把自己对世界大势与时局的关注、对政治的敏感潜藏于编辑与创作之中。1938 年创刊的《西风副刊》，就是采取了寓大关怀于小叙述的策略，借外人之笔述自己之见：

　　　　现代人对于周遭的情形，是不能默然置之的。尤其是在阴霾密布，二次大战随时有爆发可能的今日，国际时局扑朔迷离，瞬息万变，我们对世界大势不可不有深切的认识。《副刊》的目的就是想扩大读者的视野，是大家一方面能够理解西洋人的生活，社会和思想，另一方面也能够看清国际的

---

① 　黄嘉德:《翻译论集》，"编者序"，第 7 页。
② 　刘森:《基于翻译文学在文学多元系统论中的地位：对比研究 My Country and My People 两个中译本》，《剑南文学》2012 年第 6 期，第 71 页；王婷:《从翻译文学与本土文学的博弈看〈吾国与吾民〉的中文回译》，《文教资料》2011 年 2 月号中旬刊，第 28 页。

现势。

一般读者看到许多冠冕堂皇，长篇大论的国际时事文章，往往觉得头痛，只好敬而远之。考"动向""剖析"一类论文之不受欢迎，原因不在内容之不充实或材料之无价值，而在态度之过于严肃，和笔调之生硬晦涩，不能引动读者的兴趣。我们觉得文章要做得好，应该价值和趣味两者并重，使读者能后"开卷有益，掩卷有味"。[①]

还有学者发现，为了使《吾国与吾民》中译本不伤害救亡运动空前高涨下的民众爱国情绪，译者嘉德尽量不带翻译腔，模糊翻译文学和本土文学的界限，"归顺了以儒家学说著称的目的语社会"，同时出于对政治和意识形态问题的回避，删去了原著中批评当时政局并提到"中国也有可能转向共产主义"等段落。[②]

也许有人认为，嘉德之所以跟随林语堂，持如此接近的文学主张和审美情趣，是因为与林有极其相似的家庭、教育背景：同一出生地，祖辈都是贫苦农民；同为基督教家庭，父亲都是基督教长老会的牧师；自幼都是基督教徒，都得到免费就读教会中小学的机会，拥有同一个中学和大学母校。但是，恰恰在两人的信仰世界里，圣约翰的意义完全不同。在圣约翰，林语堂接受了科学，接受了英文，也从种种课外活动中受益，唯独对基督教的反感由此萌生，此后竟由反感而出走，背离基督教，转而对道家情有独钟。[③] 嘉德在大学毕业时虽也对"天使、魔鬼、天堂、地狱、奇迹、和灵魂不灭等教义开始发生怀疑，但仍相信宇宙间有一个'上帝'或'造物主'"，[④] 因此他没有根本动摇自己的信仰，仍旧笃信基督的"光和真理"。从这个意义上说，林语堂是与圣约翰办学宗旨相背离的典型，而嘉德则是圣约翰坚持宗教立校的范例，尽管世俗化的浪潮使得圣约翰的宗教色彩日益减退。

---

① 《发刊词》，《西风副刊》创刊号，1938 年 9 月 16 日，第 3 页。
② 王婷：《无情、无奈还是无愧：从意识形态角度探究〈吾国与吾民〉汉译本》，《安徽文学》2011 年第 2 期，第 167—168 页。
③ 李淑珍：《见山不是山，见山又是山？——论林语堂的二度改宗经验》，黄兴涛主编《文化史研究的再出发》（《新史学》第 3 卷），中华书局，2009，第 216—247 页。
④ 黄嘉德：《由宗教唯心论到科学无神论》，《文史哲》1955 年第 1 期，第 59 页。

也因为如此，随着圣约翰校园的蜕变，嘉德经历了人生第一次思想和精神的洗练。

动荡中的忧患与避让

战后的圣约翰校园，虽从战时的动荡中很快复原，似如往昔的平静，师生的教学生活又复如常，但实际上，学校面临的内外危机大大过于以往。财政经济虽有困难，但与其他在华基督教大学相比，战时没有迁至后方的圣约翰还要好得多。但胜利后一年中"一校之首"的校长就四易其人，[①] 无疑对学校的发展带来不利影响。1947 年，圣约翰终于完成向国民政府注册，结束了长达 20 年的立案风波，进入中国教育体制，但圣公会对中国校长涂羽卿十分不满，使其并不掌握实权，立案的实质性意义因此而大打折扣。美国基督教大学联合董事会一再敦促圣约翰接受其与沪江、东吴、之江等大学合并的方案，建立"华东基督教联合大学"，目的是想以此加强对圣约翰的控制，与圣公会一争高下。故有评论说，胜利后的圣约翰"好似在风雨中的一叶扁舟"，"在风雨飘摇中转变"。[②]

而最深刻的变化还在于约园内外的联动。校园的党派色彩日见浓厚，疏离的学府日益异化。一个约大学生描述了一番校园政治图景：

> 在高唱党派退出学校的目前，而各著名学府中，正闹着党派的斗争，其斗争的尖锐，活动的频繁，在这所"个人主义"特别发达的教会大学中，也演得有声有色，如火如荼，并不较其他各国立大学为差。
>
> 在战前，约大中求学子弟，全是些"公子王孙"。有了钱，空下来闹的是电影和跳舞，"派对"和游戏，哪里有闲情逸致来搅什么政治，闹什么斗争。但是八一三的炮火，把约大的情形改观了。它的学生由 800 多增到 2000 多，学生的家境，也贫富悬殊。于是整个学府，便成了党派的世界：国民党、共产党、民盟……以及无党派的党派。各有各的集团，各有各的

---

① 这四任校长分别是沈嗣良、汤忠谟（非校长，沈因汉奸嫌疑去职后，由校务委员会代行校长职，汤为主席）、倪葆春、刁德信、涂羽卿。

② 冷中：《在风雨飘摇中转变的约大》，《智慧》1947 年第 14 期，第 24 页。

派别；虽然不是壁垒分明，却也是鸿沟显然。但在敌伪时代，着许多复杂的分子都被特殊的环境压制住；虽然有同学被敌伪拘捕，但所犯的"罪"与学校本身不相干。

胜利了，它对约大好似一团炸药，把压人的环境炸了开来，所有潜伏的分子，立刻蠕动起来，今天这样，明天那样，差一些把整个学校吵得关门大吉。[①]

文章的作者对校园现状显然十分不满并予以激烈抨击，但战后圣约翰的"乱象"则是有目共睹，只不过，由于各自所持的立场不同，评判不同而已。

身在其中的嘉德当然不会无动于衷。战后，他对政治的态度不再那么超然，对政局、对大势的意见表达不再迂回。

抗战胜利后，嘉德、嘉音分别发行《平论》和《光》两个半月刊，以发表政论时评为主。作为上海部分大学教授的"同人杂志"，《平论》的撰稿人多为倾向于自由主义的学者。嘉德和同人在创刊词中即言明其政治主张：

我们坚决的信仰，新中国的政治，必是实际的民主主义的政治，最后的目标，是要走到民治民有民享的阶段。因此目前最重要的措施，是要提早实施宪政，完成地方自治，统一军队，保障人权，全国人民，都有言论信仰及学术研究的自由。同时要求政府严惩奸逆，维护法纪。[②]

创刊词还就经济政策和教育政策建言献策，"热烈的期待祖国的复兴"。他们真诚地表示：

我们的意见，或者是平凡的，甚至于是偏颇的，但我们是自主的，负责的。我们也承认，我们的力量的薄弱与呼声的微小，但如果因为外来的同情与援助，使薄弱的力量趋于坚强，微小的呼声成为宏大，那我们真是感

---

① 冷中：《圣约翰大学学生的课外"活动"》，《智慧》1947年第16-17期，第28页。
② 本段及下段，分见本社同人《我们的态度》，《平论》创刊号，1945年9月1日，第2、3页。

着无限的满足和快乐。

在对国家民族命运所表达的关怀中，嘉德特别批评"唱高调"或是"拿一些冠冕堂皇的话去发什么空洞的不着边际的议论"，而提倡每个国民要从我做起：

> 我以为每一个国民应该在这个时候做一番自省的功夫……所谓自省，就是检查自己过去的思想态度行为和习惯有错误的加以纠正，有缺点的加以补救……这种自省的功夫可以使我们成为良好国民，使我们对得起自己，也对得起维护我们生存的可爱的祖国。而且，我们在刷新自己之后，应该进一步把我们的才学技能，以及一切的力量贡献给在复兴中的国家。①

嘉德的这个主张，颇有"修身齐家治国平天下"的儒学意味，也与他在《西风副刊》时期秉持的寓大关怀于小叙述的理念有一定的关联，但不同的是，此时的大关怀是对政治的直接谏言，不再是通过外人之笔的婉转、间接的表达。

出于对个人修身的提倡，约园内的嘉德，还是以约翰人的一己之责，恪守着学校赋予的使命，尽力避开校园内外的党派政治，守护好三尺讲台和他的学生。他是约大最受欢迎的老师，如当年的学生严停云所记：

> 凡是学校里上过黄教授课的同学，不论男生、女生，对他都很"痴迷"，他博学广文，口才又好，上课时轻描淡写的几句话，都让我们哄堂大笑。②

一位已离开约大移居美国的学生还念念不忘听过的黄教授的课，说他有"高尚的情操，新颖的思想"，甚至叹道"可惜如今已经没福享受了！"学生们也都十分清楚并佩服，他们的黄教授若无此过人之才，"怎么能只凭一个学士的头

---

① 黄嘉德：《胜利后的自省》，《平论》第 2 期，1945 年 9 月 16 日，第 11 页。
② 严停云为严复孙女，台湾知名作家，笔名华严。她于 1945 年夏至 1948 年春就读于上海圣约翰大学。见华严《回梦约园》，台北：跃升文化事业公司，2012 年再版，第 25 页。

衔，能在我们学校里担任文学院副院长呀？！"①

特别是嘉德在1946—1947年出任校训导长，维护学校的正常秩序，规范学生的行为举止，防止任何过激行动干扰校园生活，就是他的基本职责。何况，圣约翰对学生管理之严格、校风之优良在上海高校中素来闻名。虽然没有更多的材料提到嘉德的履职情况，但从早期的圣约翰学生描述中不难确定训导长在校园风纪方面一以贯之的职责和作用。校友朱友渔回忆说："学监的眼睛像鹰眼一样，他们到处抓违规的学生，卜舫济博士每个星期五检查所有的学生宿舍。"② 也许嘉德内心对学生的爱国举动有相当的同情，但训导长的职责至少不容许他像其他教授那样有公开的表示。

也有例外。1946年底的"沈崇事件"引发了全国大规模的抗议美军在华暴行的学生运动。嘉德毅然加入声援学生的行列，与圣约翰、暨南大学的18位教授一起，在《文汇报》发表抗议书，对美军"无可原谅的暴行"表示"悲愤与抗议"，指出："由于这一类美军的行为，无疑的要丧失中国人民对于美国的好感，在中美人民合作的精神上，不能不说是一种严重的损失"。③

然而，嘉德对美军暴行的抗议并不表示从此他与校园政治同步，更不表明他疏离了美国，特别是美国文化，而投身于现实的反美反蒋运动中。

当美军的暴行和美国的对华政策引起多数中国知识分子的不满，美国的政治形象在他们心中急剧下降的时候，在不同意识形态和价值尺度把握下的美国观还在不同的知识群体中、在知识个体的不同视野中冲突着、较量着。躲避现实政治仍是一部分知识分子抱定的人生信条。即使在中国社会正在经历着如此激荡而又深刻变革的1940年代末期，仍然有人企图回避无法回避的政治风暴。为这种态度所支配，他们极力避开政治视线，用"纯学术""纯文化"的眼光观察美国，为美国的科学技术和社会文化所折服。嘉德大体也在此列，《西风》则是这种文化观的集中表现。

战前发行的65期《西风》虽有大量译述美国文化的文章，其中也不乏崇

① 华严：《回梦约园》，第25页。
② 〔美〕卞玛丽：《圣约翰大学》，王东波译，珠海出版社，2005，第60页。
③ 《文汇报》1947年1月6日。

拜溢美之词，但与战后出版的 38 期《西风》相比，无论在数量还是质量上，都大大不及。战后《西风》刊登的有关美国的文章，不但篇幅、数量惊人，而且包括大量留美学生、访问学者、赴美考察的工程技术人员以及短期参观游览者的感想、印象、游记等，直接展示了各类知识人眼中的美国文化。因此，翻开战后《西风》，扑面而来的是美国，往下浏览的还是美国，停刊之前还登美国，它成了美国文化最得力的鼓吹者。有读者一针见血地指出：《西风》正像战后的中国市场一样，"为美国货所独占"，故建议刊稿更广泛一些，希望"风"从"四面八方"来。编者在复函中坦言"西风被'美国货'独占，我们也有同感"，但却另有一番解释：

> 因为美国的通讯和译文来源较多，我们所选择的是以内容为标准的，而不是以"国籍"为标准的，以致有这种现象。我们对于"美国货"并没有特别的偏爱，犹如我们对他国"货色"也没有歧视的偏见一样。[1]

嘉德借《西风》传播的美国社会文化如此强劲，相形之下，他通过《平论》的管道而发表的政见就显得微乎其微了。但 1947 年以后，嘉德通过《西风》所阐发的美国观有了明显的变化。

是年春，嘉德考取美国基督教大学联合董事会的留美资助，赴哥伦比亚大学进修英美文学，次年 9 月获得文学硕士学位，年底回国。看起来，这一年多的留学生活，是嘉德疏离国共正做最后较量的国土和校园，潜心学术，感受美国的好时机，而实际并非如此。

留学期间，嘉德发回 16 篇《西游寄语》，在《西风》刊出，在大量的旅美见闻中，把对祖国前途的忧虑，对美国社会文化身临其境的认同与批评，以及强烈的"中国根"的情结，融汇其中。

从别离上海和亲人，踏上留美之途的那天，嘉德内心就充满了对多难祖国的"伤感和惆怅"：

---

[1]　蔡德敏：《善意的建议——被"美国货"所独占》，《编者复蔡德敏》，《西风》第 96 期，1947年 7 月，第 595 页。

祖国依然在战乱中，政治依然没有上轨道，社会依然动荡不安，人民依然在水深火热之中。中华民族难道须长期陷在忧患苦难的深渊中，万劫不复，永无光明的日子吗？

如今我将远离了可爱的祖国。此去远隔重洋，实际情形的隔膜和正确消息的缺乏，必将更增加了我对祖国的怀念。但愿在我归来的时候，和平的日子已经降临，政治经济已上轨道，同胞安居乐业，祖国朝着建设复兴的大道迈进。[①]

置身于美国社会，对嘉德刺激最深的莫过于无所不在的种族歧视。他看到"时至今日，白种人对有色民族的偏见还是很深"，"在白人的心目中，黄色人的地位纵使比黑色人较高，也不会高很多"。他举例说：

国人在此，有时被当做日本人或菲律宾人，有时遇到"你们在中国开的是餐馆或洗衣作？"的问题（现在还有不少美国人以为中国人只从事开餐馆及洗衣作这两种职业），使人感到不快。

（在浮琴尼亚州），旅馆的门，轮渡的舱门，甚至于厕所的门，都有两个：一个有"White"（白种人）字样，专供白种人进出；另一个有"Colored"（有色人种）字样，专供黑人进出。中国人虽是"有色人种"，倒可用白种人进出的门户，承白种人看得起，不胜"荣幸之至"！……天下不平等之事，孰有甚于此者！[②]

每遇如此不平，嘉德总是深切感觉"白种人和有色人种之间，还隔着一条鸿沟"，他常常因此而"愤懑苦闷"，加之"时局动荡，国内多数的消息，原已不易使人高兴，再经过了国外报章的渲染，更是触目惊心"，这些都令他"感到愁闷失望"。[③]

---

① 黄嘉德：《初出国门（上）——西游寄语之一》，《西风》第100期，1947年1月，第280页。

② 黄嘉德：《告有志于留学者——西游寄语之八》，《西风》第108期，1948年7月，第503页；《海行四万五千里（中）——西游寄语之十五》，《西风》第118期，1949年5月，第212页。

③ 黄嘉德：《告有志于留学者——西游寄语之八》，《西风》第108期，1948年7月，第503页。

对好莱坞影片的消极影响和美国社会教育的种种弊端，嘉德也予以尖锐批评。他指出，好莱坞影片公司"对于影片的摄制往往过于注重生意眼"，以致所产出多数影片"都是二流以下的产品，说不上什么艺术上和教育上的价值"。这些影片的恶影响所及，不仅在于美国青年，而且殃及中国：

> 一般影迷由银幕上所得到的印象，也许以为美国人士天天穿着漂亮的礼服在应酬交际，日夜生活在美轮美奂的住宅里和繁华的夜总会里过着花天酒地的生活，男男女女都在轻松的恋爱纠纷事件里消磨光阴。多少我国青年是带着这种印象，希望借留学之名，到这个黄金国来"享乐"一番的，结果发现事实与幻想相距太远。[①]

嘉德还从层出不穷的美国少年犯罪问题中，发现美国家庭教育和社会教育存在严重的道德缺失。他呼吁："美国的两性关系和婚姻问题需要一番检讨，美国的电影、报纸需要一次整肃运动，美国的酒吧间的营业需要当局加以适当限制，使第二代能在比较优美的家庭环境和社会环境中生长起来"。[②]

基于这些切肤之感，嘉德对不少归国者把留学生活的乐趣"说得天花乱坠"的"误导"表示"扼腕"，认为"这样'隐恶扬善'，大约是想'夸示侪辈'，炫耀一番"，"其可能造成的悲惨后果，是不可忽视的"。因此，他提醒做着"美国梦"的中国青年和他们的家长，千万不要因盲目崇美而"一窝蜂"地涌向"新大陆的黄金国"。留学前要做好"智能"与"心理"两方面的充分准备，尤其是"对于祖国文化、历史，和一般情形，应该有相当的研究和认识。此种准备纵使不足为宣扬祖国文化之用，至少也可以免掉外人询问时不知如何作答的窘境。同时，也可以避免'数典忘祖'，过分洋化的危险"。[③]

经过这番身临其境的留美生活，嘉德在进一步贴近美国、理解美国所产生的亲近感与赞美中，国患与乡愁交织下的对美国社会文化的疏离感也由此萌生。从这16篇《西游寄语》中，可以找到嘉德日后告别美国的思想和情感的

---

① 黄嘉德：《由旧金山至纽约——西游寄语之二》，《西风》第101期，1947年12月，第383页。
② 黄嘉德：《美国少女出奔记——西游寄语之六》，《西风》第105期，1948年4月，第209页。
③ 黄嘉德：《告有志于留学者——西游寄语之八》，《西风》第108期，1948年7月，第501—502页。

资源。但嘉德万万没想到的是，这些文字不久就成为他与《西风》"崇美亲美反动思想"的最后自白：

> 在留美期间，我为"报答"美帝教会的"恩情"，曾作了 10 多次的演讲，介绍我国高等学校和圣约翰大学的情形，为美帝在中国的文化侵略做宣传……我又曾写了 16 篇"西游寄语"通讯给《西风》，宣扬美帝的"物质文明"……我的亲美崇美的反动的买办思想意识使我甘心成为美帝最顺从的奴才，为它"鞠躬尽瘁"地服务着。我丧失了民族立场，做出了许多危害中国人民的行为。这是我今日感到最痛心的事。[①]

1948 年底，嘉德带着留美的收获、感悟和报国之志回到上海。一回到约园，扑面而来的是"山雨欲来风满楼"的校园景象：

> 受时局影响，圣约翰大学的教师不再讳言政治，在面对学生尖锐提问时，他们很乐意表达自己的政治立场，有时这种交流还会在课堂上进行，当然没有人会认为他们就是中共党员……圣约翰大学有许多倾向进步的学生和一些中共地下党员，同时也有一些实际身份是国民党特务的职业学生。两帮人马经常交锋，当然双方均避免造成过激的冲突……许多学生和他们的家长相信国民党政权垮台是迟早的事情，由中共取代一个病入膏肓的政权未尝不是一件好事。当然，也有人准备离开中国大陆，不过像普通上海市民一样，圣约翰大学的多数学生还是对中共的胜利充满了憧憬。[②]

不久，嘉德与圣约翰的师生一起，迎来了中共新政权。一个高扬着反美革命激情的红色校园随之降临。

---

① 黄嘉德：《彻底清除我的反动的买办思想，并对我编辑〈西风〉作初步检讨》，《思想改造文选》第 5 集，第 86—87 页。
② 沈鉴治英语口述，高俊翻译整理《圣约翰大学的最后岁月（1948—1952）》，《史林》2006 年增刊，第 11 页。

听话，跟走

与所有美国在华教会大学一样，圣约翰经历了一个极其短暂而又极速蜕变的"新生期"。"新生期"内，圣约翰完成了几件大事：其一，根据中央人民政府政务院 1950 年底颁布的《关于处理接受美国津贴的文化教育机构及宗教团体的方针的决定》及《接受外国津贴及外资经营之文化教育救济机关及宗教团体登记办法》，彻底断绝与美国圣公会的关系，向华东教育部登记并隶属其领导，成为由中国人完全自办的私立大学。[①] 其二，中共圣约翰大学支部于 1950 年 6 月公开，成为学校的决策领导机构，校务委员会和校政委员会在其领导下展开工作。党支部并在师生中大力培养入党积极分子，发展青年团员，很快形成自上而下的组织网络。其三，按照中央指示，进行课程改革，将政治课的建设和以马列主义统领所有课程放在教学之首，全面肃清美国教育模式的影响。其四，在校园活动中持续开展以政治报告为主要形式的反美宣传，在师生中开始进行以肃清亲美崇美恐美的反动思想以及资产阶级、小资产阶级腐朽人生观为主要内容的思想改造运动。

尽管嘉德对约园变化之速之巨缺乏足够的思想和心理准备，但他还是努力跟上并尽力适应。在每个重大的政治节点上，表示出积极拥护的态度。

与圣公会断绝关系后，学校的财政面临困难，教职员工的收入也受到影响。[②] 教师中有人因此对抗美援朝产生疑虑，嘉德的表态则十分明朗。1951 年 1 月 22 日，在校工会会员座谈会上，他以主持人的身份做了引导性发言：

> 我们拥护政务院决议，我们要自力更生。在过渡时期，我们自然有很多困难，这些困难是不难克服的。我们发动抗美援朝运动，为将来的幸福，一时的痛苦是应该忍受的。有人也许要怀疑为什么抗美援朝的结果反把我们的收入减少了呢？如果我们认识反美爱国自力更生的意义，我们一定会了

---

① 何东昌主编《中华人民共和国重要教育文献（1949—1975）》，海南出版社，1998，第 62—63 页。

② 圣公会的经费断绝之后，华东教育部的经费补助又有缺口，学校每年赤字严重，而校董们也表示爱莫能助，故教职员工的工资中原来自美国津贴的部分，没有接续的来源。见《圣约翰大学为送薪金制度及薪金统计资料复华东教育部函》，1952 年 3 月 10 日，上档 Q243（圣约翰大学档案）–1–488。

解在斩断约大与美帝的关系时，相当的牺牲是必要的。在这方面，我们必须做思想上的准备。①

中央的课程改革方案推出后，嘉德作为课改"重镇"文学院院长兼新闻系主任，按照新方案推出一系列新课程，安排了大量"教学联系实际"的活动。政治讲座进入了必修学分，文学院各系政治思想教育进课堂的新方案也各显神通。②

比如中文系的"取经式"：派两名教员于暑期往北京，访问京中各大学中文系主任及教员，交换经验，带回教材及参考资料，在正确的政治观点方面大有帮助。

又如外文系的"重置式"：考虑从前课程均由美帝支配，重心在使学生欣赏英美文学，养成崇拜英美心理，课程分配，极不合理，故决议加强语言课程，以纠正过去偏重文学的错误。

再如历史系的"即时式"：不但在重点课程中（如中国近代史等）加进政治思想教育内容，并且在抗美援朝开始时，进行反美爱国的形势学习；又与中文系举行"镇压反革命"的联合座谈会。时事学习，始终不断。

这些"改革"未必都合乎上级要求，但嘉德掌握下的文学院课改，至少做到了亦步亦趋，既不被表扬，也没有如金陵大学、金陵女子学院那样受到中央教育部的点名批评。③

圣约翰的体育教育也被纳入反美政治轨道。所谓"清除美国式体育的腐化影响"，变"少数人的体育"为全员健身活动，"趋向新民主主义体育道路迈进"，则是这一政治意义的具体注脚。1951年6月8日，圣约翰全校性运动会在"新生后"的第一个校庆日举行。嘉德与倪葆春等年长教授"破天荒地"参加了三个项目，成为这个具有强烈政治色彩的体育盛会中十分引人注目的一位，被写入《文汇报》的专题报道中。④

---

① 《工会会员座谈会记录》，1951年1月22日，上档Q243-1-678。
② 《圣约翰大学1950年度教学工作检查报告，文学院各系情况》，上档Q243-1-459。
③ 中央教育部：《全国高等学校1950年度教学计划审查总结》，1950年3月，上档Q243-1-557。
④ 华世康：《约大体育扭转了方向》，《文汇报》1951年6月14日。

嘉德也是学校各项政治活动的积极参与者。他以校务委员会委员、[①] 校工会委员的身份，在示威游行活动中，负责各项具体事务，并参与组建校冬防委员会、反特运动告密委员会的工作。[②]

在约园的最后岁月，嘉德虽然努力跟上，但在学校党组织的政治排队上，他被列于"问题比较复杂"者，[③] 当年校内的地下党员也晓得他的政治态度，甚至还有人认定他是三青团的"重要分子"，[④] 只是认为他处事比较低调、识时务，所以对他只做内部掌握。[⑤] 约大裁撤前夕，他作为重点改造对象被派往华东革命大学集中学习反省。那篇被反复刊载的自我检讨就是此次学习之后的产物：

> 在（华东革命大学政治研究院）四个多月的学习中……我认识到象我这样的旧知识分子，必须经过思想改造，才有可能为人民服务……当我的认识进一步提高时，我对自己的买办思想和自私自利的个人主义思想痛恨更深……我决心投身到思想改造运动中去彻底改造自己，肃清我头脑中一切反人民及不利于人民的思想，虚心学习马克思、列宁主义和毛泽东思想，以工人阶级的思想来武装自己。[⑥]

进入山东大学后，嘉德在另一个高度政治化的校园里，继续改造。在政治运动中，赎罪式的深刻检讨和积极拥护党的各项主张是嘉德的基本态度；在学术研究中，学会运用阶级理论"一分为二"地批判西方文学，大力推介苏联学界的研究成果，是嘉德所持的学术立场。

---

① 圣约翰大学校务委员会由中共党员、学生会会长黄金祺和讲师助教会代表陆如山出面，召集教职员征求意见，反复酝酿后于 1949 年 9 月初成立。杨宽龄、潘世兹分别任正副主任委员，委员共 16 人。见《约翰新闻》第 4 期，1949 年 9 月 2 日，第 1 版。
② 《工会会员座谈会记录》，1951 年 1 月 22 日，上档 Q243-1-678。
③ 《圣约翰大学党支部宣传委员严凤霞访谈录》，2012 年 5 月 11 日。
④ 华严：《回梦约园》，第 446 页。
⑤ 《承宪武（1947—1949 年圣约翰大学新闻系学生，中共地下党员）访谈录》，2013 年 11 月 18 日下午，上海承宪武寓所。
⑥ 黄嘉德：《彻底清除我的反动的买办思想，并对我编辑〈西风〉作初步检讨》，《思想改造文选》第 5 集，第 88 页。

图 4-6　1950 年代的嘉德

在经历了一番政治风暴和意识形态的洗练之后，嘉德似乎从一个正宗的约翰人脱胎成毛泽东时代的人民教师。尽管距"又红又专"的新标准有明显差距，但"听话，跟走"的要求还是基本达到了。

嘉德对现实政治并非漠然，但他深知自己的出身背景，从不发表对现实不满的言论，即使有些意见，表达得也很含蓄。一则回忆记叙了这样两件小事：

1956 年，青岛市图书馆为高级知识分子办了"专家借阅证"，凭这个证到市图书馆可以直接进入书库选书。初次见到黄嘉德，感觉他十分注重仪表，谈吐文明。他到市图书馆后见馆藏英文图书很少，并且所藏英文书主要为理工科图书，他有些遗憾，但在书库中发现了一批二三十年代英国出版的文学图书，他大喜过望……

黄嘉德还十分幽默，1957 年青岛的知识分子座谈会上，他讲话说："毛主席说：东风压倒西风，我却编过《西风》，显然思想不正确。"引得哄堂大笑。①

因此，步入毛泽东时代的嘉德成为中共的统战对象，不被党所信任，但为组织所包容。在山大，他曾任外文系代主任、校图书馆

---

① 鲁海：《翻译家黄嘉德 50 年代青岛领军山大外文系》，《半岛都市报》2012年 8 月 20 日。

馆长等行政职务，并长期兼任《文史哲》编委。嘉德1954年加入民盟，1956年当选为青岛市人民代表。尽管思想改造的经历十分痛苦，但在1950年代，嘉德保持了基本平静的生活，尤其是躲过了反右一劫。

自省中的遵从与坚守

按照通常的理解，嘉德在异化校园中发生的转向，是迫于政治压力的违心跟从。这种解释当然不无道理，如嘉德这样标准的约翰人所受的政治冲击非同一般的知识分子。就以促使他"革心洗面"的华东革命大学为例。

华东革命大学新闻学院的"思想总结经验"展示了该校知识分子思想改造的运作过程。他们的思想总结进行了两次，第一次是"对自己的过去历史和优缺点作一个初步粗浅的认识"；第二次是总的总结鉴定，"要求是搞清历史，正确认识学习成绩和目前各方面的优缺点"。[1] 院方发了总结提纲，作为阐述历史和现实表现的规范。

达到上述要求并非易事。第一次总结后，"许多人的认识没有提高，还有很多'顾忌'"，"尤其是对政治问题，采取隐瞒态度，甚至伪造历史"。学院立即举行了"放下政治包袱"的全院大会，10位同学上台发言，"坦白揭露自己过去的政治面貌"，"痛切批评自己的错误和罪恶，决心在宽大的组织和人民面前，重新做人"；"台下的四五百同学热烈鼓掌，高唱着'坦白了的心是明朗的心，坦白了的同学好喜欢'，迎接这些失足的同学的新生"。会后，在班级的层面上继续着类似的会议。总结鉴定也是在群众说服中进行的，"各小组采用两种方式：一种是自己提出自己的优缺点来，由小组同学来讨论补充，一种先由小组同学就每人自己提出意见，再根据小组同学意见整理补充。"积极分子和小组长是基层运作中的骨干，他们经常交换意见，发掘问题，并"在小组中酝酿发言情绪，使不多发言的人也发言"；小组长"经常汇报，发现有偏向，即刻纠正"。[2] 经过这一过程，所有得以结业的学员都达到了预定的政治要求，认同了意识形态规范。

---

① 林华：《我们是怎样进行历史总结的》，《思想总结》（《大公报》青年群丛书），棠棣出版社，1950，第16页。
② 林华：《我们是怎样进行历史总结的》，《思想总结》，第20—21、24—25页。

这样的程序和氛围给人的压力可想而知。若不是写出合乎规格的检讨，嘉德不可能回到大学校园继续当他的教授，而要像那些"不合格"者一样被迫改行。

在政治运动一场接一场，教育、学术被高度政治和意识形态化的 1950 年代，嘉德确实面临着有形无形的压力。但这不表示嘉德的政治转向完全出于违心。他有真诚接受改造的愿望，在他的思想和精神世界里，确有与异化校园合拍的部分。

跨度最大的转向发生在嘉德的信仰世界里。1955 年 1 月，嘉德在《文史哲》发表题为《由宗教唯心论到科学无神论》的长篇文章，公开宣布放弃"在脑子里扎了根"的基督宗教信仰，接受马克思主义的唯物论。他庆幸自己"摸索了四十多年，才找到了马克思列宁主义的真理"，认为"这个转变对我的确具有重要的意义"，"应该珍惜这个收获"，"把这个可喜的消息公开出来"。

嘉德的信仰转向确乎从马克思而来。他对自己的反省和批判，首先得之于马克思"宗教的批判是一切批判的前提"之教诲，嘉德写道：

> 宗教是一种最顽强最地道的唯心论。我在批判我的资产阶级唯心论的思想意识时，首先批判我的宗教信仰是完全必要的……当我把天命宇宙观的强大堡垒攻下之后，其他形而上学的唯心思想意识残余也就比较容易认清。①

嘉德的转向却也是从思想改造与大规模的辩证唯物论的学习运动而来，由此所得到的"马克思主义"，是适合改造与意识形态灌输需要的。嘉德也高扬着阶级斗争、反帝等主旋律，从"宗教唯心论是剥削阶级的工具""基督教道德观念的反动阶级本质""科学无神论对宗教迷信的斗争"三方面，对宗教唯心论和基督宗教予以激烈的、毫不留情的批判。

---

① 本段及以下几段，分见黄嘉德《由宗教唯心论到科学无神论》，《文史哲》1955 年 1 月，第 59—62 页。

但这不等于嘉德对宗教的离弃是一种鹦鹉学舌式的批判，甚至是趋炎附势的跟从。如前所述，他对宗教的怀疑起于圣约翰大学时代，思想改造的政治洗礼则将最初的怀疑引向了背离。

嘉德自述："在大学毕业到解放后这二十年间，我的宗教信仰已经发生了不少变化"，在眼见"许多中外基督徒的假冒伪善行为"之后，他由怀疑而生反感，但还认为"基督教义本身总是好的"，"一切宗教的目的在'劝人为善'，基本上是有益人心的"。

此后的岁月，他"尽管对'上帝'仍保持着模糊的信仰，可对读圣经和祈祷等宗教活动已经完全失去兴趣，对于星期日做礼拜则碍于亲友的情面，勉强敷衍"，"暗中自承已经变成一个'有名无实的基督徒'"。

思想改造运动期间，他"抛弃了基督教信仰，自动停止一切宗教活动，否认上帝的存在，逐渐走上无神论的道路"，可是"因为怕一部分信教的亲友的评议，尤其是怕使已届八十高龄的母亲过分伤心"，一直没有勇气公开否认自己是基督徒。

应该说，嘉德的这个思想自白是有血有肉的，具有相当的可信度。背离从小的信仰，绝非一朝一夕，何况，还有诸多的因素，特别是家庭和亲情。

从另一方面说，在1950年代的中国，基督教的"三自"革新运动一直得到政府的赞许甚至操控。在"宗教信仰自由"的名义下，基督教会活动得以持续，教徒的宗教生活基本保持正常。嘉德和他的母亲很早就加入"三自"爱国运动的行列，他们的突出表现曾见于《文汇报》的报道中：

> 上海基督教组织在抗美援朝爱国运动中曾经贡献过巨大力量……三自革新运动正在热烈展开。在昨天的游行队伍中，我们发现很多向来不参加游行的信徒都出来了……圣约翰教授黄嘉德的母亲，今年七十六岁，从她祖父起就信仰基督，这次坐在三轮车上游行。她的儿子黄教授和孙女儿也都参加了游行。[1]

---

[1] 《"我们爱天国，更爱祖国！"——记上海宗教界及前教会学校师生员工爱国大游行》，《文汇报》1951年3月22日。

可见，嘉德满可以以一个"爱天国，更爱祖国"的基督徒生活在新中国，不必与自己的信仰做最后的诀别而转向唯物主义无神论。何况，圣约翰的校友中，如是做的不在少数，丁光训即是。这也从另一个角度印证了接受唯物论并非当时唯一的选择，而是嘉德对新的意识形态规训的遵从。

非常有意思的是，同样是发生在大学校园的信仰之旅中的一次重要转折，林语堂与嘉德的最终归属迥然不同。林语堂背离基督教虽一走30年，但到了63岁上突然回归，嘉德这一别则义无反顾。个中值得深究的问题尽管很多，但至少有一个佐证可以成立：毛泽东时代的政治化校园已植入了嘉德的精神家园。

嘉德在学术研究中也进行了同样的努力。他所钟情的萧伯纳也被用马克思主义重新解读。他的研究贯穿着当时的政治标准，极其肯定地认为萧伯纳曾受到马克思主义的影响，赞扬"萧伯纳勇敢地暴露英国帝国主义的罪恶，无情地揭发资本家的伪善和假仁假义，资产阶级社会的不正义和道德的堕落。"同时也指出萧的局限："他和当时许多小资产阶级的知识分子一样，不愿意接受工人阶级在社会主义运动中的领导……他不能指出作为资产阶级的掘墓人，作为历史的推动力量，作为不可征服的力量的无产阶级解放全人类的使命"。[①]

如果依照现在的学术眼光去看，嘉德在那个时代的研究显然是"政治化的模式"影响下的产物，很有批评的必要。[②] 然而，这里所要探讨的，不是研究本身的学术评判，而恰恰想表明，马克思主义的意识形态如何渗透到他的知识结构与学术思想，以至于凝聚着他一生心血的代表作《萧伯纳研究》在1989年问世时，贯穿全书的，依然是嘉德在那个年代理解和消化的马克思主义观点。[③]

当年师从嘉德攻读硕士学位的刘禾也认为："先生的研究受到1950年代政治和意识形态的影响。这确实如此，他不可能摆脱。"按她的理解，这并非受一时压力的不得已，而是有思想脉络可寻：

---

① 黄嘉德：《伟大的英国戏剧家萧伯纳》，《文史哲》1956年第7期，第16、18页。
② 刘涛：《一个费边主义者的中国之旅——萧伯纳在1956年的中国》，《英美文学研究论丛》第16辑，上海外语教学出版社，2012，第141—149页。
③ 李乃坤：《黄嘉德先生与萧伯纳研究》，《文史哲》2011年第5期，第256—257页。

他为什么选择萧伯纳为一生的研究方向，因为萧伯纳是费边社的重要成员，是社会主义的一个重要派别。这说明先生是有政治选择的。二三十年代很多知识分子都是左翼，他们的身上承担了两种思想传统，他们也是左翼文化的创造者。先生算不上左翼，但他以萧伯纳追求的社会主义为理想，又对日本侵略和国民党治下中国社会的民不聊生有切身的体验。所以，他认同 1950 年代的意识形态也不奇怪。①

也是在真诚中，嘉德的为师和治学，都坚守着一个教师和学者的良心与使命。无论是他亲自指导的学生，还是从他那里获益的素不相识的读者，都深深折服于他的学问和人格。但在那个时代，"资产阶级知识分子"的帽子始终有形无形地顶在嘉德头上，无以摆脱。1960 年，他又一次被公开点名，受到政治上的批判。是年第 1 期《山东文学》刊登署名"文外"的文章，虽以"黄嘉德先生"称，但给他扣上了"资产阶级学者"的帽子，批判他"关于'红与黑'的资产阶级观点"，以消除其"恶劣影响"，并称这"对我们兴无灭资的斗争是十分必要的"。"文革"中，嘉德更是在劫难逃。

　　而这又与圣约翰有关。嘉德在回顾自己 55 年的英语教育和翻译生涯时，着墨最多的是圣约翰对他的培育，以及《西风》的实践所得。② 平实的叙述中透着对圣约翰校园生活的眷恋，包括他笔下的家庭在 1950 年代还是一个充满约园气息的宁静港湾。一则小故事始终让嘉德难以忘怀：在"一边倒"的年代里，他的几个孩子在学校学的都是俄语。但回到家，却有个其乐融融的英语小世界。在嘉德的口传身教下，孩子们放下学校的俄语课本，捧起英语书，唱着英语歌，还夹带着闽南话念着英语的顺口溜：

"来"叫（闽南话，"就是"之意——引者注）come，"去"叫 go；"番薯"（闽南话，"土豆"之意），potato；"二十四"，twenty-four；"关门"，shut

---

① 《刘禾教授（Lydia Liu, Professor of Columbia University）访谈录》，2013 年 7 月 3 日上午，通过 Skype。

② 黄嘉德：《英语教育五十五年》《翻译经验谈》，巴金等：《当代文学翻译百家谈》，北京大学出版社，1989，第 749—754 页。

the door；"番茄"，tomato；"钢琴"，piano。[①]

更让嘉德感到骄傲并如数家珍的是，圣约翰赋予他的学术、思想和智慧的财富，让他的学生受益终生。这些满天下的桃李，无论出自约大还是山大，不管从事什么职业，地位如何，他们都从黄先生那里得到老约翰的"真传"，并从他身上重睹那种久违了的风采。

当年的学生对他的印象极深处，就是在1950年代末的课堂上那个"全部用英语讲授，一口漂亮的美式英语"的黄教授，"思之所至，言达意明，内容充实，条理井然"；"课堂教学严肃负责，自有风格。他从不开玩笑，不讲多余的话，总是板板正正地讲解应该讲的东西"；"他严守上课时间，上课总是提前到教室等学生，风雨无阻，年年如此"，他"身教重于言教"，以致那些不守时的学生说，自己虽然没有受到批评，但"黄先生不批评却是最严厉的批评"。1980年代嘉德的硕士生们说，黄先生待人平等，谦和，对学生既有言传身教的严格训练，又尊重学生的选择，反复告诉他们不要跟着导师循规蹈矩，"不要勉强自己去迎合老师的趣味"；他反对学生按着他的专长"萧伯纳研究"去做，强调"研究生应正确理解'研究'二字，从论文选题开始，就要有意识地培养自己独立进行研究的能力"。[②] 学生刘禾就是在先生的鼓励与支持下，选择了与萧伯纳相去甚远的现代主义作家康德拉为研究方向。[③]

同事对嘉德的共同印象是那个"与世无争"的"老黄"："不善交际，但有修养，有哲学"，"总是严于律己，宽以待人，行善事，不管闲事，似有一种宗教的虔诚"。[④] 刘禾的感受则与之不同，她认为："先生的'与世无争'是儒家文化的浸染。他身上有古人的温良恭俭让，也有中国文人的清高。大学的校园里曾经有不少这样的老先生，他们作古以后，大学的人文面貌已完全不同。"[⑤]

---

① 黄嘉德：《英语教育五十五年》，巴金等：《当代文学翻译百家谈》，第93页。
② 李乃坤：《黄嘉德先生与萧伯纳研究》，《文史哲》2011年第5期，第254—255、258页；《李乃坤教授访谈录》，2014年10月14日。
③ 《刘禾教授访谈录》，2013年7月3日上午。
④ 李乃坤：《黄嘉德先生与萧伯纳研究》，《文史哲》2011年第5期，第258页。
⑤ 《刘禾教授访谈录》，2013年7月3日上午。

图 4-7 我们的黄教授

"与世无争"或许可视为嘉德一以贯之的人生态度。无论在伴随约园度过的最后岁月，还是在历经政治洗练的革命校园，嘉德在"书生与政治"这个中国知识分子无比纠结的难题上，用"与世无争"的原则为人处世，"珍惜荣誉但不追名逐利"，"保护自己，无损他人"，[①] 保持了书生的本色；用"与世无争"的态度疏离政治旋涡，"忍住了"关怀，[②] 但坚守了作为知识分子的良心与道德。

在别离约园的非常年代，除了自我检讨与反省之外，嘉德极少再提及自己的母校，但圣约翰情结已深藏在他的心灵深处。台湾作家、当年约大的学生严停云还珍藏着 1990—1991 年嘉德给她的四封信。信中虽然没有约园往事的点点滴滴，但浓浓的师生情谊充满字里行间。每信嘉德都以"停云同学"相称，仿佛不是在给一位知名作家写信，更像在与他十分喜爱的那个才华横溢的小女生，也是他的福建小老乡面对面地交谈。[③] 这些短短的信读似言简意赅，

---

① 李乃坤：《黄嘉德先生与萧伯纳研究》，《文史哲》2011 年第 5 期，第 258 页。

② 杨奎松的新作《忍不住的关怀：1949 年前后的书生与政治》论述了三位"忍不住关怀"的知识分子在建国前后政治剧变中的遭遇。

③ 《黄嘉德致严停云（影印件）》，1990 年 3 月 18 日、4 月 29 日、12 月 7 日，1991 年 1 月 19 日，见华严《回梦约园》，第 446 页后插页。

其语境中却透出永不磨灭的深深的约园记忆。

同样的，1950年代的红色记忆也挥之不去。在浓墨重彩的圣约翰经验回顾之后，嘉德始终不忘批判自己：

> *存在决定意识。我在半封建半殖民地的旧中国生活、学习、工作了四十一年，家庭、学校教育和社会环境使我受到资产阶级崇洋思想的毒害……在党的教育下，我初步认识到帝国主义文化侵略的危害性，清算了自己的崇洋思想，提高了政治觉悟，加强自我改造，坚决走上树立无产阶级世界观的光明大道。*[1]

这番回顾与批判是在1986年，即距嘉德去世前6年。可见在嘉德的生命中，圣约翰的"美国化学府"和毛泽东时代的革命校园同样举足轻重。徘徊于疏离与异化之间，大约构成了大变局中嘉德的人生轨迹。

三　华彩写就的悲剧：都市文化尽头的黄嘉音

与哥哥嘉德不同，嘉音的生命结局十分悲惨。他不但没躲过反右，1961年48岁上就葬身于西北大漠，而且死因至今不明，是在劳改地病死、饿死，还是被虐待致死，连妻子朱绮和哥哥嘉德都说不清楚。[2]

---

[1]　黄嘉德：《英语教育五十五年》，巴金等：《当代文学翻译百家谈》，第90页。

[2]　署名田丰的文章中写道，1980年代他曾从香港打电话给嘉德，"一再问及乃弟的死因，他在电话中泣不成声，却始终不忍讲出那段惨闻"。(http://blog.sina.com.cn/s/blog_5f07c1960100ef7m.html) 嘉音老友方晓蓝说，他问过嘉德，"证实他是死在狱中，不是病逝"。(方晓蓝：《想到了黄嘉音》，《新民晚报》1998年10月20日) 朱绮的侄子回忆说，他从父亲那里得知，直到"文革"初期，小姑妈（朱绮）才收到丈夫"死于狱中的通知书，说是病故，可在衣物中见得到血迹。一笔糊涂账。"(茫眼：《黄嘉音在世的亲人们都读到了方晓蓝先生的文章》，2009年7月20日，http://blog.sina.com.cn/c/blog-5f07c1960100ef7m/html) 还有文章也提到，嘉音"在被打得忍无可忍时反抗了一下，立即成为'现行反革命'关进监狱瘐死的"。(史鉴：《出版局长劫难记》，《世纪》2010年第4期，第43页) 南台的博文中写道，黄嘉音是去了宁夏平罗县境内的黄渠桥农场劳动教养，死在那里。(《老上海名人黄嘉音、朱绮夫妇在宁夏》，2010年6月8日，http://blog.sina.com.cn/bxbwbxbwbxbw) 据当时在海原中学任副校长的李国祥先生回忆，黄嘉音开始是去劳教，后来是正式逮捕，在固原县黑城子农场劳动改造。见当年在海原中学任职的一位先生（不愿透露姓名）访谈录，2013年6月13日。

嘉音之死几乎是个永远的谜，这无疑是一大悲剧。但他的人生却不是一部承载着苦难与痛楚的悲情故事。如多年以前章开沅先生所说："中国教会大学的结局是悲剧性的，但故事本身并非悲剧"。[①] 正是在这部历史活剧中，嘉音为他的母校圣约翰留下了一段独特的记忆。

励志与选择

嘉音与圣约翰的渊源起于 1930 年代初的高中时代。[②] 他就读的圣约翰中学乃约大前身圣约翰书院，可说是圣约翰大学的"开山祖"。[③] 两校不单是教育上相互承接成一系统，而且同处一个校园浑然一体。由约中而入约大，也是嘉音与他的大多数同学既定的求学之路。

图 4-8　黄嘉音毕业照

① 章开沅为《教会大学在中国》丛书撰写的总序，见徐以骅、韩信昌《海上梵王渡：圣约翰大学》，河北教育出版社，2003，第 2 页。

② 黄嘉音 1937 年毕业于圣约翰大学历史系，获文学学士学位。据毕业年份前推，他入圣约翰高中应是 1930 年，1933 年高中毕业而入约大。但在 1933 年圣约翰中学毕业名册中，没有他的名字。而在 1933 年的《约翰年刊》上，载有黄嘉音作为 1936 级第二任（1932—1933 学年）级长以及作为校学生自治会成员的照片。故黄嘉音入圣约翰的年份尚待进一步材料确定。

③ 在圣约翰大学所建的 8 所附属中学中，约大附中，即圣约翰中学，就是圣约翰大学的前身、创办于 1879 年的圣约翰书院。1891 年，圣约翰书院添设正馆，教授大学本科课程；1905 年依照美国哥伦比亚大学条例组织完全大学，并在华盛顿注册，书院正式升格为圣约翰大学，原中学部分成为约大附中。

近七年的约园生活，嘉音最大的收获是"不拘一格"。从高中时代对数学的着迷，到大学时期主修历史以外的辅修新闻、心理；从校园的文学编辑、漫画青年到班级和校学生自治会的"领袖"，涉猎知识和领域之广，投入兴趣与热情之浓，在学业十分紧张的圣约翰是不多见的。如他在主编《约翰声》第48期的"编后语"中所坦言的真情和期待：

> 本季约翰声社改组完成，两个月的光阴早已白白地消逝了。当我们接下这重任时，我们唯有目瞪口呆，面面相向。你想，在课内课外的工作这样繁重的约翰，在这缺少写论文习惯的约大，在一个多月之中，我们能出什么书呢？
>
> 幸亏学校当局以及约翰声委员会对于本社的要求并不苛刻，他们也了解我们的种种困难，所以只希望我们尽力工作，于可能的范围内在本季出一本书。于是我们便安心去开始约稿，终于能够在这季末时期，把这本230多面的《约翰声》献给各位同学。这于我们是一件值得欣幸的事。
>
> 我们编辑这本《约翰声》的第一个感想，是本校写文章的同学实在太少了。功课忙碌固然是一回事，不过缺少兴趣也是不可讳言的事实。本校的毕业生向来是不必写学士论文的，也许有人引之以为幸事，其实这是我们一种很大的损失……我们觉得《约翰声》的出版很可弥补这种缺憾的一部分……

这几段主编的话，也表明嘉音的校园活动并非完全一时之心血来潮，而是有着自己对大学生活的理解和追求。他不甘做一个"死读书"者，而要使得知识充满灵性，充实自己，也有益于他人。

因此，嘉音每修一门课，每参加一个社团，每投入一项校园工作，总不满足于纸面的成绩或是嘉奖，而在于发现与发掘它们对于个人和社会的意义。比如，嘉音任会长的约中"数学研究会"称：

> "数学是自然科学的基础"，在过去，现在和将来是被认为永矢不移的逻辑的。不论是在宇宙学物理，机械工程，建筑设计以及近代一般工业中，

数学无可讳言的，占着学术界势力范围的重心，要补救目前中国的论语颠簸，抛开政治的立场，自然科学知识对于国内教育界的灌输，实业界的改进，自处于迫切的渴望中！

数学在这科学世界的重要既然如此，而本校数学课本领域的狭隘和程度的浅陋，又复如彼，因此，我们觉得本校学生对于课外数学知识的补充和灌输，是亟须提倡的，本会就在学校当局赞助下和同学的拥护中，自然产生。[1]

又如，嘉音任级长的1932—1933年的年级报告称：

（我们班级的）历史不是无关紧要的。我们响应国家号召，举起1936级的旗帜，为航空协会筹集资金，协助国家建设强大的空军，以维护领土的完整。

我们也曾在汉语和英语的两个辩论赛上名落孙山，但此类的戏剧性竞争还在未来。谁能告诉，我们不会赢得这些比赛吗？我们将拭目以待。[2]

再如，嘉音任会长的1936—1937年约大学生自治会报告记载：

我始终相信着，与其是空喊着团结努力，不如埋头去做些工作，与其是渺茫地写些希望和祝颂，不如老老实实地报告一些过去工作情形，让大家来一个公正的批评。

江河水灾捐款——在同胞的情分上，我们应得负起这救助同胞的捐款责任；在同学和教师们的努力下，我们的所得为全上海各学校之冠，这需要谨谢同学们的帮助。

聆训——我们是中国人，是有血有肉的人类，我们同样是中国的青年，中国的学生，当然需要参与蒋院长在京所召集的各学校代表训话，经过了数

---

[1] 《约翰年刊》第18卷，1932年。
[2] 《约翰年刊》第19卷，1933年。

图 4-9　黄嘉音，圣约翰大学学生自治
　　　　会会长

次的周折，终于达到了目的。聆训归来
后，也有过一番报告的事情……①

　　追逐着这些有人生与社会价值的意
义，嘉音驰骋在思辨与学理的世界，也
挥洒在实践与经验的舞台。他既像同龄
人那样，不断地转移着自己的兴奋点，
浅尝辄止，又在这些不拘一格大跨度的
选择中逐步树立起人生的理想与目标。

　　自由教育理念下形成的圣约翰教育
模式，为嘉音的成长搭建了平台。如前
所述，在 1930 年代，圣约翰已经形成
了中西贯通、文理交叉的学科体系，主
辅修与必预修制度也随之推出。嘉音之
所以能够在人文、科学、社会、艺术不同领域之间来往穿梭，
重要的源头便是这个自由教育理念及其派生的各种制度和校园
文化。

　　就从日后嘉音置身的出版和心理健康事业来看，他的知识基
础和志向便是圣约翰提供的那些"商业和科学的基督教文明"课
程所催生。②

　　在嘉音主修的历史学 12 门课程中，除了通达古今中外的史
学训练外，"中国文化之创造力""中国之各种现代运动""中国
之国际关系"以及"西洋文化""西洋美术史"等课目的学习，
为他步入海派文化圈增添了人文素养。作为辅修的新闻学则是嘉
音在上海出版界崭露头角的"原始资本"："校对与时评""广告
原理""广告之撰作与征求"以及"推销术"等实务性课程，在

---

　　① 《约翰年刊》第 22 卷，1936 年。
　　② 〔美〕叶文心:《民国时期大学校园文化（1919—1937）》，第 40 页。

人文基础上插上了学以致用
的翅膀；而另一门辅修课程
心理学，约大所开设课程虽
不如同时期的燕京大学那样
专业化，[①] 但已经有普通心
理学、变态心理学、心理学
与宗教以及教育心理学、儿
童心理学、成人心理学、心
理学实验近 10 门课程可供选
修，[②] 从而奠定了嘉音的"第
二职业"——心理治疗师的
专业基础。

如同 1930 年代上海文
化的繁盛而喧嚣，此时的约
园也表现着现代都市的种种
症候。民族主义、世界主义、
激进主义、保守主义、自由

图 4-10　两大思潮下的上海各大学。郭建英画

主义都可以发出声音，"布尔乔亚"的浪漫、消费主义的奢靡、
基督徒的清简以及夫子文人的遗风也都可以在这里找出模板。
尽管圣约翰还游离于中国的教育体制，保持了宗教和政治上的
自治理想，但身在其中的青年学生之文化分疏与心态躁动，日
益彰显。历来对圣约翰"伊甸园"般的描述，实有相当的
误读。[③]

---

① 燕京大学心理学系成立于 1921 年，研究部也同时成立，到 1930 年代，已
设心理学课程 20 多门，主修学分要求是必修达 30—40 学分。见燕京大学
校友校史编写委员会《燕京大学史稿（1919—1952）》，人民中国出版社，
1999，第 157—158 页。

② 《圣约翰大学一览（1934—1935 年度）》，转引自熊月之、周武主编《圣约
翰大学史》，第 151、153、155 页。

③ Lancelot Forster, *The New Culture in China*，p.159，转引自〔美〕叶文心《民
国时期大学校园文化（1919—1937）》，第 91 页。

1930年代的约园，对于嘉德这样的学者来说，是教书与治学的一方绿洲，而对于嘉音这类"不安分"的学生而言，恰如摩登都市的一个实验场所。一份来自1931年约园的问卷调查显示：在校学生"最大之希望"是"学校注册、男女同学、出入自由"；"谈话资料"是"恋爱问题、国家大事、运动胜负、立案问题"；"最喜爱的科目"依次为"礼仪学、地质学、政治学"；最怕的必修课是"算术、物理、化学"；"星期六下午之消遣法"是"逛公园、看电影、访'甜心'、打中觉"（上海话，睡午觉——引者注）；"约大给予的印象"则是"金钱魔力的广大、物质文明的需要、非驴非马的学问、虚伪欺骗的手段、光与真理之精神"。[①]

类似对约园生活充满矛盾的见解在嘉音约中同窗毕业生留言中一览无余。肯定与称道者，如"约中生活，系有条例，有益于涵养精神，有功于栽培青年子弟"；乐观与留恋者，如"以前的生活，是天真烂漫。今后的生活，是以往的憧憬。但愿我们的童年永在，学校的生活长存"；痛心疾首者，如"约中的生活是没有生气的"，"我们只有机械地动，没有实实在在地生"；激烈抨击者，如圣约翰"是外人文化侵略底成功，中国教育底破产底十足的表现"，"不能使青年成为中国所需要的青年"，"将永远地成为青年底麻醉品"；更有热血青年的慷慨诘问："也曾一念及塞北衣单衫薄的义勇军吗？也曾一念及关内关外凄哭惨呼的被灾哀鸿吗？也曾一念及垂亡的民族和痛苦的民众吗？也曾于夜深人静时，抚心自问而坚决地下着牺牲'自我'而为大家牺牲吗？"[②]

既不同于同窗中激进的"愤青"，又不同于校园中的颓废一族，嘉音的价值取向更能体现圣约翰学生的共识："不要坐在车上受社会推进，应当站在地上去推进社会！"[③] 用嘉音的人生信条来表述，就是"人人都该为社会发

---

① "学校注册"和"立案问题"即指圣约翰的"立案风波"。"男女同校"的愿望，是由于圣约翰大学直至1936年才开始招收女生，而原先一墙之隔的圣玛利亚女校，1923年也迁至新落成校舍，与大学校园完全分开。见恭《一般普通心理的调查》，《约翰年刊》第17卷，1931年。

② 史鹤龄：《有益于涵养精神》，林炳光：《书本是死的，生活是活的》，骥：《只有机械地动，没有实实在在地生》，士豪：《不能使青年成为中国所需要的青年》，均见《圣约翰中学1933年纪念刊》，第137—141页。

③ 《级箴》，《圣约翰中学1933年纪念刊》，第58页。

一分光"。[①]

基于这一人生信条，嘉音"不想标榜甚么主义"，只是追着校训"光和真理"而去，[②]但他赞同任何追求理想和主义的选择。嘉音曾与好友华君武"经常一起谈论读书、社会和理想"，他赠予的《西行漫记》开启了华的革命人生。嘉音欣然支持华君武去陕北，给了一笔不小的盘缠和请唐纳给周恩来、博古、王明写信介绍，并替他瞒着家人，送他踏上奔赴延安之路。因此，这位日后身居高位的画家始终念及这份知遇之恩，认嘉音为他的"启蒙者"与"知音"。[③]

图 4-11　整批造就，整批失业。黄嘉音，1935 年

基于这一人生信条，嘉音所选择的道路，是将圣约翰所给予的科学、社会与人生的知识真理与现代之光传递到都市文化空间，以实现普惠大众的社会理想。因此，嘉音没有像他的学长、与"新感觉派"关系密切的约园漫画家郭建英那样，在创作的鼎盛时期戛然而止，选择了一条典型的"后圣约翰"之路——弃文

① 邱云光：《"漫画一生，从一而终"的华君武》，《中国文化报》2010 年 6 月 16 日。

② 《编者的话》，《光》半月刊创刊号，1945 年 1 月，第 3 页。

③ 华君武：《近代上海是我正反两方面的教员》，《漫画记事》，人民文学出版社，2008，第 17 页。有关华君武的采访、报道或回忆文章，几乎都说到这一点。这里不一一列出。

从商，成为一名金融巨子，[①] 而是由漫画起步，踏进了海派文化之海。从大学一、二年级起，嘉音的画作就在《论语》《宇宙风》《时代漫画》等刊物上频频亮相，其"出镜率"之高，在当时上海的漫画青年中，是首屈一指的。[②] 但漫画很快就成了他社会文化之旅上最初的驿站，《西风》才是他事业的真正起点。

作为一个面临毕业的大学生，《西风》让嘉音毫不犹豫地选择了文化出版这份"自由职业"，一走就是20多年。与哥哥嘉德兼职做杂志不同，嘉音把全部精力都投注在《西风》和西风社，挑起了编辑与发行以及日常总管几副重担。《西风》之所以能作为推广"西洋杂志文"的代表在上海大众文化的黄金时代迅速打响，《西风副刊》《西书精华》相继推出，并历经战时桂林、重庆的艰苦转战，直到上海解放前夕方才停刊，除了办刊宗旨、取材、文体、文风之契合都市文化消费主体群的需要而外，与嘉音的学识修养、营销方略以及敬业精神是分不开的。

也借着《西风》，嘉音精心打造了一个普及心理卫生的社会文化平台。对于1930年代中期艰难起步而又遭遇坎坷的中国心理卫生运动，嘉音始终抱有极大的热情并倾力推进。《西风》创刊，便开辟"心理·教育"栏目，登载心理学与心理教育方面的译文或文章。1938年，《西风》又推出"心理·教育"特辑，编者在引言中特别强调："西洋人所时常提倡的'精神卫生'"，在"素来以'精神文明'自诩的中国"，加以介绍的杂志刊物"可说是绝无仅有"。而"这种日常人人所应该懂得的科学，我们岂可不加以介绍呢？"[③] 为推进中国心理卫生运动，《西风》一直自愿"负起尽量发表此类文字的责任"，并请各方面专家发表高见于其上。[④] 嘉音本人也时有文章发表，一面

---

① 郭建英（1907—1979），福建同安人。1931年毕业于圣约翰大学，获政治学学士学位。随即进中国通商银行任秘书。1935年任中国驻长崎总领事馆领事。两年后回国，弃政从商。1940年代后赴台湾，先后任台湾第一银行副理、经理、总经理。1979年在台湾国泰租赁公司董事长任上逝世。从圣约翰求学年代起，就出版了《建英漫画集》、主编女性杂志《妇人画报》并有大量画作发表。被后人称为"运用画笔的新感觉派"。

② 有人统计，自1933年到1936年2月，黄嘉音在《论语》发表漫画、插图、译文共54篇/幅。

③ 《西风》第13—18期合订本，1938年3月，第297页。

④ 黄嘉音：《与粟医师谈心理卫生》，《西风》第58期，1941年6月，第358页。

担当心理科学知识的传播者，一面充任心理卫生运动的吹鼓手。1938 年 6 月，当心理卫生运动的民间组织上海精神卫生委员会成立时，嘉音将此举比喻为"一支光芒万丈的火炬"，"开始照耀着混沌社会之一角"，为此而欢呼。[①] 两年后，该会又组织心理卫生促进会并合二为一，创办了儿童心理指导所，还与世界红十字会合办一所神经系病治疗院。促进会集合了心理学、精神病学的各路专家，也有数位知名社会工作者加盟，嘉音任副会长。[②] 这是嘉音踏上心理健康实践之路的起始，圣约翰求学时代那种出于探究式兴趣的不拘一格的各种尝试，此时已然成为他出于责任与担当的一份事业。

与推进心理科学及健康运动相联系，黄氏兄弟建构了一个都市性别文化空间。在这个空间里，不只是有大多数社会文化杂志必备的女性主义话语文本，而且还是一个关于性、性别、身体、人生及社会的话语系统，一条基于性、身体与健康的科学知识之链，及其推衍的男女平等主义的社会语境。[③] 他们为都市饮食男女展示了性别与人生的社会百态，嘉音在组稿、编辑以及与读者互动方面着力尤多。

然而，学生时代的嘉音万不能预料，他选择的这条人生道路，带来的既不是郭建英弃文从商的丰硕，更不是华君武延安之路的成就与显赫，而是在战后中国的政治文化大变局中遭遇了人生的滑铁卢，与他的母校，与都市大众文化一起，走到了尽头。

危局中的苦撑与期盼

经过战时日伪对上海西风社的劫难而被迫停刊，又转战桂林、重庆，《西风》在"资金短绌，人力物力限制"的"极度困难中挣扎"，在大后方坚持出

---

① 此会由上海妇女团体联合委员会发起，联合中国医学会，上海医学会，中国心理学会，上海国际教育会，上海社会工作者俱乐部而成立。见黄嘉音《精神健康运动》，《西风副刊》第 1 期，1938 年 9 月，第 40 页。

② 朱中德：《心理卫生促进会》，《西风副刊》第 25 期，1940 年 9 月，第 16—18 页。

③ 拙作《性与性别：一群文化人的社会关怀》（姜进主编《都市文化与现代中国》，第 89—109 页）对此做了详细论述。

刊 15 期，并受到读者的欢迎。^① 历经"几乎是致命的损失和折腾"后，抗战的胜利，让苦撑中的黄氏兄弟看到了希望，他们准备乘胜而上，回到《西风》的老家，"战前文化出版中心的上海"，以图更大的发展。^②

1945 年 11 月，嘉音与西风社由重庆迁回上海，^③ 12 月便出版了《西风》"胜利复刊号"；同时在重庆保留办事处，按期发行航空版，以应内地读者需要；稍后，又在香港设立办事处，以适应华南、港澳以及南洋一带的读者之需。

借战后《西风》的强劲势头，身为出版人的嘉音将胜利前夕在重庆创办的《光》半月刊迁回上海，并于 1946 年 6 月起改为周刊。《光》以战前的《生活周刊》及美国的《新闻周刊》（*News-week*）、《时代周刊》（*Time*）为范，秉持"报导文明进展，阐述世局演变"的宗旨，主要刊登短评、随笔、杂感、通讯，以求帮助读者"头脑清醒，走向开明进步的路"。^④ 是年 1 月，嘉音与毕业于金陵女子文理学院的妻子朱绮一起，又办起了《家》月刊，集合一批留美归来的博士、硕士以及教会大学的毕业生，以美国畅销的《妇女家庭杂志》（*Women Home*）、《妇女家庭良伴》（*Women Home Companion*）和《好家事杂志》（*Good Housekeeping*）为蓝本，在"促进家庭幸福，健全妇女生活"的宗旨之下，刊载家教、家政、家庭保健、育儿、心理与生理卫生、性健康等方面的译文与文章。除了主编发行《家》月刊外，嘉音夫妇还推出家社"妇幼丛书"，自 1946 年家出版社成立至 1953 年底歇业，共出版译书、读物近 40 种。《家》与家出版社的问世，将《西风》建构起来的性、性别与心理科学文化空间大大地扩张了。

---

① 1941 年 1 月 31 日，日本宪兵部以《西风》涉嫌出版反日书籍以及与"敌国"英美关系密切为由，查抄上海西风社，劫走书籍、期刊等数以万计。西风社被迫关闭，所属《西风》《西风副刊》及《西书精华》三大杂志被迫停刊。1940 年 10 月起，西风社在桂林设办事处，出版《西风》及副刊航空版，向内地读者供书。1944 年 8 月，日军占领桂林后，办事处资产毁于日军炮火之下。1944 年 3 月，西风社在重庆重建，7 月复刊，直至 1945 年 11 月迁回上海。见黄嘉德《西风社遭劫追记》，《西风》第 81 期，1945 年 12 月，第 358—362 页；黄嘉音《西风创刊十二年》，《西风》第 110 期，1948 年 9 月，第 96 页。

② 《编者的话》，《光》半月刊 1945 年第 11 期，第 4 页。

③ 抗战时期，圣约翰大学继续留沪办学，故黄嘉德须继续在校工作，未随西风社内迁。

④ 黄嘉音：《为甚么要办〈光〉？》，《光》半月刊创刊号，1945 年 1 月，第 1 页。

　　《西风》的复员，《光》和《家》及其杂志社的开张，以及嘉德的同人杂志《平论》的发行，使得嘉音的出版业务颇有大展宏图之势。他曾乐观地对《光》的读者承诺：在回到上海后，"会有用好的白报纸的《光》寄到各位的眼前，那时候的《光》将是真正的'半月刊'。我们希望在较好的印刷条件之下，《光》不至再有拖期和印刷不清楚的事情发生"。[①]《家》月刊也受到都市读者，特别是知识女性的青睐，销量甚佳。尤其令嘉音自豪的是，西风社创办以来，"没有增加过一块资本，没有拿过任何方面的一文津贴"，只靠"最初仅有的600元资金在周转，在苦撑"，不仅坚持到抗战胜利，而且"在当时全国的出版物中，有内地航空版发行的，只有西风一种"。[②]1947年初，因业务扩展，西风社原址"不敷应用"，迁至上海胶州路186号办公，家杂志社与光杂志社同时迁入。[③]

　　然而，嘉音所憧憬的"中国前途灿烂，希望无穷"的时刻瞬间即逝。[④]在西风社度过了"国家的多难之秋"，准备甩手大干之时，和所有的出版人一样，嘉音"没想到胜利带来的是更多的困难，更大的磨难"。[⑤]

　　内战将上海出版业拖入风雨飘摇的惨境，胜利之后一度再现的生机几乎完全被扼杀。随着战事的蔓延与恶化，出版业奄奄一息，濒临绝境。到1949年，上海出版业"从整体上说，已到了山穷水尽、命若游丝的地步"。[⑥]黄氏兄弟的几个杂志也举步维艰，只能收缩战线，丢卒保车。曾经一度应读者要求由半月刊改为周刊和大开本的《光》，仅出两期，就因邮寄和书款拖欠等原因，改成月刊，办至1947年6月第23期之后就无以为继。嘉德发行的《平论》也在1946年底停刊。《西风》《家》虽然苦撑了下来，但因上海印刷费、纸价和制版费大涨，"不得已"将定价"略为提高"。[⑦]至1948年7月，政府再次发布邮件资费"新标准"，普通信件的航空费增加了3倍，新闻纸类的航空邮资

① 《编者的话》，《光》半月刊1945年第11期，第4页。
② 黄嘉音：《西风创刊十二年》，《西风》第110期，1948年9月，第96页。
③ 《迁址启事》，《光》第20期，1947年3月，第66页。
④ 黄嘉音：《〈家〉的诞生——代发刊词》，《家》创刊号，1946年1月，第2页。
⑤ 黄嘉音：《西风创刊十二年》，《西风》第110期，1948年9月，第96页。
⑥ 周武：《从全国性到地方化：1945至1956年上海出版业的变迁》，《史林》2006年第6期，第78页。
⑦ 《家常话》，《家》第13期，1947年2月，第47页。

则增加了 6 倍。按此新规，如《西风》和《家》这样全国发行的杂志，将"沦为地方性的杂志，发行数量被迫减低，业务收入被迫减少，终因不能维持而——消灭"。有出版人一针见血地指出：此次加价"等于一把没有血的刀，它将扼杀全国的出版事业，消灭全国的文化交流，并冻结了为推进民主政治所不可缺少的公共舆论"。[①] 在巨大的生存危机面前，《西风》和《家》不得不再次采取措施，对"各地同业暂不放账，以维寿命"，否则，在"纸价已经达到平均每二十天激涨一倍的速度，印刷费也每半个月按生活指数涨一次"的"飞涨"情形下，"杂志寄出之后，却无法跟着涨价，等书（款）收到的时候，往往连一半的纸张都买不到了"。[②] 西风社与家杂志社也加入了上海出版界联合行动，吁请政府批准成立杂志界公会，以同心协力，共度时艰；要求当局维护普遍公平，给予民营杂志官价纸之配给。[③]

不过，在战后上海出版业的困局中，《西风》与《家》的境遇相对那些濒临破产的大出版社还要好一些。[④] 嘉音掌门的这两个杂志社，基本能按时出刊，收支大体能维持平衡，书籍的出版发行也算顺畅。如《西风》坚持出版至1949 年 5 月上海解放前夕的民间刊物，实在是不多的；如《家》能存续至新中国成立以后的杂志，就更少了。[⑤] 尤其是家杂志社（后改为家出版社）出版的"妇幼丛书"还很畅销。

这不幸中的"大幸"，一方面是由于"船小好调头"，上海如西风、家这样的资本在 2 万元以下的近 200 家小出版社，[⑥] 人员少，设备简单，用房面

---

① 《上海杂志界的抗议——为航邮加价、苛待杂志、无法发行、抗议宣言》，《工商新闻》第 89 期，1948 年 7 月，第 7 页。

② 《编者的话》，《西风》第 110 期，1948 年 9 月，第 97 页。

③ 《上海杂志界联合宣言》，1947 年 12 月 5 日，《西风》第 102 期，1948 年 1 月，第 543 页。

④ 周武的研究揭示，一直执出版界牛耳的商务印书馆到 1948 年已债台高筑，年终负债达 300 亿元，不得不靠出售善本书和纸型度日。即使像正中书局这样的官办出版机构也从 1948 年下半年开始，出书数量锐减，以至于到 11 月奉命迁往台湾时，原设各地印刷厂与书栈，以及分支机构的财物，均无法运出。见周武《从全国性到地方化：1945 至 1956 年上海出版业的变迁》，《史林》2006 年第 6 期，第 76—78 页。

⑤ 历史最悠久的《东方杂志》在 1948 年底停刊。1930 年代末期创刊的《时与潮》和《人世间》也出至 1948 年。1947 年创刊的同人杂志《时与文》比嘉德发行的《平论》坚持时间略长，但至 1948 年 9 月也偃旗息鼓。

⑥ 据统计，到 1949 年，上海共有公私营出版社 215 家，资本在 2 万元以上的只有 27 家。见周武《从全国性到地方化：1945 至 1956 年上海出版业的变迁》，《史林》2006 年第 6 期，第 79 页。

积小，开支节省，加之策略灵活，故惨淡经营之中，还会有意想不到的商机。1947 年之后，西风社和家社所谓的"新址"，不过是在一个里弄的三层楼街面房子里，一层临街的门市部与后面的写字间仅用屏风隔开；二楼嘉音的"老板办公室"隔壁，便是他的老母亲常来住的房间，三楼则是库房；亭子间也住着门市部出纳员的一家人，全社固定员工只有 10 余人。[1] 如此的小本经营，与那些出版巨头相比，反倒日子好过一些。

《西风》与《家》的读者给予了更为实质性的支撑。战后《西风》一直保持着每月 2000 册的销量，购买者中，一是与黄氏兄弟一样，希望通过文化改造来表达其社会关怀的知识精英，一是来自中上层社会的都市知识青年，尤以学生为多。其中不乏从《西风》初创时就一直追随着它的忠实"粉丝"。崭露头角的《家》和家社"妇幼丛书"既受到都市知识女性、中上层家庭妇女的欢迎，也拥有社会工作团体、儿童福利、妇幼医疗保健等社会事业与行业的读者。尤其是那些当时还被一部分人看作"猥亵下流"的性教育、性健康的书籍，有些出版商"假名换姓来编译性的文字，甚至把出版者的地址都隐秘起来"，[2] 而家出版社的读物却很畅销。比如，1948 年 6 月出版的译著《医生对新娘的一夕谈》，对新婚夫妇过性生活的生理和心理准备、性生活的全过程、处女膜问题、避孕问题等，予以科学的解释和学理的分析，娓娓道来，颇受欢迎，1951 年出了第 3 版。据国家图书馆检索，从 1949 年到 1957 年，再版主题为性教育的建国前的书籍只有两种，这本译著便是其中之一。[3]

浓重的美国色彩和轻松闲适的格调，也是战后《西风》与《家》在艰难时局中持续生存的又一个因素。

战后上海都市大众文化消费领域内，美国文化无孔不入。随着大量美货倾销而至的美国"生活画报"式的展示自不待说，就是在上海的街头报摊上常见的美国杂志就多达 20 余种。有人留意过，当时畅销的美国杂志《生活》《卡洛奈脱》《周六晚邮报》《柯里尔》《自由》《纽约客》《时代》等，在上海书报

---

[1]　陈震宇：《黄嘉音与〈西风〉二三事》，《出版广角》1997 年第 3 期，第 74 页。

[2]　黄嘉音：《告读者》（前言），〔美〕丽娜·雷婉（Lena Levine）：《医生对新娘一夕谈》，张紫洞译，家出版社，1948。

[3]　转引自王文卿、潘绥铭《意识形态斗争对我国性教育的影响》，《宁波大学学报》第 21 卷第 2 期，2008 年 3 月，第 133—134 页。

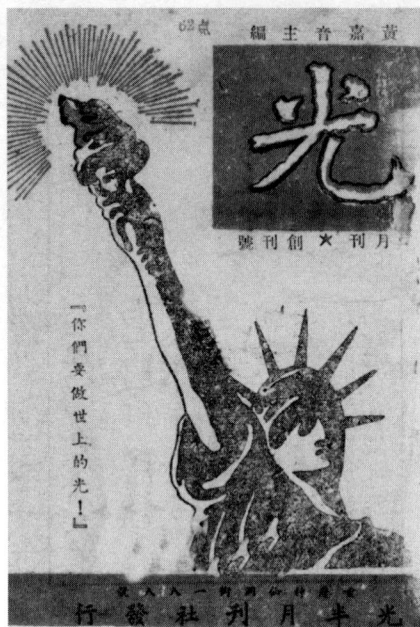

图4-12 《光》

消费中，大有市场。^① 太平洋战争后曾被日本占领军逐出沦陷区电影市场的美国电影，在抗战胜利后不仅卷土重来，而且在上海和各大城市的好莱坞八大公司办事处还合组了美商电影公会（Film Board of Trade），更显示其霸权地位，垄断了上海的电影市场。1947年以后，虽然美国影片的进口总量逐年下降，但看美国电影仍然是中上层社会炫耀自己"与众不同"的一种生活方式。^② 各种象征着美国强势文化的符号通过大众文化的各种媒介大举侵入都市社会生活，美国文化消费遂成时尚之最。在《西风》和《家》的读者中，有不少也是追逐着美国色彩与美国气息而去的，原本就以美国杂志为圭臬的《西风》与《家》自然迎合了这种需要。

尽管如此，与绝大多数的知识分子一样，在每况愈下的上海出版业中进行着生存搏斗的嘉音充满着对时局的深深忧虑，对现政权的极为不满与失望，急切盼望着国家社会命运转机的到来。何况，嘉音一直以"光和真理"为信条，以服务与改良社会为己任。《光》杂志的命名曾又一次表达了他这样的抱负与志向，希望以"深印在脑中"的"母校校训"为宗旨，"做世上的光"，为"自由中国的读者"送去"精神食粮"。^③ 而当这一切都成为奢望与泡影的时候，嘉音在《西行漫记》中初识的共产党和他们的

① 天然：《读美国杂志》，《妇女》第1卷第11期，1947年2月15日，第11页。
② 汪朝光：《战后上海美国电影市场研究》，《近代史研究》2001年第1期，第119—140页。
③ 黄嘉音：《编者的话》，《光》创刊号，1945年1月，第3页。

军队，以及投身其中的好友华君武们，带来了一个充满"光和真理"的新中国、新上海与新社会。

追赶新社会

用"热烈欢呼，衷心拥护，真情拥抱"这类字眼来形容嘉音对新中国的态度一点也不过分。1949 年 7 月第 43 期《家》卷首便是一篇简短而真挚的编者的话：

> 上海解放了！全中国也接近解放了！此次的解放，在中国历史上是一个划时代的事件，与过去的改朝换代本质上是不相同的。解放后的中国妇女和家庭生活，都将有相当巨大的变动，这是必然的，也是可以预料得到的。①

中华人民共和国开国大典当月，嘉音夫妇特将这期《家》的封面"改用新国旗"，并写下热情洋溢的"编者语"，庆祝着"家的新生"：

> 在这建国的大喜日子里，我们愿意以家杂志的保姆的资格，来检讨过去，瞻望未来，使家杂志也能够走上新生之路。
> 感谢人民解放军的解放上海，也感谢共产党和人民政府的为人民服务的精神，因为在这四个多月中，我们所受到的教育，我们在思想上所发生的改变和所得到的益处，实在是超过我们过去所受的十几年学校教育总和的。我们为国家民族的光明前途而兴奋，我们为一个即将来到的更好的社会制度和新世界而兴奋。我们自己是因解放而新生了。我们也希望把这新生带给家杂志，带给所有的亲爱的家杂志的读者们。

从这时起，《家》月刊就不断有新时代的文章刊出，如《解放后的家庭妇女》（43 期，1949 年 7 月号）、《人民大众的妇婴卫生》《建立新民主家庭》（44 期，

---

① 本段及以下几段，分见《家》第 45 期，1949 年 10 月，第 67、68 页。

1949 年 8–9 月号）、《我的革命生活——千山万水寻找抗日新四军》（45 期，1949 年 10 月号起连载）等，体现了编者为"新民主主义的，即民族的，科学的，大众的文化服务"，努力使《家》成为"一本真正人民的刊物"的真诚意愿。嘉音本人也撰文"庆祝新中国的诞生"，呼吁"保卫和平，巩固和平"，字里行间洋溢着火红的政治热情。

新中国给嘉音带来的最大"福音"，莫过于上海私营出版业的绝处逢生。1949 年 5 月上海解放后，陷于严重困境的私营出版业迅速复苏，并一度呈现蓬勃发展的势头。特别是从 1951 年 9 月到 1952 年 8 月一年间，国家出版总署对私营出版业甚至采取了"放任态度"，上海竟有 100 多家私营出版社相继成立。[①] 至此，全市私营出版社达 391 家，创上海出版史最高纪录；又据 1952 年国家出版总署对 12 个重要城市书刊私营出版社业务状况的调查统计，无论是店数、资金、从业人员数，还是销售量，上海私营出版业都占绝对优势，其中店数占全国的 33.39%，资金占 63.55%，从业人员数占 36.02%，销售额占 66.55%。[②]

嘉音夫妇和他们苦心经营的出版社梦寐以求的发展良机似乎唾手可得，走进了"东方红，太阳升"的新境地。家出版社很顺利地在上海市军管会登记获准出刊。[③]《家》月刊不仅没有中断，而且出刊销售都很顺畅。家社"妇幼丛书"不断推出新书，到 1951 年 7 月已有 31 种解放后的新书上市，已出书籍还不断再版。其中，《实用避孕法》已出至第 7 版，《孕妇保养法》出至第 5 版;《怎样教导子女》《孕妇卫生（通俗版）》《实用育婴问答》《从生产到育婴》《女性生理与病态》《小儿疾病常识》《胎儿的故事》出至第 4 版，《我的革命生活》《医生对新娘一夕谈》等 13 种读物有第 3 版面市;《防空救护常识》《黑孩子》等 21 种书再版发行。[④]《家》月刊合订本第 1 集也推出第 3 版，第 2

---

① 周武:《从全国性到地方化：1945 至 1956 年上海出版业的变迁》,《史林》2006 年第 6 期，第 82 页。

② 中国出版科学研究所、中央档案馆编《中华人民共和国出版史料》第 4 卷，中国书籍出版社，1998，第 450 页，转引自周武《从全国性到地方化：1945 至 1956 年上海出版业的变迁》,《史林》2006 年第 6 期，第 79 页。

③ 家出版社登记号为上海市军事管制委员会报纸杂志通讯社临时登记证，期字第 95 号。

④ 黄嘉音:《心理治疗三百例》，家出版社，1951 年 7 月，"目录"，第 6 页。

集再版。①

尤其令黄氏夫妇兴奋的是，
"妇幼丛书"被上海民主妇联托
儿所训练班、上海市立护士学
校、中山医院护士学校、儿童医
院、妇婴保健院、仁济医院、南
京鼓楼医院、北京协和医院、北
京大学附属医院以及济南白求恩
医院等24家知名医疗机构、社会
团体和医学教育机构作为儿童保
育、营养学专业的教材和主要参
考书。中央人民政府卫生部、上
海市卫生局、全国民主妇联、基
督教儿童福利工作人员夏令进修
会等，也向各有关机构推荐这套

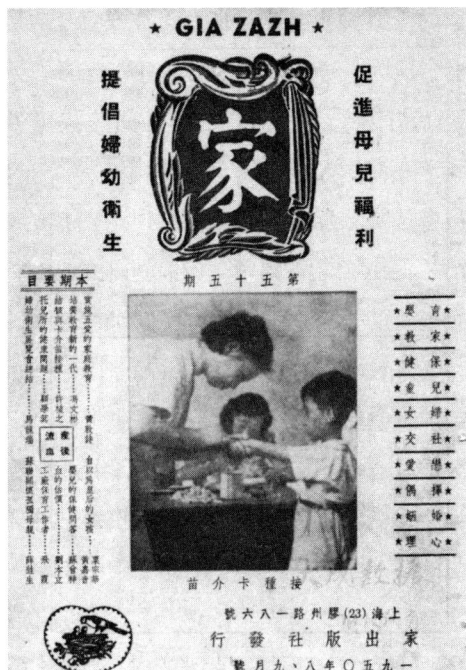

图4-13 《家》

丛书。② 1951年三八国际妇女节前夕，《人民日报》向全国妇女
介绍了31种有关妇女问题的读物，嘉音夫妇编译的《斗争中的
亚洲妇女》荣列其中，而且是唯一一本由上海私营出版社出版的
书，与新华书店等"主流出版社"并驾齐驱。③

嘉音自走出约园一直积极投身的心理卫生运动也为新政府
所接纳，上海市人民政府卫生局批准他在虹桥疗养院精神科"试
办"心理治疗门诊。著名精神病科专家粟宗华给了他许多鼓励和
实际的支持，大部分病人经粟医生介绍，神经精神医学会上海分
会的同行，也都介绍病人前去就诊。在政府的谨慎放行和同行专

---

① 家社"妇幼丛书"目录，黄嘉音、朱绮编译《斗争中的亚洲妇女》，家出版
社，1950，书中广告页。
② 家出版社：《各方竞相推荐家社妇幼丛书》，黄嘉音：《心理治疗三百例》，"前
言"，第1页。
③ 《妇女问题书目》，《人民日报》1951年3月4日。

家的鼎力相助之下，非医学科班出身的嘉音，从一个心理卫生运动的宣传鼓动者，成为一个心理治疗的专业工作者，并有了一定的知名度。从 1949 年 12 月至 1951 年 5 月，嘉音的心理门诊共接待了 300 位来访者，其中男性病人 203 名，女性病人 97 名；年龄最小的 9 岁，最大的 60 岁。有 156 个病例只做了一次或两次治疗。在接受 3 次以上治疗的病例中，最多的接受治疗 58 次。在有结果的 142 个病例中，没有进步的 18 个病例，占接受治疗人数的 12.6%；略有进步的 46 例，占受治疗人数的 32.4%；大有进步的 78 例，占受治疗人数的 55%。[①] 嘉音的心理治疗也受到国内外同行的关注。根据 1950 年 8 月第一届全国卫生会议的精神，卫生部决定实行以"中级医学教育为主"的"三级制的医学教育"，并将"编审中级医学教育教材"作为实施重点。中华医学会儿科学会接受了编辑 3 本中级儿科教科书的任务，著名儿科医学专家苏祖斐牵头编写的《儿科学》是其中最为基础的一本。参与编写者绝大部分是儿科医生或医学教育专家，黄嘉音受邀撰写了其中的第四章"儿童精神卫生"。[②] 1953 年 10 月号的《美国精神病学杂志》刊登了心理学家威士特勃洛克的文章，肯定了嘉音的心理治疗成果。[③]

个人境遇和周遭环境如此迅速地改善，使得嘉音对共产党和新中国充满拥戴之情。与此同时，他也清楚地意识到，共产党一定会大刀阔斧地对旧上海进行一番改造，革故鼎新，建立起一个新社会。"解放"也意味着每一个人的去旧迎新：

在这解放的浪潮中，旧的封建的思想和制度将要受到无情的冲击和淘汰，新的健康的思想和制度将要建立起来。在这时代的潮流中每一个人，不论男女老小，都将受其洗礼和影响。我们必须准备接受新的和好的影响，抛弃旧的坏的影响。[④]

---

① 黄嘉音：《心理治疗三百例》，第 3 页。
② 苏祖斐等：《儿科学》，人民卫生出版社，1953，"前言"，第 1 页；文页，第 17—21 页。
③ 夏镇夷等：《驳斥黄嘉音的"精神治疗"》，《大众医学》1958 年 1 月号，第 35 页。
④ 《编者的话》，《家》第 43 期，1949 年 7 月。

嘉音夫妇的态度是从《家》做起。朝鲜战争刚一爆发，1950年8—9月的《家》月刊就发表《家杂志的自我检讨》，给自己定性为"一本没有一定立场的，没有正确的观点的，偏重趣味和享受的，专供资产阶级和小资产阶级知识分子消闲的美国化的杂志"，罗列了七大"原则性的错误"：

图4-14 1950年代的嘉音

（一）在编辑、选稿和写作上，没有原则，缺乏立场，充分表现了小资产阶级的浮而不实的姿态。

（二）以营利为目的的商业化气息过分浓厚，以致时常为了读者而偏重趣味，不能适当地照顾到内容的含义。

（三）虽然没有直接参加什么政治活动，但在本质上所走的是根本不存在的第三条中间路线，这在反动统治之下，等于不自觉地为反动统治阶级服务。

（四）如果还有一些比较进步思想的话，那根本也是一些不彻底的旧民主主义的思想，和永远不能实现的空想改良社会主义的思想。这种思想是不健康的。

（五）无原则地介绍美英各国的物质文明，和有闲阶级的偏乎享乐的西方家庭妇女的生活，不自觉地在为美英帝国主义张目。

（六）个人英雄主义和个人自由主义的色彩非常浓厚。

（七）专门为小资产阶级和资产阶级的少爷小姐作有闲的服务，丝毫未照顾到工农劳动群众的利益。

当然，编者也没有把自己的杂志说得一无是处，"四年来毫无贡献"，自认为在儿童福利、妇幼卫生、家庭教育、心理卫生和社会服务这些方面，"是曾经在读者当中起过相当的指导作用的"。尽管如此，编者仍省察到"这些优点是和工农劳动大众很少发生关系的"。①

根据改造的要求，《家》调整了办刊宗旨，由"促进家庭幸福，健全妇女生活"改为"促进母儿福利，提倡妇幼卫生"。② 从字面看，前后两个宗旨并无差别，且后一个宗旨更重科学知识的传播，更少涉及文化与政治。但是，从选题和内容看，在后一个宗旨之下，《家》却有大量篇幅的批判美国文化侵略和宣传抗美援朝运动的文章，还特别刊载了嘉音就《西风》和圣约翰所做的自我检讨，以示与美国文化彻底决裂。仅从1951年的有关篇目，便可见《家》改造后的面貌（见表4-1）。

表4-1　1951年《家》月刊部分篇目

期 号	月 份	作 者	题 目
59	1	编 者	短论：把抗美援朝进行到底！ 短论：抗美援朝的儿童教育
60	2	编 者	短论：妇幼福利与抗美援朝
61	3	亦 丁	抗美援朝怒火燃烧在孩子们心里（重庆北碚托儿所）
61	3	记 者	复旦小朋友响应抗美援朝运动（复旦托儿所）
62	4	黄嘉音	我对美帝文化侵略的体验
64	6	吴保和	揭露帝国主义"慈善机关"的罪行
64	6	森 隽	乐园儿童仇恨美帝——访北京香山慈幼院
65	7	方敏明	我对美帝文化侵略的一点体验
68	10	黄敦诗	把抗美援朝爱国主义教育贯彻到保育工作中去

表4-1中的一系列题目虽然不是改造后的《家》的全部内容，但它们至少表明，从"消闲的美国化杂志"一变而为服务于"工农大众和劳动妇女"的刊物，《家》在经历如此巨大跨度的转变时，首先考虑的是必须跻身反美的舆论行列中。尽管它的宗旨并不一定要求同抗美援朝的话题联系得如此紧密，然而，它的办刊缘起、历史和编者的美国文化背景必须要求实现这样的转变，非

① 《家》第55期，1950年8—9月，第34页。
② 《家杂志的自我检讨》，《家》第55期，1950年8—9月，第34页。

此，便不能表示其美国化的倾向已经根本扭转，更不能表达走向工农大众的决心。

改造后的《家》一方面大量刊登反美文章，另一方面大量介绍苏联的妇女家庭生活和托幼保健事业，作为中国大众追求新生活的样板。译自苏联的妇幼保健和家庭新生活的书籍也大量见于"妇幼丛书"。到1951年7月，已推出《孕妇指南》（苏联版）、《苏联的福利事业》《苏联的家庭》《苏联幼稚园教程》等9本译书，占丛书总量的六分之一强。① 这些文章译书的编辑出版，表明嘉音力图纠正曾受圣约翰教育而形成的关于苏联的错误观点，完全赞成向社会主义苏联的"一边倒"。②

除了自我检讨，《家》也紧跟形势，发表政治表态性的批判文章。比如1951年5月对电影《武训传》的批判开始后，嘉音就在7月号的《家》发表题为《〈武训传〉与儿童教育》一文，痛斥武训提倡的儿童教育"是误人子弟，是为封建统治者制造奴才，是巩固旧社会秩序的封建的反动的"，"是在封建统治之下，进行麻痹人民大众，冲淡人民反抗的情绪，引入走上向上爬和投降的歧途的"。嘉音进而使用"马列主义""五爱""国际主义"等许多新的政治术语表达儿童教育的新观点：

> 我们要用马列主义的新观点，去教育我们的新儿童，使他们知道怎样爱和怎样恨。是他们能爱祖国，爱人民，爱劳动，爱科学，爱公共财物，热爱我们伟大的领袖。我们要教育一批有国际主义精神的，酷爱和平的，痛恨帝国主义和反动派的，生动、活泼、健康、有朝气，有创造力，能建设新社会，能推动历史的巨轮向社会主义和共产主义前进的和平斗士。
>
> 我们的新儿童教育，应该是新民主主义的儿童教育，也就是民族的，科学的，大众的儿童教育。这是我们的儿童教育的新方向。③

---

① 家社"妇幼丛书"共59种。见黄嘉音《心理治疗300例》，"目录"，第6页。
② 黄嘉音：《我对美帝文化侵略的体验》，《家》第62期，1951年4月，第75页。
③ 《家》第65期，1951年7月，第23—24页。"五爱"是指《中国人民政治协商会议共同纲领》第42条所提出的"爱祖国、爱人民、爱劳动、爱科学、爱护公共财物"的"中华人民共和国全体国民的公德"，"五爱"教育成为中小学德育教育的主要内容。见《建国以来重要文献选编》第1册，第11页。

跟随共产党，紧跟新社会的态度也体现在嘉音的心理治疗中。无论是同行交流还是医疗经验的总结，嘉音都大力张扬"用辩证法唯物论的观点来看精神病学和做心理治疗"。他的主张曾在神经精神专科学会同行中引起争论，有人说他"提出的只是一个名词，内容各点都是欧美各国精神病学所曾经提出过的理论，和解放以前的理论，没有什么两样的地方"；也有人劝他"不必'操之过急'，要等大家都能接受了，再把这种新的理论提出来，不然就可能'与群众脱节'了"。嘉音则坚持自己的主张，认为"辩证法唯物论与唯心论是有本质上和基本上的不同的，不能混为一谈"；"只要我们承认辩证法唯物论是科学的真理，我们就得用它做出发点来研究一切的科学"，"科学的进步和真理的发掘是不怕'操之过急'的"；"新中国心理健康的标准，由于社会制度本质的改变和基本观点的不同，与从前是大不相同了"；"心理治疗工作者建立辩证法唯物论的新观点，建立马列主义的人生观和宇宙观，是做好心理治疗工作的先决条件"。[①]

针对有的同行对嘉音列举的心理治疗能短期见效的病例表示出的疑问，他强调这正是表明唯物论辩证法是正确的、大大优越于唯心论指导的心理治疗：

> 辩证唯物主义者的心理治疗，应该是从现实的唯物立场出发的。在心理治疗工作者与病人之间，最初就建立了同志的感情，因为两个人的共同的目标，就是要使病情早日好转，使病人早日恢复健康。这是心理治疗工作者和病人之间感情最好的联系和最巩固的基础。所以，对病人的治疗，一般应当，而且也可以采取"单刀直入"的方式，而不必像唯心派的心理分析家那样从"联络感情"和"客套一番"做起的……
>
> 欧美心理分析学派的唯心论的心理治疗法，不但是不现实的，而且往往也是一种浪费。把可能三五次之间解决的问题，拖延到一两年，这就是资产阶级营利观点的作风，对于治疗者的精力、时间和病人的金钱，都是一种极大的浪费和损失。这种贵族化和有闲阶级的治疗法，在新中国是行不通的，因此也是没有前途的。

---

① 本段及以下几段，分见黄嘉音《心理治疗三百例》，"序"，第1—3、6页。

嘉音还用"大海航行的两只船"来比喻唯心论的心理分析治疗法与唯物的心理治疗法的区别，对上述观点做形象的、概要性的总结："前者没有明确的目标，或者它的罗盘针不准确，以致在海上大兜圈子。后者以辩证法唯物论的真理为正确的指针，朝着明确的方向行驶，当然是容易达到目的地了。"他对持异议的同行说："我想这是一个比较简明易懂的譬解"。

误读了的"光与真理"

与哥哥嘉德相比，嘉音对政治与社会剧变的因应更为敏捷和激进，甚至有些幼稚与浮躁。由此难以厘清的是，如嘉音这样一个有着浓厚宗教家庭背景和西方教育背景的都市文化人，对新社会、新执政党何以能有如此的适应力。虽然可以从他的经历与性格中找到一些缘由，或许是未脱学生时代的那种不拘一格的锐气与浅尝辄止的躁动，或许是走出约园之后在海派文化领域里捶打的出版人的灵活与应时的生存策略所致，但他的思想与情感变化的脉络确实难以梳理得十分清晰。然有一点可以肯定，那就是圣约翰的校训"光与真理"，依然是扎在嘉音心中不移的信念，他把新中国的一切，都视为使他获得"新生"的"光与真理"。就在关于《西风》、家庭出身以及圣约翰教育的自我讨伐的檄文中，他再一次地表达：

> 上海解放以后，我有机会接触了马列主义的思想。我仿佛是一个自幼失明的瞎子，忽然被一位妙手回春的名医施行手术治好了似的，我看见了"光与真理"（这是圣约翰大学校徽上的校训）。我庆幸中国的新生，也欣幸自己的重见光明。[1]

正是以为自己找到了"光与真理"，嘉音心甘情愿地跟随共产党建设新中国。这不仅表现在建国之初他个人处于顺境之时，也表现在其后接踵而来的不断的政治运动，特别是包括私营出版社被撤销在内的上海文化体制急剧的变更之中。

建国后上海私营出版业的"春天"，不过短短的四年时间。早在全国解放

---

① 黄嘉音：《我对美帝文化侵略的体验》，《家》第62期，1951年4月，第75页。

前夕，中共中央已规划出新中国出版事业的蓝图。建立"人民出版事业"是这个规划的目标，而解放区的新华书店系统和国统区的进步出版系统，则是构成人民出版事业的核心力量。只是在建国之初这两方面的力量过于薄弱，不可能立刻取代私营出版业，中共才采取了"团结私营出版社"的权宜之计。借此机会，上海私营出版业有了昙花一现的发展期，它们的被撤销则是一开始就注定了的。上海都市大众文化领域的改造，海派文化空间的消弭，私营出版业的缩小与消亡，本就是中共规划部署中的应有之义。

从1952年8月16日中央政务院公布《管理书刊出版业印刷业发行业暂行条例》起，上海私营出版社业即进入登记和大力度的整顿阶段。到1953年底，上海私营出版社从整顿前的321家减少到252家，去除当年新增出版社8家，实际当年减少的私营出版社达77家。家出版社就包括其中，属于"自动歇业"的15家出版社之一。① 根据《家》月刊最后一期发行时间1952年9月判断，家出版社提出自动歇业是在条例公布不久，嘉音夫妇的反应是快速又明朗的。

不能说，家出版社歇业对嘉音夫妇不是一次非同寻常的心灵震动。但从日后嘉音的政治和生活态度来看，他很快就调整了心态，依然对新政权充满热情与向往。

1955年5月，以出版大众文化读物为主的上海文化出版社成立，嘉音被吸收入社，并负责第四编辑室。重返出版界的嘉音精神振奋，十分活跃。他的老友方晓蓝回忆说："他进了出版社，他笑嘻嘻地对我说还是一个编辑室的副主任。"②

1956年10月，《文汇报》结束了在北京办《教师报》的短暂生涯，回到上海复刊。筹备复刊的过程中，时任《人民日报》总编辑的邓拓提示《文汇报》应当关心知识分子的物质和精神生活，建议为此辟一专栏。报社领导听后十分兴奋，决定搞一个每周一次的副刊"彩色版"，以丰富知识分子业余生活

① 中国出版科学研究所、中央档案馆编《中华人民共和国出版史料》第3卷，中国书籍出版社，1996，第433—434页，转引自周武《从全国性到地方化：1945至1956年上海出版业的变迁》，《史林》2006年第6期，第84页。
② 方晓蓝：《想到了黄嘉音》，《新民晚报》1998年10月20日。

为主要内容，久违了的"知识性""趣味性"的提法重新被强调，用副总编刘火子的话说："彩色版就是要有色彩"，"要使戴瓜皮帽的和戴红领巾的辅导员都有兴趣看"。① 这个不平常的副刊由谁主持自然十分关键，报社的领导不约而同地认为主编过《西风》的嘉音是最为合适的人选。为请他出山，副社长兼副总编柯灵特地约请他在沪上有名的德大西菜社面谈。嘉音由此获得了一个如鱼得水的施展才华的舞台。

嘉音果然不负众望。他虽在《文汇报》只是兼职，但"兴致极高"，将"彩色版"办得有声有色，② 所登内容丰富多彩，琳琅满目，其中不乏既有趣味又有品位的名家作品，如老舍的《养花》，周瘦鹃的《秋菊有佳色》，慕容婉儿的《我为什么喜欢法国电影》以及谢稚柳的《谈敦煌石窟》等。③ 从1956年10月7日专栏开张至1957年10月，在嘉音主持"彩色版"期间，共刊载文章471篇，这个栏目成为《文汇报》最受欢迎、最引人注目的副刊。令报社上下喜出望外的是，载有"彩色版"的《文汇报》甚至进入了日理万机的毛泽东的首选必读之列。1957年3月，毛泽东在中南海接见《文汇报》总编徐铸成，紧紧握着他的手，赞扬说："你们《文汇报》办得实在好，琴棋书画、花鸟虫鱼，真是应有尽有。编排也十分出色。我每天下午起身，必先看《文汇报》，然后看《人民日报》，有空再翻翻别的报纸"。④《文汇报》受到伟大领袖如此褒奖，嘉音当属重要功臣之一。

嘉音在上海新闻出版界"重出江湖"，家出版社关闭的阴影似乎已经过去，当年的上海文化名人风采似又重现。除了出版、新闻专兼职外，嘉音的社会活动也非常频繁，1956年，他加入中国民主同盟，后又被列为上海市政协列席代表。嘉音在漫画界再度亮相。应好友华君武之邀，他为当年全国唯一的《漫画》杂志发表几十则题为《美国洋相》的翻译小品，以文代画，以补漫画之笔早搁之缺，回赠老友之情。⑤ 他还就全国漫画展发表了行家高见，刊登在1957年5月5日的《文汇报》"彩色版"。

---

①　《徐铸成回忆录（修订版）》，第226页；郑重：《毛泽东与文汇报》，第131页。
②　方晓蓝：《想到了黄嘉音》，《新民晚报》1998年10月20日。
③　郑重：《毛泽东与文汇报》，第132页。
④　徐铸成：《徐铸成回忆录》（修订版），第231页。
⑤　高信：《黄嘉音其人其文其画》，《书房写意》，上海远东出版社，2009，第271页。

在充分感受光明，认真接受改造，紧跟时代的同时，嘉音确实也有相当的困惑和苦恼。上海新闻出版界虽然仍活跃着一批像他一样的民间出版人或报人，1956年开始的"双百方针"似乎也显露出上海大众文化复兴的征兆，但是，新闻出版已今非昔比。种种新的戒规不说，对嘉音最为直接的感受，是出版社来了"不懂业务的领导"，完全是外行领导内行。不过，在鸣放之前，他"并无不满的话"。①

最使嘉音不满与烦闷的是，起初市卫生局允许试办的心理治疗门诊在1954年突然被中止。其后，他在原西风社和家社的地址开起了私人诊所，但仍未得到卫生局的许可，并被认定为违规行为，又被停业。这件事给嘉音的刺激极大，满以为自己一直依据以"唯物论辩证法"为纲的苏联巴甫洛夫生理学进行心理治疗，并写下十几万字的总结报告，这样的"真理"的实践，为什么连试办的资格都没有了呢？

鸣放开始后，嘉音把满腹的疑惑与不满向党倾诉了出来。在上海市委宣传部1956年7月召开的出版工作如何贯彻"双百方针"的座谈会上，嘉音发表的意见完全无涉出版，只与心理治疗相关。会议记录这样记载：

> 前"西风"和"家"的主编人，"家"出版社私方人士黄嘉音在座谈会上很激动地谈到了他所遭遇的不公平待遇。他在解放后在虹桥疗养院当医生，对病人进行精神治疗，有良好效果。1954年被上海市卫生局停止工作。他曾经将精神治疗的临床经验，写了10万学（字）送卫生局征求意见，至今音信全无。黄建议领导上设立一个"百家争鸣"的接待处，听取社会各方面人士的学术上的不同见解。他说他自己要第一个向接待处挂号，请领导上重新研究他的学术成果。②

此外，嘉音在市政协座谈会也发表了类似的意见。《解放日报》《新闻日报》、《新民晚报》都刊登了他的发言和文章。嘉音的这番言论，不但让官方记录在

---

① 方晓蓝：《想到了黄嘉音》，《新民晚报》1998年10月20日。
② 市委宣传部：《关于出版界贯彻"百花齐放，百家争鸣"的座谈会综合记录》，1957年6月，上档A22-1-256。

案，也引起了朋友的担忧。方晓蓝曾劝他"不要多说了"，但"他回答曰'争鸣'嘛"。①

　　很快就证明朋友的担心并非杞人忧天。1957 年 6 月底，"大鸣大放"帮助党整风迅即变为大揭大批党内外右派分子的反右运动，三个月前备受领袖青睐的《文汇报》突然变成毛泽东痛斥的资产阶级右派报纸，"其方针是整垮共产党，造成天下大乱，以便取而代之"。② 嘉音供职的上海文化出版社也是反右的重点单位，该社包括嘉音在内的一批原私营出版业的"私方人员"自然成了揪斗的重中之重。全社共上报 18 个右派分子，嘉音和其他几位担任编辑部或编辑室主任、副主任的"私方人员"除一人外，都未逃厄运。同在文化出版社工作的嘉音妻子朱绮受到株连，也被打成右派。

　　与以往对待政治运动的态度一样，反右运动初起时，嘉音投入了批判本社大右派许君远的行列，③ 与社内其他私方人员一起，在上海出版界集会上做联合发言，"以解放前后的体验，批驳了右派分子许君远的污蔑"，证明"较诸资本主义出版业，社会主义出版事业远为优越"。④ 这固然可以解释为迫于压力的自保行为，但从嘉音日后的反应看，他似乎缺少大难临头的危机感，没有充分意识到自己的所作所为与右派有何关联。

　　当嘉音作为右派分子被揪出时，他极力争辩，坚决拒绝承认自己是"右派"，属于态度相当顽固者。为此，上海出版界连续举行六次座谈会，和他"进行大论战"。《文汇报》做了"假洋鬼子真右派 黄嘉音反动根基深厚"的报道，说"在'短兵相接'的激烈辩论中，摧毁了黄嘉音的几道防线，把他的反党谬论——驳倒"。⑤ 同年第 24 号《新华半月刊》还予以全文转载。

---

　　① 方晓蓝：《想到了黄嘉音》，《新民晚报》1998 年 10 月 20 日。
　　② 毛泽东：《〈文汇报〉的资产阶级方向应当批判》（社论），《人民日报》1957 年 7 月 1 日。
　　③ 许君远（1902—1962），河北安国人；1928 年北京大学英文系毕业后任《庸报》编辑，1936 年担任上海版《大公报》要闻编辑，抗日战争爆发后，先后担任《文汇报》《大公报》编辑。1941 年香港沦陷后，转赴重庆担任《中央日报》副总编辑，后在重庆美国新闻处工作；1946 年出任上海《大公报》编辑主任，兼任上海暨南大学新闻系客座教授。1949 年 5 月上海解放后，调任《大公报》资料组组长，1953 年调上海四联出版社任编辑，1955 年任上海文化出版社编辑室副主任；1957 年被划为右派分子，1962 年病逝。
　　④ 《文汇报》1957 年 7 月 27 日。
　　⑤ 《文汇报》1957 年 11 月 17 日。

　　嘉音成了上海出版界的大右派，并划为"极右"，工资降 7 级，每月人民币 60 元。[①]

　　从今天所知的右派标准和反右运动的逻辑来看，嘉音确实犯了绝大多数右派所犯的同样的"禁忌"，即所谓鼓吹"外行不能领导内行"，谋划"同人办社"。这些言论不但被上纲上线为"反对党的领导"，而且直接得罪了本单位的"外行领导"，以致被"记录在案"，造成"铁证"，[②] 招来大祸。

　　而嘉音的另一大"罪名"是所谓"'冒充精神疗法专家'骗取金钱"，"利用医学做幌子进行反党反人民活动"。嘉音因此受到的谴责和辱骂非同一般，《文汇报》以"读者的话"刊出长文，把嘉音污名为一个"江湖骗子"式的反党分子：

> 黄嘉音根本不懂医学，也没有很好地学习过巴甫洛夫的学说，只凭他过去教会学校中学来的那套资产阶级唯心主义的心理学，就打起"专家"的招牌来……他的满嘴鬼话，谈五分钟到一刻钟就向病人收诊费两元。几年来，经他治疗的病人达一万两千人次以上，骗到两万四千多元……（黄嘉音）还延误病人治疗……往往把一些因患气质性疾病的病人，也当作一般的精神病来治疗，并且欺骗他们说："多来看几次，多谈谈，毛病就会好的，不必去吃药打针。"结果，这些病人在他的长期"治疗"下病情恶化了。
>
> 上海卫生局经过深入了解，要他停止了营业。而黄嘉音非但不检查自己的错误，反而在鸣放期间的各种座谈会上，攻击卫生局把他的"精神疗法"这朵"鲜花"给埋没了……他还在病人中间放火，企图煽动病人对卫生局的不满。[③]

---

① 许君远：《〈自传〉补遗》，香港天马图书公司，2008，转引自眉睫《许君远年表》，《黄冈师范学院学报》第 29 卷第 5 期，2009 年 10 月，第 76 页。

② 据孔海珠《父亲曾是漏网大右派》一文所记，其父孔令境（文化出版社编辑部副主任）曾看到本社的反右大事记，并做了摘录。其中记载："1957 年 3 月 27 日，伟大的整风运动开始，社内李小峰、孔令境、许君远、黄嘉音等一伙，利用党整风的机会，大放厥词，散布谬论，猖狂向党进攻"。见《世纪》2009 年第 5 期，第 29 页。

③ 俞显兆：《拆穿黄嘉音的骗局》，《文汇报》1957 年 12 月 11 日。

类似的讨伐也出自几位精神病学和神经病学专家之口，其中两位还是当初嘉音心理治疗的热情支持者。1957 年 11 月 16 日，上海第一医学院神经学教研组的一位主治医师代表五位专家在上海出版界反右派大会上做联合发言，从"个性心理改造精神疗法理论是彻头彻尾的反动的唯心主义理论""不懂医学""反动本质"三个方面对嘉音的心理治疗予以痛击，并列举其"遗害病人"的种种实例，从专业知识上升至职业道德，非常愤慨地说："我们教研组工作的人经常有人说，几时能停止黄的工作就好了"。[①]

在反右运动中，因"顽固坚持"某某资产阶级学派而定为右派者也不鲜见，但嘉音的问题远不止于此。无论是"读者"，还是"专家"，他们口诛笔伐所指，已超出了"思想"范围，升格为"政治问题"，并已构成"行骗""欺诈"的违法行为。经多次曝光，嘉音就越出了"外行"与"内行"的出版界，进而成为混入医务界的"江湖骗子"，众目睽睽下的"坏分子"，不仅与真理、法律背道而驰，而且公然践踏了人民群众的身心健康与切身利益。这样的"跨界双料右派"还不多见。

而所有的批判都追根寻源至嘉音牢记着的"光与真理"校训的上海圣约翰大学。此时，约园、《西风》以及心理治疗，都由嘉音的人生华彩变为悲剧的源头。

1958 年，偏远省区纷纷要求上海及江浙沿海地区大批派人支援边疆建设，上海趁机将右派发配出沪。嘉音夫妇双双顶着右派帽子并带着四个孩子去宁夏海原县落户，在一所中学接受改造。嘉音此去不但永远别离了上海文化空间，而且极其悲惨地丧失了年富力强的生命。

结语　圣约翰与上海知识人的日常史

如果仅从"还他们应有"的个体小历史出发来定义黄氏兄弟，他们当然无愧于"圣约翰优秀校友""沪上文化名人""名师名家"等一系列迟到的荣誉美称。但是，当他们进入大历史的叙述中，我们则可以发现，在那个大时代里，他们的生命故事确如大多数知识人一样，不那么非凡，不那么惊世骇俗，

---

① 夏镇夷等：《驳斥黄嘉音的"精神治疗"》，《大众医学》1958 年 1 月号，第 35—36 页。

却以一种"常态"显示了大历史中的普遍性——绝大多数知识人的生存状态与
应对策略。

在20世纪中期的大变局中，有不少如嘉音者，放言敏行，"忍不住关怀"，
"越界"进入了书生无知也无力把握的政治空间，招致横祸，被"革"了命。
更多的知识人则采取"与世无争"的人生态度，谨言慎行，避让折中，"忍住
了"关怀，在自己能够把握的"最小的行动单位"——日常的社会空间里，坚
守着良知与道德，一如嘉德者。这种人生态度与生存策略使得他们躲过除"史
无前例"的"文革"之外的大大小小的政治劫难，在贯穿着革命的战争与和平
的非常年代里，大体上保持着平静的、自处的生活状态，尽管在一条与"我抵
抗，故我在"[①] 相左的"我自省，故我在"的精神旅途上，他们活得很累。

也就是在这"大多数"生存状态的普遍性中，融入了黄氏兄弟个体的特
殊经验——与圣约翰大学息息相关的别具一格的人生。

综观圣约翰大学73年的历史，1925年的国旗事件对学校造成的后果是灾
难性的，学校从中国教会大学旗舰地位上跌落下来，辉煌不再。旷日持久的立
案风波将学校置于十分微妙而尴尬的境地，不但拒绝了非基督教运动"回收教
育权"的本土化浪潮，也疏远了所有的同类伙伴——金陵、燕京等都在1928
年国民政府提出注册要求后，迅速完成了法律意义的"本土化"。

然饶有兴味的是，带着重创与尴尬"独步"进入1930年代的圣约翰却迎
来了校园文化的黄金时代，学校非但不因其"非法"而无以为继，而且照样受
到中上层青年的青睐，趋之若鹜。租界当局与圣公会的权力虽然仍是制约校园
的"微观环境"，却无法如五卅时直接将校方置于师生的对立面，酿成更大的
政治风波。[②] 卜舫济校长力主的"学生有政治思想之自由，惟不得牵涉学校
入于政治漩涡"的原则得以在学校贯彻。[③] 在外部的政治权力对校园的直接

① 加缪：《抵抗》，转引自〔美〕傅葆石《灰色上海，1937—1945——中国文人的隐退、反抗与
合作》，张霖译，刘辉校，三联书店，2012，第85页。
② 裴宜理在比较圣约翰与燕京大学处理学生运动的不同方式时指出两校所处的城市政治文化的
"微观环境"对学校形成的不同影响，认为五卅运动中，圣约翰大学校长卜舫济之所以对师生
的抗议采取强硬的态度，是受制于公共租界英国当局和圣公会上海教区的指令。见氏著《民
国时期的学生运动应对：燕京大学与圣约翰大学之比较》，《中国学术》总34辑。
③ 《卜舫济给圣约翰学生家长与监护人的信》，1925年8月15日，上档Q243-1-864，转引自〔美〕裴宜理
《民国时期的学生运动应对：燕京大学与圣约翰大学之比较》，《中国学术》总34辑，第78—79页。

干预相对减弱之时，发展至鼎盛时期的海派文化以前所未有的强劲势头极大地强化了圣约翰与上海资产阶级文化之间的联系与纽带，中国都市文化的现代性在这座"美国大学"校园里一览无余。

于是，圣约翰在政治上的式微被文化的兴盛所掩盖，"本土化"的困境也被另一个奇特的"本土"空间所解救，这个地处公共租界以外一英里的"非华非洋"的大学校园，融入了海派文化的中心圈。

在这样一个特定的年代，海派文化与校园文化高度叠合、相互照应的微观环境，催生了黄氏兄弟人生最重要的共同选择——从《西风》起始的社会文化之旅。这本小小的"西洋杂志"寄托着他们改造社会的宏愿与抱负，但其方式与圣约翰、与上海的小布尔乔亚是那样地匹配。《西风》将圣约翰的立校宗旨"基督教的世界主义"与"本土"的都市问题融为一体，远离政治的大叙述，贴近个体的小历史。《西风》在黄氏兄弟身上打下了无以抹去的"上海圣约翰"的深深烙印，伴随一生。

如果说，《西风》表征着黄氏兄弟共同的人生价值取向与基本态度，那么，圣约翰是否连接着嘉德和嘉音不同的生命结局呢？换言之，他们在历史大变局中不同的生存方式与应对策略是否与圣约翰的生活有关呢？

圣约翰给予嘉德的 24 年，是一个疏离但不隔绝、平静但不安宁的校园。在这里，嘉德可以享受教书治学的乐趣，却不时地遭受着思想、精神乃至心灵的震荡与冲击。特别是上海沦陷时期圣约翰校方就地办学的一个决定，让嘉德不能如嘉音那样西迁，到大后方去继续《西风》的事业。这个"正宗的"约翰人与学校一起经历了最为痛苦与惊恐的岁月，不仅一度失去了约园，还时时面临着被日军查抄甚至关押的危险。[①]

精神的煎熬更是无以复加。与所有留在战时上海的知识人一样，约翰人也面临着日本的恐怖主义带给他们的"私德与公德的道德困境：要么选择活

[①] 1937 年 8 月 16 日，圣约翰大学停学，9 月 16 日校董会决定将学校迁至公共租界的大陆商城，与华东地区的其他教会大学一起，作为战时合作办学的主体。次年 10 月，校董会决定将学校迁回约园。太平洋战争爆发后，校董会决定继续办学，并自动解散，成立完全由中国人组成的紧急校董会。未回国的西籍教员被日军监禁在集中营。见徐以骅、韩信昌《海上梵王渡：圣约翰大学》，第 123—124 页；Ellis Tucker, "Notes 'Pootung University,' Shanghai, 1941—1943," （所谓 Pootung University，就是日军设在浦东的集中营）UBCCC, Group #11, Box #239, File no. 3940.

命，要么选择爱国的责任"。按照傅葆石的研究，在这样的道德困境中，"隐退、反抗、合作"是三种"可供选择的文化行为方式"。① 多数约翰人的选择是介乎于隐退与反抗之间，极少数的"附逆合作者"恰是受命于危难之时的校长沈嗣良等。②

毫无疑问，嘉德在多数之列。每每忆及西风社遭日军查抄，自己留在上海过"蛰居"的生活，他总是备感屈辱：

> 在敌伪的铁蹄下，上海是暗无天日的。在奸恶鬼怪横行的环境下，一切都是乌烟瘴气的。在西风社结束之后，我就蛰居起来，不问外事。结果，甚么"庆祝会"，"欢迎会"或"文化座谈会"的请柬已经没有从前那么多，麻烦因此也比较少了。

"蛰居"的选择自出于逼迫，嘉德说当时"心中的痛苦不是笔墨所能形容"。在这种非常的处境中，嘉德的民族国家情感比任何时候都浓烈，但严酷的现实又让他取隐忍之策，将大义深埋在心底：

> 在国家和民族到了生死关头是时候，这种惨痛的遭遇和物质上的牺牲应该是忍受的。敌人可以摧毁西风社，可是不能摧毁留在千千万万读者心中的《西风》的印象！③

"蛰居"的约园生活是嘉德在民族国家与个人心灵安宁之间不断搏斗、不断调和的过程。隐退的日子一方面极大地积聚了嘉德的爱国主义的道德感，他方面也进一步强化了个体在动荡与变迁的大时代中得以安身的生存策略。因此，在

---

① 〔美〕傅葆石：《灰色上海，1937—1945——中国文人的隐退、反抗与合作》，第205、207页。
② 沈嗣良（1896—1967），1919年毕业于圣约翰大学。1923年在美国哥伦比亚大学获教育管理硕士学位后回国，应聘入圣约翰大学任职。先后任教务长兼体育部主任，副校长等职。1941年因卜舫济辞去校长职务，出任校长。抗战胜利后，中共约大地下党总支发动"锄奸倒沈"运动，被迫辞职。旋即被指控通敌罪被国民政府逮捕入狱，获释后去美国定居。
③ 本段及上段，均见黄嘉德《西风社遭劫记》，《西风》第81期，1945年12月，第362页。

抗战胜利时，嘉德在尽情释放爱国情感，[1] 忍不住地要去为中国的将来献计献策的同时，力主修身式的自省，一再强调"不喜欢入团入党"，尽力远离政治旋涡。经历了这番痛苦的心路历程，嘉德追求的人生意境，也更加洒脱与超然。正如他 1945 年 8 月为严停云的毕业纪念册所题明代洪自诚句："宠辱不惊看庭前花开花谢，去留无意随天外云卷云舒"。[2]

与哥哥嘉德一样，从约园走出的嘉音也是一个"不标榜什么主义"的自由主义倾向的都市知识人，一生循着校训"光与真理"而行。但嘉音身上少了些隐忍，多

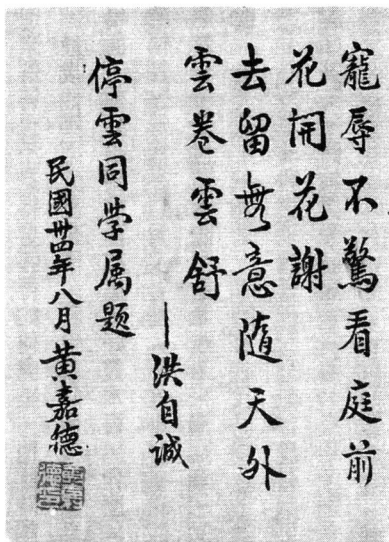

图 4-15　赠严停云

了直率，少了些沉稳，多了幼稚，在海派文化圈里摸爬滚打的他，非但保持着浓厚的书生气，甚至未脱学生气。

这又与嘉音的大学生活有关。在约园的岁月里，除了得益于自由教育的知识积累与不拘一格的尝试与探求外，嘉音的学生领袖经历非同小可。"级长""会长"的头衔不只是让他获得了与众不同的校园身份，显露了出色的策划、鼓动与组织能力，更让他从校园的政治文化实践中收获重要的人生经验。从校园的"维权行动"到向政府争得"聆训"的资格，嘉音都担当了全校学生代表的责任。[3] 他从中体味到"政治成功"的自豪与乐趣，也增强了维护"权利"与"真理"的勇气。在别离约园多年以后，他仍

---

[1]　黄嘉德的长女回忆说，父母听到抗战胜利消息的当晚，难以抑制地兴奋，把全家人叫起来，到阳台上一起欢呼。见《黄纯颖教授访谈录》，2014 年 1 月 18 日。

[2]　华严：《回梦约园》，第 53、77、43 页。

[3]　"聆训"是指圣约翰学生参与 1936 年行政院长蒋介石在南京召集的各校代表训话。因圣约翰未在国民政府注册，故取得"聆训"资格是嘉音任约大学生自治会会长期间取得的一个重要的成绩。见《约翰年刊》第 22 卷，1936 年。

然记得这段难忘的经历。在控诉"美帝文化侵略"的檄文中，嘉音再度提到与校方交涉的往事，虽说有应时的"上纲上线"的讨伐，然当年"学生领袖"的锐气依然可见：

> 同学们组织了级会和学生会，从学校当局的手中，收回了自己的办理膳食的权利，是经过很大的困难的，也很受学校当局所忌。记得我当时担任学生会长，曾两度代表学生会去见美国人卜舫济校长，要求学校收学费的时候，同时附带代收学生会会费。第一次他拒绝了，第二次再去要求的时候，这位堂堂的大学校长，竟暴露了他帝国主义的真面目，用极凶恶狰狞的态度，怒气冲冲地拍桌子来对付我这个学生代表。我一生中从来没有见过另外一个校长用同样的态度对付他的学生。[1]

从圣约翰的黄氏兄弟提供的个体历史经验中，我们或许可以发现：当"革命""变革""运动"几乎成为人们每天生活必需的经历时，个体是如何从自己的背景、经验以及所处的特定场域中，找到一个"与今天相关的有政治意义的当下的历史"。[2] 尽管路径和结局不同，但这个探寻的过程大多是解构与重构了个体"小历史"与"大历史"的生命纽带。

图 4-16　嘉德夫妇重访约园

---

① 黄嘉音：《我对美帝文化侵略的体验》，《家》第 62 期，1951 年 4 月，第 75 页。
② 董玥：《走出区域研究：西方中国近代史论集粹》，"导言"，第 21 页。

第五章

时尚再现：隔绝中的大众记忆与想象（1949—1960 年代早期）

引　言

中外学者对上海史研究的兴趣持续不衰，关于 1930 年代上海的研究更是充满活力与探求精神。相形之下，有关 1949—1979 年的上海社会文化研究近年才起步，似乎在上海都市文化发展的脉络中，这 30 年是一个特例或者断裂。其中涉及的重要因素之一，便是曾经对上海产生了巨大影响的西方，在那一时期全面告退。与中国所有的都市一样，上海也处在同西方几近隔绝的状态中。

然而，也正是在这 30 年中，中国与西方交往中最具震撼力的事件——中美关系解冻的关键一步在上海完成，而且是在"文革"期间。中美《上海公报》堪称中西交往的一个范本。虽然可以认为这一事件发生的地点与这座城市的历史文化以及社会基层的芸芸众生并无事实上的联系，但是，它足以引发这样一些设问：并非政治中心的上海是否还潜藏着一些与这一事件相匹配的文化元素？上海的基层社会是否还保留着某些都市文化中的西方记忆？在中西隔绝的环境中，上海人如何认知、如何想象遥远的西方？这种记忆与想象又如何与上海人日常感受相交错？国家和基层社会如何构建各自的西方认知？这两种认知之间的关系如何？

本章以 1950 年代和 1960 年代早期为主要研究时段，以市民文化消费领域为研究空间，以美国电影与香港电影为例，对上述问题做一个考察。

从电影切入文化政治史或文化批评的研究成果可谓丰硕。与本题相关的著作主要有傅葆石的《双城故事——中国早期电影的文化政治》、戴锦华的《电影批评》及《雾中风景——中国电影文化（1978—1998）》、李道新的《中国电影文化史（1905—2004）》、汪朝光的《影艺的政治——民国电影检查制度》及其关于美国电影在中国的一组论文。① 虽然这些论著中的大部分论述时段不在笔者所述的时段内，所置的研究场域也大有异趣，但他们都提供了有价值的问题或方法论的借鉴。傅著关于沪港双城双线发展的中国早期电影文化政治的历史叙述，成为本章研究必不可少的一个溯源性的要素。李著以"以国为家的政治话语"与"无国无家的漂泊意识"为叙述主线，深描的1949—1979年中国内地与香港电影的不同政治文化图景，② 有助于笔者去进一步发掘上海影迷建构的街头奇观背后的政治文化意义。戴锦华关于电影批评基本特质的揭示颇具理论启发性。她所指的电影批评的非客观性以及影院空间在大众社会和政治社会所表现的特殊作用，③ 促使笔者原有的问题意识更为清晰和凸现，去进一步加强有关电影在特定时空内作为特殊媒介相关要素的论述，包括特定年代的上海社会局势、影片受众的境遇以及影院感受与街头时尚的互动。汪朝光有关美国电影在上海历史命运的研究不仅是本章直接可资利用的成果，而且其中大量翔实的史料也可助我有力的一臂。

还须特别提及的是，香港电影资料馆编辑出版的《冷战与香港电影》论文集为我提供了一个历史学者、文化社会学者、电影研究者和香港电影界前辈

---

① 傅著，刘辉译，北京大学出版社，2008；戴著，北京大学出版社，1999年第1版，2006年第2版；李著，北京大学出版社，2005；汪著，中国人民大学出版社，2013。一组论文是《20世纪上半叶的美国电影与上海》，《电影艺术》2006年第5期，第37—41页；《泛政治化的观照——中国影评中的美国电影（1895—1949）》，《美国研究》1996年第2期，第78—92页；《好莱坞电影在新中国的沉浮》，《文史博览》2007年第11期，第26—28页；《建国初停映美国影片纪实》，《世纪》2007年第4期，第4—8页；《战后上海国产电影业的启示》，《电影艺术》2000年第5期，第26—32页；《战后上海美国电影市场研究》，《近代史研究》2001年第1期，第119—140页；《上海电影的现实主义品格与娱乐风格——由战后上海电影业的兴盛说起》，《电影新作》2006年第6期，第19—22页。

② 李道新：《中国电影文化史（1905—2004）》，第254—285、314—350页。

③ 戴锦华指出："人们关于电影的饭后茶余的'专业化'讨论，常常集中在影片中的故事、情境、演员的表演是否'真实'的议论之上，仿佛'真实'是一个永恒存在、不言自明的参照系统。然而，关于同一部影片的真实与虚假的争论，却暴露了鉴定真实与否的标准并非客观、天然。"关于"真实性"的讨论，"无外乎建立在三个层面上"：一是"参照某种观念"；二是参照某种"有限的经验"及其背后某种"不自觉的价值、信念体系"；三是"某种艺术欣赏或文化消费的趣味与成规惯例"。戴又指出："20世纪中叶，电影不仅是大众社会的世俗神话的源泉，而且影院，几乎成了最辉煌的尘世'教堂'：人们在影院中获得教益，获得日常生活的信念与价值，获得生活方式与时尚的信息"；"在影院中，人们获得宣泄与抚慰；在光影缤纷之间，人们进入一种集体的典仪，同时享有奇妙的安宁和独处"。见《电影批评》，"前言"，第2、5页。

对话的平台。① 从多元角度去讨论冷战时期的香港电影，不仅开拓了冷战研究的社会文化新视角，而且在方法论意义上颇具新意。若从社会文化的角度去发现电影的意义或将电影作为社会文化的一个切入口，那么，立足于电影本身与立足于电影的相关因素，或称"背景"因素的研究，同等重要。也就是说，将"背景"拉到"前台"来研究也不失为一条路径。此外，书中收录的"影人座谈会"上几位代表"左派阵营"的讲者关于"灰色地带"，即"左派非左""左右纠缠"的看法颇有见地，② 有助于笔者加深理解所谓的"左派"香港片为何在意识形态严密控制下的上海还能激起如此大的社会波澜。

借助已有研究的启迪与滋养，本章另辟蹊径，不再循电影史通常的研究思路，将叙述主体从电影本身移至它的受众，讲述一段特定社会文化场域中上海市民的日常史，探讨与世界隔绝状态下的上海社会大众如何以电影作媒介，去追寻远去的都市历史，去想象境外的世界，形成与国家意识形态的软性抗衡，进而去探究在天翻地覆改造的历史转型中，共和国早期的上海如何保有社会的自主性和地方文化的一席空间。

一 国家意志：文化体制的急剧转型与功能转换

1949 年以后，上海文化确曾经历过一番急风暴雨式的政治洗练。以开放、多元、包容为特征的海派文化迅速沉寂，国家权力与意识形态的主导地位日益显现。市民文化消费领域随之而变化，计划体制取代了市场体制，国家权力主导取代了大众消费市场主导。在这场体制变革中，居于上海文化市场大户地位的电影业经历了脱胎换骨的改造。

市场导向到计划左右

中国共产党新政权建立伊始，就着手进行上海文化的全面改造，电影行业的全面接管与体制变革迅即提上市军管会和人民政府的工作日程。

---

① 香港电影资料馆，2009，拙文《隔绝中的想象：香港电影与上海基层社会对西方的反应（1950 至 1960 年代早期）》收入其中。

② 香港电影资料馆编《冷战与香港电影》，第 251—256、263—270 页。

图 5-1　接管大光明影院

1949 年 6 月初，于伶① 代表市军管会文教接管委员会文艺处召见国民党官办中央电影企业股份有限公司（以下称"中电"）② 负责人陈锡芳，宣布军事接管，敦促其办理移交手续。此后，接管工作迅即展开。到 7 月底，全市 9 个主要官办电影机构均被接管。③

紧随其后，国营电影制片厂的筹建工作紧锣密鼓，由市军管会文教接管委员会副主任夏衍亲帅，仅四个月余就大功告成。11 月 16 日，中央电影局上海电影制片厂（以下称"上影"）成立，于伶任厂长。在接收"中电"等五个摄影场的基础上组建了新的摄制基地，称"上影五场"。

国营厂虽然有政府做坚强后盾，发展势头迅猛，但它们一时无法有足量的"高质量"出品，去适应新政权建立"人民电影事业"的政治要求，也无法满足市场实现之急需，且电影业的资金缺口也告燃眉之急，上海私营制片公司便获得了短暂的存续期。本着"只要无害于人民"的原则，人民政府就可允许其"大量地生产，以供市场的需要"。④

为使电影业尽快纳入国家轨道，在私营厂被允许继续拍片的同时，主管部门着手进行过渡性的公私合营的体制变更。1949 年 12 月，军管会文教接管

---

① 于伶（1907—1997），时任中国人民解放军上海军事管制委员会文教接管委员会文艺处副处长。

② 1946 年 4 月，隶属国民党中央宣传委员会的中央电影摄影场在完成对上海、北平等敌伪电影机构接收的基础上，依据国民党"党营事业企业化"的方针，改组成立于上海。

③ 陈毅：《关于上海市军管会和人民政府六七两月工作的报告》，1949 年 8 月 3 日，《上海解放》，第 149 页。

④ 市文化局：《上海电影企业合营公私创办缘起》，1950 年（无具体日期），上档 B172（市文化局档案）–1–30。

委员会副主任夏衍召集座谈会，商讨如何利用公私合营的方式发展电影业的问题。[①]。次年6月，中央人民政府文化部决定成立五人小组，负责推进建立公私合营联合制片厂各项事宜，并制订了投资计划，确定了公私各方的投资额度及投资各厂计划之制片的估算资金，中国电影制片股份有限公司开始筹建。[②] 上海市文化局（以下称"市文化局"）发函向各方募集资金，"恳切希望一切对电影企业有兴趣和有力量的朋友们"，都来入股这个影业公司，表示"我们将以各种便利的方式共同合作，在公私兼顾的原则下，为发展电影的生产事业而奋斗"。[③] 9月，由军管会接管的中华电影工业制片厂改属市文化局电影事业管理处（以下称"电管处"），改组为长江电影影业公司制片厂，是为新中国第一家公私合营的电影制片企业。[④] 1951年9月，长江厂与昆仑影业公司合并，成立公私合营长江昆仑联合电影制片厂，数月后，以该厂为基础，联合上海所有的私营制片企业，组成上海联合电影制片厂（以下称"联影"），隶属华东军政委员会文化部领导。私营电影制片的短暂历史至此告终。

不过，联影也犹如流星擦过，还未等任何影片出品，便于1953年1月偃旗息鼓，与上影合并，沿用上海制片厂厂名。至此，上海电影制片业完成了国有化的体制变革。

自新政权接管上海电影业起，中央电影局和上海文化主管部门对电影业的指令性控制就不断加强。

1950年9月，中央电影局召开全国电影行政会议，制定下一年度公私电影厂的生产计划。鉴于全国的私营电影制片厂都集中在上海，市文化局先于全国会议召集公私合营及私营制片厂劳资双方代表，专门开会研究制片计划。会议决定下一年度这些制片厂要生产67部电影，超过本年度产量的一倍以上；

---

① 市文化局：《关于公私合营电影公司座谈会记录》，1949年11月28日，上档B172-1-30。

② 中央人民政府文化部通知《为公私合营联合制片厂问题决定成立五人小组负责此事》，发字第1142号，1950年6月12日；《公私合营联合制片之投资计划》（草案），1950年6月；均见上档B172-1-30。

③ 市文化局：《上海电影企业合营公私创办缘起》，1950年（无具体日期），上档B172-1-30。

④ 中央人民政府文化部：《为通知上海长江影业公司制片厂暂由你局电影事业管理处领导由》，文通字第798号，1950年9月12日，上档B172-1-30。

在质的方面也要提高一步，着力于"提高剧本的思想性和艺术性"。①

严格的影片审查制度随之建立，凡上影出品，无论是故事片、新闻纪录片还是译制片，都须经中央人民政府文化部电影局审查，发布通过或修改令，始得推向市场。上影成立后第一年，共产出各类影片 11 部，通过准予发行的 9 部，其中 3 部故事片中只有 1 部通过审查，上影成立后拍摄的第一部反映复员军人回乡从事推广"洋棉"种植新技术的故事片《农家乐》，及反映上海纱厂工人反抗国民党统治、迎接解放而进行罢工斗争的《团结起来到明天》，经审查及复审结果未得通过，遵照文化部的修改方案修改后再次送审，才允许上映。另一部翻译片《敌后登陆战》须将片名更改为《怒海雄风》，并增加插曲和主题歌中文字幕后，可准发行。② 旧片审查也开始进行。1950 年 10 月，由夏衍亲自牵头的旧片审查委员会成立，计划用一年时间，"审查已映演与已入口之中外旧片"，以"肃清封建的、买办的、法西斯主义的文化在落后群众的生活与思想中的影响"，并"配合进步影片的发行工作，使其转入绝对优势"。该委员会下设 3 个审查小组及 1 个美英电影说明书改写小组。经过层层检查允许继续上映或发行的影片，须领到华东军政委员会文化部电影处发放的《电影旧片上演执照》，才能在规定的地区内上映。③

作为大宗的文化消费，上海电影经营业迅速走上国营体制和计划经济的轨道。自 1949 年 9 月建立华东影片经理公司起，上海市级电影发行机构虽几易其名，但都按照计划经济的模式，制片厂生产的影片由中国电影发行公司统一收购、统一发行，外国影片也由其统一输入、统一发行。1951 年 1 月，市军管会文艺处对美商米高梅、雷电华、20 世纪福克斯、派拉蒙、联美、哥伦比亚、环球、华纳等八大公司和英商鹰狮公司在沪影片发行机构及其影业公会实行军事管制，这八大公司后来陆续歇业。外商和国民政府

---

① 顾仲彝：《加紧国产电影的生产，提高影片的质和量！》，《大众电影》第 1 卷第 7 期，1950 年 9 月 16 日。

② 中央人民政府文化部电影局：《关于〈农家乐〉须进行修改令》，1950 年 8 月 29 日；《关于〈团结起来到明天〉须进行修改令》，1950 年 12 月 21 日；《关于〈敌后登陆战〉审查通过并改名为〈怒海雄风〉和增印歌词字幕的通知》，1950 年 11 月 29 日；均见上档 B177（上海市电影局档案）-1-209。

③ 电管处：《为旧片审查委员会拟即成立呈文化局》，1950 年 10 月 23 日，上档 B172-1-29。

官办影院的接管从1949年6月就已开始，到1954年全部由市文化局接管。[1]
华商私营影院自1953年起进行民主改革和社会主义改造，至1956年全部改
为公私合营。电影票价也趋于统一，从1950年11月至1955年12月，中共
上海市委宣传部、市文化局先后三次发出指令性文件，统一调整上海电影院
票价。[2]

　　上海电影业的隶属关系几经变化。1958年以前，电影经营业先后由市军
管会文化教育委员会文艺处和市文化局主管，上海电影制片厂在文化部和中
共上海市委的双重领导之下。1958年10月，根据中共中央的指示，各地的
电影业下放由地方直接领导，上海市电影局（以下称"市电影局"）成立，
这是全国唯一的一个设立在地方政府内的专事管理电影业的职能部门。此后
近40年，上海电影业一直由市电影局直接掌管。而市文化局和电影局皆由
市委宣传部统一领导，因为共产党一开始执政就坚定不移地要将意识形态领
域的领导权牢牢掌握——包括新闻、出版和各种形式的文艺创作和演出，上海
电影生产、发行、放映，各类电影宣传品，包括电影杂志、宣传海报等，概莫
能外。

从娱乐大众到教育大众

　　随着体制转型，电影的娱乐功能日渐消退。国家意识形态强势进入大众
文化消费领域，电影的宣传教育功能日益凸显。

　　自建政始，中共就致力于改变上海的都市功能，变"消费性城市"为
"生产性城市"。[3]这个功能定位不仅为适应新中国建设高潮的到来，而且也
包含了强烈的政治文化意义——将都市日常生活的各种消费行为纳入国家计划
轨道并合乎国家设定的消费取向。包括电影在内的都市大众文化随之成为国家
计划和革命宣传教育的一部分。

---

[1]　该书编撰委员会编《上海电影志》，上海社会科学院出版社，1999，第604、620页。
[2]　市文化局：《关于统一调整全市电影院票价问题的请示、批复和调查表》，1950年11月，上档B172-1-31；市委宣传部：《关于调整上海电影院票价问题的通知》，1954年3月，上档A22-2-251；文化部、市文化局：《关于调整电影票价的方案、批示、通知》，1955年12月，上档B172-1-238。
[3]　夏衍：《上海在前进中》，《人民画报》1952年2月号。

新中国电影的总方针，是按照毛泽东延安文艺座谈会指示的方向，建立和发展"人民的电影"，使之成为"阶级斗争的工具"。① 而在执政者眼中，在"帝国主义文化侵略的大本营"的上海，电影"专供有钱人挥霍之用"，美帝的"毒素影片长期腐蚀了上海市民的思想"，形成了由"落后群众"为主体的观众群，与"人民电影"的总方针背道而驰。② 因此，开展电影教育，改造电影观众便成为各级电影主管部门的当务之急。在"把有闲阶级的消遣场所改变为劳动人民的文化教育与娱乐相结合的人民影院"的口号下，影院空间政治占领的各项举措相继出台。

争取和扩大"进步片"的观众，是中共占领影院空间的重点工作。1950年5月，电管处草拟《关于加强电影教育的六项规定》报请市文化局审批，按照"对进步影片加强推广，对消极影片加强限制"的原则，划定"国营片""苏联片""私营国片"及"英美片"每四周上映的天数比例，并"根据各影院之历史、地域及性能"将全市影院分为四类，不同类别的影院可上映影片的类别与时限也就不同。③ 管理办法特别就苏联片和英美片或私营国片的上映时数分别做了刚性的规定："每四周各影院放映苏联片不得少于七天"，若遇营业不佳不能映足七天时，"其不足天数上映之影片，由华东影片经理公司与该院协商解决之，以保证苏联片每四周内放映天数能取得百分之二十至百分之二十五的比例"；"但超过规定之英美片，或私营国片上映日期，应在下一个月排片日期中扣还"。管理办法还就排片表之上报，影片广告、海报、照片等的审查以及进步影片的票价上限都一一做了规定。6月16日，市长陈毅及副市长潘汉年、盛丕华签署人民政府指令，上述办法正式实施。④

---

① 中宣部：《关于电影工作的指示》，1948年10月26日；《关于加强电影事业的决定》，1949年8月14日；均转引自汪朝光《建国初停映美国影片纪实》，《世纪》2007年第4期，第5—6页。

② 市文化局：《三年来上海电影院的改革工作》（初稿），1952年（无具体日期），上档B172-1-87。

③ 该项规定是以四周为周期，第一类影院国营片、苏联片、私营国片、英美片各放映一周；第二类影院苏联片、私营国片各放映一周，英美片放映两周；第三类影院苏联片、国营片各放映一周，私营国片放映两周；第四类影院四周均放映苏联片。见市文化局《关于加强电影教育制定办法六项呈》，1950年5月25日，上档B172-1-29。

④ 市文化局：《关于加强电影教育办法六项呈》，上档B172-1-29。

除上述行政指令性的规定约束外，全市影院大力开展以增产相号召的组织观众的工作，力推国产片和苏联片。每个影院都指定数人至十余人与各工厂、学校、机关的文教干事或联络员保持密切联系，宣传推介影片，组织观众，提高"进步影片"的市场占有率。如遇上座率不高、订票不多的情况，就带票上门，当场交易。上海影院还普遍设立观众阅览室，成立幻灯宣传队，在影院内外设置喇叭，向观众广播当天重要新闻、《人民日报》重要社论和配合各种运动做政治宣传，在电影放映前，介绍影片内容及主题思想，在放映中间必要时做广播的补充解释。①

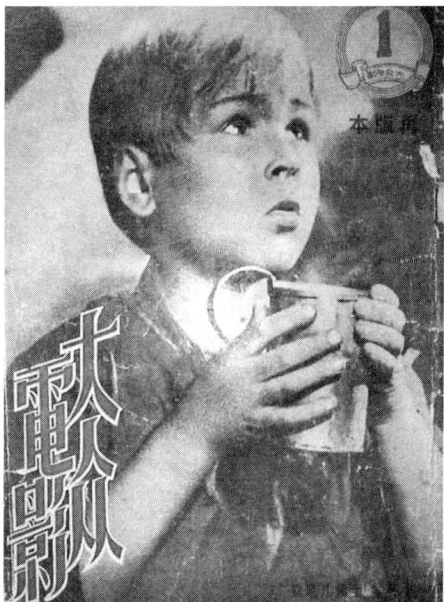

图 5-2　《大众电影》创刊号

为数不多的电影刊物是1950、1960年代非常畅销的大众读物，宣传部门和电影主管部门理所当然地要掌握在手，以此为电影教育的重要阵地。号称"新中国第一个全国畅销杂志"的《大众电影》尤是。②

《大众电影》的获批正是适应了当时影院政治的需要。正如电管处呈文化局的报告中所述：

> 由于帝国主义一百余年来的侵略，消极的和含有毒素的影片在华东地区，尤其是上海，一向是猖獗的。解放将近一年，虽然基本情况改变了，但进步影片尚未转入优势，因此我们

---

① 市文化局：《三年来上海电影院的改革工作》（初稿），1952年（无具体日期），上档 B172-1-87。
② 荒煤：《欢送〈大众电影〉回上海落户》，《大众电影》1962年第10期，第9页。

想创办一个专门宣传进步电影和批评消极的含有毒素的影片的刊物，定名为《大众电影》，以培养和组织进步影片的观众。[①]

1950 年 6 月 1 日，《大众电影》在上海创刊。上影厂厂长于伶在创刊词里开宗明义地指出："很多人还有把电影当作纯粹娱乐的坏习惯，马马虎虎的看完算了，而忽略了好电影的教育意义。《大众电影》应该用文字帮助观众向好电影学习，使电影和学习结合起来，扩大电影宣传教育的影响。"[②]

大量政治宣传式的影片介绍、评论和批判文章刊登在每期的《大众电影》上。为提高读者的接受度，编者千方百计地将严肃的政治宣教内容通过多样活泼的方式呈现出来，力求做到"深入浅出""短小精干""雅俗共赏"。[③] 比如，第 1 卷第 2 期起特辟"小测验"栏目，以提高观众的鉴别力。这期的编者出了三道关于美国影片的选择题，其中关于《魂断蓝桥》的三个答案是："1）暴露不合理的婚姻制度的；2）描写资本主义社会的黑幕的；3）以寻找不出真实根源的悲剧来曲解生活真相的"。编者在第 3 期公布的"正确答案"是第三项。小测验还要求举出五个"美国反动的电影工作者的名字"，答案是山姆伍德、劳勃泰勒、克劳斯贝、爱琳邓、约翰·维恩。[④]《大众电影》还开辟"工人俱乐部"专栏，刊载群众来稿，以体现依靠群众和为工农大众服务的宗旨。

尽管如此，《大众电影》还是不能让领导者放心。随着"三反""五反"运动的展开和电影《武训传》被批判，《大众电影》遭到批评与整肃。1952 年2 月，全国文联决定将该杂志由沪迁京，与《新电影》杂志合并出版，归其下属中国电影工作者协会（以下称"中国影协"）领导。《大众电影》旋即由上海地方性杂志变成直接由中央管理的全国性电影大刊。1962 年 10 月，经中宣部同意，《大众电影》又回沪出版，借助上海出版和电影的优势，继续发挥其"配合当前政治等等方面长处"，[⑤] 与《上海电影》合并，由中国影协委托其上

① 电管处：《为〈大众电影〉呈市文化局》，1950 年 5 月 26 日，上档 B172-4-46。

② 于伶：《期望》，《大众电影》第 1 卷第 1 期，1950 年 6 月 1 日，第 3 页。

③ 电管处：《为〈大众电影〉呈市文化局》，1950 年 5 月 26 日，上档 B172-4-46。

④ 《大众电影》第 1 卷第 2 期，1950 年 6 月 16 日，第 25 页；第 1 卷第 3 期，1950 年 7 月 5 日，第 30 页。

⑤ 《夏（衍）部长接见〈大众电影〉编辑同志的讲话（记录稿）》，1962 年 9 月，上档 B177-1-86。

海分会代办。① 出刊前夕，文化部长夏衍、副部长兼电影局长陈荒煤、中宣部文艺处长袁水拍亲临新刊编辑部，就办刊各方面一一指示详尽，一再叮咛要把握好政治标准和质量标准，虽"不要缩手缩脚"，但"政治上的问题要谨慎、再谨慎"，"好片要多宣传，坏片子要少宣传"。② 将一个大众电影刊物置于中央和地方两级管理之下，主管部门负责人直接督阵，足见国家意志对电影教育功能的强力支撑。

通过强有力的权力运作，国家主流意识形态占据了影院和大众阅读空间，电影遂成为新政权"最为有效的社会宣传、动员与整合的政治工具"。③

二　时尚不再：别了，好莱坞

与上海电影业体制变革与功能转换相同步，新政权对好莱坞为代表的"帝国主义毒素影片"发动了强烈的政治攻势，仅用一年多时间，便结束了好莱坞在上海文化消费领域里称雄数十年的历史，阻断了上海电影观众曾经的娱乐时尚。

从限制到驱逐

中共对好莱坞电影最初采取限制措施，并未一步禁止。1950 年 2 月，中宣部发出《对有毒影片审查标准的指示》，提出：考虑私营影院营业和观众需要，审查标准不可过严。上海市长陈毅、副市长潘汉年等也对美国电影持宽容主张。④ 根据上级指示和领导态度，市军管会文艺处电影室于 3 月数次召开影院业劳资双方座谈会，征询关于处置美国影片的意见。会议"一致赞同对于美帝影片应加以行政上的限制"，并达成协议，全市从 5 月 1 日起实行一项"重要限制原则"，即"影院放映美帝影片的日数，按月最多不得超过二星期"。

---

① 中国影协党组：《关于〈大众电影〉与〈上海电影〉合并的报告》，1962 年 4 月 11 日（中宣部 1962 年发文第 101 号，1962 年 4 月 19 日），上档 B177-1-86。

② 《夏（衍）部长接见〈大众电影〉编辑同志的讲话（记录稿）》，1962 年 9 月；《夏衍部长对新刊〈大众电影〉的几点意见》，1962 年 8 月 14 日；均见上档 B177-1-86。

③ 戴锦华：《电影批评》，"前言"，第 5 页。

④ 转引自汪朝光《好莱坞电影在新中国的沉浮》，《文史博览》2007 年第 11 期，第 26 页。

结果令执政者大为满意：

> 这个协议不折不扣的很顺利的实现了，各影院不但没有一家超过限制，并
> 且有几家，如大光明戏院，竟从此决定放弃专放美帝影片，而一心一意
> 为国产片和苏联片服务了。截至 8 月份止，美帝影片由 140 部减至 63 部，
> 观众人数由 76 万减至 32 万。

9 月，刚刚接手管理上海电影业的市文化局乐观地预见："明年度的上海电影放
映将是国营影片、私营影片和苏联影片的灿烂展览，而美帝的毒素影片将更进
一步的自然而然的被驱逐出上海市场了"。[①]

朝鲜战争的爆发和抗美援朝运动迅雷之势地展开加快了禁绝好莱坞的步
伐。1950 年 11 月初，巴黎大戏院职工张贴"拒映美片"的大幅标语并向社会
发出呼吁，全市影院起而响应，纷纷向市文化局提出停映美国影片的申请；11
日，《解放日报》《文汇报》等 8 家报纸联合声明，决定即日起停止刊登美国影
片广告；12 日，上海市电影院商业同业公会发表通告，自 14 日起停止放映美
国电影，17 日，上海市西片发行业全体职工发表声明，宣布坚决拥护停映美
国片。[②] 好莱坞从此在上海文化市场绝迹达 30 年之久。

好莱坞的被驱逐使上海电影市场发生了结构性的变化，称雄数十年的美
国影片从上海文化市场上退净，取而代之的是苏联影片和国产影片。1949 年
以前，全市 56 家影院，几乎全部控制在美国"八大影片公司"和一些私人投机
商手里。上映的美国影片占全部影片的 80% 以上；每月平均 140 万观众，占全
部观众的 75% 左右。[③] 据电影局档案记载，1949 年 4 月全市上映影片 194 部，
其中美英片 124 部，占 64%；私营片 62 部，占 32%；苏联片 8 部，占 4%。[④]

① 顾仲彝：《加紧国产电影的生产，提高影片的质和量！》，《大众电影》第 1 卷第 7 期，1950 年
9 月 16 日，第 3 页。
② 市电影局：《关于十年来上海电影事业的巨大发展和变化》（初步资料），1959 年 9 月 25 日，
上档 B177-1-220；市文化局：《美国电影对中国的经济侵略》，上档 B172-1-33。
③ 顾仲彝：《加紧国产电影的生产，提高影片的质和量！》，《大众电影》第 1 卷第 7 期，1950 年
9 月 16 日，第 3 页。
④ 市电影局：《关于十年来上海电影事业的巨大发展和变化》（初步资料），1959 年 9 月 25 日，
上档 B177-1-220。

就是在军管会接管上海后的 9 月，上映的美国影片仍占全部影片的 64.6%，观众人次占全部观众的 60% 弱，依旧居私营国产影片和苏联影片之上。[①] 时过 8 个月，上海电影市场的情况急剧改观，在美国影片一落千丈、丧失霸主地位的同时，国产影片和苏联影片的市场占有率直线上升。1950 年 5 月，公私营国产片和苏联片的上映数首次超过了好莱坞为主的西方影片，占到 58.6%；8 月已占据了压倒优势，为 64%；观众人次的比例也从 5 月的 72% 跃升至 8 月的 82.7%。[②] 年底，上海电影市场已是国产影片和苏联影片的一统天下。

溃散的影迷

好莱坞曾经在上海文化消费领域里称雄数十年，风靡多时。洋行白领、家境富裕的大中学生以及外国侨民构成了美国影片的观众群。在他们中间，看好莱坞电影成为一种时髦，一种与众不同的、值得炫耀的生活方式，他们花较高票价踏进影院，不只是去欣赏美国电影，也是为了"换取体面人士的风尚"。[③] 不少中学生看后极易沉浸在美国片的梦幻中，甚至对美国心驰神往，影响着他们人生道路的选择。著名美籍华裔建筑大师贝聿铭在自传中写道，他的父亲曾希望他到英格兰留学，但他执意要去美国，因为当时美国电影刚刚进入中国，赢得了热情观众。贝聿铭是 Betty Grable 影片的大影迷，他对 Bing Crosby 扮演"校园英雄"的一部影片有特别深刻的印象，他说："（影片）将美国大学生活描写得如田园诗一般宁静，但我却从中感受到一种活力"。[④] 放映美国影片的电影院也较为讲究，那里规定员工"必须穿着整齐，容貌整洁，忠于职守，会用英文，甚至不能吃带味的东西，不能喝酒等等"。[⑤] 置身在这样的空间里，观众感受到了新的社交氛围，获得了新的享受。同样不可否认的

---

① 放映的私营国产影片占总放映影片的 30%，观众人次占总观众人次的 37.2%；苏联影片占 3.6%，观众人次占 0.8%。见顾仲彝《加紧国产电影的生产，提高影片的质和量！》，《大众电影》第 1 卷第 7 期，1950 年 9 月 16 日，第 3 页。

② 顾仲彝：《加紧国产电影的生产，提高影片的质和量！》，《大众电影》第 1 卷第 7 期，1950 年 9 月 16 日，第 3 页。

③ 汪朝光：《战后上海美国电影市场研究》，《近代史研究》2001 年第 1 期，第 138 页。

④ Carter Wiseman：*I.M.Pei: A Profile in American Architecture*（New York：Harry N Abrams Inc.，1990）：pp.33–34.

⑤ 汪朝光：《20 世纪上半叶的美国电影与上海》，《电影艺术》2006 年第 5 期，第 38 页。

是，好莱坞电影与"摩登"的中国电影，也曾是上海都市"堕落的标志"，既为那些守旧的人们所蔑视，也为社会道德捍卫者所不齿。①

战后，受恶性通货膨胀、政府对电影票价限制以及国产电影业复苏等因素的影响，美国影片在上海市场的占有率逐年下降，国产电影的观众呈上升趋势。② 但是，这不能动摇好莱坞作为美国强势文化的地位，相反，借助战后美国在全球霸主地位的确立，好莱坞成为都市大众文化时尚的象征意义更加凸显。时人记叙：

> 在胜利后看到一件不快的事情，就是许多人对于胜利后的希望都很低微，譬如说，青年们最渴望看一看好莱坞的电影，似乎除了好莱坞，世界上再没有伟大美丽的东西，除了电影，人生再没有可做的乐事。这些人的生命都很空虚，电影与麻将不过是五十步与百步之差罢了。好莱坞征服广大的群众，电影明星成为大众的偶像，这些事实都是不可忽视的。③

在战后大众舆论对好莱坞不绝于耳的批评声中，尽管不少是泛政治化的观照，但更多的是对其作为时尚流行的忧虑。有人将这种时尚称为"好莱坞的拜腿教条"，"已成为全世界文化的一大威胁"。④ 还有人认为：

> 好莱坞电影的恶影响是及于人类根性的，或者说机械的艺术正在渐渐淹没着人性。人类的情感必须是生动的，但是当它逐渐依附于好莱坞制作的情感时，人类的生命就有变成空虚贫乏的危险。⑤

---

① 〔美〕魏斐德：《上海警察，1927—1937》，第 204 页。
② 据汪朝光提供的数据分析，1946 年单片观众人数超过 10 万的均为美国片；1947 年单片观众人数超过 10 万的美国片为 7 部，国产片为 6 部；1949 年 4 月，当月放映国产影片 55 部，观众 116 万人，美国影片 105 部，观众 93 万人，美国影片放映数量为国产的 1.9 倍，观众则为国产影片的 80%。见汪朝光《战后上海美国电影市场研究》，《近代史研究》2001 年第 1 期，第 136 页。
③ 劳神：《好莱坞电影的恶影响》，《平论》第 4 期，1945 年 11 月 1 日，第 12 页。
④ 陈衡哲：《西方人"回到宗教去"的意义——客座记言之二》，《观察》第 1 卷第 13 期，1946 年 7 月，第 17 页。
⑤ 劳神：《好莱坞电影的恶影响》，《平论》第 4 期，1945 年 11 月 1 日，第 16 页。

从坊间舆论对好莱坞如此激烈的抨击中，足见美国电影在战后上海仍引领时尚。

好莱坞现象也备受电影人的关注，以美国片影迷为题材的故事片由著名剧作家黄佐临在 1946 年创作完成并由大同影业公司摄制出品。这部名为《影迷传》的喜剧片，表现了一对青年男女好莱坞影迷共同演绎"美国梦"直至最后破灭的讽刺故事。片中一段情节特别引人深思：女影迷因出洋未遂，精神受到刺激，陷入病态。其父母为了替女儿治病，竟为她搭建一幢美国式的活动金屋，让她与影迷男友在此成婚，婚后生活，全部仿照美国电影中的模式。[1]创作者通过这些近乎荒诞的情节，意在向社会揭示好莱坞不仅腐蚀了富有家庭的年轻人，也征服了他们的父母，好莱坞影迷就是物质主义、金钱糜烂、颓废崇洋的集大成者，是富有阶级的生活写照。

中共新政权建立之初，好莱坞影迷维持了一段十分短暂的旧时影院生活。在限制美国影片的政策之下，《美人计》《卡萨布兰卡》《郎心似铁》等好莱坞经典影片仍在上海各影院上映，由米高梅公司拍摄的浪漫歌舞喜剧片《水莲公主》，1949 年 5 月以后改为《出水芙蓉》继续放映，成为当时上海最为热门的美国影片，上座率居所有影片之冠。在革命的红色氛围笼罩的上海都市生活中，好莱坞影迷仍有一方属于他们的空间。"在早上唱《国际歌》，到了晚上便去看贝蒂·赫顿（Betty Hutton）"就是上海影迷往来于"红""黑"之间的生动写照。[2]

不久，好莱坞影迷就受到抗美援朝运动的强力冲击。在美国影片被驱逐的同时，好莱坞影迷也迅速瓦解。见于报端、杂志的声讨一浪高过一浪，《大众电影》《文汇报》充任了批判好莱坞的主要喉舌。从 1950 年 6 月到 1951 年 1 月，《大众电影》在上海创刊发行的 15 期内，共发表批判文章 17 篇；《文汇报》在1950 年 9 月至次年底，刊登相关文章 55 篇。在这些文章中，有好莱坞影迷以"现身说法"表示悔悟，从此与美帝毒素影片划清界限的自省，也有讲述或报道影迷由堕落而觉醒的"真人真事"。比如《大众电影》分 3 期刊登了著名电影演员黄宗英的文章，详述了一个因迷恋好莱坞一心想当明星而荒废学业的女孩子的觉悟过程，女孩在给她的信中怒斥美国影片的大害，赞扬苏联影片的大益：

---

① 杜金淡：《〈影迷传〉的故事》，《大众电影》第 1 卷第 4 期，1950 年 7 月 20 日，第 9—10 页。
② 〔美〕魏斐德：《红星照耀上海城——共产党对市政警察的改造》，第 111 页。

　　可恨的美国电影，可恨的那些所谓的文艺（精致的成套的谎话）是怎样的毒蚀过我弱小而无知的心灵啊，（资本主义文化）充满着悲观、色情、神秘，企图掩盖他们政治上的失败与腐朽；（苏联影片）像沐浴一样，使我心灵洁净，又扩展了我们的知识，更给了我力量和勇气，使我确信一切黑暗和反动势力将会被我们打垮。①

这些迷途知返的影迷用不同的具体例子诠释着同一套话语：受好莱坞"毒素影片"的毒害而"沉湎"甚至"堕落"，经过学习和观看苏联电影后而"醒悟"，认清了"美帝影片反动腐朽的本质"，进而洗心革面，追求进步。②

　　与1949年以前对好莱坞影迷的批评不同，中共新政权主导下的美国影片批判，由社会舆论空间转向国家意识形态的权力空间，由道德的指责、文化和现代性的忧虑归于革命语境中的政治批判，在反帝、民族主义、阶级斗争等一系列革命话语内，好莱坞影迷也被污名化，成为美帝国主义文化侵略的一个具象。前述的《影迷传》虽然对美国影片的恶影响进行揭露与讽刺，但在1950年上映后仍受到了批评，报端有文章指责它说：

　　不从美国电影对一般观众的思想上生活上所起的坏影响集中起来，表现出来，而从电影的风格着眼，拼命把故事编写得离奇，而且在小枝节上又刻意地运用象征手法。这样就不能不让《影迷传》陷于极度空洞无思想性的泥淖中去了。
　　编导没有击中美帝电影的要害，也就是说，没有能够把美帝电影的侵略面目，暴露在我们面前。③

---

① 黄宗英：《两种文化》，《大众电影》第1卷第1、2、3期，1950年6月1、16日，7月5日。
② 黄宗英：《两种文化》；记者：《好莱坞电影看坏了好人——一个好青年怎样成为"小飞机"》，《大众电影》第1卷第1期，1950年6月1日；冯嘉真：《美帝影片浪费了我的少年时光》，郑依柳：《我曾经疯狂的迷过蓓蒂葛兰宝，现在挣脱了美帝影片的魔掌》，《大众电影》第1卷第4期，1950年7月20日；记者：《虹口中学结合目前的学习，打扫了美帝电影给他们的思想影响》，王远轴：《美帝影片对我的毒害》，《大众电影》第1卷第15期，1951年1月16日。
③ 卢湜：《作品的思想性不是主观的想象》《影迷传（国产片）光华映》，《文汇报》1950年9月6日、11月14日。

面对如此强大的舆论攻势，仍有不少美国影片观众不赞同对好莱坞"一边倒"地全盘否定。1950年9月5日《文汇报》开设了"你对美帝影片的看法如何"讨论专栏，自称"一直喜爱着美国电影"的陈苍叶于9月16日发文，"赤裸裸地"表达出"对报端加于美帝电影的竭力抨击产生疑惑"：

> 美片可以去芜存精，自有它的强处的，并不是低级趣味的崇拜。（本人）对部分较高级的片子，到如今还是相当爱好的，如文艺片中的魂牵梦萦、茶花女、义犬救主、一曲难忘中的五彩；红菱艳、舞宫莺燕中的妙舞；一代歌王、翠堤春晓中的迷人音乐；蛊姬、郎心似铁中的摄人心魄的气氛；一时说也说不尽。

这篇"大胆的文字"遭到"群起责难"，文章发表半月后，陈苍叶本人也不得不做"一点微弱的解释"，说这篇仓促写就的稿子，"是偏激而欠考虑的"，"是有错误的"，[①]但此后仍有不少人对陈苍叶深表赞同。10月7日，专栏又刊登出署名家祥、谢墨萍、陈浩浚的文章，不但重申和补充陈文的观点，而且对大批判本身提出不同看法。陈浩浚写道：

> 我始终注意着发表的意见，觉得占百分之九十九的读者，是斥骂着及揭发着美帝影片的毒素，但是，我不以为在几篇投稿的文章中，能得到答案。而陈苍叶的文章可以代表上海观众大多数人的意见，尤其是陈文发出的艺术离不开政治，"时代不同"之感叹，真是绝大多数观众不愿发表意见的代表语，因此，真正的意见，是应该在"道听途说观众的话"中去求解答。

这几篇文章还提供不少来自影院一线的信息，反映观众的倾向：

> 请注意，此一年中，美帝的片子是被封锁着；新片是不允许他上映，而仍

---

① 陈苍叶：《一点微弱的解释》，《文汇报》1950年9月30日。

占着 52% 的观众，这就表示电影观众，仍喜爱着美帝电影的"纯艺术"、"纯技术"，以及"绚烂的色彩"。如此多的观众，去复看美帝旧片，我认为他尚未失败。

只要我们不太健忘，还可回忆到这些影片当时卖座的盛况，以及舆论的好评，就不难明了这些美帝影片是否真的及不上苏联影片。苏联影片尽管是大量的宣传，减低了票价，而观众仍旧寥若晨星，是否因为美帝影片是庸俗的，所以拥有大量的观众，而苏联影片是太深奥了，所以缺乏知音之人呢？ [①]

然而，这些表达上海电影观众另一种意见的争辩之词很快就被反美政治浪潮所吞没，好莱坞影迷的污名被定格在抗美援朝运动的历史时刻。1950 年 11 月上海影院全面禁映美国影片后，允许发表不同意见的《文汇报》专栏即刻停止讨论，一致声讨美帝。上海电影文化消费的好莱坞时尚不再，影迷们也从此溃散，另寻他途。

三　影迷重聚：香港影片激起狂热

文化体制的转型和好莱坞的被逐是对 1950 年代上海大众文化消费的一股最强有力的政治冲击波，一系列反对美帝国主义的意识形态话语成为都

图 5-3A　街头处处好莱坞

图 5-3B　影院门前的巨幅好莱坞广告

---

①　陈浩浚:《我同意陈苍叶的看法》,谢墨萍:《美帝影片竟无一张好吗?》,《文汇报》1950 年 10 月 7 日。

市大众文化的主旋律。但这并不意味西方文化在上海的历史就此打住，西方影响随之消除殆尽，相反，倒是在一些被人忽视的空间，西方文化中最为基本的式样——现代都市摩登生活及其价值取向还在通过一些特定的媒体，吸引着、打动着众多的上海市民。香港影片在上海受到的狂热欢迎，便是例证。

街头奇观

1950年代末至1960年代早期，香港影片在上海上映时场面火爆。据市电影发行公司统计，1959—1962年，上海共放映香港影片29部，放映场次和观众人次，逐年递增，1960年放映2015场，占全年总场次的0.96%，观众182.2万人次，占全年总人次的1.3%；1961年放映7233场，占3.6%，观众638.3万人次，占5%；1962年放映8953场，占5.7%，观众706.2万人次，占7.4%。香港影片有着极高的上座率，除少数戏曲片外，"几乎场场满座"。[①] 而国产电影，特别是反映"大跃进"的影片，上座情况相形见绌。江南造船厂在放香港片《笑笑笑》[②] 时，不到半天票已卖光，而且群众要求再放一场；放映"大跃进"题材的国产片《常青树》《钢城虎将》[③] 时，一个拥有1230个座位的电影院，只卖掉263张和173张票。[④]

香港影片的购票场景更是匪夷所思。每当港片上映的消息传出，电影院就被包围得水泄不通，购票队伍不但有数千之众，且秩序混乱，冲破大门的有之，踩坏座位的有之，倒手贩卖黑市票的更有之。派出所常常要出动相当警力去维持秩序，打击非违，还需要街道派人增援。影院周围的绿化树木被踏坏，交通受到阻碍，商店不能开业。因购票相互挤伤送医院急救的情况也有发

---

① 上海市人委文教办公室（以下称"市人委文教办"）综合组编《香港电影在沪发行情况》，《关于文教系统调整精简工作情况简报》第18期，1963年1月9日，上档B3（市人委文教办档案）-2-215-282。

② 香港长城电影制片有限公司1960年出品。

③ 《常青树》，海燕电影制片厂1958年出品；《钢城虎将》，江南电影制片厂1958年出品，两片均为艺术性纪录片。

④ 共青团上海市委（以下称"团市委"）青工部：《对青年思想情况的整理素材》，1959年4—5月，上档C21（团市委档案）2-1400。

图 5-4 《美人计》海报

图 5-5 《新婚第一夜》海报

生。[1] 来自影院一线的报告列举的售票场景只有在灾难片或惊险片中才能见到：江宁电影院售票时，踩坏 40 只椅子；大名电影院被购票者包围，冲破了太平门（即安全出口），损坏了很多座位，还有十几人爬屋顶穿入住在影院内的私方经理家，再潜入川堂挤到售票处，江宁电影院也有类似情况；淮海电影院出售港片《美人计》[2] 团体票时，门前排队达六天六夜，设在文化广场的个别票购票处排队竟达到三四千人，秩序特别坏，请了卢湾、徐汇两个分局，出动数十名民警无济于事，又请街道办事处支援七八十个共青团员"像排鞭炮似的排起纠察来"，还把数百个理不成队伍的人圈到文化广场里面，才算解决了问题。[3] 当时上海街头有句流行语："千方百计为'一计'（指《美人计》），三日三夜为'一夜'（指《新婚第一夜》）"，[4] 足见上海市民对香港影片已到如痴如狂的境地。

　　香港影片引发的上海街头奇观，至 1960 年底登峰造极。由此形成的社会热点，引起市委、市政府和有关部门的高度关注。作为电影主管部门，上海市电影局经市委宣传部同意规定了三点办法：

---

① 团市委宣传部：《关于观看、放映香港影片中的情况与问题》，1962 年 12 月 14 日，上档 A22-2-1093。

② 香港长城电影制片有限公司 1961 年出品。

③ 卢湾区人民委员会（以下称"卢湾区人委"）文艺科：《关于香港片上映情况报告》，1962 年 12 月 25 日，上档 A22（市委宣传部档案）-2-1093。

④ 市委宣传部文艺处：《职工看香港片和工会购买香港片票的混乱情况》，1962 年（无具体日期），上档 A22-2-1093。《新婚第一夜》，香港凤凰影业公司 1956 年出品。

一是根据各片不同的内容在放映上予以不同控制。对创作态度比较严肃，通过对香港居民的苦疾的描写，揭露资本主义社会制度的罪恶，作一般片放映。对由于环境限制，影片创作从票房价值上考虑较多，表面虽然是批判资产阶级思想，生活方式，实际上却有意无意地宣传了资产阶级生活方式的影片，则严格控制其发行范围，大大压缩其场次。对具有严重错误的影片，如抽去阶级斗争内容，强调人类的爱，调和阶级矛盾等，则予以最大限度的控制与压缩，或者不发行。

二是要求有关部门配合，采取座谈会、黑板报、影片分析讲解会等等各种方式向群众进行教育，不去争看香港片，和正确对待香港片。

三是报刊上适当予以评论，辅导观众正确理解香港片的内容，提高观众的辨别能力。[1]

经过层层组织和警方的协同配合，上述措施虽然很快奏效，暂时平抑了香港片影迷的狂热，然而，到1962年下半年，上海街头的奇观再度重现，"而且情况比1960年有所发展"。抢购电影票队伍之长，现场秩序之混乱，票贩子之猖獗，比此前有过之而无不及。又一波的"港片热"非但引起官方的再度关注，也造成社会议论纷纷，以致公安部门逮捕了一批阿飞、"黄牛"，市电影局采取了各种措施，"如规定了'三证购票'（凭团体购票证、工作证、单位介绍信买团体票）的办法，压缩了香港片上映的日期和场次"，紧张情况才有所缓解。据市人委文教办公室的一份报告称，采取这些措施之后，"排队争购香港电影票的情况已有好转"，国际、大光明、长宁三影院"隔夜排队买个别票的现象已大为减少"。

然而，"减少"并不等于杜绝。通宵觅票看香港电影的情形在上海市民文化生活中经常可见。直到1963年，除去内地与香港合拍或香港独资拍摄的戏曲片以外，香港故事片在大陆停映，上海的影迷才无法再次煽动起当年的狂热。

---

[1] 本段及下段，均见市人委文教办综合组编《香港电影在沪发行情况》，《关于文教系统调整精简工作情况简报》第18期，1963年1月9日，上档B3-2-215-282。

好莱坞遗风

上海街头的这一幕幕奇观，比之当年的好莱坞影迷有过之无不及。好莱坞风靡的年代里，看美国片虽然是一种时尚，但其观众以中上层家庭的知识人群为主体，还属"小众"消费，他们所展示的都市摩登与流行的生活式样，虽然引领了娱乐大众，但无论是票价还是语言，都与上海的普通市民有着不小的隔膜。而在电影已然为"人民群众"享有的新社会，平民百姓踏入影院成日常文化生活常态之时，久违的好莱坞时尚便借此天时地利随香港影片在上海街头刮起了新一轮的旋风。

在上海市民中间，看香港片也成为一种时尚。尽管这种时尚同国家控制下的文化消费导向格格不入，却依然是十分耀眼的社会景观，表现出上海基层社会还保留着文化价值取向的自主性。宣传部门曾经试图对此干预和引导，然而发现收效甚微："最近不少业余文艺爱好者和群众看香港电影入了迷，以前看香港电影偷偷摸摸，现在公开宣传。"[①] 工会、共青团的基层组织充当了时尚的引领者。1960年代初，香港影片的购票者由个别票为主"猛烈上升"为工会、共青团支部团体购票为主。据沪西、和平等影院反映："现在团体购票数要占整个票数的60%，如果不加控制的话，还将大大超过"。即使买到了团体票，"在车间里、班级里，为了争香港电影票争吵、抽签、摸彩、物物交换、以票换票之风很浓，每次票子一到，一抢而空。甚至在某些单位的党、政、工、团干部中，也有这股风"。[②]

与好莱坞影迷的情趣一样，香港片影迷也是冲着其娱乐性而争相踏进影院的。正如好莱坞影迷为自己所做的辩护："我认为电影固然是要给观众以教育的，但其娱乐性还是不可抹煞，在一般小市民观众中，娱乐性是相当受重视的。常听得有人说：'我们到电影院里来是为了寻找开心的，谁要看那些解放前的哭戏，老是那一套，你看，票价定得低也没什么人看……'"[③]

美国影片在上海曾拥有很大的市场和一批时尚的观众，除了其"票房拆

---

① 市委群众文艺工作委员会：《市区群众文艺活动的情况汇报》，1962年12月1日，上档A22-2-1093。

② 团市委宣传部：《关于观看、放映香港影片中的情况与问题》，1962年12月14日，上档A22-2-1093。

③ 陈苍叶：《我对美帝电影的看法》，《文汇报》1950年9月16日。

账"的成功营销策略之外，
①
最吸引眼球的是与繁华摩登
大都市"适销对路"的娱乐
性和那些光彩照人、惊艳无
比的好莱坞影星。《出水芙
蓉》便是突出的一例。这部
1944 年由米高梅公司拍摄的
歌舞喜剧片 1948 年在上海初
映就引起轰动，直到上海解
放后，陈毅、潘汉年也认为
它"不算是'黄色影片'"，

图 5-6　《出水芙蓉》海报

不要禁，一直放行到 1950 年
美国影片全面禁绝。② 每每忆及这部轻松而又好看的好莱坞大
制作，老上海们都会提到"《出水芙蓉》引起的反响是因为埃
斯特·威廉丝在片中的一身泳装"。③

当然，也确有粗制滥造和趣味低级的好莱坞影片以色情、凶
杀、离奇、怪诞娱悦大众，影迷中也不乏这类影片的追捧者，以
至于一些不错的影片，也被片商贴上点情色之类的标签来迎合观
众。比如，战后有部题为《想入非非》的美国片，讲美国青年的
疯狂发财梦，广告语是"一心一意追女人，七搅八搅吃豆腐"，
其实影片内容"实在是比较正经的，并且还带着点美国式的对人
生的嘲讽，但是广告却会胡缠到色情上去了"。④

还有相当的上海影迷是好莱坞影星的粉丝，他们并不一定

---

① 汪朝光:《20 世纪上半叶的美国电影与上海》,《电影艺术》2006 年第 5 期,
　第 39 页。
② 汪朝光:《好莱坞电影在新中国的沉浮》,《文史博览》2007 年第 11 期, 第
　26 页。
③ 〔美〕玛丽·坎珀:《上海繁华梦——1949 年前中国最大城市中的美国电影》,
　汪朝光译,《电影艺术》1999 年第 2 期, 第 87 页。
④ 孟度:《看电影的诀窍》,《妇女》第 2 卷第 5 期,1947 年 8 月 15 日, 第 18 页。

在意影片的内容，而纯粹为"追星"而去。一位曾经的上海影迷说，1937 年他在上海看美国片《失去的地平线》时，一点也不喜欢它。但该片主角的扮演者罗纳德·考尔曼是他所钟爱的影星，因此，时隔 30 年后，他在纽约再次去看这个电影，就像见到久别重逢的老朋友"那样欣悦"。① 钱钟书在《围城》中也曾调侃那些追星族：

> 就好像是外国的胭脂擦在坐在有轨电车里的十几岁女孩的脸上，女孩子的书都用电影明星照相的包书纸包着。那女孩子不过十六七岁，脸化妆得就像搓油滴粉调胭脂捏出来的假面具。②

香港影片的娱乐性与好莱坞有着异曲同工之妙。在内地放行的香港进步影片，虽经严格审查，也删减了"有害"镜头才公映，但香港片毕竟首先要面对香港电影市场的激烈竞争，要适合香港观众的胃口。无论是影片主题与故事结构，还是表现手法，都必须立足于香港社会；无论这些影片公司和主创人员有多深的内地背景，这些影片有何等"进步意义"，都不可能违背电影消费的娱乐属性。

由娱乐性所致，呈现在上海观众面前的香港影片，一般都有十分打眼的片名和广告，如《美人计》《荣华梦》《新婚第一夜》《天伦情泪》《野玫瑰》③等，虽然不像美国片名与广告那样露骨色艳，但还是能勾起影迷们娱悦的记忆与想象。就连香港左派影人有时也会对自己的片名感到惊讶，如著名演员傅奇④ 谈创作感想时写道：

> 当我接到剧本，一看到《新婚第一夜》这个名字，我委实吓了一跳，但看了剧本内容，完成了影片拍摄之后，我很高兴《新婚第一夜》对女子贞操

---

① 〔美〕玛丽·坎珀：《上海繁华梦——1949 年前中国最大城市中的美国电影》，《电影艺术》1999 年第 2 期，第 87 页。
② 转引自〔美〕魏斐德《上海警察，1927—1937》，第 6 页。
③ 《天伦情泪》，香港光艺制片公司 1959 年出品；《野玫瑰》，香港凤凰影业公司 1959 年出品。
④ 傅奇，香港著名电影演员，在《新婚第一夜》中扮演男主角梁绍宗。

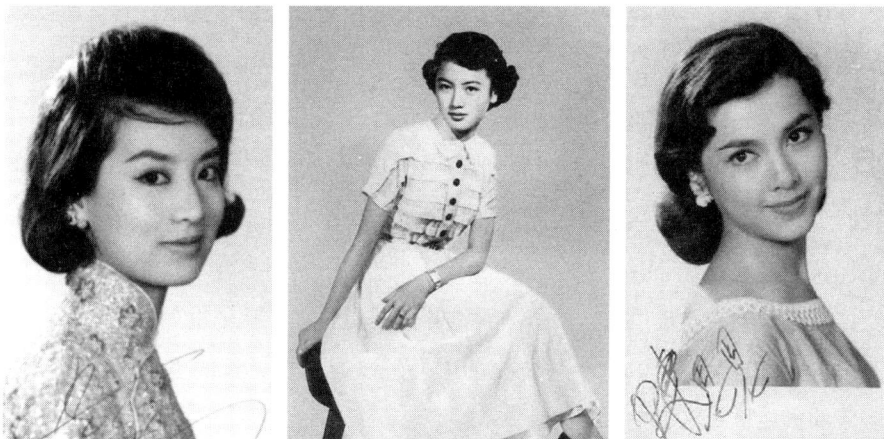

图 5-7 "长城三公主"：夏梦、石慧、陈思思

问题给了一个正确的答案，我更高兴在祖国，妇女被压迫的时代已经一去不复返了。①

广告上的女明星也有类似好莱坞影星吸引观众的磁力，促使"追星族"趋之若鹜。为看某个影星而争看港片，也是香港片火爆的重要原因。不少影迷说，就是专为看"主角陈思思面孔漂亮"，才"千方百计"去觅得《美人计》的电影票的；香港电影明星"人哆，演的哆"，"我三天三夜（指排队购票），就是为了《新婚第一夜》，今后找对象，就要夏梦一样哆的女人"。②

香港的轻喜剧片也与好莱坞擅长的影片式样相类似，轻松、好看是它们的共同之处。香港影片拥有大量上海观众，但也不是每片火爆。最热门的影片中，揭露社会问题和描写世态炎凉的轻喜剧片占据了很大的份额，如《美人计》《垃圾千金》《荣华梦》，或笑声中含着眼泪，或寓乐于紧张惊险之中。比如，与上文提及的美国片《想入非非》主题相似的香港片《荣华梦》，③ 由电

---

① 傅奇：《〈新婚第一夜〉印象》，影片宣传材料，香港电影资料馆 PR2258X。
② 市委宣传部：《有关香港影片的放映情况和一些不同看法》，1963 年 1 月 16 日，上档 A22-1-612。
③ 原名《父与子》，1954 年由香港中联影片公司摄制出品。影片描写一位小职员遭权势挤压，升职无望，便把儿子送入贵族学校读书，盼儿将来成器，以圆荣华梦。不料儿子遭同学排挤，自己亦无力高攀富人生活，于是觉悟，让儿子回归义学就读，让孩子快乐成长。

影导演吴回改编自德国幽默大师埃·奥·卜劳恩的连环画，将平民百姓十分熟悉的关于穷人、富人、亲情、天伦的身边故事，借助漫画的幽默风趣和原作品的智慧之光，让观众随之欢愉和唏嘘，尽情释怀。影迷的观感是：香港片"看得心情舒畅"，"看上去比较亲切，能使人发笑，又能使人流泪"，① 他们从中找回了好莱坞的某些感觉。因此，那些追求上座率的电影经营者深知上海观众还保留着"打得结棍（上海方言，'激烈'之意——引者注）、苦得厉害、既轻松又紧张"的欣赏口味，便争演香港片，尽量增加上映场次。②

在1950年代与1960年代之交的上海，以娱乐性见长的香港影片将溃散多年的影迷重新聚集在影院内外。

四 旁门左道：上海化的西方影像

上海影迷制造的街头奇观在那些年代的中国大都市中绝无仅有，上海市民的这种文化价值取向的确称得上"另类"。如果从这些香港影片的题材看，这种文化消费的狂热实在让今人大惑不解。所谓"千方百计"觅得的"一计"（指影片《美人计》）是描写盗窃团伙引诱华侨青年上钩最后被破获的故事；"三天三夜"等来的"一夜"（指影片《新婚第一夜》）则是以《苔丝姑娘》为蓝本，诉说了一个中国苔丝的遭遇。③ 这些并不为上海观众鲜见的电影题材，怎么会激起如此大的社会波澜？香港影片为何具有如此大的吸引力？

---

① 团市委宣传部：《关于观看、放映香港影片中的情况与问题》，1962年12月14日，上档 A22-2-1093。
② 电管处党支部：《关于电影工作中的资本主义经营思想的检查报告》，1955年1月20日，上档 A22-2-260。
③ 《美人计》的主要内容是：加拿大华侨林永宽携巨款回港置业及娶妻，寄居在父友庄世伯家中。诈骗集团首脑赵子光看准宽忠厚老实的弱点，串同侄女翠以助人为名引诱他豪赌，幸而庄及时阻止；宽没有陷入骗局，却堕入情网，倾心于翠。光遂利用翠设下美人计，假意让翠下嫁宽，诱他买下一幢房子。宽、翠结婚当天，庄发现宽所买房子根本不曾出售，立即向光追究。翠凭照片发现宽是失散多年的亲兄，遂挺身拆穿光的骗局。宽取回巨款，并与妹团圆。《新婚第一夜》的主要内容是：林芬战乱期间曾被奸污，后表哥梁绍宗提亲，芬只好写信相告。阴差阳错，宗在新婚夜才发现芬非处女，他虽一向不屑旧思想，却仍不悦。宗父欲退婚，幸宗及时醒觉，带芬离家生活。

都市文化的饥渴

好莱坞影迷溃散后，上海的电影大众经历了相当一段的沉闷期。影院门前少了许多人头攒动、争先恐后的火爆场面，多了不少团体组织的受教育者有序而入的景象。虽不能说上海影院门庭冷落，但不再有昔日繁华都市名片般的风光。

居市场份额绝对优势的国产片在上海受到冷遇，经营状况终无大的起色。1956 年 11 月 14 日的《文汇报》披露了国产影片的窘况：

> 像上海这样一个有 600 多万人口的大城市，一直是电影事业比较发达、观众人数又很多的地方，但有些国产片的上座率却十分低落。影片《一件提案》的观众仅 6000 多人次，上座率只有 9%；据说是思想性和艺术性都较好的影片《土地》，上座率也不过 20%；一般国产片的上座率在 30% 到 40% 左右；有 60% 上座率的影片，已经很难得了。①

公式化和概念化的国产片令都市娱乐大众大失所望。踏进影院，观众看到的是"题材范围狭窄""情节相雷同""人物缺乏自己的血肉，自己的个性，缺乏生活气息"的说教影片。② 无论票价怎样低廉，甚至由单位送票组织去看，1950 年代中期的大部分国产影片仍难以聚集起上海的市民观众。更有甚者，一看那些公式化的片名便兴味索然，"就知道是老一套"，毫无观看的欲望。③

1956 年 4 月起"双百方针"的出台与贯彻，曾给上海影迷的重聚带来一线生机。从 11 月 14 日至次年 3 月 24 日，《文汇报》开展了国产影片的大讨论，敲响了"电影的锣鼓"。④ 国产片的质量受到了广泛的质疑，票房所反映的"电影与群众"的关系得到普遍重视。讨论中尽管有人认为"解放以来的电

---

① （本报讯）《国产影片上座率情况不好》；（短评）《为什么好的国产片这样少？》，《文汇报》1956 年 11 月 14 日。《一件提案》，北京电影制片厂 1954 年出品；《土地》，长春电影制片厂 1954 年出品。
② 丁一海：《国产影片的缺点》，《文汇报》1956 年 11 月 14 日。
③ 卢山：《片名也要避免公式化》，《文汇报》1956 年 11 月 24 日。
④ 这次讨论中最有分量的代表作，是该报于 1956 年 12 月 21 日转载的《文艺报》评论员锺惦棐的文章《电影的锣鼓》。

图 5-8 《伟大的起点》，上海电影制片厂 1954 年出品

影事业取得了巨大的成绩"，但绝大多数人认为国产片不受群众欢迎是不争的事实。如当时有人写的一副对联击中要害："上联：伟大的起点，下联：无穷的潜力，横批：就是不卖座"。①

但是，刚刚开场的锣鼓很快就被反右运动叫停。这场讨论成了《文汇报》"资产阶级右派报纸"的罪证之一，《电影的锣鼓》作者锺惦棐② 因此而成大右派，46 位发表批评意见的上影人也被打入右派或右倾之列。"双百方针"鼓励下开始活跃的电影创作受到又一次巨大的政治冲击，《情长谊深》等刚刚面市的 6 部电影被定为"毒草"，禁止上映。③ 1958 年初，上海电影公司举行历时一个多月的创作讨论会，花了 200 多小时对 1957 年的新作进行"全面的鉴定"，虽然会议仍强调要贯彻"双百方针"，然而，所指出的问题中，恰恰有上海观众最为在意的有人情味的、有生活趣味的、带有都市浪漫色彩的影片风格和表现力。如会上批评一部以工人生活为题材的喜剧片《幸福》，④ 开场"从上班改成跳舞"，"把发明创造成功改为谈恋爱成功"，是"回避了对必要

---

① 陈沂：《我也想到电影的问题》，《文汇报》1957 年 1 月 23 日。
② 锺惦棐（1919—1987），著名电影评论家，时任中宣部文艺处干部。
③ 《情长谊深》，上海江南电影制片厂 1957 年出品。
④ 上海天马电影制片厂 1957 年出品。

的劳动生活的描写"；"向女朋友送花、送蛋糕和用蛋糕打脸等场面"，是"把健康的新生活庸俗化"。会议的总结者说："去年的影片有五多：跳舞多、服装多、恋爱多、拥抱多和接吻多，这是很值得我们注意的"。"这些缺点是严重的，不能忽视，因为这与创作干部的立场问题有关"。[①] 是年 6 月，刚摄制完成的反映资本主义工商业社会主义改造的故事片《不夜城》[②] 被批指"美化资本家"而打入冷宫。7 月，《乘风破浪》《护士日记》《凤凰之歌》《幸福》等 7 部上影摄制的故事片陆续遭到批判。[③]

图 5-9　《不夜城》海报

与此同时，电影创作和生产吹响了"大跃进"的进军令。整个 1958 年，大量制作粗糙、质量低下的影片推向市场，上海观众更鲜有问津。此时也有《永不消逝的电波》《英雄虎胆》[④] 等影片有较高的上座率，然实在是屈指可数。即使是这些优秀的红色经典，也一再重复着"以国为家"的政治套路，与上海影迷的审美情趣有着相当的距离。尤为有趣并令人深思的是，这些红色经典中的英雄人物给上海观众留下的印象往往不如片中的"反面人物"，上海人记忆最深的是《英雄虎胆》中女特务"阿兰小姐"，而不是深入虎穴的英雄曾泰，"阿兰小姐，来一个伦巴！"成为当年许多上海人茶余饭后谈论这部电影时脱口而出的一句台词。

一种前所未有的饥渴向都市文化消费大众袭来。上海影迷似乎与影院越来越疏离，越来越隔膜，那个充满着小资浪漫并杂糅着西方色彩的海派文化也

---

① （本报讯）《全面鉴定去年新片》，《文汇报》1958 年 2 月 4 日。

② 上海江南电影制片厂 1957 年出品。

③ 《乘风破浪》《护士日记》《凤凰之歌》，均为上海江南电影制片厂 1957 年出品。

④ 两片均系八一电影制片厂 1958 年出品。

随之逝去。

饥渴中的上海影迷还是有他们的诉求，所幸他们并没有一无所获。在美国影片被逐出中国之后，英、法、意等西欧国家影片还被允许留有一席之地。自1950年代中期到"文革"前，在中国电影发行公司的严格审查和控制下，西方国家影片时松时紧地还有译制发行。1950年代，根据中外文化交流协议，意大利、法国在上海举办过电影周。然而，1950—1966年的16年间，获准公映的西方影片不过40余部，只占上海出品的国产故事影片的20%左右，① 如果加上北京、八一、长春等电影制片厂出品的故事片以及大量的苏联、东欧影片，西方影片在上海电影消费市场上所占份额十分有限，只能处在边缘状态。

尽管如此，这条狭窄的西方文化渠道，还是让许多上海人流连忘返。无论是根据西方经典名著改编的影片，还是意大利、法国的新现实主义电影，都赢得过无数热情的上海观众。比如，轰动一时的法国影片《勇士的奇遇》中的主人公芳芳的名字和他的扮演者钱拉·菲利浦几乎家喻户晓，正如先睹为快的影评人所预料的："郁金香·芳芳的快乐而自由的性格将唤起我们的快乐的共鸣，而这个有着深黑色的头发、雪白的牙齿和英俊的体格的豪放不羁的形象，也一定将长久地保留在我们的记忆中。"② 又如，根据大仲马的《隐侠记》改编的影片《三剑客》、莫泊桑的《漂亮的朋友》和司汤达的《红与黑》改编的同名影片颇受欢迎，8位当年的高中学生印象最深的西方影片就是搬上银幕的西方文学名著。③ 虽然当时对名著改编得成功与否有褒贬不一的评论，但上海人的历史记忆中保留的不是这些评论，而是一幕幕西方故事和一个个碧眼金发高鼻的西方形象。再如，《偷自行车的人》《罗马十一点钟》揭示的意大利下层社会的种种面相，也着实打动了许多上海普通人。这些西方影片为上海市民打开了一扇观察西方文化的窗口，既能捕捉西方历史文化，又能看到西方现实社会某些侧面，他们从中接受的西方文化是经典的，也是正宗的。

---

① 据统计，1950至1966年，上海各电影制片厂共摄制故事片215部，除少数"有问题的电影"受到批判而在内部放映外，绝大多数都上映过。见《上海电影志》，第276页。

② 唐挚：《〈勇士的奇遇〉是怎样一部影片？》，《大众电影》1956年第19期，第16页。

③ 关于外国影片和香港影片的8个访谈：李逊，2004年7月14日，上海李逊寓所；王世靖、卢廷璋、倪康、郑如桂、陈力仪、狄宗信、易荣，2004年10月5日，上海张济顺寓所。

与这条西方文化通道同步，还有一条激发上海影迷集体记忆和想象的"旁门左道"——40 余部经中央政府主管部门严格审查后放行的香港影片。政府将这些影片归入与准行的西方资本主义国家影片相同类的"进步影片"，"有领导地、有选择地"推向城市大众。[①] 但出乎领导机关意料的是，这些香港影片在上海引起的轰动，远甚于西方影片。1956 年上海全市 22 家影院参加出映法国电影周，平均上座率是 89.7%，其中《勇士的奇遇》上座率高达 97.9%，[②] 却仍然不能与香港影片动辄场场爆满的盛况相比。

吾心所求

在这条拥堵不堪的香港电影通道上，饥渴中的上海影迷究竟想表达何种诉求呢？来自上海市委宣传部、共青团上海市委以及黄浦、徐汇、卢湾三个区委宣传部门的几份调查报告提供了可资分析的案例。

调查报告记录了大量香港片青年观众的观感，议论最多的是香港的社会生活。青年工人说：

> 香港是不错的，住的洋房，吃的鱼肉，穿的西装，谁不愿过这种生活？从电影里看看伊拉（上海话"他们"——引者注，下同）生活是适意的，服装笔挺，穷人也有西装穿；香港失业容易，找职业也快，只要头子（上海话"脑子"）活络，人聪明，像《夜夜盼郎归》里的男主角，人聪明，洋行老板就会请伊（上海话"他"）去做事的。[③]

大学生评价道：

> 香港电影就是反映生活的，西洋化的，有味道。那些西洋派大学生生活老

---

① 市委宣传部：《有关香港影片的放映情况和一些不同看法》，1963 年 1 月 16 日，上档 A22-1-612；团市委宣传部：《关于观看、放映香港影片中的情况与问题》，1962 年 12 月 14 日，上档 A22-2-1093。

② 《国产影片上座情况不好》，《文汇报》1956 年 11 月 14 日。

③ 团市委宣传部：《关于观看、放映香港影片中的情况与问题》，1962 年 12 月 14 日，上档 A22-2-1093。《夜夜盼郎归》，香港长城电影制片有限公司 1958 年出品。

（上海话"非常"）丰富，老高级的，穿起了燕尾服跳起了伦巴舞，礼拜天同女朋友一起吃吃玩玩，真有乐趣。①

调查报告对《美人计》观众的描述更为形象：

（影片）不惜大肆宣扬他们阔绰挥霍的场面，女主角每一个镜头换一套奇装异服，男主角每到一处，就展示一幢漂亮的新式洋房……有许多青年观众就专为"十八套服装"、"四幢洋房"而去看《美人计》。②

从这些充满市井气的议论中，可以感受到上海基层社会依旧弥漫着对西方现代都市生活式样的眷情和羡慕。在香港片影迷那里，用来表征香港社会生活的最美语汇都离不开"洋"，而这一切又是如此的适意和快乐。他们把香港当作生活样板和人生价值去解读，去效仿。通过银幕这个特定的媒介，上海普通百姓的西方记忆被唤起，西方想象被激发。

按常理论，与世界隔绝下的上海市民借以想象西方的媒体，更为直接的应是人民政府放行的西方影片。然而，这些影片直接传递的西方文化却不敌经香港影片过滤和改造的西方文化那样具有穿透力。

"文革"前17年在上海公开放映的西方题材的影片，无论出自哪个国家，在上海普通市民看来都是地道的外国人编织和演绎的西方故事。与同期上映的香港影片相比较，欧洲影片不以娱乐性和通俗性取胜。几乎所有的被访者，不管其喜欢何种影片，都一致认为，欧洲影片与香港影片最大的区别就是雅和俗。③ 即使有可看性很强的喜剧片，如英国影片《百万英镑》《天堂里的笑声》，但就上海市民的文化消费取向和审美情趣而言，可以喜欢、赞叹、好奇，也可以为之动容、动情，还可以作为一份个人文化素养的积累，但总是如同"西洋景"般的"他者"，难以身临其境地去体验和参照。

---

① 团市委宣传部：《关于观看、放映香港影片中的情况与问题》，1962年12月14日，上档A22-2-1093。
② 市委宣传部：《有关香港影片的放映情况和一些不同看法》，1963年1月16日，上档A22-1-612。
③ 关于外国影片和香港影片的8个访谈。

香港影片正好填补了西方影片的缺憾,把"西洋景"由欣赏性和猎奇性的"他人之事"变为体验性和仿效性的"吾心所求"。

1950年代至1960年代上半期,以表现香港下层社会市民命运的新现实主义影片在香港左派电影制作中占有很大份额,也是获准在内地上映的"进步影片"。这些影片主要出自长城、凤凰、新联三家影业公司(香港电影界一般合称它们"长凤新"),其主要创作人员是从上海迁至香港的,也有相当一部分上海影人曾迁居香港又返回内地工作。虽然1950年代初"长凤新"就已经在影片题材上"从表现上海和内地城市市民生活的情况改变过来,关注本地,注目于香港这个现实的生存环境",① 但是,沪港两地电影界的血亲渊源关系,使得这些影片无论是叙事结构还是表现手法,都一脉相承,难以割断。著名导演朱石麟② 的轻喜剧片《误佳期》被誉为香港新现实主义电影学派的开创经典,稍后拍摄的《一板之隔》也是同类影片的上乘之作,③ 但1930年代风靡上海的《马路天使》《十字街头》的喜剧元素仍闪现其中。《十字街头》"用罗曼蒂克的曲折情节讲述了两个贫穷的都市栖居者同住一间租赁的屋里,中间只隔了一层很薄的墙,最后他们终于互相见面并坠入爱河";④ 在另一个时空里,《一板之隔》也运用了类似的喜剧手法,表现了狭小空间造就的恩恩怨怨和都市小人物的喜怒哀乐,这些都为上海市民似曾相识,颇有亲切之感。

特别有趣的是,在国产影片经历反右和"大跃进"的风浪离上海影迷越

---

① 电影研究者认为,朱石麟导演的《误佳期》是战后香港第一部反映香港现实生活、关心香港现实社会的影片。见杨建德《香港喜剧电影研究》,朱枫《朱石麟与电影》,载中国台港电影研究会编《香港电影回顾》,中国电影出版社,2000,第77、144—145页。

② 朱石麟(1899—1967),著名电影导演。1922年起踏入电影界,1930年起先后在上海联华影业公司、中华联合制片股份有限公司和中华电影联合股份有限公司任导演。1946年移居香港,先后为南洋、大中华、永华等影业公司拍片。1953年主持筹建凤凰影业公司,此后一直领衔凤凰公司。

③ 《误佳期》描写一对青梅竹马的青年男女如何重逢相爱,却因各种障碍不断延误结婚佳期,最后在工友的热心帮助下,终于完婚。《一板之隔》写同住一层楼的两个小人物,各自在社会上受尽闲气,回到一板之隔的住所里,把气撒在对方身上。在一位后搬来的女教师的开解下,两人终于化解积怨成为好朋友。

④ Leo Ou-Fan Lee, *Shanghai Modern*, *the Flowering of a New Urban Culture in China*, *1930—1945* (Cambridge, MA: Harvard University Press, 1999), p. 113.

图 5-10 《十字街头》，上海昆仑影业公司 1937 年出品

图 5-11 《一板之隔》，香港凤凰影业公司 1952 年出品

来越远时，香港左派影人的作品却在逆向而行。有学者发现，朱石麟 1954—1959 年导演的片目，"除了《乔迁之喜》（1954）和《水火之间》（1955）还有点五十年代初那批作品对中下层社会的写实味道，其他影片的趣味都相当的小

资产阶级"。①　还有的学者进一步证实，左派的电影"多多少少自身仍保留一种独立性"，保持着"跟无产阶级风马牛不相及的小资产阶级趣味"，"就是渲染生活之和谐面，描写细腻的情感"，"懂得对都会人物开开无伤大雅的玩笑；又因为安于现状，不愿正面接触现实的深处伤处"。②　在激烈竞争的香港电影市场，左派电影的这种独立性和自身趣味未必能使香港观众趋之若鹜，倒十分投合饥渴中上海影迷的诉求，促使他们争先恐后地挤上这条怀旧与想象的旁门左道。

　　上海市民与香港影片的近密接触，生成了一种复合记忆。往昔上海社会和今日境外的另一个世界，林林总总地纷至沓来。这是一个上海化的西方影像，其中包含着无法割断的上海文化记忆。《马路天使》《十字街头》中上海街景的蒙太奇组合，被当今文化研究者称为"对上海这座带域外风的大都会之速度、能量、和颓废的'超现实主义'的写照"，③　曾经深刻地印在市民观众的脑海里。当类似镜头再现于二三十年以后的香港影片时，便勾起了一些老上海的记忆："与旧上海无啥两样"，也引发了小上海的联想："外面看不到的东西，它有；自己想不到的事，它有；自己不知道的旧社会里的事，它有。"④　这种记忆为上海市民在与西方隔绝的状态下去理解和想象西方提供了一份特殊的历史资源。香港影片与西方影片的重要区别之一，便是能够让这份历史资源转化为市民的文化认同，从而去追逐那个既熟悉又陌生的世界。每每香港影片上映，上海街头便会有影片主角的服式、发式流行，"大包头"和"小裤脚"就是典型的仿港时尚。一些青年影迷做起了"香港梦"，

① 　黄爱玲：《从三十年代到冷战时期——朱石麟和岳枫的电影之路》，《冷战与香港电影》，第153页。

② 　石琪：《港产左派电影及其小资产阶级性》，舒琪编《战后国、粤语片比较——朱石麟、秦剑等作品回顾》，香港：市政局，1983，第150页，转引自《冷战与香港电影》，第153页。

③ 　《马路天使》开头就用一组长镜头，"从上海最高屋顶拍到点缀着凌乱的船只的运河河面"；又以很快的节奏拍摄"角度奇特的摩天大楼、轿车街车拥挤的街道、娱乐区中——尤其是咖啡馆和舞厅门前——闪烁的霓虹招牌"；《十字街头》的片头从很低的角度拍摄了倾斜的摩天大楼。见 Leo Ou-fan Lee, *Shanghai Modern*, *the Flowering of a New Urban Culture in China*, *1930—1945*, pp. 107, 113.

④ 　市委宣传部：《有关香港影片的放映情况和一些不同看法》，1963年1月16日，上档 A22-1-612；团市委宣传部：《关于观看、放映香港影片中的情况与问题》，1962年12月14日，上档 A22-2-1093。

图 5-12 《垃圾千金》

拼命学英文，一心要去香港。还有的中学女生仿照影片中的"香港派头"，
"穿得奇形怪状，轧的（上海话'交的'）都是华侨朋友"，也一心奔香港。
某工厂一位女学徒犯有偷窃行为，在检查时交代："看了《垃圾千金》等香港
影片后，思想里很想穿漂亮衣裳，由于工资只有 18 元，就动脑筋偷别人袋
袋里的钞票，一心想做一件'垃圾千金'一样的衣裳"。[①]

从情感的体验到行为的效仿，香港片的这种社会效果是同期上映的西方
影片所无法企及的。也只有融合了上海独特的都市文化的集体记忆，香港影片
才能够充任影院内外互动的触媒。

五　软性抗衡：党与小市民各自表述

在上海影迷再现了的都市文化时尚背后，国家与社会的政治较量在 1950 年
代与 1960 年代之交特定的社会情势下展开。尽管香港片影迷是一群企图摆脱政治
说教的小市民，但他们也踏入了关于社会主义与资本主义的认知世界，将影院空
间的感受与社会现实的境遇相参照与呼应，形成与国家意识形态的软性抗衡。

---

①　团市委宣传部：《关于观看、放映香港影片中的情况与问题》，1962 年 12 月 14 日，上档
　　A22-2-1093。《垃圾千金》，香港凤凰影业公司 1958 年出品。

孰优孰劣

香港影片并非所有上海人的首选，但用阶级或社会分层理论来圈定它的影迷也着实困难。若从历史学的路径去探讨则可以界定，史料记载和口述回忆都确认那个年代的香港片影迷是"上海小市民"，[①] 其中青年占绝大多数——青年工人、高中学生（以女学生居多）、社会青年、[②] 年轻的家庭妇女，科室干部、小学教师、护士。[③] 有7位口述史者不约而同地提及，他们的中学时代，喜欢看香港片的同学大部分出自小市民家庭。受访者王先生和陈女士谈到，受家庭影响，在中学时拒绝香港片。因为他们的父母告诉说，香港电影是小市民看的，没有艺术性，低级趣味。王的父亲是上海某大工厂的干部，共产党员；陈的父亲是总工程师，母亲是师范学校校长，都是共产党员。陈有过一次跟随同学看香港片的经历，回家后受到母亲严厉批评，并停止两周发给零用钱。[④] 虽然关于"小市民"的概念仍旧是见仁见智，但是在1950—1960年代上海文化语境中，这一群体指征不难意会：生活在社会中下层的普通人，借用保罗·皮克威兹（Paul Pickowicz）的描述则是"文化素养低、非知识分子的城市大众文化消费者"。[⑤]

从历史的延续来看，上海小市民构成香港影片的观众群是毫不奇怪的。按照电影理论家尼克·布朗尼（Nick Browne）和皮克威兹的观点，1930年

[①] 在学理上，对"上海小市民"尚无精准的界定。在上海地方话语中，不同的时空所指的意义也不同。比如，张爱玲在她大量的散文里，总自称"小市民"，明显地表露出对他们的偏爱；在1930年代的左翼知识分子那里，"小市民"是指都市的市民层，不包括工人，如蔡楚生曾在自述中写道："现在的工人和农民能够有机会观电影的很少很少，而观众中最多数的，则还是都市的市民分子"。见蔡楚生《八十四日之后：给〈渔光曲〉的观众们》，中国电影研究中心编《中国左翼电影运动》，中国电影出版社，1993，第364—365页，转引自 Leo Ou-Fan Lee, *Shanghai Modern, the Flowering of a New Urban Culture in China, 1930—1945*, p.111.

[②] 1950年代中期至1960年代，上海社会出现了一大批初、高中毕业后既没能升学，又不响应政府号召"支援新疆建设"，在家待业的青年，当时统称他们是"社会青年"。

[③] 市委宣传部：《有关香港影片的放映情况和一些不同看法》，1963年1月16日，上档A22-1-612。团市委宣传部：《关于观看、放映香港影片中的情况与问题》，1962年12月14日；市委群众文艺工作委员会：《市区群众文艺活动的情况汇报》，1962年12月1日；均见上档A22-2-1093。关于西方影片和香港影片的8个访谈。

[④] 王世靖、陈力仪访谈，2004年10月5日，上海张济顺寓所。

[⑤] 转引自 Leo Ou-Fan Lee, *Shanghai Modern, the Flowering of a New Urban Culture in China, 1930—1945*, p.117.

图 5-13　香港长城电影制片有限公司

代上海电影体现着通俗剧的传统，它的目的"不是为了针砭对付单调的日常生活。相反，它试图把一群多是非的观众打入善恶的基本冲突中去，这冲突就发生在日常生活的表层之下"。[①]　这种传统既吸引了 1930 年代的上海小市民，又在 1950、1960 年代的香港影片中延续，继续为"多是非"的小市民的首选。

但是，1949 年以后上海文化消费的体制及功能转换使得这种历史的延续性改变了内在的路径，作为电影消费主导者的中共和行为主体小市民，都把主要兴奋点从香港片"善恶基本冲突"移开，注入关于"资本主义""资产阶级"的认知世界里。

中华人民共和国建国以后，中共之所以对香港左派电影公司给予多方面的支持和关照，主要考虑的是让它们作为新中国在香港不可或缺的文化据点，直接向海外华侨、华人以电影文化宣传新中国，以对抗美国为首的西方国家对新中国的封锁政策和港英当局"打左护右"的基本政策。1955年，时任文化部副部长的夏衍与香港左派电影公司领导人谈话时提出的"背靠祖国，面向海外"的方针，表达了中共赋予香港左派电影人的使命和

[①]　转引自 Leo Ou-Fan Lee, *Shanghai Modern, the Flowering of a New Urban Culture in China, 1930—1945*, p.117.

任务指向[①]。

　　"背靠祖国"的含义是多方面的。除了中国政府直接提供的物质支持外，将"长凤新"的左派影人和他们的作品纳入中共统战大局也是重要的一招。有基于此，1950年代和1960年代早期，一部分香港影片得以在中国内地上映。正如文化部主管电影的副部长陈荒煤在一次讲话中所说：

> 为甚么要买（香港片）？是对香港进步电影的支持。他们目前担负的任务是我们目前无法承担的，如果他们不拍，则海外华侨只能去看美帝国主义的影片。（他们）和国外反动影片起了斗争的作用，而且在帝国主义思想主导下（的环境中），生活上也很艰苦的，因此，我们除合拍（影片）支持外，买一些也是支持。[②]

1962年7月21日，文化部长周扬在回答长春电影制片厂演员关于表演与修正主义的提问时说：

> 夏梦来长影，不过就是爱打扮一些，听说你们也看不惯。不要光看这一点。人家也有政治，人家很进步嘛！在香港给她几千、几万港币叫她拍不好的片子，她不去，是政治第一，这一点就很不容易！她在那样的社会环境里，只能那样生活，不然她就活动不了。我们要理解她。[③]

　　而"面向海外"的定位又使得香港左派电影事实上很难是真正的"左派"。一如研究者所指出："左派制片的方针并不是对观众灌输某种思想性或者某种政治意识形态为主"，"跟中共之允许香港社会存在一样，左派公司的宗旨也只能做到但求在此地立一稳定的据点，而不愿作出任何过火的行动"。[④]

---

① 转引自周承人《冷战背景下的香港左派电影》，《冷战与香港电影》，第30页。
② 《陈荒煤同志关于对支持农业、香港影片、科学教育影片及外国影片等问题的讲话》，1962年11月17日，上档B177-1-21。
③ 周扬：《在长春电影、话剧演员座谈会上的讲话》，《周扬文集》第4集，人民文学出版社，1991，第184页。
④ 转引自石琪《港产左派电影及其小资产阶级性》，《冷战与香港电影》，第30页。

夏衍一贯提倡：

> （香港左派电影制作）与其调子放高而不能畅所欲言，不如调子放低而
> 做一点启蒙教育工作。只要不制作使人民精神堕落的影片，提供一
> 些清纯、健康、鼓励人民向上的精神食粮，也就对得住自己的艺术良
> 心了。①

"长凤新"所秉持的"导人向上、向善"的制片方针，"施施然的中庸态
度"以及"自足的布尔乔亚味儿"，② 正是契合了立足香港、面向海外的
方针。

　　这就与中共的电影宣传教育主旨发生了冲突。从国家意识形态原则出发，
新中国执政者对发行上映香港和西方影片的"负面影响"一直抱有警惕。早在
1951年8月，上海市文化局电影事业管理处就对香港青华、南国、永华、长
城四家影片公司在沪办事处的影片贸易业登记问题提出报告，主张从严掌握，
认为中国影片发行已经统一归口，香港公司"此种业务事实上已不需要"，只
是为照顾"部分香港公司今后在国内的发行"，才可考虑少量予以登记。③ 这
些意见立即得到了局长的同意批复。翌年1月，市文化局分别回复南国和青华
两公司上海办事处，对他们关于影片贸易业登记的申请不予批准，要求其"撤
销登记申请"，并指出他们的驻沪办事机构"已无存在的必要"，理由是认为
他们过去所发行的旧影片"大都内容消极，不合目前国内人民需要"，今后发
行旧片会"日渐减少"，"而香港总公司每年可能进口影片亦不会多"。④ 不久，
香港各影业公司上海办事机构相继结束。

　　与此同时，政府有关部门对进入中国内地的香港电影规定了一整套严

---

① 香港《文汇报》1948年9月27日。
② 转引自周承人《冷战背景下得香港左派电影》，《冷战与香港电影》，第30页。
③ 电管处：《为送办理电影影片贸易登记工作的报告及申请书件请鉴核分别存转由》，1951年8
　月21日，上档B172-1-57。
④ 市文化局致南国影业公司上海办事处《为你处申请电影贸易登记事函达查照由》，1952年
　1月9日；市文化局致中企影艺社、青华影片公司上海办事处、永安影业社《为你处（社）
　申请电影片贸易登记事函达查照由》，1952年1月9日；均见上档B172-1-57。

格的审查程序和办法。政府主管电影的领导经常对港片的公映发出指示，从1959年到1962年，陈荒煤多次谈到香港影片和外国影片的发行、影响及其对策，在表示支持香港进步电影的同时，一再强调"买了（香港片）不演也不好，但在这方面我们的控制是很严的，1954年至1962年才买了80部，上映的35部，地方发行的8部"，"合拍后，港片上映的数量可再减少些，每年5部"。① 1963年，陈荒煤在全国电影发行放映会议上宣布了一道禁令：

> 香港片，暂时不恢复，好的如《雷雨》，也不恢复。因为我们控制的在少数，映了就会有市场，不能闭着眼睛不看现实。只映一部，也会造成混乱。但另一方面，也不是完全不映，如合拍片就是。②

进口的资本主义国家影片，也减得少之又少。

根据意识形态的要求，政府有关部门审定香港和西方国家影片的一个基本原则，就是要揭露资本主义的罪恶、资产阶级生活方式的腐朽及其人生观的颓废和堕落。为此，党的宣传机构一再强调放映香港影片和西方影片的意图，在于它们"暴露了资本主义社会的黑暗"，"使广大群众看后更体会我们社会的优越性，对青年理解旧社会的残酷、黑暗也是一面镜子"。③ 共青团上海市委也把受香港电影影响而堕落的青年，作为教育青年树立正确世界观的"反面典型"。④

每当香港影片或西方影片上映前，电影杂志必定要刊登批判性的介绍文章阐述上述意图。上海《电影故事》月刊每期要介绍即将上映新片的基本信息和故事梗概，每当香港片即将面市，这个小小的刊物都会在介绍影片内容时突出其"暴露黑暗"的主题思想，或在内容介绍之后跟上一两句批判性的评语，

---

① 《陈荒煤同志关于对支持农业、香港影片、科学教育影片及外国影片等问题的讲话》，1962年11月17日，上档B177-1-21。

② 《陈荒煤副部长在全国电影发行放映会议上作第二次讲话的记录》，1963年（无具体日期），上档B177-1-21。《雷雨》，香港华侨影业公司1957年出品。

③ 市委宣传部：《有关香港影片的放映情况和一些不同看法》，1963年1月16日，上档A22-1-612。

④ 团市委：《世界观教育参考材料之六：一个企图逃跑投敌的青年的坦白书》，1960年7月14日，共青团上海市委世界观教育参考材料（第1-9期），1960年9—12月，上档C21-2-1469。

图 5-14 《笑笑笑》海报

将原本"低调"的香港左派电影嵌入"阶级压迫""资本主义"等意识形态的话语框架内。

例如，1955 年第 4 期将《乔迁之喜》①的故事概括为："影片从香港某建筑公司的一个职员的生活水平的逐步降低与住屋的几度变迁中，描写了小资产阶级的幻想在香港现实生活中的破灭和他们生活中的压抑与痛苦"。

又如，1958 第 7 期预告轻喜剧片《垃圾千金》即将上映。该片讲的是一个街头行乞的流浪少年在梦境中被一位富家老太误认为自己孙女而一夜成为千金小姐的故事。编者用一段沉重的引言导出它的梗概："影片的故事对于我们，特别是对于年青的一代，也许是陌生的，但是，世界上确实是有这样的地方，有这样的事情，现在还有。"

再如，1959 年第 12 期介绍影片《第七号司机》和《歧路》时，直接表达了放映这两部影片的官方意图："这些主人公的悲剧性遭遇，对生活在新社会的年轻人来说，恐怕是不易理解的，但在资本主义社会里却每天都在发生着。影片会使大家进一步认识到，腐朽、霉烂的资本主义社会带给人们的是无穷无尽的灾难"。②

也许出于统战的考虑，电影大众读物的编者并不正面指责香港影片和它的创作者，而常常借用"读者"之笔，将香港影片的"负面影响"揭示出来。《大众电影》第 1 卷第 15 期刊登了两篇来自读者的影评，分别对香港影片《火凤凰》和《方帽子》提出

---

① 香港凤凰影业公司，1954 年出品。

② 《歧路》《第七号司机》分别由香港凤凰影业公司和华侨电影企业公司 1959 年出品。

严厉批评。前者指出《火凤凰》的作者"从头到尾"在颂扬一个"穿着漂亮，嘴上常挂着一些进步口号，会谈爱情的温柔的小姐"，宣扬"十足的小资产阶级的生活态度和思想感情"；后者则直截了当地将《方帽子》列为"恶劣的""消极影片"，指责影片创作者"以美国电影的一套'手法'，来夸张反面人物的生活方式和活动，我们在银幕上看到了妖形怪状的女人，油腔滑调的青年以及跳舞场，公园，咖啡馆等等，（创作者）表面上是'暴露'，实质上是欣赏，因此就成了好莱坞毒素的翻版了"。文章作者甚至表示：《方帽子》"因为是在解放了的中国放映，我们首先就得从其对广大观众的影响来衡量它，而不能因为它是香港出品，就原谅它的缺点"。①

在同样的意识形态认知世界里，上海小市民对于"资本主义"和"资产阶级"的权力话语抱有质疑态度。透过香港影片那些"日常生活的表层"，小市民把得到的有关"资本主义社会"和"资产阶级生活"的理解作为自身境遇和生存环境的参照系，从而上升到"孰优孰劣"的一般理性。

1950年代与1960年代之交的特定社会局势强化了上海小市民对"香港—资本主义—西方"这一认识逻辑。这一时期，香港经济发展加快，社会开始呈现繁荣景象，市民的文化需求朝多元方向发展。"长凤新"的电影创作也紧随其后，不再直接表现下层民众的苦痛和诉求，而是在不改变弃恶扬善的道德评价基调下，讲求表现的手法和策略，让香港观众感到好看而叫座。各级宣传部门和电影主管部门也发现，这一时期出映的香港电影"虽然在内容上不外乎揭露了香港社会的世道险恶、老实人受骗、青年人易误入歧途等，但在情节处理与形象表现上与以前上映的香港片有所不同"。他们所指出的港片"渲染了资产阶级奢侈的生活方式"，"反映阿飞活动或香港糜烂生活的镜头较多"，或者"抽去了阶级斗争的内容，强调'人类之爱'"等，正是就这种变化而言的。②

---

① 长庆：《宣传小资产阶级思想的〈火凤凰〉》，方澄：《〈方帽子〉是恶劣影片》，《大众电影》第1卷第15期，1951年1月，第14页。

② 从1960年到1963年初，市委宣传部、市人委文教办以及市电影局在关于香港影片的内部报告中，多次举出这一时期香港出品并在内地上映的影片《美人计》《夜夜盼郎归》《天伦情泪》《野玫瑰》《豆蔻年华》等，有意无意地宣扬了资产阶级思想和生活方式，是消极片，甚至是有严重错误的。见市委宣传部《有关香港影片的放映情况和一些不同看法》，1963年1月16日，上档A22-1-612。

图 5-15 《新寡》，香港长城电影制片有限公司 1956 年出品

　　而同期的中国内地正逢"大饥荒"困难时期，上海人的生存境遇也落到低谷，物质生活极为匮乏，生活质量大幅下降。且不说上海本已实行的粮油计划供应，此时扩大到了火柴、草纸（即手纸）、肥皂等所有的生活必需品，就是有了票证，也常常无货供应。比如，从 1957 年 1 月 1 日起，上海的猪肉定量是市区居民每旬定量 125 克，元旦加量 125 克，春节加量 625 克。而从 1959 年至 1961 年三年中，不但供应方法和定量年年不同，甚至月月变化，而且在 1961 年 8—12 月的每月下旬，全市有票却无猪肉供应。粮食供应的紧张自不待说，大米成了上海人餐桌上的奢侈品，取而代之的常常是南瓜叶和山芋（红薯）。饭店和食品店经常是空空如也，即使偶尔能遇上一次有饭菜或食品供应，也要凭政府配给的"就餐券"去吃饭，凭"糕点券"去购买糕点。一直贻笑大方的上海市"半两"粮票就是由"糕点券"演化而来，它传达的不是上海人锱铢必较的小气，恰是那个年代留下的无奈的辛酸。[①] 然经济的困难倒给香港影片和西方影片提供了一个意外的机会。1959 年，为配合加速市场游资回笼，市电影局放行的香港片和资本主义国家的影片数量较前

[①]　金大陆：《非常与正常——上海"文革"时期的社会生活》（下），上海辞书出版社，2011，第 98、62 页。

明显增多。据统计，1959 年上映 8 部，1960 年上映 7 部，1961 年上映 8 部，1962 年上映 10 部（其中 5 部是新片），占"文革"前内地公映港片总数的 76% 强。[①]

　　一面是上海社会生活现实的贫乏与紧缺，另一面却有香港影片中的繁荣图景频频呈现，两者正好形成强烈反差，直接刺激了小市民的精神世界，影响到他们的价值判断。几位青年工人的观感很有代表性：

> 香港生活自由，要啥有啥，勿像我伲（上海话，"我们"）现在出去还要带就餐券。《美人计》里一个人换了 18 套服装，而我伲布票只有 4 尺半。中国要变成像伊啦（上海话，"他们"）一样，不晓得要多少年呢？[②]

港片影迷把影院所得的感性视觉印象抽象为关于"主义"的种种话语。所谓"香港生活我们挨不着（上海话，'轮不上'），看看电影过过瘾也是好的"，"原来资本主义还有这么一套，真有味道"，"国产片和我伲的生活一样，枯燥（得）一塌糊涂，啥地方有像香港片里一片繁荣的景象，那里的霓虹灯也是雪雪亮的"等出自观众的评论，[③] 听似十分世俗肤浅的比照，却体现出香港影片在意识形态方面的张力。遥远的西方以香港影片为媒介，与众多的寻常百姓实现了零距离的接触，给予上海基层社会以"资本主义"和"资产阶级"的意识形态的具象。

谁胜谁负

　　关于资本主义和资产阶级的国家意识形态话语未能在上海基层社会激起

---

① 中共上海市电影局委员会：《上海市电影发行放映工作总结 1958—1960 年》，上档 B177-1-261；市人委文教办综合组编《香港电影在沪发行情况》，《关于文教系统调整精简工作情况简报》第 18 期，1963 年 1 月 9 日，上档 B3-2-215-282。

② 团市委宣传部：《关于观看、放映香港影片中的情况与问题》，1962 年 12 月 14 日，上档 A22-2-1093。"布票"是 1954 年起政府实行的城市居民粮食、食油、棉布计划供应的居民购布凭证，三年困难时期上海居民的布票发放减少。

③ 市委宣传部：《有关香港影片的放映情况和一些不同看法》，1963 年 1 月 16 日，上档 A22-1-612。

反响，却产生了违背执政者初衷的效果。宣传部门的调查报告显示："从一般观众的反映及对香港片如此热衷的情况看，恐怕很少能从中真正取得教训，从而痛恨资本主义社会，热爱新社会。有的观众甚至把这种'暴露'拿来当'补药'吃"；"香港电影对青年的影响，比较突出的一点，就是有些青年为电影中所描写的资产阶级生活方式所迷惑、羡慕、向往，看不清两种社会制度的本质，认为香港是天堂、是乐园"。①

香港片影迷与主流意识形态相悖的街头狂热，惊动朝野。1963年初，市委宣传部一份呈上海市委并报中宣部、华东局宣传部的报告汇集了党内外各方有关放映香港影片的一些不同看法，"对香港片是否要公映问题议论纷纭"。其中很大一部分人认为："香港片宣扬资产阶级思想，对观众'教育意义不大，副作用不小'"，"特别对那些幼稚无知，意志薄弱的青少年来说，是害多益少"，主张"还是不放或少放为好"。②

虽然"不放"的意见没有被采纳，但是上海小市民关于"香港—资本主义—西方"的认知与国家意识形态形成的冲突足以引起党和政府的不安。特别是香港影片观众的主体，即小市民的构成正从"边缘"走向"中心"。团市委的一份调查报告显示："前两年（指1959、1960年——引者注）较多的还是社会上家庭妇女、资产阶级，现在是我们的基本群众，工人、学生占得多，而且其中绝大部分是青年。"③ 更令领导头痛的是一些基层干部也认识模糊，工作不力："有些工厂和学校领导对香港片的警惕有所放松，有的不注意教育，有的放任自流，有的错误地以为看香港电影是群众的合理要求，还调动人力去排队争购"。更为堪忧的是，在某些单位的党、政、工、团干部中，利用"职务之便"先占先得香港电影票。如上海工具厂买了《美人计》票180张，为了避免麻烦，有关领导宣布"不向下讲"，就在厂一级的干部和科室里全部分光。

---

① 市委宣传部:《有关香港影片的放映情况和一些不同看法》，1963年1月16日，上档A22-1-612；团市委宣传部:《关于观看、放映香港影片中的情况与问题》，1962年12月14日，上档A22-2-1093。
② 市委宣传部:《有关香港影片的放映情况和一些不同看法》，1963年1月16日，上档A22-1-612。
③ 团市委宣传部:《关于观看、放映香港影片中的情况与问题》，1962年12月14日，上档A22-2-1093。

少数工厂、学校的工会文教干部与社会的阿飞流氓勾结一起，兴风作浪，用各种非法手段，垄断大量电影票，然后再黑市高价出售，造成人为紧张。1962年下半年曾破获一个由上海无线电四厂、高桥化工厂、上海广播器材厂、第二机械厂、正泰橡胶厂等国营企业的电影宣教干事组成的"庞大的购票集团"，他们在大光明电影院附近的五味斋饭店、和平电影院附近的长江饭店、沪西电影院附近的状元楼设有活动据点，通过各种办法，弄到很多电影票。如上钢三厂电教干事刘某，手里只有4张团体购票甲卡（每卡可购60张票），结果他却搞到了1300张《美人计》票。这些电教干事搞到这么多票后，就到处活动，把票送给医生，就可以开到补药，随便开病假条；卖给商店，可以吃到好香烟；卖给饮食店，去吃饭就可以油水特别足。①

这对执政者来说，这些"基本群众"出了问题，确实是意识形态领域内社会主义和资本主义"谁胜谁负"的严重斗争。

自进入大上海，执政的中共对"谁胜谁负"的问题一直高度重视，警钟长鸣。改造旧上海社会的成就尽管世所瞩目，但对中共而言，始终是"万里长征走完的第一步"，资产阶级"糖衣炮弹"的进攻从未停止，"谁胜谁负"的较量并未结束。争夺年轻一代的问题，更被视为涉及江山社稷的大事，一刻也没有放松。为此，从电影《武训传》的批判、知识分子思想改造、反胡风一直到反右，1950年代中共在意识形态领域里开展的政治运动从未间断。同时，主流意识形态通过各种媒体和群众性的政治教育向下灌输，其中包括面向电影观众的影评组织，各类群众文化机构的建立以及名目繁多的文化活动。一时间，革命文化高亢的主旋律确实对近代上海都市文化形成了强有力的政治冲击，在基层大众的社会生活上打下或深或浅的烙印。在这样的社会政治氛围中，资产阶级、小资产阶级思想成为腐朽人生观的代名词，看香港片、古典小说，唱爱情歌曲之类被视为"落后的表现"，②其行为主体自然被划为"落后分子"。因此，在1950年代的大部分时间，看香港电影还须"偷偷摸摸"，要

① 市人委文教办综合组编《香港电影在沪发行情况》，《关于文教系统调整精简工作情况简报》第18期，1963年1月9日，上档B3-2-215-282。
② 团市委：《三年来思想教育工作的总结》（初稿），1961年9月22日，上档C21（团市委档案）-2-1761。

避开单位的党团组织甚至家长，^① 香港片所折射的"谁胜谁负"问题似乎还不那么尖锐。

随着困难时期的到来，上海普通市民中普遍持有追求轻松气氛的心态，以平衡紧张短缺的社会生活。一种都市怀旧情绪有所抬头，曾经在革命化生活方式冲击下被认为需要无条件改造的"小资产阶级情调"在小市民中自然地流露出来。1960 年 11 月 19 日《解放日报》开始的关于"什么是青年人的幸福的讨论"，就是由一位叫胡文杰的青年发出的"人过三十万事休""一个人的青春不长，总不能老艰苦奋斗"的感叹所引发。一位署名"莫朴愁"的读者在讨论中表达了上海青年普遍追求的"幸福观"：

> 向往拥有一个温暖安定的家庭，爱情是幸福，是生活的主流，是产生力量的源泉。住在几间漂亮的洋房里，有成柜的书，有收音机，下班回来，一家人围桌而坐，吃着新鲜的水果和可口的杏仁茶，各人有各人的爱好，听收音机，看书，争论问题，这多好啊！ ^②

尽管官媒刊登的大部分来信是"积极向上"的，如"幸福来自忘我劳动""艰苦奋斗精神创造幸福""英雄人物决不为个人打算"等，想以此对胡文杰等"有更多的帮助和启发"，"和他有类似思想的同志也可能受到教益"，^③ 但是，香港片影迷上演的街头奇观不仅大大加重了"小资产阶级幸福观"的砝码，更杂陈着低级趣味和道德堕落的种种弊端将"谁胜谁负"的问题推向风口浪尖。相形之下，报端的文字讨论就显得过于温文尔雅，缺乏"战斗力"了。

这一波的香港片狂热足使各级领导感到"谁胜谁负"问题的严重性，他们反复检讨说："在思想上，对上海这个地方资产阶级思想影响的根深蒂固估计不足，对香港片的消极因素以及它对青年带来的影响，估计不足，对于在当前复杂的阶级斗争形势下，资产阶级思想从香港片这一具体途径来争夺青年的

---

① 市委群众文艺工作委员会：《市区群众文艺活动的情况汇报》，1962 年 12 月 1 日，上档 A22-2-1093。

② 转引自陈祖恩等《上海通史·当代政治》（熊月之主编《上海通史》第 11 卷），第 189—190 页。

③ 转引自陈祖恩等《上海通史·当代政治》，第 189 页。

严重性认识不足"，因此"工作做得很不够"。[①] 各种限制放映、加强教育引导的措施相继提出并实施。然而，上海影迷的再次溃散，是在1963年香港出品的故事片从上海文化领域里全部消失之后。

结语　转型中的延续

西方现代都市的基本生活式样曾经以各种方式渗透到上海市民的日常生活中。在大众文化消费领域，许多文化商品贴上了欧美标签而受到市民的青睐。在潜移默化、耳濡目染的日常文化消费中，众多未出过国门的上海小市民把电影里描述的西方，当成他们追求的生活样板。西方列强正是通过这样一个文化传播管道，将各种不平等条约赐予的特权，转化成形形色色的文化形象和符号，进入了上海小市民的文化视野。在上海文化消费领域发生急剧变化的1950—1960年代早期，与欧美社会几乎隔绝的上海小市民通过香港电影媒介的作用，把他们的西方记忆与想象的空间保留并延续下来。

在中国史学界，尽管1949年前后历史断裂与延续的讨论已受到关注，但集中于政治制度、革命的话题，而社会、文化、政治、革命交相呼应的研究还不多见。本章所研究的文化消费领域内上海市民的群体历史记忆，便佐证了历史的转型与延续。作为都市文化的历史叙述，1950年代和1960年代早期的上海提供了许多1949年以前的文化记忆。在意识形态主导的社会生活中，大众文化的取向依然多元。

但这又不意味着1949年以后的中国历史就此可以做"告别革命"的书写。本章的研究同时表明，中国共产党执政以后进行的种种革命性的变革对上海基层社会产生了多方面持续性的影响，尽管对这种影响的深度可以有不同的估价。我们可以从1950—1966年的上海大众文化消费领域中发现许多时空的交叉或者迭合：国家对社会的强力统合同基层社会的自主性并存；政治文化的日

---

① 团市委宣传部:《关于观看、放映香港影片中的情况与问题》，1962年12月14日，上档 A22-2-1093。

益趋同和地方差异性的顽强表现。在这种交叉与迭合中，1949 年以后的上海大众文化展示着历史的转型与延续。

1950 年代和 1960 年代上半期的上海将大众文化记忆留给了今天的上海。透过当今上海社会强烈的都市怀旧情绪，我们看到的不仅仅是 1930 年代的上海摩登，而且也有 1949 年至"文革"前的社会文化印象。

征引文献
索　引

征引文献

一 档案、文集及其他资料

档案

上海市档案馆：

解放日报社档案，全宗号 A73

军管会新闻出版处暨旧政权新闻出版机构档案，全宗号 Q431

日伪上海特别市政府保甲委员会档案，全宗号 R33

上海市委宣传部档案，全宗号 A22

圣约翰大学档案，全宗号 Q243

市电影局档案，全宗号 B177

市妇联档案，全宗号 C31

市粮食局档案 B135

市民政局档案，全宗号 B168

市人委文教办档案，全宗号 B3

市文化局档案，全宗号 B172

市选举委员会档案，全宗号 B52

市新闻协会党组档案，全宗号 B36

团市委档案，全宗号 C21

文汇报社档案，全宗号 G20

中共上海市委城市人民公社领导小组及里弄工作委员会档案，全宗号 A20

中共上海市委政法委员会档案，全宗号 A6

上海市杨浦区档案馆：第一次普选档案，全宗号 A6

香港电影资料馆：

影片宣传材料，PR2258X

Austin：The Archives of Episcopal Church in U.S.A.，Record 79，Group 11，13

Library of Divinity School of Yale University：Archives of United Board of Christian Colleges in China（UBCCC），Group#11，Box#239

报刊

《解放日报》《人民日报》《文汇报》

《大众电影》《大众医学》《妇女》《工商新闻》《观察》《光》《光》半月刊《家》《平论》《人民画报》《上海生活》《文史哲》《西风》《西风副刊》《宇宙风》《约翰年刊》《约翰声》《智慧》

文集

何东昌主编《中华人民共和国重要教育文献（1949—1975）》，海南出版社，1998

《建国以来毛泽东文稿》第2、4册，中央文献出版社，1990

《建国以来重要文献选编》第1、4册，中央文献出版社1992、1993

《建国以来刘少奇文稿》第4册，中央文献出版社，2005

《毛泽东选集》第1、4卷，人民出版社，1991

《毛泽东选集》，东北书店，1948

《思想改造文选》第5集，光明日报出版社编辑出版，1952

上海市档案馆编《上海解放》，档案出版社，1989

上海市档案馆编《上海解放》（上、中、下），中国档案出版社，2009

上海市档案馆编《上海解放》续编，上海三联书店，1999

上海市通志馆年鉴编纂委员会：《上海市年鉴》（1946），中华书局，1946

《上海市统计》，上海市地方协会编辑发行，1933

中共中央组织部、中共中央党史研究室、中央档案馆编《中国共产党组织史资料》附卷一，中共党史出版社，2000

中国出版科学研究所、中央档案馆编《中华人民共和国出版史料》第3、4卷，中国书籍出版社，1996、1998

中央档案馆编《中共中央文件选集》第17、18册，中共中央党校出版社，

1992

《周扬文集》第 4 集，人民文学出版社，1991

口述及回忆录

巴金等:《当代文学翻译百家谈》，北京大学出版社，1989

《承宪武（1947—1949 年圣约翰大学新闻系学生，中共地下党员）访谈录》，2013 年 11 月 18 日

关于外国影片和香港影片的 8 个访谈：李逊，2004 年 7 月 14 日；王世靖、卢廷璋、倪康、郑如桂、陈力仪、狄宗信、易荣，2004 年 10 月 5 日

《黄纯颖（黄嘉德长女、清华大学教授）访谈录》，2014 年 1 月 18 日

季羡林等:《外语教育往事谈》，上海外语教育出版社，1988

李海文整理《在历史巨人身边——师哲回忆录（修订本）》，中央文献出版社，1995

《李乃坤（黄嘉德学生、山东大学教授）访谈录》，2014 年 10 月 14 日

《刘禾（Lydia Liu，美国哥伦比亚大学教授）访谈录》，2013 年 7 月 3 日

沈鉴治英语口述，高俊翻译整理《圣约翰大学的最后岁月（1948—1952）》，《史林》2006 年增刊

《圣约翰中学 1933 年纪念刊》

徐时霖整理《徐铸成日记》，三联书店，2013

《徐铸成回忆录》，三联书店，2010

《徐铸成自述·运动档案汇编》，三联书店，2012

《严凤霞（圣约翰大学化学系学生·中共约大党支部宣传委员）、姚季梅（化学系学生）、朱照宏（土木系学生）访谈》，2012 年 5 月 11 日

二 专著

〔美〕贲玛丽:《圣约翰大学》，王东波译，珠海出版社，2005

曹树基:《大饥荒：1959—1961 年的中国人口》，香港国际时代出版有限公司，2005

陈徒手:《故国人民有所思——1949 年后知识分子思想改造侧影》，三联出版社，2013

陈远:《燕京大学（1919—1952）》，浙江人民出版社，2013

戴锦华:《雾中风景——中国电影文化（1978—1998）》，北京大学出版社，2006

戴锦华:《电影批评》，北京大学出版社，1999

董玥主编《走出区域研究：西方中国近代史论集粹》，社会科学文献出版社，2013

冯客:《毛泽东的大饥荒：1958—1962年的中国浩劫史》，香港新世纪出版社，2011

〔美〕弗里曼、毕克伟、塞尔登:《中国乡村：社会主义国家》，陶鹤山译，社会科学文献出版社，2002

〔美〕傅葆石:《灰色上海，1937—1945——中国文人的隐退、反抗与合作》，张霖译，刘辉校，三联书店，2012

〔美〕傅葆石:《双城故事——中国早期电影的文化政治》，刘辉译，北京大学出版社，2008

傅国涌:《1949年：中国知识分子的私人记录》，长江文艺出版社，2005

该书编撰委员会编《上海电影志》，上海社会科学院出版社，1999

郭圣莉:《城市社会重构与新生国家政权建设——建国初期上海国家政权建设分析》，天津人民出版社，2006

郭圣莉:《居民委员会的创制与变革：上海市个案研究》，中国社会出版社，2006

〔美〕韩起澜:《苏北人在上海，1850—1980》，卢明华译，上海古籍出版社、上海远东出版社，2004

〔美〕贺萧:《危险的愉悦：20世纪上海的娼妓问题与现代性》，韩敏中、盛宁译，江苏人民出版社，2003

华严:《回梦约园》，台北：跃升文化事业公司，2012年再版

黄嘉音、朱绮编译《斗争中的亚洲妇女》，家出版社，1950

金大陆:《非常与正常——上海"文革"时期的社会生活》，上海辞书出版社，2011

〔美〕孔飞力:《中国现代国家的起源》，陈兼、陈之宏译，三联书店，

2013

李道新:《中国电影文化史（1905—2004）》，北京大学出版社，2005

〔美〕李欧梵:《上海摩登——一种新都市文化在中国（1930-1945）》，毛尖译，北京大学出版社，2001 年

陆键东:《陈寅恪的最后 20 年（修订本）》，三联出版社，2013

马光仁主编《上海新闻史》，复旦大学出版社，1996

梅朋、傅立德:《上海法租界史》，上海译文出版社，1983

阮清华:《上海游民改造研究（1949—1958）》，上海辞书出版社，2009

上海解放十年征文编辑委员会编《上海解放十年》，上海文艺出版社，1960

上海市文史馆编《旧上海的烟娼赌》，百家出版社，1988

苏祖斐等:《儿科学》，人民卫生出版社，1953

汤水清:《上海粮食计划供应与市民生活（1953—1956 年）》，上海辞书出版社，2008

汤伟康等:《上海轶事》，上海文化出版社，1987

屠诗聘:《上海市大观》，中国图书杂志公司，1946

汪朝光:《影艺的政治——民国电影检查制度》，中国人民大学出版社，2013

王奇生:《革命与反革命——社会文化视野下的民国政治》，社会科学文献出版社，2010

王奇生主编《新史学（7）·20 世纪中国革命的再阐释》，中华书局，2013

王韬:《瀛壖杂志》，上海古籍出版社，1989

〔美〕魏斐德:《上海歹土——战时恐怖活动与城市犯罪，1937—1941》，芮传明译，上海古籍出版社，2003

〔美〕魏斐德（遗著）:《红星照耀上海城——共产党对市政警察的改造（1942—1952）》，梁禾译，人民出版社，2011

〔美〕魏斐德:《上海警察，1927—1937》，章红等译，上海古籍出版社，2004

文汇报史研究室编写《文汇报史略（1949.6—1966.5）》，文汇出版社，1997

吴继平：《新中国第一次普选运动研究》，河南人民出版社，2010

香港电影资料馆编《冷战与香港电影》，香港电影资料馆，2009

熊月之、周武主编《圣约翰大学史》，上海人民出版社，2007

熊月之主编《上海通史》，上海人民出版社，1999

许君远：《〈自传〉补遗》，香港天马图书公司，2008

徐公肃、丘瑾璋：《上海公共租界制度》，上海人民出版社，1980

徐铸成：《报海旧闻》，上海人民出版社，1981

燕京大学校友校史编写委员会《燕京大学史稿（1919—1952）》，人民中国出版社，1999

杨继绳：《墓碑：中国六十年代大饥荒纪实》，香港天地出版社，2008

中国台港电影研究会编《香港电影回顾》，中国电影出版社，2000

杨奎松：《忍不住的关怀：1949年前后的书生与政治》，广西师范大学出版社，2013

杨显惠：《夹边沟记事》，花城出版社，2008

〔美〕叶文心：《上海繁华：都市经济伦理与近代中国》，王琴、刘润堂译，台北：时报文化出版公司，2010

〔美〕叶文心：《民国时期大学校园文化（1919—1937）》，冯夏根等译，中国人民大学出版社，2012

张济顺：《中国知识分子的美国观（1943—1953）》，复旦大学出版社，1999

张林岚：《赵超构传》，文汇出版社，1999

章博：《近代中国社会变迁与基督教大学的发展——以华中大学为中心的研究》，华中师范大学出版社，2010

郑重：《毛泽东与文汇报》，香港中文大学出版社，2010

中共中央党史研究室：《中国共产党历史》第2卷（1949—1978，上），中共党史出版社，2011

中国电影研究中心编《中国左翼电影运动》，中国电影出版社，1993

周育民、邵雍:《中国帮会史》，上海人民出版社，1993

中国台港电影研究会编《香港电影回顾》，中国电影出版社，2000

Carter Wiseman: *I.M.Pei: A Profile in American Architecture*, New York: Harry N Abrams Inc., 1990

Frank Dikötter: *The Tragedy of Liberation: A History of the Communist Revolution 1945—1957*, London: Bloomsbury Press, 2013

Leo Ou-Fan Lee, *Shanghai Modern, the Flowering of a New Urban Culture in China, 1930—1945*, Cambridge, MA: Harvard University Press, 1999.

Lin Chun, *The Transformation of Chinese Socialism*, Duke University Press, 2006

Lü Xiaobo and Elizabeth Perry, eds., *Danwei: The Changing Chinese Workplace in Historical and Comparative Perspective*, Armonk, N.Y.: M.E. Sharpe, 1997

Mark W. Frazier, *The Making of the Chinese Industrial Workplace: State, Revolution, and Labor Management*, New York: Cambridge University Press, 2002

Susan L. Glosser, *Chinese Visions of Family and State, 1915—1953*, Berkeley: University of California Press, 2003

Wen-hsinYeh, "St.John's University and the Culture of the Shanghai Bourgeoisie," *The Alienated Academy: Culture and Politics in Republican China, 1919—1937*, Cambridge and London: Harvard University Press, 1990

William C. Kirby ed., *Realms of Freedom in Modern China*, Stanford, California: Stanford University Press, 2004

三　论文

陈震宇:《黄嘉音与〈西风〉二三事》，《出版广角》1997 年第 3 期

方晓蓝:《想到了黄嘉音》，《新民晚报》1998 年 10 月 20 日

高信:《黄嘉音其人其文其画》，《书房写意》，上海远东出版社，2009

华君武：《近代上海是我正反两方面的教员》，《漫画记事》，人民文学出版社，2008

黄爱玲：《从三十年代到冷战时期——朱石麟和岳枫的电影之路》，《冷战与香港电影》，香港电影资料馆，2009

姜进：《断裂与延续：1950年代上海文化的社会主义改造》，《社会科学》2005年第6期

柯灵：《〈周报〉沧桑录》，《往事随想·柯灵》，四川人民出版社，2000

孔海珠：《父亲曾是漏网大右派》，《世纪》2009年第5期

孔令云：《杂志文：1940年代散文的另类形态》，《江苏社会科学》2010年第1期

雷兵：《"改行的作家"：市长李劼人角色认同的困窘》，《历史研究》2005年第1期

李乃坤：《黄嘉德先生与萧伯纳研究》，《文史哲》2011年第5期

李淑珍：《见山不是山，见山又是山？——论林语堂的二度改宗经验》，黄兴涛主编《新史学（3）·文化史研究的再出发》，中华书局，2009

刘淼：《基于翻译文学在文学多元系统论中的地位：对比研究 My Country and My People 两个中译本》，《剑南文学》2012年第6期

刘涛：《一个费边主义者的中国之旅——萧伯纳在1956年的中国》，《英美文学研究论丛》第16辑，上海外语教学出版社，2012

鲁海：《翻译家黄嘉德50年代青岛领军山大外文系》，《半岛都市报》2012年8月20日

马敏：《近年来大陆中国教会大学研究综述》，章开沅主编《文化传播与教会大学》，湖北教育出版社，1996

〔美〕玛丽·坎珀：《上海繁华梦——1949年前中国最大城市中的美国电影》，汪朝光译，《电影艺术》1999年第2期

茫眼：《黄嘉音在世的亲人们都读到了方晓蓝先生的文章》，2009年7月20日，http://blog.sina.com.cn/c/blog-5f07c1960100ef7m/html

眉睫：《许君远年表》，《黄冈师范学院学报》第29卷第5期

南台：《老上海名人黄嘉音、朱绮夫妇在宁夏》，2010年6月8日，http://

blog.sina.com.cn/bxbwbxbwbxbw）

〔美〕裴宜理:《国家的主人? 人民共和国早期的上海工人》,周杰荣、毕克伟编《胜利的困境: 中华人民共和国的最初岁月》,香港中文大学出版社,2011

〔美〕裴宜理:《找回中国革命》,董玥主编《走出区域研究: 西方中国近代史论集粹》,社会科学文献出版社,2013

〔美〕裴宜理:《民国时期的学生运动应对: 燕京大学与圣约翰大学之比较》,《中国学术》总 34 辑,商务印书馆,2013

邱云光:《"漫画一生,从一而终"的华君武》,《中国文化报》2010 年 6 月 16 日

石琪:《港产左派电影及其小资产阶级性》,舒琪编《战后国、粤语片比较——朱石麟、秦剑等作品回顾》,香港市政局,1983

史鉴:《出版局长劫难记》,《世纪》2010 年第 4 期

汪朝光:《战后上海国产电影业的启示》,《电影艺术》2000 年第 5 期

汪朝光:《战后上海美国电影市场研究》,《近代史研究》2001 年第 1 期

汪朝光:《20 世纪上半叶的美国电影与上海》,《电影艺术》2006 年第 5 期

汪朝光:《泛政治化的观照——中国影评中的美国电影（1895—1949）》,《美国研究》1996 年第 2 期

汪朝光:《好莱坞电影在新中国的沉浮》,《文史博览》2007 年 11 期

汪朝光:《建国初停映美国影片纪实》,《世纪》2007 年第 4 期

汪朝光:《上海电影的现实主义品格与娱乐风格——由战后上海电影业的兴盛说起》,《电影新作》2006 年第 6 期

王鹏飞:《〈西风〉与西洋杂志文的兴起》,《新文学史料》2010 年第 2 期

王婷:《从翻译文学与本土文学的博弈看〈吾国与吾民〉的中文回译》,《文教资料》2011 年 2 月号中旬刊

王婷:《无情、无奈还是无愧: 从意识形态角度探究〈吾国与吾民〉汉译本》,《安徽文学》2011 年第 2 期

王文卿、潘绥铭:《意识形态斗争对我国性教育的影响》,《宁波大学学报》

第 21 卷第 2 期

王晓朝：《中国教会大学的教育理念及其借鉴意义——兼论中国教会大学史研究的评价模式》，罗兼祥、江丕盛主编《大学与基督宗教研究》，香港浸会大学中华基督宗教研究中心，2002

王远轴：《美帝影片对我的毒害》，《大众电影》第 1 卷第 15 期

王政：《居委会的故事：社会性别与 1950 年代上海城市社会的重新组织》，吕芳上主编《无声之声：近代中国的妇女与国家》（1），台北：中研院近代史研究所，2003

〔美〕魏斐德：《"清理整顿"：上海的新秩序》，周杰荣、毕克伟主编《胜利的困境：中华人民共和国的最初岁月》，香港中文大学出版社，2011

吴向北：《被遗忘的上海文艺作家协会》，《新文学史料》1997 年第 3、4 期

〔德〕余凯思：《中华人民共和国史之再思考》，香港《二十一世纪》总第 149 期，2015 年 6 月

俞王毛：《林氏刊物与海派文学》，《美与时代》2005 年第 12 期

张济顺：《1949 年前后的执政党与上海报界》，《中共党史研究》2009 年第 11 期

张济顺：《从民办到党管：上海私营报业转制中的思想改造运动，以文汇报为中心的考察》，韩钢主编《中国当代史研究》第 1 辑，九州出版社，2009

张济顺：《性与性别：一群文化人的社会关怀》，姜进主编《都市文化中的现代中国》，华东师范大学出版社，2007

张济顺：《沦陷时期的上海保甲制度》，《历史研究》1996 年第 1 期

张济顺：《论上海里弄》，上海地方志办公室编《上海研究论丛》第 9 辑，上海社会科学院出版社，1993

张济顺：《上海近代社会研究界说》，上海地方志办公室编《上海研究论丛》第 5 辑，上海社会科学院出版社，1990

张济顺：《上海里弄：基层政治动员与国家社会一体化走向（1950—1955）》，《中国社会科学》2004 年第 2 期

张济顺：《转型与延续：文化消费与上海基层社会对西方的反应》，《史林》

2006 年第 3 期

章开沅:《教会大学在中国》丛书总序,徐以骅、韩信昌《海上梵王渡:圣约翰大学》,河北教育出版社,2003

周承人:《冷战背景下的香港左派电影》,《冷战与香港电影》,香港电影资料馆,2009

〔美〕周杰荣、毕克伟:《中华人民共和国的最初岁月:引论》,周杰荣、毕克伟编《胜利的困境:中华人民共和国的最初岁月》,香港中文大学出版社,2011

周武:《从全国性到地方化:1945 至 1956 年上海出版业的变迁》,《史林》2006 年第 6 期

〔美〕周锡瑞:《关于中国革命的十个议题》,董玥主编《走出区域研究:西方中国近代史论集粹》,社会科学文献出版,2013

邹振环、王纯:《西风社及其主持人黄嘉德》,《民国春秋》2000 年第 2 期

Christian Henriot, " 'La Farmeture': The Abolition of Prostitution in Shanghai, 1949—1958," *China Quarterly* 142 , June, 1995

Elizabeth J. Perry, "Managing Student Protest in Republican China: Yenching and St. John's Compared," *The Frontier History of China*, 2013

Elizabeth J. Perry, "Studying Chinese Politics: Farewell to Revolution?" *The China Journal*, 2007

Jean Oi, "Realms of Freedom in Post-Mao China," See William C. Kirby ed., Realms of Freedom in Modern China, Stanford California: Stanford University Press, 2004

William C. Kirby, "Continuity and Change in Modern China: Economic Planning on the Mainland and on Taiwan, 1943—1958, " *Australian Journal of Chinese Affairs* 24 , 1990

索 引

（以拼音为序）

附　录

近代上海社会研究界说

沉寂多时的上海史研究近年复苏，关于它的近代时期研究更是活跃。长期未敢涉足的课题，如租界史，取得了开拓性进展；曾被认为登不得"大雅之堂"的帮会、烟娼赌、同乡会等问题，相继推出学术论著；一度受到冷落的海派文化研究，不仅在"文化热"中引人注目，而且呈现出与社会史研究交汇前行的势头；某些"传统"课题，如工人运动、学生运动、党派之争等，不再满足于政治事件的铺陈，而是从社会学、文化人类学等学科中汲取新鲜养料；还有那些过去不起眼的小市民、苏北人等所谓"下只角"里的芸芸大众，也纷纷走进史学殿堂。尤其令人振奋的是，1985 年第一部系统研究和论述上海近代史的专著《上海近代史》问世，[①] 时隔四年，由唐振常、沈恒春两位先生分司正副主编的力作《上海史》又以十分之九的篇幅论述近代。[②] 这些成果既显示了近代上海研究的勃勃生机，又提出了更新理论与方法论体系的强烈要求：将近代上海研究导向社会史学科新领域的时机已臻成熟，一门崭新的近代上海社会史呼之欲出了。

（一）

同任何一门新学科一样，上海近代社会研究在自己的创生过程中必须首先选择一种独特的学术态势，确定独立的学术地位，与传统史学有所界限。非

---

① 刘惠吾主编《上海近代史》，华东师范大学出版社，1985。
② 上海人民出版社，1989。

此便不能从潜科学阶段跨入显科学阶段。

目前的近代上海研究虽然成果激增，视野渐开，但未形成总体的社会史研究学术态势，也未占据社会史应有的学科位置。传统的近代史研究规范还制约着近代上海研究的领域。

数十年来，中国近代史研究形成了一套规范或样本：以政治史（包括革命史、中共党史）为基本框架，以两大阶段（新、旧民主主义革命）、三次高潮（太平天国、义和团运动、辛亥革命）和四个时期（北伐战争、土地革命战争、抗日战争、解放战争）为基本线索，旁及一点经济、文化的内容。从方法论上看，这套规范依循的是"事件－人物"操作模式。近代上海研究走过的学术历程亦大致如此。正如《上海史》作者在此书前言中谈及的那样，上海社会科学院历史研究所从1956年建立起，就把上海史列为一项重要的研究内容，进行了鸦片战争与上海、小刀会起义、辛亥革命时期的上海、五四时期的上海、五卅运动等专题研究。由于无庸赘述的原因，1978年以前，系统研究上海史的愿望"无从实现"。[①]

时至今日，不少历史学者已经体察到传统的近代史规范研究越来越不能适应当代史学发展的趋势，并日益显露出它在运用马克思主义解释中国近代历史时的幼稚与片面。上海史研究者也在突破这套研究规范方面勉力探索，一批社会史研究者也在突破这套明证。但是，传统研究规范的巨大惯性，又使近代上海社会研究与它若即若离。表现之一：课题选择偏重于政治史、政治事件。这种偏向在古代上海研究中尚不明显，学者们致力于成陆年代的探讨、区域沿革的考订、明清松江府的经济社会发展研究等。而在近代时期的论著中，这一倾向越到晚近时期研究倾斜度越大。以最新成果为例，1988年的近代上海城市研究国际学术讨论会上，国内学者推出了11篇经济、文化及社会生活方面的新作，从数量上看是可观的。但除了1篇经济史论文研究时限跨入了1930年代以外，其余均限于1920年代以前。见诸报刊、文集的上海近代史学术论文中，关于社会史方面的论著还是凤毛麟角，论及1930年代以来的社会变迁的文章几付阙如。新近出版的《上海史》在总体构思上已有颇多创新，其中之

---

① 唐振常、沈恒春主编《上海史》，第4页。

"一新"就在于将政治、经济、社会、文化诸方面进行综合研究。但成书之后，著者掩卷反思，感到在综合性方面仍有缺憾：对在开埠以后上海市民的心理变化虽有述及，但仍嫌不足；对近代上海的同乡会、同业公所、帮会等社会组织与上海社会特点，对五方杂处的人口特点与上海社会活力的关系，对西方文化与海派文化的关系，对上海大城市的形成及其对周围地区的影响等方面，"研究不够充分，表达不够完整，有些很好的见解因散见在几个章节中而被淹没，显得零散、不集中"。[①] 这一缺憾在全书的后半部分（1927年以后）逐步明显，至抗战以后的篇目更为突出，由八一三抗战、反对日伪统治、战后反对内战独裁以及迎接解放等一系列政治事件贯串的历史之链概括了综合的历史画卷。对于确定近代上海社会史独立的学术地位和特有的学术态势来说，课题的选择固然不具有决定意义，但偏重政治史和政治事件的研究却为新学科的创生设置了障碍。

表现之二：政治史对于社会史的涵盖。就许多课题的客观内容而言，不存在政治史抑或社会史研究的"专利权"。而传统规范研究的主要弱点之一便是将政治史放在优先地位，赋予"专利"并视为当然，大凡进入这一规范的选题，多以本末清晰的政治事件解释纷繁复杂、绝无终极的社会结构运动，并以恒定的政治标准判断所有历史现象的价值。即便对社会做过研究，也还是把社会当作印象式的"布景"，粗略地勾画它的轮廓，在"布景"前面上演着的则是领袖们的"英雄"历史剧。这个弱点在近代上海研究中还有相当程度的反映。旧上海的帮会、娼妓等社会病态问题，本应成为探测上海社会结构，特别是下层社会关系的重要症候，也是近代上海社会研究的重要课题，然令人遗憾的是，目前除极少数论文走上社会史研究轨道外，[②] 多数论者的兴趣还在于探讨政治事件中的帮会、青帮大亨与上层统治者的关系、娼妓制度随政权更替的演变等，徘徊在政治事件－领袖人物的模式内。再如，1927年发生的政治变动至今还令许多历史学者回味咀嚼，但大多仍停留于三次工人武装起义、四一二政变的过程描述。其中虽有探讨蒋介石政变的社会基础者，但局限

---

① 唐振常、沈恒春主编《上海史》，第6页。
② 苏智良等：《近代上海帮会繁盛原因初探》，上海市地方志办公室编《上海研究论丛》第2辑，上海社会科学院出版社，1989。

于蒋同几个资产阶级头面人物的关系（一些关键史实，如虞洽卿赴赣与蒋介石密谋反共还未经考证），至于上海各个不同层次的资本家，上海社会的其他阶级、阶层对当时政治的剧烈变动做何反应与选择，其又如何反作用于1927年的中国政治大变动，四一二政变与上海社会的经济、文化结构之间到底有什么联系，这些牵动整个上海社会的问题，还是一片轮廓式的模糊的"布景"。

表现之三：采取与政治史分割地盘的学术态势，求达社会史与其他专门史平起平坐的地位。这是一部分研究者在新旧历史观与方法论的矛盾面前所持的调和主义态度。一些有志于上海近代社会研究者已认识到中国近代史规范研究的局限性，从而将目光投向政治史以外的领域，冀希在那里找到社会史的立足之地。这一动机是值得肯定的，因为相对政治史涵盖社会史的学术错位来说，它毕竟迈出了具有反叛意义的第一步。在国外社会史研究众多的界说中，最有影响的一种观点就是称社会史为"除去政治的人民史"。然而，抱有这种信念的学者都无可避免地遭遇如下难题：一是社会史与政治史等专史并列，除去内容有别外，并无更多的自身特点，故无法成为史学领域中异军突起的新学科；二是如果除去了政治、经济等内容，将研究重点转向人们的日常生活，则往往容易流于社会掌故、传闻轶事，使研究变得琐碎浅薄；三是社会研究再度陷入困境。倘若社会史是一门专史，仅从内容上同政治史圈定了地盘，那么，它在其他专史的挑战面前，必然重新被肢解。因为"历史不过是追求着自己目的的人的活动而已"，[①] 经济、政治、文化研究无不要向社会的人索取自己的课题。这类困惑在上海研究中同样存在。近有信息发布，称上海市志编纂工作业已提上日程。笔者同时获悉，上海社会志也在酝酿之中，但作为诸多专志之一部，隶属上海市总志之下。问题便接踵而至：上海社会志究竟包含哪些内容？修志虽与写史不同，它一般无涉于理论评价体系，无须做理论观点的探讨，但浩如烟海、汗牛充栋的历史资料必须经过修志者的界定才能成其为志。如是，先听说有议社会志的对象为帮会、烟娼赌，因为它们不是市政志、商会志等所能容纳，似有将社会志确定为"不管部"的意味。尔后又得知帮会

① 马克思、恩格斯:《神圣家族》,《马克思恩格斯全集》第1卷, 人民出版社, 1972, 第270页。

志可能独立修纂，娼妓问题可能被民政志所收容，社会志又志将不志，岌岌可危了。

上述种种都向我们表明，上海近代社会史创生的形势是十分严峻的。社会研究既不可能在政治史的框架和事件－人物的模式内发展自己，也不可能站在专史的位置上，圈占出自己的学科领地。唯一的出路就是告别传统的研究规范，占领上海研究的学术制高点，以高屋建瓴的理论姿态，俯瞰整个上海近代社会。正是在确定学术姿态的意义上，笔者借鉴法国年鉴派大师所提倡的"社会史是全面的历史"的定义，将近代上海社会研究界定为整体的近代上海史。当然，这是一个包容整个近代上海社会的理论理想，其使命在于区别传统。对于未来的研究实践来说，我们还须架起道道桥梁。否则，理想就会同乌托邦夙愿毫无二致。

（二）

近代上海社会研究脱离了传统规范体系后该如何运转？一门新的上海社会史研究需要多方面的理论与方法论的更新，而首要的问题是要为它界定基本内容，也就是确定其他学科无法取代的科学定义与研究对象，这是它能否在当代新学科之林里安身立命之根本。

关于社会史的定义，国内外史坛皆是见仁见智。上海近代社会史学科定义与研究对象的界说也将经历众说纷纭的阶段。尽管如此，近代上海社会研究界定的基础不外有二：一是具有指导意义的马克思主义的历史观；一是社会现实对它的要求。马克思主义唯物史观作为哲学和总的观念，对上海近代社会研究的指导和规定主要有如下方面：首先，它规定上海社会史的研究方向应由描述孤立的政治事件转向社会和经济的复杂而长期的过程研究；其次，需要研究人们生活的物质条件，把工业关系当作整体的而不是孤立的现象；第三，重视对人民群众历史作用的研究，尤其是他们在社会和政治动荡时期的作用；第四，社会的阶级结构和阶级斗争理论的应用；最后也是最重要的，是把社会研究置于历史发展规律的理论前提之下，但又不能丝毫忽视历史过程和历史认识的特殊性质。正如马克思所认为的，历史既是服从一定规律的自然过程，又是人类自己写作和上演的全人类的戏剧。① 根据这些基本要求，近代上海社会史应当朝着社会结构变迁中的人民大众，即上海近代化历程中的上海人的研究方向驱动。

近代上海社会研究驱动的另一个基础在于现实的呼唤。虽然"以史为镜"的史学传统源远流长，但不少当代学者已对它持批评态度。这里既有对"影射史学"的逆反心理，更有对传统之"镜"的深刻反思。一位外国史学家曾将中国古典史学简洁地描述为"官僚们写给官僚们看的历史学"，② 此语击中了"以史为镜"的要害。尽管这面镜子有时也可以照出"载舟覆舟"之类的灼见，然而终究脱离不了"统治之道"，人民群众则无法成为史学研究的主体对象，中国社会连续发展进程中普遍存在的分裂、分歧、紧张、变异等特征也因统治者的忌讳而被掩盖和抹杀了。这面史镜与现代化历程中的广大上海人民显然格格不入，传统意义上的"以史为镜"陷入危机也就势所必然了。而从问题的另一极上看，当代上海社会的人民大众却异乎寻常地需要找到历史的认同，迫切地要求回答"阿拉"是谁，如何走到这里，会走向何处，该走向何处等一系列问题。这是因为，社会主义的改革开放事业一方面促进了上海人民对自身使命的思考，从而希望更多地了解历史的自我；他方面，上海改革进程北不及京、南不及穗的现状加重了上海人的危机感和忧患意识，从而需要去探寻当代上海社会变革步履艰难的历史奥秘。因此，"以史为镜"的古训不能一股脑儿地抛进历史垃圾堆，而要对它进行"革命的改造"，使它成为与当代上海人息息相关的社会广角镜、多棱镜和显微镜。在这个改造中，关于上海近代化历程中的上海人研究将义不容辞地做出自己的贡献。

要把近代上海社会研究的定义和对象确定为上海近代化历程中的上海人，还必须阐明它的特定内涵。

首先是关于上海近代化的内容阐释。1978年以前，近代上海社会的历史被描述成殖民地或半殖民地化的过程，似乎不存在近代化问题。十一届三中全会以来，经过思想理论界的拨乱反正，上海近代化逐步被历史学者承认和关

---

① 〔英〕杰弗里·巴勒克拉夫（Geoffrey Barraclough）：《当代史学主要趋势》，杨豫译，上海译文出版社，1987，第27页。
② 杰弗里·巴勒克拉夫：《当代史学主要趋势》，第150—151页。

注。近年来不断有研究成果问世，课题涉及经济、文化、实证、社团及社会生活等方面，基本内容是有关上海"西化"的诸问题，譬如，西方资本主义经济的强行输入及其后果，租界所带来的西方文明因素，中西文化的冲突与交汇等。凡此种种，都不失阐明上海近代化"症候群"的种种卓有成效的努力，从而改变了否定上海近代化的武断结论和对西方资本主义的简单评价。然与此同时，上海近代化即资本主义的阐释似乎已顺理成章。

当我们转向社会结构变迁的整体研究时，虽然西化问题依旧是上海近代化不可或缺的内容，却无以概括近代化之全部。

其一，由于近世各国近代化道路的异趋和近代化现象的广泛而多样，有关近代化的理论阐释亦发生了深刻的涵变，原先为人们普遍认同的欧美近代化模式理论受到了挑战，尤以日本的近代化论和社会史论者为激烈。他们主张从社会和文化的观点，而非先进与落后的观点，研究世界各国、各民族的历史，承认世界历史的多元性，因之认为，欧美的近代历史发展应该是一种特殊现象，它是在特定的时期因西欧内部的因素而形成的。和广大非欧美世界相比较，欧美近代化模式只具有相对意义，而非绝对的普遍的现象。他们进而指出，在否定个人主义和自由主义的苏联成了超级的经济大国、欧洲文明圈以外的一些后进国家正在向工业化跃进的今天，近代欧美的"资本主义化"已不能作为近代化的普遍模式，而以"产业化"来概括近代化的本质更为恰当。所谓产业化就是形成和发展具有高度分工、高水平投资以及累积的系统的技术革新等特征的经济结构。[①] 我们并不能完全套用日本近代化理论来解释近代上海的结构变动，并非完全赞同日本学者对近代化的阐释，但他们由世界近代化多样性引起的理论新思考，当引以为鉴。何况中国社会发展的特殊性已为世界学者所公认，而近代上海不过是中国社会的一个典型而已。

其二，如果在某一专门史的专题研究范围内，将上海的政治、经济、文化的近代化涵指为"西化"或资本主义化那是无可厚非的。但社会结构模式理论要求把近代上海社会作为一个系统去研究，不仅要列出近代化的"症候群"，

---

① 参见佐藤诚三郎《怎样看近代日本》，转引自沈安仁等《日本史学新流派析》，《历史研究》1983年第1期。

而且要弄清它们之间的相互关系，也就是要综合经济学、社会学、文化人类学、政治学、社会心理学、思想史学、环境学等多种研究方法，以一个统一的历史观去体认上海的近代化。以此而论，上海社会的"西化"只是上海近代化"症候群"之一组，它与上海传统社会、殖民地社会、新民主主义社会的"症候群"的交互作用，构筑了上海近代社会的结构模式，反映着上海近代化的特点与本质。近代上海社会研究的基本内容也由此而展开。

其三，所谓社会结构变迁的研究，自然要把结构放到历史过程中去考察。上海近代化发生的基地既非美洲的新大陆，也非西欧的威尼斯，而是一个以传统经济为基础的前工业社会港口。它的结果当然也不是伦敦、巴黎或纽约，而是中国式的社会主义城市。近代上海则是传统社会主义社会的一个过渡性社会。虽然可以认为上海的近代化是始于外力的被迫选择，却不是没有根基的空中楼阁；虽然也可以承认上海是近代中国资本主义化程度最高的社会，但它毕竟没有"全盘西化"而生成为欧美型的资本主义社会。传统因素虽常常阻挠"西化"进程，但又每每披上"西化"外衣甚至发生部分质变以求生存。因此，作为结构变迁意义上的近代化，难道不应该从历史层面的关联和各种因素的接续中去展示自己特定的内涵吗？

其四，强调上海近代化的特殊性，绝不意味着它完全脱离了世界近代化的一般特征，不受近代化普遍规律的支配。不管传统社会的力量如何根深蒂固，也不管西方列强的侵略和奴役致使上海近代化如何扭曲变形，上海近代社会的结构性变动还是取得了近世各国共有的结果，即实现了由传统社会向工业社会的转变，尤其是社会的基础结构——经济结构的变动。这当然是近代化内容的又一重要阐释，但不同于经济史研究的是，社会结构的变迁要求把工业关系当作整体来考察。

综合上述四方面似可认为，在近代上海社会结构变动的研究中，将上海近代化的基本内容阐释为上海传统社会向工业社会的转型更为贴切。

再是对研究主体上海人的阐释。在各类专门史家的笔下，上海人的形象已有一些方面的描述和概括。如文化研究中的"海派"风格，政治运动中坚定的工人阶级、动摇的小资产阶级、背叛的大资产阶级，经济活动中民族资本家的企业家精神以及小市民们的市侩、精明但不高明等。进入近代上海社会结构变迁研究领域的上海人，则不能只展示其一面的形象，暴露其一重性格，而要无保留地重建近代上海人的全部社会形象与性格。为此，必须把目光投向群体的上海人、具体的上海人和基层的上海人。

群体的上海人 我们对群体分析似并不陌生，特别是阶级分析。然而，以往的群体研究有两大缺陷：一是注经式地诠释领袖的结论。比如，毛泽东曾经有过关于中国无产阶级特点和优点的论述，史家笔下的上海工人亦是如此，推而广之，北京的、天津的、广州的、武汉的工人皆如此，上海工人也就不成其为"上海人"了。再是阶级关系取代群体关系，政治关系又取代了阶级关系。前面提及的四一二政变的社会基础研究便是一例。这样的群体研究是名不副实的，甚至能否成其为阶级结构分析还值得商榷。而结构变迁一旦被确认为近代上海社会研究的要素之一，势必要集中力量分析具有一定意义的事实群体，目的不是以事实去迁就个别结论，犹如削足适履，也不应压缩层次丰富的群体结构，去解释某些事件，而在于建立相互关系、构造和前后连贯的模式，用以部分或全面解释近代上海社会的实际机能。因此，这里的群体大可泛指所有在近代到沪上生活过、活动过的人们，狭指上海社会的阶级、阶层、社团组织，甚至到社会细胞——家庭，凡是与上海近代化有关的历史群众，都应进入我们的视野。换言之，上海作为近代中国社会变革的典型，需要通过完整的上海人的群体特征来体现，它才能告诉今人，上海之所以为上海，而不为天津、广州、北京的缘由何在。而上海社会的中观结构、微观结构的变迁，则要依赖各种群体，阶级的、政治的、经济的、文化观念的以及日常生活的组合方式、运动曲线来阐明，只有窥测到中观结构、微观结构中各种意义的群体变化，才能揭示出上海传统社会向工业社会转型的广度和深度。

具体的上海人 当我们转向有关上海人的群体分析时，必须使用一整套科学的、成熟的理论概念，但要切忌重犯空论的或流于主观臆想的弊端，而是要落实到群众中的具体对象，尽力去分析社会集团的成分，这些成分的个别成员，以及全体成员为一系列信念斗争的条件如何。通常的设问方法是：这些群体是由哪些人组成？这些人与其他人的区别是什么？他们如何组织起来？与其他类似的社会集团有什么关系？只有细节微末地解答了这些问题，才有资格说明有关群体的一般概念特征。举例来说，我们研究上海民族资产阶级的企业家精神，就应当具体到哪个企业的哪个资本家的精神，为什么会有这种精神，其中哪些因素是上海资本家所共有，哪些仅为他个人所具有，这样，近代上海的经济结构、产业结构、文化范式对资本家的影响就不再是史学家的主观推测，而真正成为血肉之躯的精神体现了。

基层的上海人　将上海近代社会研究的主体对象确定为上海的人民大众，也就是要把目光从伟大人物、领袖人物身上移向基层的上海人。关于这一点的重要性，上文已经谈及，新近程洪同志在《上海研究方法论》一文中也有专门论述。笔者想要补充的是：基层上海人一旦成为近代上海社会研究的主角，其意义就不限于对社会结构变迁的决定作用，而会牵动这一研究时限的变化。

（三）

近代上海社会研究的时限，似无须赘述：上限为 1840 年或 1842 年，下限为 1949 年；其间的阶段划分虽然有些差别，但 1911 年、1927 年两年受到了普遍的重视。

上述界说都各自有据，也并非完全不能适用于近代上海社会研究，以 1840 年或 1842 年作为上海近代化的起点是基本合适的，然仍有不足（具体留待后述）。但如果研究中心由政治事件转向社会结构，研究的基本对象由政权维系的总体的宏观社会情境渗透到各种制度和组织之下的中观社会情境直至人们在日常生活中所经历的微观情境，即重建上海人在社会情境结构三个层次上的经历，那么，上面这些时限是否具有断代或划阶段的意义，就值得商榷了。

不难看出，除了 1840 年或 1842 年的上限界定外，其余的年代都是以政权的更迭为主要标志的。政权更迭无疑会影响社会结构的变化，从某种意义上说，也是社会结构变动的重要表征，尤其是 1912 年中华民国的建立、1949 年南京国民党政权的覆亡和中华人民共和国的诞生。然而，上海近代化的进程是否在 1911 年前后呈现出阶段性的差异呢？恐怕难以断言。上海近代社会意义最为深远的结构性变动，莫过于鸦片战争后开始的工业革命所引起的近代城市化运动。而上海作为中心城市的崛起约在 1870 年代。尔后，上海经济发展的两个重要时期是第一次世界大战后期与 1930 年代前期，社会经济结构随之发生较为强烈的变动，前者主要表现在民族资本在经济生活中地位的上升，后者则突出反映在国家资本的急剧发展。对于经济结构的这些变动来说，1911 年的意义便要下降了。1949 年上海的解放为社会经济结构的革命性变动开辟了广阔的前景，但在那个年代，人民政府接收的是一个满目疮痍的旧上海社会，一个畸形的近代大都市，中国共产党领导下的上海人民，用了近七年时间，才完成了生产资料的社会主义改造，上海社会近代化的进程至此才基本告一段落。

如果进入社会文化结构和微观情境的探讨，时限问题将会更加复杂和模糊。本文已经强调了研究基层人民群众的重要，而把统治者看作一系列典型社会关系的代表。倘若如此，上海统治者的更换在某些方面具有突出的意义，而在一些更为基本的方面，特别是市民的日常生活方式、文化范式，则可能无关宏旨。那么，聚合在近代上海社会研究内的历史事实，就不再是瞬时性的历史事实了，不再是转瞬即逝的偶然事件，正如社会学家所论证的，"这种历史事实作为社会学命题不受时间流逝的影响，而且得到了概念上的稳定性"。[①] 1927 年国民党上海特别市政府的建立虽然与 1930 年代前期上海经济发展不无关系，但之于微观社会情境中家庭结构变化及社会意识的变迁，影响是微乎其微的。因此，从考察基层上海人在近代化进程中的经历出发，阶段的划分要模糊得多，甚至可以不考虑阶段的划分问题。因为从传统社会向工业社会转型的历史联系性来观察，上海的家庭模型、文化观念、生活方式很难用阶段来区别。乡土观念在五方杂处的上海至今仍有诸多体现不就是明显的一例吗？这里，我们可以说，以 1842 年上海开埠作为近代化之起点大体正确，因为这不是"转瞬即逝的偶然事件"，但它的缺陷在于容易使人忽视传统上海社会的两大遗产——明清时期松江府经济发展带来的第一次社会结构大变动以及延续了几千年的以家庭为本位的社会文化模式，这两大遗产当然不是上海近代化的起点，却是不能甩掉的基础。

那么，近代上海社会史的时限究竟如何界定？这个问题需要在一定数量的具体研究成果问世以后才能准确作答。本文只能在基本思路方面提一点参考意见，以为引玉之砖。同时，我们必须认真地去熟悉和借鉴法国年鉴学派代表

---

① 转引自杰弗里·巴勒克拉夫《当代史学主要趋势》，第 99 页。

人物布罗代尔的"时间多元性"理论，要透过短时段的历史事件、中时段的历史局势去探索隐藏其间的社会深层结构——长时段，从而在近百年上海动荡不定的时局和无数戏剧性事件的背后，发现一种为地理格局、自然社会生态、生产率限度以及文化积淀等长远起作用的因素所规定的"无意识历史"。以多层次的时间观构筑的上海近代社会史，将打破以往的线性时间观的界定，使今天的上海人真正认识历史的自我，找到活的历史认同。

（原刊于上海市地方志办公室编《上海研究论丛》第 5 辑， 上海社会科学院出版社，1990）

海派文化研究中的方法论问题

关于海派文化是否区域性文化的问题，不应笼统而论，而应把它界定在特指的范围内。如果从发生学的角度观之，海派文化的生成离不开上海这个地域，是上海文化哺育了海派文化。没有上海，就无所谓海派文化。但从文化传播与功能的角度看，海派文化确已突破了地域界限，表现出它在中国近代都市文化中的示范性和普适性。再从历史学的角度去考察，情况可能更复杂些。海派文化尽管一再发生流变，其内涵也呈膨胀势头，但它仍然同上海的近代化进程，同上海人的命运紧密相连，所以，离开了上海这一区域含义去谈海派精神、海派风格乃至海派作风，似乎都不能体认到海派文化的精髓，就可能产生"魂不附体"之感。恰如上海人看香港制作的电视剧《上海滩》《阮玲玉》，娱乐、消遣要求尽可能满足，但很难取得文化上的认同感。然而，海派文化在其发展历程中，不断刻意求新，从不封闭保守。她不断从各种文化，包括西方文化及中国其他地方、流派的文化中吸取养料，博采众长，以形成自己的特色。所以，我们又很难在上海文化中找到一种"纯"上海的因素。而恰恰是上海，才具有四海通津、五方杂处、中西交汇的得天独厚的条件，区域界限的模糊也就成了海派文化的一大特征。

海派文化研究中的另一个值得重视的方法论问题是比较研究方法的运用，从海派文化发端时期的京海画派之分野，到1930年代初中国文坛的京海之争，比较之法盛行不衰。直至当前的海派文化研究，京海之比一直是最热门的话题。其中当然不乏真知灼见，但某些比较法的使用似可商榷。譬如，拿京派的某种贵族经院式的学术态度同海派文化的大众化、市井化的总体倾向相比较来论长道短，所得结论似难令人信服。因为两者处在不同的层面、不同的范围，前者属精英文化与局部问题，后者则为整体倾向问题，它们之间的不可比性是显而易见的。如若不然，那京味十足的《茶馆》《四世同堂》所辐射和穿透的生活层面及其获得的社会效应，恐怕会使海派文学的绝大多数相形见绌，难道我们更因此可以把海派文学从总体上抹掉其大众化的特色吗？至于京派是否只是一种社会基础脆弱的贵族精英文化，而海派是否一种整体生存方式，是与社会结合而成的一种稳定的大众文化，这样从两者所赖以生存的不同的生态环境、社会关系上去获得解释，靠超越时空的比较是无济于事的。在海派文化研究中使用比较法，尤其要把握可比性与不可比性。

在探讨海派文化的内涵或内部结构时，基层研究和中介研究应当提上议事日程。目前的研究重点仍在于精英层次，下层社会的文化，或说"俗文化"的研究还流于浮光掠影，还有许多只是为海派精英们的活动作作"布景"，跑跑"龙套"。而既非精英，又非工农大众的中介层面，更未正式进入海派文化的研究领域，偶尔提及，也只是从几个领袖人物、头面人物的文化倾向来断言这个层面的总体面貌，以致我们很难了解：到底哪些文化特征或倾向是某个精英人物特有的，哪些是反映了他们所代表的那个社会阶层？同时，由于对中介层面的文化特征若明若暗，因而缺少了由精英文化研究到基层大众文化研究之间的桥梁，这也是海派文化的内部结构至今未能探明的方法论上的原因之一。海派文化是近代上海人在社会变革中选择的结果，基层研究和中介研究不可或缺。

（原刊《文汇报》1990 年 8 月 8 日，第 3 版）

近代上海与近代中国几个问题的思考 [*]

"近代上海与近代中国"是个广泛而复杂的问题，可以多层次、多角度地去探讨。诸如，作为经济、文化中心，上海在近代中国的地位如何显要，上海发生的一系列重大历史事件对全国产生了何等影响，近代中国的杰出伟人及风云人物曾在上海有过何种作为，等等，类此研究对于揭示近代上海与近代中国的某种关系自不无裨益，也已经有学者在这些方面做过探讨，发表了一些论著。笔者受益之余，欲另辟蹊径，试从社会的视角去观察上海与中国在近代化历程中相互依存、相互矛盾关系的若干侧面。

近代上海的崛起与晚清社会的衰落

论及上海近代化的发轫，大致有两种不同倾向的意见：一是强调中国社会内部缓慢生长着的资本主义因素，上海作为四海通津的东南都会的社会基础，以及深厚的人文与自然方面的优越条件，约可概以"基础论"；另是重视开埠的作用，肯定租界客观影响的一些方面，认为没有外力的推动，上海不可能自行缓慢地发展到资本主义社会去，这种意见基本倾向于"刺激－反应"理论模式，似可冠以"外力论"。

要研究起始于19世纪中叶的上海近代化，单纯地强调固有的基础或外力的影响都会失之偏颇。因为明末中国社会特别是江南地区已萌发了近代化的

---

[*] 作者为黄美真、张济顺。

因素，清初上海确已发展为相当繁荣的沿海通商城市，上海的地理位置、物候人文更是久远已有的"天赋"和积淀，这些都是难以抹去的历史过程与自然现象。而中国与上海确曾是在外力的强迫下打开了大门，因此我们无从在"倘若没有西方入侵"的假设下，判断上海会不会走上近代化道路，中国社会能不能告别中世纪。看来，只有把基础因素与外力作用放到它们所存在的历史共同体——上海与中国社会内，将它们视为一个综合的、辩证的历史过程去考察，才有可能寻求到解答问题的正确门径。

上海开埠前，作为港口城市社会的发展水平在国内居于前列。清嘉庆、道光年间，以沙船业为中心的海上运输业的空前发展，不仅把上海港推至东南沿海大商港的行列，而且促进上海县成为江南著名的商业城市。凭借四海通津的地理位置和高速发展着的社会经济实力，它与各地区发生了联系，冲击着沿海与内地的闭锁隔绝状态。船队、会馆、钱庄、洋行等一批新生事物在上海出现，融中西土洋于一炉的上海画派的应运而生则成为海派文化的端倪。繁荣兴旺的上海社会情状，时人曹晟在《觉梦录》中做了概括性的描述："海禁既开，民生日盛，生计日繁，区区草县，名震天下。"这样一个富有生气的社会日后迅速走上近代化道路本应顺理成章，但在传统的封建帝国社会机制的阻遏下，上海社会迈向近代化的步子屡进屡滞，艰难异常。

19世纪中叶，尽管大清帝国衰落的征兆已显露无遗，然而中央集权专制制度所维系的政治统一体及其赖以生存的自然经济基础却依然如旧。延续了几千年的以家庭为本位的社会文化模式亦如前那样根深蒂固。上海虽然萌发出几株近代化的幼芽，但在总体社会结构上仍旧是一个城门朝启夕闭、居民日中而市的传统城镇，照例要遵循封建社会体制的轨道运行。同时，恰恰因为上海社会的富庶繁盛，封建王朝对它的控制也就格外变本加厉。明代以降，上海所在的江南地区不仅是有名的重要赋区，而且中央政府一直在江浙地区严格推行征收漕粮的方针，即使在清咸同以后，其他各省纷纷改折货币征收的时候，这一地区仍坚持漕粮实物征收。这就极大地抑制了上海地区农产品商品化进程。明清以来松江等地每村十之七八的"图利种棉者"备受打击，上海城市社会的发展也就被规矩在城墙之内，无以扩张，城郊则还是"北关最寥落，迤西亦荒凉，人迹罕至"①的沉睡之地。连上海经济生活中最活跃的因素沙船航运业也得听凭朝廷的旨意而不能自由发展，那些带有早期商业资本家性质的船主和雇佣劳动者船工则在行政命令的摆布之下，难以正常地成长为近代社会的新兴阶级力量。1826 年前后和 1840 年代末至 1850 年代，清廷鉴于多种原因，曾两度下令漕粮海运，由上海沙船担此重任，沙船航运业因此而达全盛。但至1862 年，清政府取消不准外国船只贩运东北大豆的规定，夺去了沙船的主要生计，上海沙船航运业便急剧衰落，"数千只沙船尽行歇业，数百万家资之船户，亦为贫民，其柁工水手，更无路谋生"。②

因此，我们似可认为，上海近代化确有其不可忽略的基础，即以传统经济为基本结构的前工业社会港口，它为近代上海社会的崛起提供了必要的条件。同时，在衰落着的晚清社会控制下，与上海社会生产力相适应的生产关系变革迟迟未至。"基础论"的主要缺陷并不在于承认了上海近代化的潜力，而在于忽视了大社会对它的制约关系。"刺激－反应"理论模式的片面则不止夸大了中国社会自身的停滞与保守，没有足够估计在它内部还存在着如上海社会这样的对近代化的要求与动力，将上海与中国隔裂开来观察，更为重要的是，"外力论"未能以上海崛起后的综合社会结果和效能来剖析内外因素之间的关系。

大多数学者承认，上海作为近代城市的兴起是在开埠后的二三十年间。外力的作用显而易见，尽管这里伴随着剑与火。而与之俱来的一个极其痛苦的后果是，在西方入侵的强力刺激下，上海近代化的潜力被激发又被扭曲。上海并没有如同近世欧美各国完成封建主义向资本主义的正常转轨，生成一个"全盘西化"的社会，而是在跃居中国近代化城市榜首之时，又极其迅速地沦为中国典型的殖民化城市。在这个社会里存在过的民族压迫、种族歧视远不止一系列的经济、政治、外交表现，而且渗透到了社会生活的每一个角落，包括上海的社会文化结构和心理素质。迄今尚存的歧视苏北人的社会心态和"上只角、下只角"等社会观念，固然有多种历史渊源，但与旧上海严重的社会不平等所

---

① 王韬：《瀛壖杂志》。
② 《筹办夷务始末》同治朝。

致的崇洋卑己、媚富欺贫的社会意识不无联系，白人的种族优越感与尊卑观念给上海社会心态留下了巨大的阴影与后遗症。殖民主义对上海社会各个层面的侵蚀，致使上海成为近代中国半殖民地的象征和标尺。我们在注意到上海的崛起给晚清中国社会带来的文明与进步的气息时，决不能忘却它对近代中国社会的沉沦负有不可推卸的历史责任。而这个责任的主要承担者之一，正是西方征服者。

从问题的另一端看，晚清社会的衰落不但阻碍了上海社会近代化的步伐，而且对上海社会近代化的形变同样承担历史责任。

正是由于清王朝统治下的宏观社会情境江河日下，因而它只有将仅存的一点点近代化基地拱手让于外族，使之饱受屈辱之后在畸形的近代化道路上蹒跚而行。上海开埠前后，尽管下层人民不断地抗洋反洋，从宁死不肯将地皮卖给琼记洋行的老妪，一直到小刀会起义的勇士；尽管统治阶级中也有人提出过若干拒洋抵洋的主张，宏观至"以夷制夷""中体西用"，具体至两江总督刘坤一反对外国人成立疏浚黄浦江的河道局，但是，由于缺乏总体社会机制的保证，这些抵御终于无效。其中，又以晚清社会经济实力的衰退和统治的腐朽最为致命。以上述的黄浦江疏浚为例，中国官员的反对纵然有抵制侵略、维护主权的一面，但企图以黄浦江河道浅沙堵截外国入侵的船只，却也揭示了封建统治的愚昧和无能，尔后中国政府一度用新式机器试探疏浚吴淞外沙，但黄浦江的修治疏浚权最终仍落入外人之手。个中的缘由不外两条：一是清政府签订的一个个卖国条约；二是中国孱弱的新式工业和低下的科学技术水平无法招架一整套新的河道疏浚技术的冲击。当20世纪20年代，三万吨的远洋巨轮可以安全驶进上海码头时，类似修治黄浦江的悲喜剧已在上海和中国的近代历史舞台上演了无数次，给后世留下了"落后就要挨打"这个刻骨铭心的历史教训。

在经过与封建主义的反复较量，经历文明嬗变的阵痛后，资本主义最终取代了封建主义，在欧美大地上生了根。上海则不然，西方资本主义强行嵌入后，封建主义仍然在上海社会结构中顽强地表现自己，或结欢于西方列强联合绞杀政治革命、社会进步的力量，或披上资本主义的外衣甚至发生质变以求生存，与近代上海社会相始终。从近代企业中的卖身制度到杂货铺里的师徒关系，从青洪帮组织到洋买办"康白度"，从聚族而居到大院落到一夫三妾的小家庭，无不打上封建社会关系的烙印。因而，我们就不难理解：官僚资本为什么踞上海为基地；上海工商、金融等现代经济活动的枢纽核心人物中，为何既有受过正统西方教育的洋博士宋子文，又有青帮大亨杜月笙。我们也可以承认，上海是近代中国资本主义化程度最高的社会，但又丝毫不能忽略它所存在的大环境及其在上海社会内部所产生的影响，尤其是封建主义与资本主义结合而生成的这许多怪胎。

崛起的近代上海与衰败的晚清社会，这两者既有明显落差，又相互纠缠，始终同步。这就是上海与中国在踏上近代化征途之始业已存在的矛盾关系。

开放的近代都市与闭锁的传统乡村

强调上海近代化历程受到封建社会机制的干扰、渗透和制约，绝不意味着它完全脱离了世界近代化的一般特征，不受近代化普遍规律的支配。不管传统社会的力量如何坚固，也不管西方列强的侵略和奴役致使上海近代化如何扭曲变形，上海近代社会的结构性变化还是取得了近世各国共有的结果，即实现了由传统社会向工业社会的转变，尤其是社会的基础结构——经济结构的变动。上海一跃成为中国首届一指的经济中心和文化中心，规定着中国近代化的一般走向。据统计，1933年，上海工业资本总额占全国40%，工人占43%，总产值占50%。1948年，上海工厂数占全国54.95%，工人占53.84%。解放前夕，上海已同世界近100个国家和地区，300多个港口有经济联系和贸易往来。很长时间里，上海直接对外贸易总值占全国外贸总值的一半以上。上海也是国内埠际贸易中心，1936年，上海对各通商口岸贸易总值9万亿元，占全国的75.2%。上海还是全国的金融中心，1936年上海有华资银行58家，占全国总数的35%。① 上海又是中西文化的交汇点，西方资产阶级的各种学说、思潮曾在这里碰撞发酵，中国资产阶级革命派从中吸取了思想养料，树起了维新变法和反清革命的旗帜。马克思主义曾在这里广泛传播，哺育了中国第一代共产主义知识分子。上海在新文化运动、左翼文化运动中的地位更是众所公认，它

---

① 此段资料转引自唐振常等主编的《上海史》，上海人民出版社，1989，第9页。

的大众传播的功效，曾培养和吸引了一大批新型知识分子。上海还涌现出一大批"名牌"新式学堂，它们的教育设施和水准，在国内居于领先地位。至于那顶"市政模范"的桂冠，在近代中国也非上海莫属。

当然，上述之列仅说明上海在近代中国的地位举足轻重，要阐明上海对中国社会近代化的影响，还必须论证上海的近代化成果确实在近代中国引起了震荡和反馈。

中国近代史上大规模的人口运动恰与上海近代化密切相关。近代工业发展使上海突破了以小商品生产为基础的市场经济的狭隘范围，开始受到资本主义世界市场的支配。上海社会对商品生产及劳动力需求急速增加，流通领域亦骤然扩充，对人口的需求便相应加大。加之租借的扩张和华洋分居格局的打破及躲避战乱等因素，社会各阶层人士从全国各地汇集于此，形成了五方杂处的移民社会。开埠后9年，即1852年，上海总人口由清乾隆年间的4.8万余人增至54万人。太平天国革命时，江浙一带富豪大户纷纷逃到上海租界，四境乡民也相继流入，上海人口急剧上升。据《费唐法官研究上海租界情况报告书》中统计，1862年租界内华人增至55万人，外地人口大大超过本地人口。20世纪30年代，据国民党上海市政府不完全统计，上海市区华界有192万人，本地人口仅占25%，其余均为"客籍"。测算这个人口运动广度和深度的最佳尺度莫过于上海的同乡组织。自开埠到清末，旅沪同乡团体由此前的10余个增加到60余个，其籍贯范围亦有了很大拓展，不但紧邻上海的江浙一带续有新的同乡组织建立，而且远离上海的四川、山西、直隶、辽宁等地也跻身于同乡组织的行列。同乡会馆、公所的实力较前大有增强，并逐渐摆脱了旅沪同乡范围的局限，在上海乃至全国的社会生活各个领域发挥着日益重要的作用。实力雄厚的江浙财阀们正是从这里发迹的。上海近代化的冲击波还辐射到贫瘠闭塞的农村，19世纪末20世纪初，苏北等地大量的破产农民蜂拥而至，转而成为上海近代企业的支柱行业——纺织业、交通运输业（尤其是码头）中的产业大军。毛泽东曾指出："中国无产阶级和广大的农民有一种天然的联系"，[①]我们暂不去全面评估这种联系，只是在上海对近代中国农村社会的意义上说，这

---

① 《中国革命和中国共产党》。

一联系开通了若干由闭锁的农业社会到达近代都市的崎岖小道。

如果说，上述人口运动是由于上海近代化的吸引，由乡村向都市的移民，那么，第二次人口运动正与此逆向迁徙，由沿海流向内地，动因则是抗日民族解放战争。虽然在上海孤岛时期涌入了大量避战人口，一度人口膨胀，但与此同时，上海近代化的成果确乎随内迁人员溯江而上了。抗战军兴，沪上许多爱国实业家、工厂主满怀"誓不以厂资敌"的热忱和"置生死于度外"的决心，在运输十分困难、敌机狂轰滥炸的条件下，拆卸工厂设备，迁往内地。据不完全统计，共有146家民营工厂内迁，运达武汉的器材共14600余吨，随厂内迁技术工人2500人。尽管内迁工厂数量甚微，搬迁过程中又损耗惨重，但它对工业落后的内地毕竟是一次近代化的洗礼，为西南民族工业奠定了基础，并促进了西北工业的起步。抗战前夕，川、湘、桂、陕、甘、滇、黔7省的近代工厂只占全国工厂总数的6.03%，占资本总数的4.04%和产业工人总数的7.34%；近代工业在西康、青海、宁夏3省还属空白。但至1944年底，国统区工厂总数已有5200多家，其中，上述7省工厂数占88.63%，实缴资本数占93.52%，工人数占85.61%。以重庆为中心的四川省发展尤为迅速。而在内迁的企业中，上海工厂的数量、规模、技术水平无疑都执牛耳，被誉为后方工厂之"中坚分子"，"厥功至大"。近代大都市的社会文化随之溯江而上，国统区抗战文化队伍的骨干，大都为20世纪30年代上海左翼文化运动的闯将。不仅于此，形形色色的"下江人"首次让内地市民直接感受到大都市气派，领教了海派文化的方方面面。

相比之下，广阔而又闭塞的中国乡村社会对上海近代化的反馈，远不如上海发出的震动那么强烈。尤其值得注意的是，上海周围富庶的自然环境和深扎于传统家庭之中的农业文化具有顽强抵御近代化冲击的能力。美国加利福尼亚大学洛杉矶校区中国研究中心主任黄宗智教授经过缜密的实证性研究，论证了上海所处的长江三角洲地区随着农村商品化进程，资本主义性质的农业雇佣劳动不断萎缩，而以过密型家庭生产为特征的小农经济非但没有崩溃，反而进一步强化，从14世纪中叶开始的农村棉花革命虽然经历500余年，但只有商品化的内容，而无发展，更没有引起乡村社会结构的根本变迁。这一研究成果启示我们：上海和它周围的长江三角洲农村社会的关系并不如先前估计的那样协调，那样匹配，江南的小农社会把众多的劳动力封闭在家庭农业与手工业紧密结合的生产单位内，而无以对大都市的需求做出相应的反响，它无法满足上海近代工业所需要的大量劳动力，也无力为城市商品经济的膨胀提供日益拓展的市场，更难以接纳近代经济实体和新观念、新思想、新文化的输入。黄炎培曾在浦东开设实业银行险些倒闭，搬到浦西不久就大展宏图，便是生动的一例。至于内地农村对上海近代化的反响就更加微弱迟钝，甚至无动于衷。

开放的近代都市与闭锁的传统乡村之间的矛盾，迫使上海突破狭隘的长江三角洲地区，向东部沿海地区和内地城镇开放自己，由此而产生了一个物极必反的社会结果：为传统的农业社会包围的上海变为近代中国少有的开放型的移民社会。这个社会孕育和培植了古老的中华国土上的一群后起之秀：一个上海人群体。这个新型群体聚合了各个区域文化的特性，也在上海的特定环境中铸造了自己的个性。这个新型群体在步履艰难的中国近代社会变革中做出了特有的贡献，同时也扮演着多重性格的角色。因此，在社会学与区域文化的意义上，研究近代上海人与近代中国人乃是揭示近代上海与近代中国关系的重要课题，还大有文章可作。

"安定"的上海与动荡的全国

在战乱不已、动荡不宁的近代中国，上海社会的表层局势往往呈现出奇特的平静。上海的大门纵然是用武力打开的，上海地区虽然经历过如"一·二八""八一三"那样激烈的战事，但综观中国近代动荡的一世纪，上海，尤其是上海租界的安定的表象是显而易见的。最具典型性的是从1937年11月到1941年太平洋战争爆发这四年的孤岛时期，有些学者将其归因于租界的存在，我们则不能完全赞同。

从根本上说，上海社会表层局势的稳定是近代中国社会政治经济发展极度不平衡的产物，换言之，正是中国社会的动荡所致，租界不过是上海不平衡发展的表象之一。

毛泽东在阐述中国社会政治经济发展不平衡的特征时指出："帝国主义和国内买办豪绅阶级支持着各派新旧军阀，从民国元年以来，相互间进行着继续不断的战争，这是半殖民地中国的特征之一"，"仅仅帝国主义间接统治的中国这样的国家才有这种现象。这种现象产生的原因有两种，即地方的农业经济（不是统一的资本主义经济）和帝国主义划分势力范围的分裂剥削政策"。①从经济、文化、社会发展的水平上看，近代上海明显高于中国其他地区，处在不平衡的一端。农村社会不可能与之直接争衡而外化为流血的政治。如毛泽东所示，长期的军阀混战主要原因之一，是地方的农业经济。而近代上海经济则受到资本主义世界市场的支配，在政治上表现为几个帝国主义的统治（租界）。所以，只存在上海的资本主义商品经济随帝国主义侵略的深入去破坏和瓦解地方农业经济的现象，而未出现逆反的情形。这样，军阀混战、割据的主要战场在中小城镇及其周围的农村社会，也就是近代中国的次发达区域，而不在大上海。反之，乡村豪绅阶级支持着的各派军阀都要倚仗帝国主义，都希望借助上海的经济力量，扶植一定的社会基础作为取胜的资本。1924 年江浙战争后孙传芳向上海总商会等上海资本家团体大肆借债数年不还；四一二政变后新债又起，几乎所有上海财阀都被南京国民党政府指定认购债券。类似的例子不胜枚举。连年的战争更需要一张谈判桌，以便进行讨价还价的政治交易。交通便利、社会设施优良，信息灵通的上海便成为最理想的谈判中介地带。南北议和、宁汉合流、宁粤谈判等许多重大政治交易都是在上海达成的。再者，上海的物质文明和纸醉金迷的十里洋场对官僚政客有巨大的吸引力。他们凭借政治权力在上海买地建房，营造起自己的安乐窝，千方百计涉身上海经济领域，聚敛资财。因此，近代上海虽然没有跃居政治中心的高位，但不失为"陪都"的角色，首都不少达官贵人都在上海投资入股，安营扎寨。尤其到了南京政府时期，礼拜六的京沪线特别快车几乎为这群匆匆来去的政客所垄断。

但从社会矛盾的角度观之，近代上海却处在各种矛盾的交汇点上：近代中国社会的基本矛盾，即帝国主义与中华民族的矛盾，封建主义与人民大众的矛盾在这里激烈交锋，更为突出和典型的是各个帝国主义国家的争夺、角逐，以及前已述及的近代化进程中封建主义同资本主义的矛盾悖论。然而这些矛盾斗争的结果，并没有使上海成为战争的火药库。这在近代中国是一个由不平衡

---

① 《中国的红色政权为什么能够存在？》。

到平衡的矛盾运动的特例。

首先，英、美、法、日等列强国家经过半个多世纪的激烈角斗，在第一次世界大战后基本确定了英美领衔、法日均沾的利益格局。1937 年英国在华投资共 12.5 亿元，其中的 9 亿元在上海，占 72%；1932 年初，美国在华资产的 64.9% 也在上海。租界则是各国在华利益格局的空间表现。直到太平洋战争爆发，这种格局才被日本打破。因此，能否保持在沪外人势力的大体均衡并遏制日本的扩张野心，就关系到英、美、法等西方列强共同的切身利益。孤岛的形成和演变则反映了保持均衡和打破均衡的矛盾斗争的新回合，透过这一时期租界的畸形繁荣，不难体察到上海局势的平衡稳定对西方列强至关重要。

其次，由于上海走在中国近代化的前列，同时又受到传统农业社会的包围和制约，因而近代化与反近代化的各种社会因素在这里时而冲突尖锐，时而又相互妥协。这一特点在上海社会阶级和社会心态方面都有体现。上海资产阶级既是近代中国的新兴社会力量，任何政治势力都不能对它漠视；但又与帝国主义、封建主义有着千丝万缕的联系，阶级性格十分软弱。改良主义思潮在他们中间很有市场，多者怀有趋安厌乱，甚至苟且求稳的心理倾向。所谓"在商言商""在学言学"等呼声，常是政治斗争最为激烈紧张之时的社会舆论力量，即是上海资产阶级的心理写照。同时，上海近代化的浪潮又将这一阶级推至社会生活的显要地位，并随着上海经济中心地位的确立，商业活动普及于上海中下层市民之中，资产阶级的队伍得到扩充，市民性格和心态自然要染上"商"的色彩。正如鲁迅在论述京海两派文化特征时所示："北京是明清的帝都，上海乃各国之租界。帝都多官，租界多商，所以文人之在京者多近官，没海者近商……要而言之，不过'京派'是官的帮闲，'海派'是商的帮忙而已"。[①]清末民初和北伐战争的高潮中，上海商界发起的市民自治运动几现昙花。虽然各次的具体内容不尽相似，但都体现了上海市民要求摆脱封建军阀统治的强烈愿望以及超然于现实政治体制的幻想。每次运动的骤起骤落，不但表现了上海市民的政治幼稚，而且暴露了其软弱动摇的性格弱点。上海资产阶级经济力量的厚实和政治力量的脆弱，及其影响下的社会心态，在上海社会内部形成了一

---

① 《且介亭杂文二集》。

种制衡因素，也使上海成为统治机器上的一个杠杆：政府常常是借重了上海资产阶级的经济支持，又有效地利用了上海市民的性格弱点。四一二政变是再清楚不过的例证了。

最后，受中国社会经济政治发展不平衡规律支配，中国革命与反革命在城市的最后较量，必须经过长期的农村武装斗争，走农村包围城市的道路，而不能照搬苏联革命模式，以中心城市的武装起义夺取政权。这就决定了上海在新民主主义革命的成长过程中，处在武装斗争的边缘地带。但这丝毫没有与中国农村根据地隔绝开来，而是为革命根据地，为土地革命战争、抗日战争和人民解放战争提供了大量的物资及信息，培养和输送了大批的精英，发展和壮大了革命统一战线。上海不仅以中国共产党的诞生地载入中国革命史册，而且以革命战争的强大后盾，书写下许多光辉的篇章。因此，在中国新民主主义革命的意义上，上海社会的稳定更为重要。

近代上海社会表层的稳定，在动荡不宁的近代中国产生了一种"低谷效应"。它为近代中国经济、政治、文化的发展提供了一个难得的基础阵地、缓冲地带或温床。在这里积聚的社会能量又经由四通八达的交通通信网络辐射至全国各地，或多或少地影响着中国政局的变动、经济的起落以及文化的近代化走向。

近代上海社会的深层结构变动又较中国其他地区剧烈，上海处于近代中国的震中位置。工业关系的确立带来了物质文明和新的社会阶级，孕育了具有海派特色的社会文化。然而外国的入侵与传统社会因素的滞留又使近代上海社会结构呈现了多元的格局——资本主义、殖民主义、封建主义、新民主主义四大"症候群"在此交互作用。社会阶层频繁流动，吸引了各色人等汇集于此，展开了激烈的民族斗争和阶级斗争。新旧社会的各种因素在较量中此起彼衰，上海终以新民主主义社会的实现结束了近代历史，迈向社会主义新中国的历程。

（原刊于黄美真主编《论上海研究》，复旦大学出版社，1991）

论上海里弄

久居沪上者对上海里弄绝不陌生，生于斯，长于斯。但人们往往对它熟视无睹，历史学者则更少去关注和研究，因为它确乎十分寻常。然上海里弄绝非上海人的"身外之物"——简单的物质世界，简单的人工筑物，而是纷繁多姿的基层社会，浸渍着大上海的精神与文化。里弄与世代生息其内的上海居民融于一体，随着上海城市历史跳动的脉搏，它不断地变换着自己的结构与功能，显露出复杂的问题和心态。上海研究似不可忘记里弄，尤其当历史学试图同其他社会科学联姻之时。

五方杂处与近代里弄结构的形成

里弄非近代上海独有。古代聚居于城内之邑民，每 25 户，或百户，即称作里。旧时之里亦作县以下行政单位。^① "弄"意出于吴方言所唤之小巷。"街巷者，民之所聚而居也"，^② 由此释义，弄又涵指一定范围的邑民小聚落。

古代上海里与弄皆具，但"里"与"弄"内涵颇有异趣。元至元二十八年（1291）上海建城之时，就一承唐制，以百户为里，是为役法单位。"里设正一人，掌按此户口，课植农桑，检察非违，驱催赋役"。^③ 县城以坊代里，

---

① 古代之"里"可参见《汉书·食货志》载"在野曰庐，在邑曰里"。又，顾炎武《日知录》载："以县统乡，以乡统里。备书之者，《史记》老子，楚苦县厉乡曲仁里人，是也。"
② 同治《上海县志》卷二。
③ 万历《上海县志》卷四。

坊设坊正。元、明两朝及清初，里内增设主事者，分司督赋税、修水利、差遣徭役等项。里的建制在明初改为每里110户，推丁粮多者为长，余百户划为10甲。① 尽管有这些变动，但里仍未越出役法范围，仍是一种超经济强制的社会组织。康熙二十三年（1864），总督于成龙禁革里排，行保甲法，里便丧失了原意，其职能由保取代。

弄的最初含义与役法制度之里大相径庭，而只指密布于官署后民宅间的小巷，亦即如前所述的邑民小聚落。最早见于上海志书的弄在嘉靖《上海县志》，其中录城内11条巷名，称为弄者有三：马园弄、姚家弄及卜家弄。清嘉庆《上海县志》所载新旧63条街巷中，弄几近一半。开埠前后，上海县城内出现同仁里、仁巷里、集贤里等10处以里命名的居民聚居点，②"里""弄"之义才由异趋同。

时至近代，上海里弄迅速被染上大都市社会的色彩，其结构变动至深且巨，为古代上海任何一个时期所不及。开埠以后纷至沓来的中外移民给上海里弄居民结构注入了浓烈的异质性，本地世家为主体的上海里弄演化为华洋杂处、五方汇聚的移民社区。

嘉乾年间，上海县城人口约20万，居民中虽有闽、粤、浙等客籍，但主体乃本部土著，且客籍集中城东门外临浦地带，主要从事商业贸易活动。当然，限于上海城市历史并不悠久，所谓"本地土著"自不能同中原古城中的世族攀比。而相对近代上海的人口构成，古代上海城内10代以上的大家族，终占绝大多数。里弄便成为世家大族的聚居之地：南门内的同仁里，周武王之母弟振铎的后裔曹氏望族③ 居于此；城隍庙东北的潘（恩）氏园第故址名安仁里；县南大街的康衢里有徐（文定）氏别业；东西姚家弄"皆中书舍人姚秩之族故名"；嘉靖二十年（1541）进士张颚翼家族聚集宅地名张家弄；黄家弄则因万历二十二年（1594）中举者黄体仁家族而得名。④ 此外，唐家弄、俞家弄、艾家弄、赵家弄等莫不缘出于此。至于和碧眼金发的"夷人"相处，就更

① 同治《上海县志》卷七。
② 同治《上海县志》卷二。
③ 《上海曹氏族谱》，旧序，转引自吴仁安《明清时期的上海地区望族》，《历史研究》1992年第1期。
④ 同治《上海县志》卷二。

如天方夜谭了。

始建于 1850 年代的上海租界里弄向传统的世家里弄发动了阵阵冲击。开埠后第一个 10 年间，"沪城类聚之民，比屋杂处"的里弄业已出现。[①] 20 世纪最初 10 年，中外移民杂居的近代里弄在上海城市舞台上以主角身份亮相，致传统里弄相形见绌。工部局户口调查表显示：1900 年公共租界有华人户口者 345276 人，其中客籍人口在 80% 以上，外侨也有 9774 人。[②] 1907 年出版的李维清《上海乡土志》记载，当时上海居民"实有 80 万。英、法、美三租界内已达 50 余万，占其大部分；其余散居于城乡"，"客籍多于土著"。这一时期，不但早期老式石库门里弄、广式住宅里弄普及于租界，容纳了大量中外移民，而且采用西洋建筑细部处理手法的后期老式石库门里弄也在租界和南市方兴未艾。

从第一次世界大战至 1930 年代中期，上海近代里弄进入发展定型阶段，其主要标志是新式石库门住宅里弄和新式里弄的相继兴盛。从建筑外形和结构上观之，新式里弄较新式石库门里弄更趋欧化，然两者都是在社会上大家庭解体，外来人口逐年递增的形势下应运而生的。1930 年，上海本地人在华界总人口中只占 25.78%，而江浙两省籍的人口却高达 59.67%。[③] 同期，华界新里弄住宅 1082 幢；公共租界新住宅 7483 幢，其中洋式住宅 665 幢；法租界新建住房 4173 幢，其中洋式住宅 1090 幢。到抗战前夕，全市约有住宅 30 万幢，人口 377 万，里弄近 2000 处。[④] 在接甍连栋的成片新建里弄拔地而起之后，庭院深深的传统里弄更为黯然了。

及至 1937 年抗战爆发，沪南老城区居民相率逃难，避入租界。昔日尚存之大族世居、人丁兴旺的城厢里弄，"几乎阒焉无人"。[⑤] 传统里弄，至此完全解体。同期租界里弄却得到了畸形发展。沦陷区各地避战难民蜂拥而至，孤岛上最普通的石库门弄堂房子"月付房租 80 万而不可得"，应运而起的里弄

---

① 王韬：《瀛壖杂志》，上海古籍出版社，1989，第 10 页。

② 徐公肃、邱瑾璋：《上海公共租界史稿》，上海人民出版社，1980，第 13 页。

③ 上海地方协会编辑并发行《上海市统计》（1933 年），人口，第 4 页。

④ 《上海市统计》，土地，第 7、9、10 页。

⑤ 汪维恒：《本市的住房问题》，《解放日报》1956 年 8 月 13 日。

花园住宅虽每幢月租数百元，"但都市中人，流动性大，还是愿意租赁的"。[①] 里弄居民的异质性因之进一步强化。

应当指出，五方杂处的人口结构并非上海城市社会近代化的独具特质，而是近代移民城市总体结构的一般特点。然令人回味的是，上海里弄向中外移民杂处的社区演变，不仅就总体的基层社会结构而论，并且也针对小范围的，甚至是同一里弄的居民成分而言。

先期进入上海租界里弄的福建、广东籍移民，虽有相对集中居住的区域，但未形成封闭的乡土社区。王韬于 1850 年寓居的东关外羊毛弄，即为闽粤游民的群聚之地，[②] 而王氏却是江苏甫里人。同光年间先后兴起的广东路、福建路石库门里弄内，携资而来的苏南籍移民在此安营扎寨，与先期到达的潮州人、福建人共居一个里弄空间。稍后，来自京、宁、鲁、皖等地的移民也相继住入。

华洋分居的格局仅维持到 1854 年，此后租界里弄中的异质人群共处越来越习以为常。19 世纪末，旅居沪上的日本侨民大批进入广式里弄，原以外观类似广州旧宅和广东人居多而得名的这类里弄，因此添一别称：东洋房子。空间更为接近的华洋共处也不再新奇。举例来说，穆藕初在 1899 年间向一名叫勃朗的英华混血儿学习英文，住在二马路九江里该君寓所。勃朗"以经济未裕，居处甚窄，只两开间一厢房之楼房一幢而已"，"隔壁之一楼一厢，乃一卖俏妇所居，同一楼梯，极感不便"。[③] 此处所说九江里，即典型的老广式里弄，异质人群的空间接近由此可见一斑。1930 年代初，居于公共租界的外国侨民 36471 人，分属 34 个国籍；法租界外侨 15462 人，分属 47 个国籍。[④] 在庞杂的侨民队伍中，花园洋房、公寓大楼内深居简出的高等洋人固然有之，但散居在石库门里弄、新式里弄内的中下层外侨也不在少数。1920 年代末，在上海租界外国侨民中占绝对多数的日本下层侨民虽有半数以上密布于吴淞路和四川路为中心的公共租界北部边缘，但这 4500 余户日侨与中国居民同住在近

① 屠诗聘：《上海市大观》（下），中国图书杂志公司，1946，第 1、5 页。
② 王韬：《瀛壖杂志》，第 7 页。
③ 穆藕初：《五十自述》，上海古籍出版社，1989，第 107 页。
④ 《上海市统计》，人口，第 10、14 页。

百条弄堂内，与中国民众在经济与生活中直接接触和竞争。① 尽管日本侨民心理状态较为封闭，排外情绪较为浓厚，日侨组织严密团结，但在上海的五方杂处里弄中，很少出现类似美国许多大城市中意大利人社区、"唐人街"那样的日本人社区。可以说，以民族、区域为判的社区在近代上海里弄结构中并不占主导地位，上海里弄是异质人群紧密接近的生存空间。

如此接近、如此具体的五方杂处在近世各国的移民城市中恐属罕见，就是在同期开埠的中国通商口岸中也堪称特例。促成这种奇特的里弄结构的，正是上海所经历的特殊的近代化道路。

与中国沦为半殖民地半封建社会的过程相同步，上海城市的近代化充满内忧外患的屈辱与痛苦。但有别于其他通商口岸城市社会的是，上海受几个帝国主义国家的共同侵略，形成三家（华界、公共租界、法租界）两方（中方、外方）的多元行政格局。列强相互倾轧相互掣肘，三家两方间亦存在许多罅隙，致上海租界社会的表层局势保持相对稳定。"各地人民皆视上海为安全土、极乐国，纷然猥集"。②

由是，近代上海所接纳的大规模的国内移民皆夹带避战求安的动机而来。人们既为此背井离乡来到上海，第一需要自然是有起码的栖身之地，同乡接近便退于次属考虑。其次，从兵荒马乱之中逃难的四方乡民迁徙大上海，多为自发、零星、非组织的移民行动，而少见有组织的集团性开发移民。携带巨资、尽室而至的富豪大贾有之，身无分文、行乞而来的穷家百姓更有之。社会阶层杂错的移民虽说基于同一原因离土，却不可能定居在同一乡土圈内。再者，以避战为首要动机的仓促离乡，往往缺乏较久远的定居后目标，且战乱威胁时时存在又不可逆料，因此，上海里弄中的人口流动十分频繁，保持封闭的乡土社区几乎是梦想。太平天国时期，11万移民潮涌上海，旧式里弄住宅"像耍魔术般地一片片建造起来"，但1864年太平天国的失败立刻引起了大批难民的回流。"他们急乎乎离开这个过去来寻求避难处的港埠"，"整个住宅都变得

---

① 日本驻上海领事馆调查《日本人在上海各路分布表》，1927年12月末，转引自〔日〕高纲博文《在上海的日本人》，林克主编《上海研究论丛》第8辑，上海社会科学院出版社，1993，第339页。

② 胡祥翰：《上海小志》，上海古籍出版社，1989，第25页。

空荡荡了","从 1864 年到 1865 年,房租降低了 50%"。^① 进入 20 世纪后,类似的大批移民回流情况虽未再现,但因避战引起的里弄人口流动愈加频繁,"搬场忙"成为上海滩的一大社会特色,就是高等住宅区也不免被波及。1920 年代兴起的愚园路高级里弄"甲第连云,尽是钟鸣鼎食之家","不料八一三之役,日寇侵入租界,沪西忽变'歹土'……人怀戒心,迁地为良,于是旧法租界住宅区应运而起"。^②

上海近代化的另一显著特点是其典型性。上海无疑是中国近代化程度最高的城市,又是典型的半殖民地的国际都会,在中国乃至在远东,上海的地位曾那样地赫然醒目。凭借着这种地位,上海吸引着各色人等:从欧美殖民者、犹太冒险家到印度巡捕、俄国逃亡贵族;从广东买办、江浙富豪到内地知识青年、苏北破产农民。然而,上海社会并没有向人们提供公平的、健康的竞争机会,反之却充斥着民族压迫、阶级剥削、媚富欺贫、弱肉强食。西方列强高呼着机会均等从这里攫取自采,抢夺权利,中国人却在这块属于自己的土地上为一点点可怜的机会疲于奔命。上海里弄恰是这种生态过程的一个面相。

近代上海金融业、工业、商业的艰难起步与成长同里弄有着千丝万缕的联系。清末,在老式石库门里弄内,小杂货店、小食品店星罗棋布,不少烟纸店留存至 19 世纪末年。银号钱庄在南北两市的里弄中鼎盛一时,位于南市里马路(今中山南路)王家码头附近的敦仁里、棉阳里和吉祥里内,形成了名噪一时的"南市北市"金融中心,公共租界宁波路的兴仁里、北京路的清远里等处则有"后马路行市"与之呼应。是时,外滩"东方华尔街"上的外国银行摩肩接踵,但只有官商合办的中国通商银行勉强跻身此列,另一家华资银行——交通银行上海分行亦系官办,却只能屈居后马路行市的乾记弄内,直至 1919 年才迁至外滩。于里弄一隅的旅馆、浴室、饭店遍及全市。著名的老客栈泰安栈、谦益栈等在洋泾浜北的嘉乾弄内起家,到上海解放前夕,市区共有大小旅馆 250 余家,其中 120 余家设在弄堂里。^③ 弄口小摊、弄堂饭店则是许多上海名小吃的摇篮,闻名遐迩的王家沙点心店也是从弄堂口发展起来的。在里弄

① 〔法〕梅朋、傅立德:《上海法租界史》,倪静兰译,上海译文出版社,1983,第 374—375 页。
② 屠诗聘:《上海市大观》(下),第 5—6 页。
③ 汤伟康等:《上海轶事》,上海文化出版社,1987,第 288 页。

中生长着的民族资本小厂步履艰难，除高级花园里弄、高级新式里弄外，近代上海几乎每弄数厂，小如手工业作坊，大些如修配、加工厂，甚至连机器工业也诞生在弄堂里。1880年，上海早期民族机器工业远昌机器厂就开办在大名路百福里内。至于里弄中的印刷所、小书店、小报馆、私人电台，以至妓院、赌场、烟馆更是名目繁多，一应俱全。

既然近代上海的经济、文化及社会生活组织——正常的和非违的、健康的和扭曲的如此无孔不入地、犬牙交错地密布于上海里弄内，那么，非但本地家族聚居的里弄必于瓦解，而且以乡土为纽带的封闭社区亦万难生存。如果说，在早期里弄里，因"同乡同业"而相对集中的同乡社区还存在，那么，到了20世纪初年，随着"同乡不同业"的新型行业组织的出现，里弄的乡土色彩日益褪却，"一弄多帮"的现象相当普遍。据1922年上海商业名录载，江西路恒业里有商帮字号85家，其中威海帮7家，烟台帮31家，青岛帮5家，山东帮7家，营口帮12家，安东帮8家，大连帮10家，吉林帮3家，哈尔滨帮2家。[①]

与上海近代化的典范性亦步亦趋的是它的"孤岛效应"，或曰"非普适性"。上海的迅速崛起不能同广袤的内地农村及周边中小城镇、乡村社会发展相同步、相匹配，近代上海的工业文明始终处于自然经济为主要形态的农业社会的包围之中，其结果便是上海的过度城市化，空间与人口矛盾之尖锐、房荒之严重在世界近代城市中可居前列。

房荒问题给上海里弄造成了久远的、多重的影响，在此仅就近代上海里弄的居民结构特征略述一二。"上海居大不易"——几乎每个踏上上海土地的外乡人都有过如此感受。为在上海滩争得立锥之地尽全力而不得者比比皆是，分布于全市322处、近百万人的棚户里弄就是有力的佐证。[②] 市民集中的石库门里弄居住状况也趋恶化，据公共租界1937年调查居住委员会报告，租界内住宅每幢住4户的计22764家，住6户的计14028家，住9户以上的计1305家，最多的一幢房屋住过15家。[③] 住处既如此难觅，平常百姓获得一席之地就可

① 罗苏文：《石库门：普通人家》，上海人民出版社，1991，第53页。
② 薛永理：《旧上海棚户区的形成》，《旧上海的房地产经营》，上海人民出版社，1990，第232页。
③ 屠诗聘：《上海市大观》（下），第1—2页

安身立命，何顾上同乡接近？何况住房之难，寻得老乡也无济于事。另外，而靠转手出租房屋生活的"食利阶层"则大发房荒财。时人记叙："二房东别出心裁，叠床架屋，当小客栈一样方式租借给人，有了二层阁、三层阁的房客还不算，阁楼上还要借铺场给人，早出晚归。甚至露台上盖几张马口铁，搭一个棚，也可招租"。[①] 因此，近代上海弄堂里的"亭子间好婆""阁楼嫂嫂""前楼爷叔""后楼阿娘""老广东""小宁波"等奇怪称呼，至今余音尚存。[②]

由本地世家聚族而居的里弄演化为五方杂处的近代里弄，不正体现了上海走过的痛苦、艰辛而又奇特的近代化之路吗？近代上海基层社会的这种组合方式，往往使人将它与以下文化特征或群体特征联系在一起：兼容并蓄、趋新逐利、开放多元；也容易把它同以下社会历史现象关联起来：各种异质文化传动的基础阵地，帮会、同乡会兴盛的逆动因。考虑这些因素自然必要。然而，近代上海社会与文化的另一些特征或现象——上海文化之缺乏个性，上海人群体之乏有凝聚力，帮会、同乡会等社会组织的"国家""政府"色彩，是否与这种缺乏同质文化空间接近及缺少邻里情感基础的生存方式也有关系呢？

近代上海社会分层与里弄生态布局

近代上海既未形成严格的以民族为判或封闭的以乡土为纽带的移民社区，但中外移民的杂处不是任意的和无律的。

几乎所有的城市社会研究者都肯定，社会分层与城市社会生态是两个相关的变量。按社会阶级、阶层分布的居住模式在近代城市史上可随手拈来，居住着 200 万清一色的劳动者的伦敦东区（East London）就是最明显的例证。近代上海人口的居住分布同样受到社会分层的制约。

关于国内移民按阶层居住不同等级的里弄曾有过不少文字，这里无须赘论。当然也有稍微例外的情形，那便是在闸北、杨树浦、曹家渡一带的苏北移

---

① 苏子：《上海"人"》，《上海生活》1939 年第 1 期。
② "好婆"是苏州人对外祖母的称呼；"阿娘"是宁波人对祖母的称呼；"爷叔"是上海人对叔叔的称呼。

民聚居点。这些位于"下只角""穷街"的里弄，似乎是以乡土为纽带的移民社区，然正如一项卓有成绩的研究所表明的，这种乡土社区及社会对它的偏见是"当时苏北人低下经济地位的产物和起因"。[①] 所以，较为全面的理解似乎是，阶层原则支持并强化了苏北人里弄的存在。

阶层原则同样支配着外国侨民的居住分布。当我们考察居住在"东洋房子"里的日本侨民时，就必须注意早期移居上海租界日本人的职业与社会地位。19世纪六七十年代的上海日本居留民，除少数受官方派遣来沪外，多是小商贾、小职员以及为西人服务的侍妾、奴仆等，其中三分之二为妇女，她们中间许多人充当了"洋妾"，堕为娼妓。与占有租界居有洋房的英、法、美国侨民相比，这些地位卑微的日本侨民只有在租金低廉的广式里弄中与广东人为伍了。无怪一位目睹此状的日本人要"心中深感不快"，"为之切齿扼腕"。[②]

到1920年代，日本侨民逐步摆脱窘状，居住分布发生变化。随着第一次世界大战期间及战后日本在沪经济势力的增强，日侨的职业构成、社会地位向高层次发展。公司职员、银行职员、店员、事务员已占有职业者的37.7%，包括其家眷共占日侨的41%。而原来高比例的侍妾、奴仆、艺妓、娼妓占有职业者的比例降至11.3%。[③] 职业构成的改变将5%的上层日本人推至公共租界和法租界的中心地带，使约40%的中层日本侨民居住在其受雇的公司、银行或商社的住宅里。[④] 虽然还有55%的下层日本侨民居住在虹口、闸北一带的里弄内，但与早期日本侨民相比，总体状况毕竟大有改善。倘若说，这一时期日侨在上海的地位和居住情况还无法同英、美、法等西洋侨民做横向比较的话，那么，至1940年代初，"东洋"压倒"西洋"，日本人称霸上海的局面业已形成。日本人居住的里弄随着侵华日军的占领遍及全市。在1945年8月18日前，除日军外的日侨48931人，恃强占屋者甚众，以致战后"有关日侨房屋

---

① 〔美〕韩起澜：《论对上海的苏北人的偏见》，洪泽主编《上海研究论丛》第4辑，上海社会科学出版社，1989，第256页。

② 樵枢铭：《进入上海租界的日本人》，洪泽主编《上海研究论丛》第3辑，上海社会科学出版社，1989，第59—60页。

③ 日本驻上海领事馆调查《上海日本人职别表》，1928年10月末，转引自[日]高纲博文《在上海的日本人》，《上海研究论丛》第8辑，第339—340页。

④ 上海通志馆年鉴编纂委员会：《上海市年鉴》（1946年），中华书局，1946，A第29页。

纠纷，日益繁多，有原房东请求收回者；有承租人因抗战离沪，现始返沪要求续租者；有因房屋为日侨居住，请求赔偿损失者，种种纠纷，不一而足"。[①] 日侨居住分布及其状况的改变，显然是基于日本在华势力扩张的社会地位的升迁。

与日侨相反，上海俄国侨民的境遇每况愈下。上海开埠近半个世纪内，在上海的俄国人不过半百。俄侨人数虽然微不足道，却在上海租界颐指气使，分享列强在上海的种种特权。1896 年开业的华俄道胜银行一度成为外滩银行的"六强"之一，便是沙俄在上海地位的象征。凭借着这种地位，将近 50 名俄侨就足以跻身于上流社会了。

然而，上海俄侨的社会地位并未保持太久。俄国十月革命后逃亡沪上的白俄贵族和资产者的境况同他们的前辈相去天壤。尽管上海俄侨人数增长极为迅速，到 1930 年代初，法租界有俄人 6045 人（1932 年），居法租界外侨之首，公共租界俄人 3487 人（1930 年），仅次于英侨和日侨，[②] 但他们跌入了社会下层。在白俄聚居的法租界，西部高级里弄内除少数充当佣工的白俄妇女外，几乎没有俄侨居此。白俄的主要居住点在霞飞路（淮海中路）、马斯南路（思南路）、环龙路（南昌路）中等里弄内。茂名路 118 弄 1 号曾设立俄国移民委员会总部，是上海俄侨的中心组织。尽管这个总部下设 52 个附设机构，并与巴黎的旧俄世界委员会建立了联系，[③] 但上海俄侨并未从那里获有效庇护，改变处境。法租界内俄侨集中的许多罗宋大菜社是上海白俄主要的谋生场所和补偿失落心理、发泄怀旧情绪的文化场所。公共租界的白俄境遇较之更差。出没于四马路（福州路）、浙江路一带里弄的白俄多以卖洗油腻肥皂、绒毯、洋刀、金表之类为生，褴褛衣衫和满身油污就足见其生活之窘迫了。[④] 更为低贱的是充当吉普女郎、酒吧侍女和妓女的白俄妇女，她们的谋生、居住场所往往不

① 《费唐法官研究上海公共租界情形报告书》第 1 卷，第 95 页；梅朋、傅立德：《上海法租界史》，第 375 页。
② 《上海市统计》，人口，第 14、10 页。
③ Maria R. Ristaino, "White Russian and Jewish refugee in Shanghai, 1920—1944", as Recorded in the Shanghai Municipal Police File, National Archives, Washingdon, D. C. Republica vol.16, no.1, 1990.
④ 陈亮：《特种上海生活》，《上海生活》1940 年第 2 期。

固定，经常活动的区域是北四川路、洋泾浜等处的弄堂舞厅或酒吧。甚至还有穷困潦倒无处藏身的白俄妇人主动投狱，以免挨饿流浪。① 与之相比，在万国商团俄国分队中服役的官兵，在工部局下属的交响乐团中供职的乐师，或在工部局巡捕房里充当暗探、保镖、巡夜，就可称得上白俄中的"显贵"了。然即令如此，这群失去沙皇庇护的"洋人"，也不再能同昔日的"外滩伙伴"同居于一个里弄空间，与暴发的"东洋人"更无法同日而语。因此，上海白俄时时用这样一句话描述自己的困境："我们没有国家，没有政府，没有领事官员"。②

如果说，近代上海的社会分层居住模式为世界近代城市社会生态之一般模式，那么，层次差异的里弄在上海城市空间结构中的生态布局就非同世界近代城市之一般了。

上海里弄住宅的档次，由低向高依次为棚户里弄、旧式石库门里弄、新式石库门里弄、新式里弄、公寓或花园住宅里弄。这些类别的里弄在1930年代中期的上海市区基本定位。南、北、西三面的棚户里弄大体以公共租界北、西两界及法租界的西、南两界为线，紧邻租界，呈弯月形布局；东北部棚户里弄散落在杨浦、榆林、提篮桥及浦东的烂泥渡、老白渡、洋泾镇等地区；东南部棚户区则集中在南市陆家浜以南及中山南路与中华路之间。③ 若以公共租界的跑马厅（人民广场）为市中心，那么，近代上海的贫民窟——棚户里弄是距市中心最远的环形居住带。在市中心商业区和毗邻中心的地带，容纳了占全市人口60%的普通市民阶层的新老石库门里弄纵横其间，密如蛛网，尤以公共租界的黄浦、老闸和南市老城厢为最。由此向西，新式弄堂房子比重逐步加大，花园洋房里弄开始出现。而到了两租界西部的边缘地带，高档洋房里弄居于上峰，但在这个区域，中低档次的石库门里弄依旧可见。

俯瞰近代上海城市空间，可以发现里弄布局具有以下特点：自东徂西，石库门里弄由密而疏，然始终是一张基础之网；在此基础上，从中档到高档的里弄由东迤西呈阶梯格局；市区内不同层次的里弄分布只有基本趋势而无明确

① 刘春华：《挨饿与自由》，《上海生活》1940年第2期。
② Maria R. Ristaino, "White Russian and Jewish refugee in Shanghai, 1920—1944".
③ 《解放前上海棚户区分布示意图》，转引自张仲礼主编《近代上海城市研究》，上海人民出版社，1990，第485页。

的地域界限，可谓"犬牙交错"；只有市区边缘的棚户里弄才有明显的地域分界，从而形成对市区的包围圈。

以上特点与近世欧美许多大城市的住宅分布模式很不一样。在那些城市里，下层社会住宅区常常位于市中心，中上层社会住宅区则在市区外围甚至向市郊扩展；但与此相反的分布模式，如 1930 年代美国及拉丁美洲的一些小城市，[①] 近代上海亦与之不相雷同。然从某个局部看，上海与西方城市的生态布局又相类似，典型的如，两租界的"阶梯格局"、城市外围的棚户里弄圈。这些不似与相似都包含在近代上海城市社会的生态过程里，而不在那些现成的理论模式中。

与近代各国大都市的生成发展一样，上海市区大规模里弄住宅的兴建首先是移民浪潮的推动。起始于 1853 年的小刀会起义致城厢居民以及青浦、嘉定等地的地主富商纷纷避入英租界，使租界人口从 500 多人猛增到 2 万人以上，外商便趁机出租原有多余的简陋房屋，同时以赚取的高额房租快速建造简易木屋。这样，在不到一年时间里，广东路、福建路一带，就有 800 多幢木板简屋作为商品租与华人居住，这既是上海商品房的嚆矢，也是上海里弄式街坊的雏形。到 1860 年，在英美租界内，以里弄命名的木板房住宅有 8740 幢。[②] 1870 年代以后，由于世界资本主义发展迅速和上海工商业日益繁盛，上海人口再度激增，老式石库门里弄便如雨后春笋，颇具规模。此后上海里弄住宅建设的两个高峰期：第一次世界大战前后和"孤岛"时期，也都源于上海市区特别是租界人满为患，房价地价暴涨。

但是，对于近代上海和近代欧美城市来说，人口运动所带来的社会后果并不相同。大量迁徙上海的农村人口与 19 世纪后期潮涌美国城市的乡村居民虽然都改变了城市原有的人口结构、阶级结构和居住方式，然而，前者与土地的被迫分离主要为战乱所驱赶，也因农村经济衰败造成的人口压力所排挤；而以小农经济为主形态的中国农业社会并未因此产生结构性变动。[③] 后者迁

---

① 康少邦、张宁等编译《城市社会学》，浙江人民出版社，1986，第 83—85 页。
② 高潮：《上海里弄住宅沿革》，《旧上海的房地产经营》，第 223 页。
③ 美国学者黄宗智在他的著作《长江三角洲的小农家庭与乡村发展》（中华书局，1992）中，用缜密的实证研究表明：上海所处的长江三角洲地区随着农村商品化进程，资本主义性质的农业雇佣劳动不断萎缩，而以过密型家庭生产为特征的小农经济非但没有崩溃，反而进一步强化。

居城市恰恰是由于农业生产力发展所致的农村劳动力市场的低工资和相对萧条，[①] 他们的离去使乡村人口日趋萎缩，为城市扩散敷设了前提。

由此产生了两个差距甚殊的城市社会生态过程：上海自开埠后的一世纪内，城市社会在不足 60 平方公里[②] 的浦西市区高速畸形发展，空间拓展相对滞后。若以上海特别市行政区所辖面积及两租界面积之和的 393.16 平方公里计，[③] 上海全市城乡面积之比约为 1∶6.5，6.5 倍于城市空间的市郊乡村社会依然过着日出而作、日落而息的农耕生活。上海市社会局 1930 年代中期的调查显示："全市农村约计 2900 有余，农户数逾 67000，农民人数不下 32、3 万。是以热闹之市场区域以外，依然阡陌相望，村舍栉比，犹未脱农村之景象也"。[④] 而历时一世纪工业化的美国城市不仅人口激增，而且城市空间拓展也相当迅速。到 1920 年代后期，美国变成了一个城市国家，其城市居民已多于乡村居民，巨大城市结集体在纽约、洛杉矶、芝加哥等不少地区发育成形。这些城市群中虽然也包括若干人口较为稀疏的城郊地区，但它们不再是乡村，而是不太密集的城市化地区。

由是，近代上海虽然如美国的许多大都市一样，拥有一个人口高度稠密、异常拥挤的市中心，但是，上海人却不能像美国城市居民那样，逐步告别喧嚣的闹市，到边缘和市郊去建立新的住宅区。近代上海城市社会的各个阶层几无例外地投入了 60 平方公里内的生存竞争，尽管结果是多寡不均，地狱天堂，但极少有人能逾越这个范围。租界西南部的高级里弄住宅虽然体现了上层社会疏离市中心的意向，然再扩散的企图终未实现。市区边缘的工厂区、棚户里弄和市郊乡村社会构筑了一道生态沟壑，最为典型的是与华山路、衡山路及建国西路高级住宅毗邻的徐家汇镇西北的北村棚户区、肇家浜水上棚户区。当然，坐落在市郊的花园洋房偶尔也可见到，西郊虹桥路两旁的田野里还不下二三十处，甚至还有外国房产巨头沙逊的"依扶司"乡村别墅那样豪华的建筑。然而，这些大抵是供达官贵人休闲的场所，并非里弄住宅区。而它们存在的一项

① 康少泽、张宁等编译《城市社会学》，第 64 页。
② 此数据为《上海市统计》所列的公共租界、法租界及沪南、闸北面积之总和（见该书，土地，第 1—2 页）；又据《上海市年鉴》（1946 年）所载浦西市区的面积（见该书，B 第 2 页）。
③ 《上海市年鉴》（1936 年，上），中华书局，1936，C 第 2 页。
④ 《上海市年鉴》（1936 年，下），Q 第 1 页。

重要价值，正是为了让其主人领略乡村风光，就近享用时令鲜蔬。这与扩散城市化过程中建立的富人住宅区具有质的区别。

移民构成的差异是造成近代上海里弄分布有别于美国近代城市居住模式的又一个原因。19 世纪美国城市人口的重要来源之一是欧洲移民。1880 年代有 520 万欧洲人移居美国，20 世纪头 10 年，又有 820 万欧洲移民在美国安家，其中大多数定居城市。① 这些外族移民不仅迅速取代传统城镇居民而成为近代城市人口的主体，而且按照工业社会分层原则和近代城市的一切便利设施，逐步打乱了前工业城镇的居住模式，富有阶级开始络绎不绝地离开中枢区域，下层社会的贫困阶级则成为市中心被弃置住宅或中心附近的陈旧老房的新主人。而近代上海城市人口主要来自国内五湖四海。尽管上海外国人的人数、国别数都居国内城市之首，其上层把持着上海乃至中国的统治权，但他们无以像美国的欧洲移民那样，在俨然以主人自居的同时，跃居为上海移民的主体。因此，左右上海居民分布的主要社会力量是国内移民的选择，而非少数外族移民的意志。石库门里弄之所以成为上海社会生态格局中的基础之网，便基于这种选择。② 1860 年代起，大量外省乡民移居上海租界的情况有增无减，致上海租界尤其是公共租界的华人比例居高不下。这就促进了租界华人里弄的生根和扩展。同时"迫使外国人，特别是那些低收入的外国人，每年寻找远离闹市中心的住所"。据载，20 世纪初，闹市中心"已为中国人独占。租界内，外国住房的租金正逐步上涨，因为每一幢旧的外国住房拆毁后，中国人的住房就取而代之"。③ 概言之，美国近代城市的居住模式是欧洲移民的主体性创造，近代上海里弄的基础布局则是国内移民的主体性选择。

但须指出，在上海居住生态布局形成过程中，外国移民，特别是少数西方上层移民的举措并非无足轻重。

首先，在上海城市急剧近代化的进程中，外国移民将西方近代城市居住模式强行嵌入上海传统社会，促使上海由东向西地完成了社会生态侵入与接替

① 康少泽、张宁等编译《城市社会学》，第 64 页。
② 罗苏文在《石库门：寻常人家》一书中，揭示了近代上海人选择和创造以石库门为文化象征意义的上海生活方式的历史进程及其内涵。
③ 徐雪筠等编译《上海近代社会经济发展概况》，上海社会科学院出版社，1985，第 21 页。

的大循环。持续了半个多世纪的租界扩张与这一过程在时空上同步。租界当局每次大规模地向西扩张地盘，越界筑路，必伴随着房地产投机的狂潮。尔后，道路两旁的农耕社会便迅速被近代里弄街坊所接替。时人记叙："上海市面的发展，由东而西，住宅区域的开拓，亦复如是。然最初亦不过至跑马厅为止。民国初年，白克路（今凤阳路）尚称新马路，房屋寥寥可数，四周大半荒田，游人所聚，在张园附近，已算极远……（1920年代初）愚园路上，建筑物与年俱增，遂成为最高贵的住宅区域，取旧时白克路而代之……（八一三以后）旧法租界住宅区应运而起，西区一带的高等住宅区，又取愚园路地位而代之"。[①] 上海租界档次的阶梯形布局随之形成。

其次，作为外国移民的特殊政治空间，租界首先为上海的外国人提供不同层次的住宅，同时将贫困的中国人排挤到华界。大部分棚户里弄分布于租界边缘，便是租界当局禁止或驱赶中国贫民和难民滞留界内的结果。[②] 沪东杨树浦路、平凉路棚户区虽然位于公共租界内，但从1925年起，工部局多次出动武装巡捕强行拆除，只因棚户居民一次次重建，才保持了这一最起码的生存空间。

最后，由于外国移民及其租界的特殊地位，上海社会生态极度不平衡。租界与华界荣枯之殊通常以市民最基本的生活基地——里弄的层次布局显示出来。南市、闸北及1928年后上海特别市政府辖区内，花园洋房几成凤毛麟角，这些地区为租界几分之一至几十分之一的地价将中小房地产商吸引其间，出资建造大批中低档里弄住宅。而租界的黄金地段，特别是外滩、南京路等"寸金之地"，全部为外籍或华籍房地产大业主所据有，他们出资建造的里弄住宅，或则高档高租，非普通市民所能问津；或则高于同档次华界住宅，贫家百姓非不得已不为之。[③] 这样，上海里弄终不能超越租界、华界的社会界限，如欧美近代城市那样由低层次到高层次从市中心向外扩散，或如扇形，或如章鱼触须。

即便如此，上海外国移民还须受制于国内移民的主体性选择，并不如某些历史学者描述的那样，他们在一切领域里都可以愿到事成，为所欲为。资本

---

① 屠诗聘：《上海市大观》（下），第5—6页。
② 薛永理：《旧上海棚户区的形成》，《旧上海的房地产经营》，第232页。
③ 屠诗聘：《上海市大观》（下），5—6页。

主义房产市场的调控迫使那些外国大房地产商把眼光投向绝大多数上海人的需要，新沙逊洋行、英商业广地产曾经是经营早期石库门里弄住宅的大户，20世纪初跃居为上海第一房地产大亨的哈同，石库门里弄也是其经营的主要项目，南京路两侧的里弄住宅中，凡以"慈"字命名的，如慈裕里、慈庆里、慈顺里、慈昌里、慈丰里、慈永里等，都是哈同的产业。[①] 如是，石库门里弄便渗透在市区的任何方位，尤其在那些黄金地段。

左右上海里弄布局的诸因素中，还有一项不可忽视的是近代上海城市的无计划发展。与上海"三家两方"的多元格局相联系，近代上海市政建设具有"局部有序，全局无序"的特征。这样，在那些"三不管"的地段，贫穷阶层便可找到立锥之地：凭借苏州河、肇家浜及铁路等自然的或人工的障碍，四方流民也可抵挡住租界当局的驱赶，建立起最简陋的"滚地龙"。这些被社会生态学家称为"自生区"的下层里弄和棚户里弄，或成为租界与华界的隔离带，或形成对市中心的包围圈。同西方城市中并不鲜见的自生区相比，近代上海的自生区多为边缘效应和缝隙效应，而西方城市多见无规划的侵犯与接续的结果，从市中心到市边缘，从民族聚集区到中等阶级住宅区，都可以有或可以是自生区。因为西方城市中的生存竞争和阶级竞争并不存在于多元行政格局的条件下。

上海政权更替与里弄功能转换

由古及近，上海社会结构变迁的过程，特别是地方政权更替的过程，往往伴随着里弄组织的功能性转换。古代具有行役法、催纳赋等功能的制度之里到近代一去不返，里弄一度回归为纯然的基层社会生活形态。老城厢原先存在的邻里间共同维持秩序的保甲制度，到清末已失去了作用。[②]

作为近代都市社会的基层生活组织，上海里弄功能的俱全常令初到沪上者瞠目。人们在叹息"上海居大不易"的同时，又发出"里弄生活之便捷无以

---

① 高潮：《上海里弄住宅沿革》，《旧上海的房地产经营》，第226页。
② 〔美〕魏斐德：《1920—1937年的上海警察》，《上海研究论丛》第3辑，第74页。

复加"的赞誉。各行各业渗满的里弄前已做过静态的描述，而从早到晚络绎不绝的弄堂小贩又给里弄平添了动态的节奏感。一篇题为《弄堂特写》的文章这样记叙1930年代末的上海里弄生活：在上海市民聚居的中下等住宅里弄里，清晨8点以前有卖报人"文化的叫卖"，上午菜蔬贩子"市声齐集"，下午则有瞎子算命、兜售便宜货等"形形色色"；里弄的"食"更别具一格：出售小吃的摊贩进弄堂的时间"比江海关上的大自鸣钟还要准确"，早7点是"叫卖沙利文面包的小贩，下午3点挑着馄饨担子的小贩'蹀进弄堂来'，晚6点进来的摊贩出售的是五香茶叶蛋、蘑菇豆腐干等下酒菜，到晚上9、10点钟，各种夜宵担子进弄堂，生意一直做到午夜1点以后"。[①] 当然，这种里弄生活在棚户区内简直成为人们的奢望，而高档里弄中的居民又对此不屑一顾，与他们生活相适应的，是宁静、舒适、安逸的里弄，烟纸店、小工厂等不能立足于此，小商小贩也无法驻足。上海里弄如此这般地发挥着适合各种层次需要的功能，这确乎是许多迁居沪上的人能够容忍亭子间、阁楼乃至灶披间[②]生活的一个重要缘由吧！

然而，上海里弄社会生活功能的健全并非近代城市社会发育良好的产物，恰恰相反，这种"五脏俱全"的"麻雀功能"正是上海近代化不充分、城市社会生态不平衡的表征。小而全的里弄生活组织仅仅为低层次的消费提供便利，为追逐小利提供竞争的舞台。在这种生存环境中成长起来的近代上海人，既养成了抢做生意、争名逐利的竞争意识，又带有不甚高明的短视目光，是谓"精明而不高明"：既抱着批判现实主义的生活态度，又对里弄生活怀有依依恋情，可谓"既不安又苟安"。近代上海市民的群体性格正是由这种环境塑造出来的。

尽管近代上海里弄的社会生活功能始终健全，但其纯然状态未能持续。自1880年代起，上海租界里弄首先受到行政的干预。1883年和1892年，工部局先后两次决定在浙江路桥以北及盆汤弄北岸地区编订门牌，为在里弄居民中征捐设警做准备。几经中国居民抵制及地方官厅交涉，工部局撤销成议，房

---

① 徐大风：《弄堂特写》，《上海生活》1939年第4期。

② 上海话，厨房之意。

捐以市政捐的名义照样流入了工部局的腰包。① 此举虽未一步到位，但为里弄组织进入市政管理系统开辟了道路。

随着上海近代市政管理的进展，只具单纯的社会生活功能的里弄越来越不能适应，弄的功能转换便被提上议事日程。1920 年代末，上海全市完成了编订门牌的工作。从此，弄作为里的方位顺序标志进入了市政管理系统，同时失去了独立地显示某个居民社区的意义。虽然还留存着少量的称之为"弄"的居民点，但在密如蛛网的里、坊、邨中，它们已显得微不足道。

弄的功能转换由于两租界与华界的各自为政而步调不一，实际效能也大打折扣。里弄编程之混乱常常把人引入迷宫，在越界筑路地段尤是。复杂的里弄布局也增加了编程的难度，里内套弄、弄中有里的情况使阿拉伯数字编号后加上"甲乙丙丁"之类还嫌不够。然而，在有 2000 多条里弄及数不清的重名弄堂的上海，② 弄作为方位顺序的功能毕竟不可或缺。里弄编程完成之后，即与户籍管理紧密结合，进入警务系统，华界由上海公安局掌管，两租界则分属工部局的警务处和公董局的职权范围。这就大大便利了警方对基层里弄的控制。

不过，弄的功能转换效力毕竟有限。在 1940 年代以前，上海里弄还没有出现真正适合官方政治意图的基层社会组织。1927 年南京国民政府治下的上海特别市政府 ③ 成立后，拟将华界里弄划为邻、闾、坊三级组织，隶属区公所之下，5 户为邻，5 邻为闾，20 闾为坊，称此为"完全根据主权在民之原则，扶植人民参与政治"的基层自治组织。④ 但从 1930 年 9 月建立起地方自治训练所，着手划分邻闾坊，一直到 1937 年抗战爆发是项计划流产，里弄组织未见任何眉目。官方的解释是，因"一·二八"淞沪战事和华北事变的纷扰，"劳来安定为当前要务"，"实无余力"去完成地方自治，且"此项年增巨额之自治经费，因当时环境与经济所限，市府方面颇感筹措为艰"。⑤ 然而，即使里弄中的自治组织得以建立并由市政府操纵，但其控制所及，囿于华

① 徐公肃、邱瑾璋：《上海公共租界史稿》，第 397—400、425 页。
② 郑祖安：《近代上海城市地名研究》，《上海史研究》第 2 辑，学林出版社，1988。
③ 1930 年 5 月国民政府公布《市组织法》后，改称上海市政府。
④ 《上海市年鉴》(1936 年，上)，F 第 110 页。
⑤ 《上海市年鉴》(1936 年，上)，B 第 159—160 页。

界里弄。这就意味着，至少到 1937 年，国民党的地方政权还未实施对基层里弄的有效控制。

正是在政权控制比较薄弱的时期，上海里弄一度出现了自治组织的萌芽。1933 年起，上海全市掀起减低房租运动，几乎波及每一条里弄。次年 1 月成立的全市减低房租运动委员会，将分支机构设置到里弄。这一组织试图得到政府的承诺，但市政当局认为，减租属于主客双方的契约行为，政府不便强制规定，只能由房客团结起来向房东提出要求，政府可予支持。[①] 这就使里弄中的减低房租运动支会主要依靠居民自身的力量去达到自己的目标，而不仰仗政府的权势。里弄支会的作用得到过初步的显示：据 1935 年的统计，全市共有160 处里弄减低了房租，减低幅度一般为原租的 1-2 折。[②] 但从严格的意义上说，里弄支会还算不上真正的自治组织。因为它只为一个特定的具体目标而存在，并不是常设组织，也缺乏制度保障；它只求促成房租的减低，而不能发挥全面维护居民利益的功能。

上海里弄进入地方政权的完全控制之下是在日伪上海市政府时期。此时期，非但自治组织的萌芽完全被扼杀，而且国民党的自治招牌也被摘下。从1937 年八一三华界沦陷到太平洋战争爆发，中断了近 40 年的保甲组织在伪政权辖区内逐步复燃。1942 年日伪占领上海两租界后，保甲制度推广到全上海里弄。这种制度既有别于清末旧城区的纯粹警政组织，也不同于国民党宣称的地方自治组织，而是集行政、警政、特务于一体的基层控制系统。其主要职能是：清查户口，严格掌握人口异动情况；施行战时配给，征收捐款；组织自警团（法租界称民警团），补助军警力量；实行联保连坐。[③] 归其一点，即严厉取缔抗日行动，纳基层里弄于战时轨道，发挥非常政治功效。

日伪组织保甲之举遭到基层社会的抵制。尽管伪市府三令五申，但保甲制度推行缓慢。1941 年 2 月 18 日的《市府关于催促各区公署迅速具报办理保甲情形训令》中不得不承认："爰经本府两年之策动……未能全境办理完竣者

---

① 沈辰宪:《南京路房地产的历史》,《旧上海的房地产经营》, 第 29—30 页。

② 《上海市年鉴》(1936 年, 上), B 第 159—160 页。

③ 国民政府行政院:《关于抄发各县编查保甲户口条例训令》, 上海市档案馆编《日伪上海市政府》, 档案出版社, 1986, 第 254—256 页。

尚居多数，故迭经本府通令催办在案"。其中特别指出，尤其是办理联保连坐切结一项，因"城市地区居民复杂，且流动频繁"而"实际上发生困难"，故责令房东督新旧租户一律取具保妥，否则"唯租主是问"。直至1942年5月底，法租界才以维希政府驻沪总领署的名义命令组织保甲，翌年3月至7月，伪市府再次为推进保甲制度特设保甲委员会。① 自警团也始终徒有其名。这种号称由10万青壮年组成的"自卫组织"实际上用于预防所谓"恐怖事件"。然就在自警团员轮流值岗的各街道口，却可见"大都躲在亭内，非是打瞌睡，就是看小说，且多系花钱代雇的，或商店中之学徒，或住家的厨师和男仆，甚至还有中年以上的妇人"。②

日伪保甲组织践踏了最广大基层群众的民族感情，理所当然地要遭到抵制和唾弃。同时，这种组织的各种功能无一不危及上海里弄的生活秩序。比如，防空演习及灯火管制由保甲组织实施；户长必须有保甲长带领才能去捕房排队领取购米证；名目繁多的捐款由保甲长代捕房挨户催收……甚至弄堂小贩也大受牵连，由于实行戒严，原先活跃到午夜的夜宵担贩到10点就销声匿迹，否则，保甲长自会前去驱赶。由于扰乱了普通人的日常生活，人们对保甲组织的反感情绪与日俱增，它除了倚仗日军暴力而不得维持。随着日本侵华战争的失败，上海里弄的保甲组织陷于瘫痪。

继之而来的国民党上海市政府在抨击日伪保甲"荼毒市民，为虎作伥"的同时，复亮"自治"招牌，继续在里弄中推行保甲制度。起初，市政府恢复了地方自治训练所，计划动支两亿元，在一年之内将全市各区公所人员及保甲长训练完毕，并将改组后的保甲机构从原来的警务系统移至民政系统，以区别于日伪，增加民治色彩。③ 淞沪司令部严令："各保甲长应受该管分区指挥官之指挥，经常担负清查户口、侦缉奸杂之全责，必要时得推行五户联保制，以杜绝匪谍之活动"。④ 当人民解放军逼近上海时，市政府再操日伪故伎，急令保甲实施联保连坐，又一次将里弄拖进特务化的政治恐怖之中。

---

① 国民政府行政院：《关于抄发各县编查保甲户口条例训令》，上海市档案馆编《日伪上海市政府》，第229、250—253页。
② 屠诗聘：《上海市大观》(上)，第86—87页。
③ 《上海市年鉴》(1946年)，E第37页。
④ 上海市档案馆编《上海解放》，第214页。

而这一极端手段还未有效施展，保甲组织便随着国民党南京政权的覆亡而崩溃。

人民新政权的诞生，为上海里弄组织及其功能的历史性转换创设了前提。前所未有的政治秩序化及功能多元化的里弄组织出现在上海市民的日常中，里弄的社会及政治控制功能发挥得淋漓尽致。居民委员会的组建与发展是这一转换的主要标志。上海市居民委员会始建于 1951 年 4 月。次年 9 月，结合劳动就业登记工作进行了一次区划和调整，同时在全市里弄推开居委会组建工作。至 1954 年上半年，全市里弄均进入居委会系统。是时上海共有居委会 1852 个，居民小组 3.6 万余个，居委会干部近 9.5 万多人。[1] 由于居委会并不单纯以户籍为单位，而建置于 2—3 条里弄，因此，上海人普遍称它为"里委会"，几乎把里弄当作居民委员会的代名词。

称呼的变化是里弄新时代的语言象征。它表示无序的、政治低效的近代里弄的终结，有序的、政治高效的里弄开始统治上海基层社会。

上海解放的第一年就为新型里弄的诞生准备了条件。打乱与取消保甲组织，建立各区接管委员会下的办事处是新政权的两项主要组织措施，以便为里弄适时进入人民政府领导下的组织系统做准备。但政治秩序的重建始终紧扣组建群众自为的里弄这一目标，在办事处指导下，各里弄成立了以居民日常生活福利为中心的各种小组，如清洁卫生小组、防空与冬防小组、自来水管理小组、人民防护队等，从而为里弄组织走上政治轨道打下基础。[2]

其后的里弄便迅速而顺利地转入了区人民政府和街道办事处两级行政机构的领导之下。1950 年代中期，上海里弄的政治和生活秩序随着居委会的高效运作而建立起来，居委会的政治功能也日益健全。

动员基层群众投身政治运动，参与国家和新社会的建设，是居委会首要和最出色的工作。上海解放仅 3 年，全市居委会就组织了 9000 多个居民读报组，宣传党和政府的各项方针政策，宣讲国内外时事政治，开阔居民视野，激发他们的政治热情。[3] 是项工作成绩斐然，上海居民参与政治运动和国家建

① 屠基远:《上海市居民委员会整顿工作情况》，《解放日报》1954 年 12 月 17 日。
② 解放日报编委会:《上海解放一年》，解放日报出版社，1950，第 12 页。
③ 屠基远:《上海市居民委员会整顿工作情况》，《解放日报》1954 年 12 月 17 日。

设之热烈可说是史无前例。在抗美援朝运动中，里弄居民捐献飞机大炮款项达165亿元；在镇压反革命运动和"三反""五反"运动中，里弄居民检举了不少反革命分子和不法分子，其中不乏大义灭亲之举；在劳军与推销公债时，许多里弄妇女脱下首饰，倾其积蓄认购，家境清贫的棚户妇女也不甘人后，连夜拾荒集资买了100多份公债；① 在首届上海基层选举中，又有676位里弄干部当选为区人大代表。② 如此，党和政府的政治部署、新的政治生活原则及观念便经由居委会这一枢纽走进了千家万户，为居民所意识并行动。

居委会的另一项颇具成效的工作是按照集体互助的社会主义道德原则组织里弄新生活。各居委会都以极大精力举办各项公共福利事业，如建立托儿站、组织识字班、修理路面、疏通阴沟、保护公共设备、防火防灾以及治安保卫等，并普遍进行了大扫除，设置和修建垃圾箱、小便池。居委会干部还经常担当邻里间调解人的角色，仅1953年中有数字可考的调解居民纠纷案就达7.5万多件。③

在人民政权与居民群众之间架设桥梁，也是居委会一项无可替代的职能。在上海解放头五年中，居委会在协助政府整顿里弄生态秩序方面表现尤为出色。在治理旧上海病态社会，取缔烟、娼、赌及改造游民的过程中，政府始终得到了居委会和里弄居民的密切配合。最后一批不愿改悔而转入地下的暗娼，在1958年的里弄整风时终不能逃脱居委会的严密注视，被揭露后遭送劳动教养。④ 居委会日常的桥梁作用在于向政府反映居民群众的意见和要求，居民则通过这一桥梁监督国家机关的工作，从里弄窗口观察和认识新中国。"桥梁"的功能是健全而有效的：到1954年底，政府根据居委会要求责成有关部门装置了5万个集体用电电表，设置了1600多个给水站，并增设了公用电话、路灯，修葺了危房，实施了社会救济。⑤ 在新上海百废待举之时，完成这些工程并非举手之劳，因此，居民在投向人民政府的信任中间，无疑包含了对居委会的信任票。

---

① 解放日报编委会：《上海解放一年》，第100页。
② 屠基远：《上海市居民委员会整顿工作情况》，《解放日报》1954年12月17日。
③ 屠基远：《上海市居民委员会整顿工作情况》，《解放日报》1954年12月17日。
④ 上海市文史馆编《旧上海的烟娼赌》，百家出版社，1988，第170页。
⑤ 屠基远：《上海市居民委员会整顿工作情况》，《解放日报》1954年12月17日。

信任态度又来自共产党和人民政府的作为。在治理旧里弄和建设居民新组织的过程中，共产党成功地运用了群众路线，并坚持不懈地抓住了居民教育这一环节。为充分照顾到居民中的各阶层，考虑到群众的觉悟程度，军事管制委员会在接管大上海时对保甲制度采取了"不加承认，也不宣布废除保甲长"的策略，培养新生力量，逐步取而代之；在里弄中发展家庭妇女组织，固然以先进妇女为骨干，但"特别照顾到落后妇女，发挥团结、友爱、互助精神，进行政治思想、文化教育与科学技能的训练"。[①] 居民教育亦通俗生动：经常的黑板报、标语等宣传形式制造了教育的环境氛围，里弄的读报组、识字班又将政治教育、道德教育及文化教育三者结合起来。里弄教育的目的主要是政治意识和阶级观念的强化，集体观念和利他意识的培养，鼓励追求文明与新生活。通常的手段是"忆苦思甜，回忆对比"。由此，居民群众的切身感受和经验，便升华为对共产党和人民政府的信仰与崇拜。

里弄组织与功能的再转换同1958年、1960年两度"大跃进"联系在一起。党和政府的目标是把里弄建设成"共产主义大家庭"。1958年的任务是"把家庭妇女从家务劳动中解放出来，为建立城市人民公社创造条件"，[②] 1960年则出现了城市人民公社的短暂兴盛。围绕着变小家庭为大家庭的宗旨，为着实现"政社合一"的人民公社的理想蓝图，里弄的政治动员、里弄举办的居民政治、文化学习以及各项福利事业，统统被生层到这个境界。而更具转折意义的，是生产组、托儿所和公共食堂等里弄经济组织和社会组织雨后春笋般地破土而出，居委会随之走上组织集体生产、集体生活和基层政治生活的多功能发展道路。里弄组织由此到达极盛：据1960年4月2日《解放日报》报道，全市有80万居民投入各项社会劳动和生产组织，其中有12.5万人集合于4600个里弄生产组，全市里弄办起1667个公共食堂、1227个托儿所。

在里弄向集体化急速迈进的年代里，近代里弄的生活功能逐步退化。除居住功能尚无可能减退外，近代里弄为居民生活提供的形形色色的便利及各类消费逐一消失。里弄中的病态社会已得到根治，种种罪恶的消费无法在此找到

---

① 解放日报编委会：《上海解放一年》，第12、123页。
② 上海市妇女联合会主任郭建在市三届人大一次会议上的发言，《解放日报》1958年11月5日。

市场；原先活跃在里弄中的私营摊贩转向国营或集体工商管理行列，一一告别里弄，走进了社会主义的体制内或在体制的边缘。

创建共产主义大家庭的实践因为违背经济规律和超越社会发展阶段而终止，但里弄生产组、托儿所和公共食堂大部分生存了下来。因为它们毕竟取得了服务社会和解放妇女劳动力的社会效益，这是近代以来上海里弄从未企及，从未获得的。

然而，城市人民公社的结束却未能中断里弄政治生活中"左"的错误倾向的发展。在以阶级斗争为纲的理论指导和各级政府的部署下，1962 年以后的上海里弄从带着"左"倾空想色彩的大家庭转变为充满阶级斗争火药味的战场。居委会的政治功能日益强化、突出，里弄组织的政治趋向越来越明显，终于在"文革"时期陷入社会政治生活极度紧张和里弄政治功能压倒一切的境地。从红卫兵"扫四旧"到揪斗"牛鬼蛇神"，"革命"的铁扫帚荡涤了里弄的每个角落；从声讨中国最大的"走资派"、上海市委的"走资派"直至批斗里弄"走资派"（居委会干部），[①] 里弄中几乎所有的居民皆卷入其中；从里弄"清理阶级队伍"到知识青年上山下乡，又有许多居民被错划为"异己分子"或"阶级敌人"受到严厉批斗。[②]

"文革"过去，上海里弄的政治生活恢复正常，极端的政治功能得以纠正，里弄走上"自我管理、自我教育、自我服务"的基层群众自治组织的轨道，并获得《中华人民共和国城市居民委员会组织法》[③] 的法律保障。为适应改革开放的新形势，居委会的职能重新调整，1984 年，里弄生产组、托儿所改属区政府集体企事业管理局，与居委会脱了钩。里弄加入了蓬勃发展的社会第三产业的行列，不再组织集体生产，而发挥居民自治与社会服务的功能。虽然居委会还须协助政府及其派出机关做好与居民利益相关的公共卫生、计划生

① 《解放日报》1967 年 2 月 10 日和 12 日先后发表社论和通告，要求各级"革委会"采取措施，停止批斗里弄干部。
② 参见《解放日报》下列报道：《闵行街道革命群众热烈开展革命大批判》（1967 年 1 月 23 日）；《街道里弄革命群众举行电视大会声讨陈曹》（1967 年 12 月 21 日）；《桥一里委充分发动群众撒下天罗地网，叫阶级敌人无处藏身》（1968 年 7 月 19 日）；《本市街道里弄兴起群众专政的革命风暴》（1968 年 7 月 19 日）；《里弄清队文章一组》（1969 年 2 月 7 日）；《狠抓上山下乡工作中的阶级斗争》（1971 年 8 月 17 日）。
③ 1989 年 12 月 26 日第七届全国人大常委会第 11 次会议通过。

育、优抚救济、青少年教育等项工作，但同时有权拒绝政府要求其承担《组织法》规定之外的任务。上海一些区政府及街道办事处也对此做了明确的规定。这表明，上海里弄在经历了40年的曲折后，开始踏上了基层群众自治的道路。

（原刊于上海地方志办公室编《上海研究论丛》第9辑，上海社会科学院出版社，1993；后收入叶文心、魏斐德等合著《上海百年风华》，台北：跃升文化出版公司，2001）

上海租界研究的思路更新
——城市史研究的方法论检讨

一 "双重影响论"的启示与局限

在 1980 年代下半期的上海租界讨论中，熊月之先生首提的"双重影响论"①曾是颇具争议的一说。数年过去，此说在学术界仍有影响，臧否难分。本文不拟卷入这场讨论本身，而试图从"双重影响论"所提示的方法论中提出若干问题，以期上海租界研究的学术思路和现实指向能够更清晰一些，也希望现代史学的方法论能为城市史研究所接纳。

"双重影响论"主要针对"全盘否定论"而提出。论者指出：上海租界对近代中国和近代上海产生的影响"是复杂的，不是单一的，有消极的一面，也有积极的一面，以前，由于种种原因，人们谈到上海租界的影响，往往只谈消极方面，对积极方面则避而不提"。②

"双重影响论"所取的方法论核心，是从消极、积极两个对立统一的方面评价上海租界的作用，由于具有明确的针对性，此说强调的是积极的一面，在"耻辱标志与文明窗口""'国中之国'与进步活动中心""经济掠夺基地与全国经济中心""文化渗透与新学传播""风气的腐败与清新"等五对矛盾的价值中，论者着力阐述的是后者。他们力求达到评价的全面和客观，以便"令人信

---

① 熊月之:《论上海租界的双重影响》,《史林》1988 年第 2 期。
② 熊月之:《论上海租界的双重影响》,《史林》1988 年第 2 期。

服"地说明上海迅速成长为近代大都市与上海租界之间的因果关系。更抽象地说，即是用一组辩证的价值判断揭示出一个原因系列。这种办法的启示在于：其一，单向的、绝对的价值判断无助于全面地、客观地评价上海租界的影响，从而不能准确地把握上海走向近代化的历程；其二，租界产生的社会效应，不能同殖民者的主观意图机械等同。

作为一种价值评判，"全盘否定论"显示出的缺陷已不难喻明。然而，双重论者的努力也似未获得预期的效果：它除了受到"全盘否定论"者的激烈批评外，所造成的强烈社会印象不在"全面"评价租界的历史作用，而在为租界"正名"。这显然不是论者的本意。但为什么会事与愿违呢？

在学术讨论的范围内，在一定的研究现状和水平的制约下，强调上海租界的某一侧面或许必要。但是历史学的社会功能毕竟不可忽视，尤其是如上海租界这样具有长久历史影响的课题。上海租界研究确实与现实紧密结合，十分敏感，却无可回避，不能无所作为。社会现实对上海租界的历史诘问在于它给予一个半世纪以来的上海社会的全部价值，而不在于历史学家既定的褒贬评价。因为中国人要走向世界、走向现代化，但绝不允许主权丧失；上海将永远敞开大门，但永远不让租界再来。现实要求研究者的是，既不要将"租界会不会复燃"等社会忧虑一概视为"杞人忧天"而不屑一顾，也要警惕自己的研究落入陷阱或被导入误区。在此要求下，"双重影响论"所提示的研究方法论只能做到"结束过去"，即代表上海租界研究的一个过去了的阶段，而不再能"开辟未来"，进入现代史学方法的视野。

二　多元价值取向与价值关系

"双重影响论"使用的价值取向可归为三类：道义、法理以及现代化。而在现代化取向中，论者主要取西方现代化为参照系，即运用了外部取向。双重论者同时使用了双重价值判断：前两类价值取向被划为"消极"之列，上海租界在道义和法理的价值意义上被否定；后一类则属"积极"之列，上海租界又在城市现代化的价值意义上得到充分的肯定。

应当承认，双重论者的价值取向较之单一价值取向更接近于全面。但它依旧未脱离传统史学的褒贬框架，从而在方法论上与"全盘否定论"殊途同归。其一，"积极""消极"的价值判断排除了大量介乎于两者之间的历史经验事实，将历史过程和历史结构线性化、简单化。就以"西方文明"来说，它们对近代上海产生的影响，绝非"积极"一词能够判断。姑且不论它们在西方资本主义发展的历程中也会不断变化，就以其在战胜封建主义过程中的积极作用而论，上海租界也不能与之同日而语。上海租界内的西方文明不仅发生了严重的蜕变，而且造成了上海和中国社会近代化进程中一个最大的悖论："不喜欢资本主义又回避不了资本主义，向往社会主义又脱离不了民主主义"。[①] 在同西方文明的抗衡中，既有蒙昧主义、专制主义等反现代化因素，又有近代民族主义的力量。租界之于上海的近代化，就是这样历时百年的矛盾运动，即使是现代化取向，特别是外部取向，也难以一概冠之以"积极"。

其二，无论是单一价值判断还是双重价值判断，都是将所选择的历史事实装入论者先验的价值评判中，并以此取代历史所表现的价值关系。由此产生的争论往往着力于各自所持的先验的价值判断是否正确，而不是对历史价值本身的探讨或理解。这样的争论常常热大于光。因为每一种褒贬评判都不难在上海租界的历史事实中找到论据，所不同的是只是选择事实的范围或对事实重要性的认定。但是，要把有关上海租界的历史素材科学地、相对客观地组织在相应的价值体系内确非易事。比如，上海租界在法理上的价值问题。上海租界显然是不平等条约的产物，因此，从总体上说这个"国中之国"践踏了中国主权，应该否定，这个判断当然无可厚非。然而，上海租界的具体法律关系却不能一概以此而定。租界首先是外人在中国的租借地界，而这种租借土地给外国人的形式，不是近代上海所独有，就这一形式而言，在此时此地是不平等的、不合法的，在彼时彼地则可能是合法的、平等的，很难予以先验的、抽象的价值判断。所以，从揭示价值关系这个角度，我们首先关注的问题就在于上海租界本身所反映的一系列在法理上的价值：为什么本来可以合乎法理的租借关系在上海没有表现出它应有的价值？是哪些因素使之发生变化？合法的租赁关系在上海租界到底演变为何种形态？在法理上到底有何价值？显然，这不是一个

---

① 　陈旭麓：《关于中国近代史线索的思考》，《历史研究》1988 年第 3 期。

简单的价值判断所能囊括的。

如果把上海租界视为一个多元价值体系，将研究思路从褒贬相加的价值判断转向价值关系的阐述，上海租界研究可能会向客观和全面靠近一些。

多元价值体系首先意味着一切与上海租界有关的历史素材都应当进入研究的视野，而不是根据既定的褒贬判断进行筛选。当然，这些历史材料不可能纯客观地或杂乱无章地堆砌在研究者的头脑中，而要同上海租界的相关价值体系组织在一起。

按照上海租界存在的特定时空，与它相关的价值取向可分为三个主要层次：第一，与任何现代社会相联系；第二，与租界制度及上海特定环境相联系；第三，与上海租界的发展阶段相联系。在实际的历史进程中，这三个层次常常是纠缠在一起的，但是，在阐明价值关系时，区别这三组取向尤为重要。

诚如双重论者所指出，近代市政管理、近代物质文明首先发生在上海的租界而不是华界，两者之间确有一定的因果关系，并具有一定的共时性。但是，因果关系不等于价值关系。近代市政管理、近代物质文明的价值体现主要在现代社会体系内，与租界制度的本质迥然相异，并不会随着租界制度的消亡而失却其价值。而"半殖民地""国中之国"等因素，只有在租界制度完备时期才充分体现其价值，与租界制度共存亡。倘若忽视这种区别，把近代文明同租界制度在价值上等同起来，就可能陷入两种误区：要么将两者一起否定，要么走向另一个极端。而注意这种区别，我们就不难理解历史进程中总会有一些价值，不会因制度的变迁而消逝，一如曾经被认为资本主义特有的市场经济其实并不只姓"资"。

三　因果关系的模糊性与规定性

历史学的一项重要任务是确定因果关系，即是在用理解的方式揭示社会现象的同时，还须从因果关系上解释这些现象。马克斯·韦伯认为，对因果规定性的分析是确保科学成果普遍有效性的程序之一。

上海租界研究中已经进行了大量的因果分析，"双重影响论"者和"全盘否定论"者皆如此。所不同的是，前者强调一因多果或一果多因，后者则做了线性的因果排列。

不言而喻，线性的因果关系抹煞了历史的复杂性，一因多果或一果多因则提示人们观察上海租界时须具备复杂的眼光。这个提示十分必要，但在科学分析的穿透力方面，它还欠缺。因为它只是让现实的人们看到了上海租界内各种关系的非线性和模糊性，并没有阐明这些关系间的因果规定性。由此做出的因果分析便产生了一系列疑问。例如，双重论者将上海租界的腐败风气：崇洋、投机冒险及烟娼赌等社会弊病归因于租界的存在，但事实上这些风气和社会病态在没有租界的城市内同样存在，在租界消亡几十年后的今天，有些还不免死灰复燃。所以，有关租界和租界社会一切现象之间的因果关系就要重新考虑了。

如果从因果分析的模糊性进而跨入因果关系的规定性，历史的复杂性可能不再仅仅是一大堆难分难解的轮廓，而是有经脉、有血肉的结构体系了。

首先，应当确定上海租界的特点，限定因果分析的范围。也就是说，我们所剖析的原因或结果，是在一般的租界意义上的，还是在上海租界范围内的；是有关上海租界社会的，还是关系整个近代上海社会的。非此，便不能说明上海租界产生、发展的独特环境。上海在近代中国乃至远东的地位至今还激起人们的研究兴趣，其中自然包括租界的作用。但是，与上海同期存在租界的中国城市还有不少，它们却称不上全国的经济中心、金融中心或者进步活动中心，充其量只是某一地区的中心。这里当然有地理、人文等种种因素，但与上海租界自身的特点不无关系。只有确定上海的中心地位与这些独特性之间的因果关系，租界的影响才是实实在在的。

其次，应当根据上海租界的复杂性，把租界现象分解成许多组成部分。比如，外国资本大量流向上海被认为是租界的效应之一。但外国资本终究是一个多国别资本的集合体，而每个国别资本又由许多不同类别的资本构成。不同国家、不同类别的资本投向上海的原因千差万别，有租界的特权使然，也有租界以外的因素；即使都得益于上海租界的投资环境，但不一定基于相同的具体原因，获致特权和庇护程度也差异极大。最典型的例子是英、美和日本的在沪资本。因此，同是租界效应，却不可能是两个抽象的总体之间的关系，而只是一个具体的部分与先前某个具体部分之间的关系。

最后，为了得到租界与上海城市近代化之间的因果规定性，就应当提出这样一些假设，或者使用"反证法"，将上海租界内一些重要的历史事实置于另外的环境中去考察。通常可以提出这样一些假设：如果上海开埠后仅限于通商而未租地于外人，那么上海会变成什么样的城市？如果上海只出现外国人的居留地而未发展为租界，景况又将如何？那些有过租借地而无租界的近代城市，是否出现过类似于上海的发展历程？概言之，如果没有租界，上海将会怎样？倘若经过这些假设修改后的变化与近代上海的实际进程相吻合，那么就可以确定租界与上海近代化不存在因果规定性，如果假设与实际大相径庭，则可以说，两者的因果关系是规定的，不是偶然的或随意的。

以上是我在观察上海租界研究时的几点粗浅的思考，也可以说是对自己先前所遵循的史学研究方法论的一点反思。不管价值取向的调整和因果关系确定性的方法是否能为今后的上海租界研究和城市史研究所接纳，但历史研究的思路更新总是我努力的方向。

（原系"从开埠到开放：150年来的上海"国际学术讨论会会议论文，1993年8月，未刊）

沦陷时期上海的保甲制度

保甲制度在中国曾是控制乡村基层社会的有效方式，上海开埠前实行过保甲制度，不过到清末已经名存实亡。然而在20世纪40年代沦陷时期的上海，保甲制度在这座充满近代气息的都市社会里复活。这就不能不使我们去探讨这样一些问题：40年代上海保甲制度是传统的，还是现代的？它在战时上海的有效性如何？它只能是战时的非常措施，还是可以作为常规的控制机制？它是国家的，还是社会的，抑或是国家与社会共同的政治空间？

一 在传统与现代之间

保甲的基本功能为户籍管理。上海地区实行保甲法始自清康熙二十三年（1648），其法以10户立一牌头，10牌立一甲头，10甲设一保长，每户给予印牌，上写姓名丁口，入户出户均须注明所来所往，寺观客店概无例外。[①]

在管理户籍的基本功能之上，保甲内实行联保连坐，一般以5户为单位，相互担保不为非法，或互相举报违法行为。保甲长按此催纳赋税，差遣徭役，掌管保甲内兵器，非丁不能动用。保丁除依法服役外，还发挥着乡里自卫的作用。可以说，传统的保甲组织是由国家控制基层社会的基本单位，它具有行政、役法、保安三位一体的功能。

---

① 同治《上海县志》卷七；《建设新上海与组织保甲刍议》，上海档案馆（以下称"上档"），全宗号 R33，卷号 287，（以下缩写 R33-287），第 102 页。

上海沦陷时期的保甲制度也执行着传统保甲组织的职能，组成方式亦颇似传统。日伪时期先后存在的三个上海地方伪政权，[①] 都在其建立初始就着手制订保甲实施办法，推行保甲制度，规定清查户口、编组保甲为实施保甲制度的第一要旨。[②] 保甲编组以户为单位，户设户长；10 户为甲，甲设甲长；10 甲为保，保设保长。寺庙、船户及公共处所等以保为单位。保甲编组完成以后，户口的登记、更动、清查均由户开始逐级上报，直至区长，保甲便成为遍布社会基层的户籍控制网络。

战时上海的保甲与传统保甲组织相似的另几项职能是：其一，必须负责基层社会的治安，组织男丁服役。汪伪行政院 1943 年 4 月 2 日颁布的《编查保甲户口暂行条例》中规定，保甲内必须办理联保连坐；保甲长须率领壮丁队，协助军警警戒，追捕违法者，紧急时并有先为逮捕之紧急处分权；保甲长还须教诫居民毋为非法事项，可对其中之屡教不改者施以罚款等处分。市府依此颁布《各区自警团组织暂行办法及团员服务暂行规则》，指令各区从速组织自警团，确定该组织负有协助军警维持地方治安的责任，其各级首领均由坊镇长、联保长、乡长、保长、甲长依次兼任。[③] 其二，按户征收各类捐税。日伪统治时期，上海地区征收的赋税达 60 余项，[④] 其中经过保甲按户征收的就有田赋、保安税、军警米、献机捐等大宗赋税。此外，保甲长还要挨户征收保甲费。[⑤] 其三，办理计口授粮和其他属于统制经济范围内的日常所需物品的配给管理事宜。

在因袭传统方面，战时上海的保甲组织与同时期在乡村中实行的保甲制度也有相似之处。作为乡村基层控制的唯一机构，民国时期的保甲制"仍沿以往以户为单位之政策"，"十家一束、十家一束地把各户编制起来。为的是

---

① 1937 年上海华界沦陷至 1945 年抗战胜利，上海地区先后存在过日伪统治下的大道市政府（1937 年 12 月）、督办上海市政公署（1938 年 4 月）、上海特别市政府（1940 年 3 月至 1945 年 8 月，其间，一度改称为上海市政府）。考虑行文方便，以下统称为"市府"。

② 《督办上海市政公署区政务署组织暂行章程》《上海特别市区公署条例》《行政院抄发各县编查保甲户口条例训令》，上海市档案馆编《日伪上海市政府》，（以下简称《日伪》），档案出版社，1986，第 35、51、255 页。

③ 《日伪》，第 254—265、274—275 页。

④ 根据《市政府统治期间各类捐税表》（1938 年 1 月至 1945 年 5 月）和日伪市府其他征收赋税令统计所得。《日伪》第 435—437、496、528、537、612、668、680、695、751 页。

⑤ 上档 R33-287，第 129 页。

以五家联保连坐的办法，肃清奸匪，平靖地方"。① 到了战时，乡村保甲的主要责任也在执行政府"战时功令"，其中最为艰巨者"为征兵与募集救国公债"，② 与传统保甲抽丁催赋的功能异曲同工。

从外在的组织形式和功能结构看，1940年代的上海保甲制度与传统的和乡村的保甲确乎没有什么区别。那么，能不能因此而断言，传统的保甲制度具有超越时空的功效，可以适用于上海这样的现代大城市呢？

上海编组保甲过程中遇到的阻碍首先提供了否定的答案。1938年9月，督办上海市政公署已着手编组保甲，将是项工作交由各区政务署第二科主管。③ 尽管政府三令五申，编制工作推进缓慢。1942年2月18日，市府基于编制保甲工作"爰经两年多策动，未能全境完竣者尚属多数"，发出"催促各区公署迅速办理保甲的训令"。④ 次年3月，市府再次为推进保甲制度特设保甲委员会。而上海全市编制保甲的大致完成，延宕到了1943年下半年。编组保甲的阻力主要来自三个方面。

第一，上海城市政治空间的割裂性。"孤岛"时期，上海的政治格局是"三家"（日伪市府、公共租界工部局、法租界公董局）、"两方"（中方、外方），日伪市府不可能在其辖区以外编制保甲。"孤岛"沦陷以后一年多时间，两租界的原有社会控制系统仍有惯性。保甲的编制还不断遇到所谓"以前英美人统治时遗下之不良习惯的阻挠"，原租界辖区依然"各自为政"。市保甲委员会不得不每半月或一月召集原租界辖区会议，以便"保持全市保甲行政采取一致步骤"，实现"保甲一元化"。⑤

第二，战时上海异常频繁的人口流动加剧了邻里空间结构的不稳定性，邻里间难以形成公共利益和认同，从而妨碍了保甲组织的进展。整个抗战时期，上海人口流动始终处于巅峰状态，既有大批上海人随企业、学校、机关等内迁后方，更有大量四方外乡人涌入上海避难。入大于出的人口压力加剧了本已严重的房荒问题，左邻右舍非但经常变换面孔，而且饱和的空间还要不断地

---

① 蒋旨昂:《战时的乡村社区政治》，商务印书馆，1946年上海版，第83页。
② 阮毅成:《战时县政工作》，《民意周刊》第8—9期。
③ 《日伪》，第35页。
④ 《日伪》，第229页。
⑤ 上档R33-73，第12—13页；R33-75，第100页；R33-115，第29页。

再分割。如此的社会情境与严密的靠户籍控制的保甲制度显然产生抵触，市府也不得不承认："办理保甲，尤其是办理联保切结一项，因城市地区居民复杂，且流动频繁，而实际上发生困难。"因此，市府只能采取牵制房东的办法，"责令房东督促新旧租户一律取具保妥，否则惟租主是问"。①

第三，下层社会势力的对抗以及上海社会阶层的杂错，阻滞了保甲组织在上海全市协调一致地推展，而呈现出明显的地段差异。在租界与华界交界的地段和下层民众聚居的棚户区，编制保甲尤为困难。1942—1943 年期间，市府和市警察局保甲处不断收到沪西棚户区、闸北棚户区以及贫民聚居的南市新市街地区、蓬莱、邑庙等地区的报告，反映这些地区或因"地瘠民贫，颇少人才"，有许多无正当职业者充任保长，以至保甲编组极为混乱；② 或因"棚户林立，良莠不齐，倘不严厉彻查，难免宵小混迹"，故不能按期完成保甲。③ 如果说，租界编制保甲的阻力主要来自行政权力的抵御及原有控制机制的惯性，那么下层地段的主要困难则在于那里的居民素质及游民习性的自然抗衡。

如上三种社会空间情境在世代家族聚居的闭塞的乡村社会中是不存在的，建筑于村落家族邻里基础上的保甲组织当然不能与此适应。然而，矛盾也在于此：40 年代的上海日伪地方政权必须仿照传统的社会控制方式，使基层社会完全置于政府的监控之下，非此便不能有效地控制这座大都市。传统的保甲制度最适合日伪政权的需求之处，主要就是依靠最接近的社会空间——邻里之间的监督和制约，实现政府对基层社会的控制和渗透。因此，40 年代上海保甲户籍管理中最受重视的一项便是联保连坐，即邻里互相担保不发生"越轨"行为，一旦发现，立即举报，如有隐匿，株连联保各户。上海市警察局于1938 年 7 月印发 2 万张"人民连坐保结"，通令各分局从速办理，首先在华界辖区内实施联保连坐。④ 1943 年 4 月 2 日，汪伪行政院颁发的《编查保甲户口条例》中，更规定了联保连坐的具体办法，市府于同月 26 日饬令市警察局、

① 《催促各区公署迅速办理保甲的训令》，《日伪》，第 229 页。
② 上档 R33-77，第 15 页；R33-221，第 6—7 页；R33-225，第 27 页。
③ 《市府关于限期完成沪西办事处附近棚户保甲训令》，1942 年 3 月 19 日，《日伪》，第 248 页。
④ 《市警察局关于拟具人民连坐保结变通办法呈及督办公署指令》，1938 年 7 月，《日伪》，第 161 页。

沪西警察局、各区公署、保甲委会员遵照办理，将此覆盖到上海全市。[①] 但如前所述，战时的上海社会是流动的而非稳定的，是开放的而非封闭的，是分割的而非统一的，是多层的而非一体的，邻里间并不能遵循某种约定来保证政府需要的秩序。

那么，沦陷时期的上海又是依赖哪些因素来消除时空错位的矛盾，恢复传统的保甲制度呢？

二 在非常与常规之间

40 年代传统保甲制度在上海的复活，其支撑因素是战争环境。在战时，无论统治的一方是战争的发动者还是抵抗者，也无论战争的性质如何，总要采取非常措施，实行战时体制。汪伪国民政府则借助于这一时机，在华中沦陷区实行了带有掠夺性质的统制经济，运用政权的力量，依靠军队、警察乃至各级行政机构，通过各种行政命令，对社会经济实行干预。汪伪上海市社会局1942 年 1 月呈报各区的物资统制情形中列出涉及民生的统制物品计 31 种，其中包括粮食、棉花、火柴、肥皂、禽蛋等人们的基本生活必需品。[②] 在统制经济之外，社会生活的许多方面也要受到政府干预。例如，市府明令严格限制饭馆、酒肆、舞场的营业时间，甚至连弄堂小贩的营业也要受到限制。市府还对市民婚丧宴会限定规格，具体到了哪种菜肴不可以上席。[③] 这样，社会生活的几乎所有方面都被纳入了统制经济的轨道。

但是，仅仅依靠国家机器和政府机构是不可能使社会基层的芸芸众生就范的，传统的保甲提示了控制基层的可能，因为建筑在户籍管理基础上的基层控制可以渗透到人们生活最基本的方面。这里最为关键的一环是户口米的供应方式的改变。1942 年 7 月以前，日伪市府下属的上海市粮食局和公共租界工部局、

---

① 《行政院关于抄送各县编查保甲户口条例训令》，1943 年 4 月 2 日，《日伪》，第 254—265 页。

② 《日伪》，第 555 页。

③ 《市府关于限制酒肆舞场营业时间布告》，1943 年 8 月 30 日；《市府公布上海特别市战时市民节约宴会施行细则》，1944 年 6 月 30 日，《日伪》，第 667、709 页；徐大风：《弄堂特写》，《上海生活》1939 年第 4 期。

法租界公董局在各自辖区内设立公粜处，各户直接到所属公粜处购米，[①] 按户授粮。此时，保甲的作用仅限于提供户口调查表副本作为各户登记授粮的依据，实际授粮之多寡掌握在公粜处手中，且"市民列队购米，秩序殊难维持，稽查亦属不便"。有鉴于此，市府从7月起逐步在全市实行计口授粮并划分大口小口不同的配给标准。这一方式大大强化了保甲组织的作用，因为需要运用保甲组织先行清查户口，以联保为单位印发户口调查表，由甲长挨户清查，确定人数及大口小口，填入户口清册，然后将清册转送保长汇制全保户口统计表，送由联保长报至粮食管理局，以此作为购粮之基本依据。[②] 这样，一方面转移了公粜处的部分权力，另一方面则增强了居民对保甲的依赖感。这就给予保甲制度以立足的基础，因为普通的上海百姓不可能逾越保甲而获得基本的生活保证。

战时的统制经济为传统保甲制度的再现提供了一个机遇，但它并不具备经久不衰的支持力。随着时间的推移，保甲组织的基层控制越来越力不从心。仍以民食问题为例：计口授粮刚开始推行，就有"坊保长所报人口多数不正确"的问题，其后又不断发生保甲长借一切配给假手转辗之机从中渔利的"流弊"，[③] 以至统制经济的基础日益动摇。如前所述，统制经济之下的上海经济生活已处于高度的紧张状态，而汪伪政府仍要依赖统制经济掠夺战略物资以支持日伪军的华中作战，这就使得种类广泛的配给物资出现严重的短缺，以致上海市面由紧张到恐慌。表1、表2可以反映出这种情形。

从表1可以看出，上海的户口大米供应每况愈下，三年的配米总量犹不足每人一年的消费量，即使再加上三年人均共配面粉111.5斤，亦只抵每人一年的消费量。而表2却显示配给粮食价格的狂涨。如此的统制经济，迫使百姓不得不投向黑市，所谓户口米虽说不可放弃，但已远不足以维持生计。由是，可以操纵原始配给指标的保甲组织日见疲软。

---

① 《市府等关于办理公粜处文件》，1942年4—10月，《日伪》，第578—580页。
② 《市粮食管理局关于降低食米配给标准及办理封锁线内外各区食米配给呈》，1942年8—9月，《日伪》，第606、611页。
③ 《市粮食管理局关于降低食米配给标准及办理封锁线内外各区食米配给呈》，1942年8—9月，《日伪》，第609页；上档R33-225，第19—20页。

表1　上海市户口米配给情况

（1942年7月6日至1945年6月底）

日　期	配给期数	人均配给数量
1942.7.6—12.30	21	3斗3升5合
1943.1.4—12.30	33	5斗3升5合
1944.1.4—12.15	19	3斗6升5合
1945.1.4—6.30	1	1升5合
合　计	74	1石2斗5升

资料来源：潘吟阁等著《战时上海经济》第1辑，第147页。

表2　配给粮食价格表

日　期	1942年7月	1945年	增加幅度
大米价格（石）	250元	6500元（年初）	25倍
面粉价格（百斤）	247元	1120000元（6月）	452倍

资料来源：潘吟阁等著《战时上海经济》第1辑，第147页。

从更为广泛的社会基层控制的要求而论，建筑于户籍管理基础上的传统保甲制度就更难以适应战时的大都市社会了，沦陷时期上海的社会政治生活、文化生活都非传统的保甲功能所能顾及，特别是对日益高涨的抗日民族情绪，就连军队、警察等国家机器都不能遏制。因此，保甲功能的扩充被日伪统治者提上日程，市府希望利用保甲控制社会意识形态，并把保甲本身作为意识形态的工具。

其一，赋予联保连坐法以邻里间监督舆论和政治态度的职责，尤其是用以反共和防范抗日，[1] 这就突破了联保连坐法原来的一般社会治安范围，扩展了保甲组织的这一主要功能。

其二，把保甲系统纳入官方政治活动的轨道。政府通过保甲去组织群众参加官方的集会、游行甚至是官办的文艺演出。1942年12月至1943年1月，市警察局保甲处数次以摊派名额形式，指令各区保甲组织群众参加所谓"国府参战一周年纪念大会"及"日本使节大川演讲会"等。[2] 每逢与中日战争或

---

① 《行政院关于抄送各县编查保甲户口条例训令》，1943年4月2日，《日伪》，第265页。
② 上档R33-75，第7、9—11、17—18页。

民族情绪相关的政治敏感日，如八一三、九一八纪念日以及日汪基本关系条约
缔结一周年，政府就动用保甲和自警团严加防范。这就是通过保甲的有形系统
向社会基层灌输官方的意识形态。

其三，将保甲制度本身意识形态化。市府规定学校教育中要将"新国民
运动"与保甲制度的宣传结合起来，年级班级应采用保甲编制，甚至要求小学
算术补充教材采用有关保甲编组、户口异动等数学问题。在训练以保甲为基础
的防共自卫团时，市清乡委员会制定了有关"思想教育"和"测验思想"的条
文。① 警察局保甲处还组织保甲自警团乐队，特令各区总联保长为之筹款并
募捐音乐会的入场券。②

在传统中国，国家对于社会意识形态的关注集中在士的阶层，保甲的基
层控制并不担负此类使命。而 40 年代的上海保甲在传统的基层控制机制内
注入了意识形态控制的功能，这是近代上海城市社会所需要的功能扩展，还
是一个傀儡政权在战时特定环境中的特殊需求？换言之，这是常规的社会历
史变迁的要求，还是应急的非常手段？如果把保甲制度放在战前战后的上海
社会中去考察，可以发现在南京国民政府时期，上海地方政府也进行过类似
的努力。

1930 年，上海市政府根据南京国民政府的《市组织法》拟将华界里弄划
为邻、间、坊三级组织，隶属区公所之下，5 户为邻，5 邻为间，20 间为坊，
并为此开办地方自治人员训练所，按政府要求培训基层工作人员。就制度本身
而言，这一构想与战时日伪市府的保甲并无原则的区别，只是突出地打上了
"基层自治"的印记。而战争对于这两者的作用则完全相反，抗战前"自治计
划"的流产正是由于"一二八战事和华北事变的纷扰"，③ 沦陷时期上海保甲
组织的再现则借助了战争这一时机。

战后的上海市政府继续日伪时期的基层控制方式，大力推行保甲制度，
并于 1947—1948 年间开办了五期地方自治人员训练班，其组织之严密，政治

---

① 《市清乡事务局关于拟订清乡教育实施纲要呈及市府指令》，1943 年 9 月；《绥靖部为限期推
行乡区防共自卫团致市府函》，1938 年 12 月 9 日，《日伪》，第 293—296、182 页
② 《为保甲自警团本部举办之音乐唱歌大会协力推销训令》，上档 R33—75，第 71—73 页。
③ 上海市通志馆年鉴编纂委员会：《上海市年鉴》（1936 年，上），中华书局，1936，F 第 110 页。

审查之严格，意识形态之浓烈，较战前及战时均有过之而无不及。受训人员分
为户政、兵役教育两类，每人的自传、调查表及个别谈话记录均详细存档。[①]
训练班开办的宗旨虽称为地方自治的保甲组织培训基层人员，但应付内战和
反共的意图通贯其中。[②] 因此，战后上海的保甲组织虽然打着"自治"旗号，
但仍与战时保甲一脉相承。此举因内战局势的急剧变化而被纳入战时轨道。但
是，当时上海市面经济生活的混乱与恐慌，已经导致政治秩序和社会秩序严重
失控，保甲组织形同虚设。此时，战争因素之于保甲的基层控制只是促其瓦解
而不是支撑其存在了。

如果把上海与重庆做一横向比较，则更难以断言保甲制度在近代都市的
生存与战争环境的必然联系了。

民国时期，重庆市建立保甲制度是始于战前的 1935 年，而且，一以贯之
地经营了 14 年，至南京政权覆亡时才废止。[③] 这一时期，重庆处于"大后方"
相对安定的环境和同一政权的统治之下。虽然抗战时期重庆的保甲组织也具备
同时期上海保甲组织的战时功能，但战争环境显然不是它的推动力，它的建立
与相对完备是与国民党的"训政"部署相同步的。

可见，保甲组织并不是非常条件下傀儡政权的特殊需要，就南京国民政
府时期的任何一个合法的和非法的地方政权的主观意愿而言，都需要有一个集
社会秩序管理和意识形态监控于一体的社会基层控制组织，作为常规的统治形
式和手段。战时上海保甲制度的复活，不过是日伪政权借助于非常时期具体的
社会局势，在非常与常规之间找到契合点罢了。但又一个问题是，包括日伪上
海市政府在内的所有地方政府并非都能如愿以偿地推行保甲制度，也不是战争
状态能够支撑这一切或持之以恒的。关键的因素是保甲制度在多大的程度上能
够被现代城市社会所接纳，它的属性究竟是国家的，还是社会的，抑或是两者
的共同空间？

---

① 《地方自治人员训练班》，上档 Q107。
② 《训练大纲及组织规程》，1945—1949 年，上档 Q107-3；《小组讨论记录》，1947—1948 年，
上档 Q107-8。
③ 隗瀛涛主编《近代重庆城市史》，四川大学出版社，1991，第 573—586 页。

三　在国家 [①] 与社会之间

即使政府利用保甲组织操纵民生大计并试图控制社会意识形态，上海基层社会依旧对它有冷漠、无奈甚至是抵触的反应。这种社会反应除表现为保甲编组过程中的阻碍，还体现在其运作过程中所受到的形形色色的抵制。

首先是难以开展户口复查和掌握变异更动情况。1943 年 8 月上海全市保甲组织大致编组完成时，南市、沪北、市中心等 6 区的户口复查和异动却未办理，为此，市府急令"统限 8 月底以前办理完竣"。 [②] 然而，直至 1945 年上半年，市保甲委员会仍然不能按时收到各县区的户口异动统计呈报表，因此不得不在工作报告中承认"各县区保甲工作鲜有成绩"。 [③]

再者是自警团的涣散与低效。在号称有 10 万青壮年的自警团中，有许多人消极抵制，"躲在岗亭内，打瞌睡或是看小说，还有许多人化钱雇人代替，甚至有妇女、小孩代替"。 [④] 申请免役者也大大超出规定范围，汪伪上海市警察局保甲处原估计免役者仅 1000 名左右，实际则有数倍之多，仅 1943 年 12 月至 1944 年 12 月，就有 1466 人申请自警团免役，因而保甲处饬令各警察分局在自警团本部成立后即进行团员调查，期望"届时可添出许多服务者"。 [⑤]

其三是征收保甲经费和催纳各类捐税的问题层出不穷。沪北、沪西、邑庙等区的保甲委员会不断向上司反映征收保甲经费之困难情形，"收支持感不敷"，每保办公经费，"只够拨发书记费"。 [⑥] 日伪多次开会研究对策，决议"保甲费除赤贫可免除外，公务员、军警一切人等皆须缴纳"，并制定了全市统一征收的办法。 [⑦] 运用保甲征收的军警米、献机捐等也颇为吃劲。伪市财政局长向市长报告：军警米征收工作"收效甚微"，"人民对于军警米，无不

---

① 这里的"国家"是抽象意义上的虚指。

② 《市保甲委员会关于陈报实施编查保甲户口区域呈及市府指令》，1943 年 8 月，《日伪》，第286 页。

③ 上档 R33—65，第 26 页。

④ 屠诗聘：《上海市大观》（上），中国图书杂志公司，1946，第 86—87 页。

⑤ 《自警团免役申请报告及批文》，上档 R33—130—142；《各分局保甲股主任协议会记录》，1944年 8 月 11 日，上档 R33—75，第 97—98 页。

⑥ 上档 R33—74，第 8 页；R33—287，第 89 页。

⑦ 上档 R33—75，第 96—97 页。

力竭声嘶"，故"应行停征军警米，以免扰民"。① 市府鉴于献机捐无以达标，印发购棉布证 340 万张，购买时按名附收献机捐 10 元，如拒绝缴纳，则不能购买配给布。②

最严重的问题是保甲组织自身的腐败以及保甲人员与居民的矛盾。从编组保甲开始，就不断有保甲长利用职权虚报户籍以自肥，以不予申报户口勒索、刁难居民，还与二房东勾结敲诈房客以分赃。扣发居民购货证、购粮证以及挪用保甲经费入私囊者不在少数，乱摊派、乱收费的现象比比皆是。就连市警察局保甲处也滥用职权营私舞弊，以致日军特高处情报科不得不对此进行调查。③ 一般上海市民对保甲的腐败深恶痛绝，关于各级保甲人员的投诉、指控连续不断，直接冲突也时有发生。从 1943 年 5 月底到 1944 年底，由伪市警察局保甲处直接受理并处理的居民诉讼保甲人员要案共 87 起，其中南市区居民吴以扬等人联名控告区保甲办事处副主任萧刚一案直接由伪市长周佛海批示查处。④

战时上海保甲组织如上的基础性功能障碍和致命的自身危机所表现的反社会倾向是非常明显的，它自然会引出对其属性的讨论。习惯的思路是把保甲视同政府行为，由政权的性质来决定其属性。这样，认定日伪政权之下保甲制度的封建法西斯性质当顺理成章。这个结论在沦陷时期上海的特定历史环境下无可怀疑，但这仅仅是基于政权性质的一种评价取向。倘若注意与 40 年代上海保甲制度相关的另一些侧面，则可以对上海保甲的属性做出其他层面的思考。

首先，保甲的腐败问题是民国时期保甲制度的通病。抗战时期，大后方乡村中的保甲组织最突出的问题之一，就是因"地方人才之缺乏"，"土豪劣绅遂栖身于其间"，⑤ 凭借保甲大发国难财。城市中保甲人员的素质并未高于乡村，陪都重庆保甲长的人选是该市行政中"最严重最困难之问题"，"一般

---

① 《市府推行随天赋带征军警米有关文件》，1943 年 9 至 1945 年 1 月，《日伪》，第 674 页。

② 《市府等关于配给棉布附收献机捐文件》，1944 年 5 月，《日伪》，第 696 页。

③ 上档资料，R33-226。

④ 《市民控保甲人员案》，上档资料 R33-225 至 230；《控萧刚案》，上档 R33-225，第 26—36 页。

⑤ 孙义慈：《战时物价管制》，中华书局 1943 年，第 37 页。

保甲人员素质甚低，难为社会重视"，虽数经遴选和培训，但无明显好转。[1]
可见，保甲的腐败可以同时产生在合法政权和傀儡政权之下，可以同时产生在
抗日的和沦陷的政治环境中，因此，由政权性质出发的判断不能囊括保甲的其
他属性。

其次，战时上海的保甲组织并非一律遭到社会的排斥。一些保甲组织在
查禁毒品和防治社会治安险情等方面发挥了一定的功效，得到居民的肯定。有
些保甲长因负其治安之责而受伤甚至被杀。[2] 许多居民在上诉保甲人员的同
时，都希望有一些清廉者来掌握保甲，有的还例举某保甲人员如何之廉洁为
民，吁请以他们来取代那些贪赃枉法之徒。[3] 如是观之，上海基层社会需要
能够保护其利益的社会控制，寄希望于政府权力来解决这些问题，同时又反对
政府利用保甲对基层社会生活的过分干预。由此提示我们对保甲的"国家"与
"社会"属性进行双重层面的观察。

毫无疑问，组织保甲是一种政府行为，尤其是在战时的条件下。保甲非
但是自上而下的行政组织，而且一直处于警方的严密控制之下。即使在行政系
统设立了保甲委员会以后，保甲依然未同警察系统脱钩，其主任即由伪市警察
局长卢英担任。该会《暂行组织规程》并规定，区公署或区保甲办事处得延聘
该区有关的军警长官为咨询委员。[4]

但是，政府又给保甲组织披上了"自治"的外衣。汪伪行政院设计了一
套保甲长的"民选"程序及保甲的"民治"方式：甲长由本甲各户长公推，保
长由保内甲长公推；保甲职员均不发给工薪，甲长办公处都须设在甲长的住
宅。与此同时，保甲长的最后任命及更换都直接受制于政府。甲长由区长加给
委任，呈报县政府备案；保长由区长呈报县政府加给委任，并由县政府呈报省
政府备案。保甲长若不能胜任，也须县政府查明并令公推人改推。[5] 上海根
据自己的行政建制相应执行。政府称这样产生和运作的保甲组织是"完成官治

[1] 隗瀛涛主编《近代重庆城市史》，第597—581页。
[2] 《保甲长受伤及被杀等案》，上档 R33-222 至 224。
[3] 《邑庙区第5联第5保民众恳请速予撤惩该保保长另选贤能以谋地方福利案》，上档 R33-229，第154—157页。
[4] 《日伪》，第252页。
[5] 《行政院关于抄送各县编查保甲户口条例训令》，1943年4月2日，《日伪》，第257、260页。

机能，确立自治基础"，^① 企图在自治的形式之下，使保甲摆动于国家与社会之间。

上海保甲在国家与社会双重政治空间的徘徊，在基层社会产生了两种不同的反响，从而呈现出两种不同的国家与社会的关系。

其一，保甲组织的社会属性常常导致基层社会对政府的离心倾向，表现为国家属性与社会属性的对立。按保甲条例规定，区保甲办事处和警察分局应为基层保甲的行政领导和督查机关，市府对基层保甲的控制正是经由这两个机构。然而，他们往往发现指挥不灵，所辖的保甲往往自行其是。市警察局保甲处经常得到各区保甲办事处的报告，反映其下属与之"毫不联系，隔膜音息"，日军特高处长和保甲处长专门就此进行商讨，但无有效措施。^② 更有甚者，保甲长将保甲变成了自己的独立小王国，专与警察分局或上级办事处指派的保甲人员作对。闸北、南市等区发生多起上级圈定的新保长受到原保长的抵制、对抗事件，而原保长几乎都是"地头蛇"。^③

其二，消极接受来自政府的基层控制，对保甲的国家属性基本认同，从而使保甲成为国家和社会共同的政治空间。在一部分上海保甲中间，国家与社会的关系并不十分紧张，政府指令保甲贯彻的各项意图未受到强力的阻抗。如发放居民证一项，两租界虽然在编组保甲的过程中步伐迟缓，但一经编就，开始运转，便比其他地段有序。因此，原公共租界因保甲长工作合乎上级要求而在全市先行发放居民证，原法租界除少数联保长有问题外也随后发放。^④ 又如，市府组织的各种政治集会和活动，几乎都动用市中心区的保甲去网罗群众参与，尽管到会或出场者十分涣散，但人数还是能凑够的。^⑤ 一般保甲人员与居民的关系也较为缓和，他们言行谨慎，以至于在众多的居民指控保甲长的案件中，极少涉及他们。在战后，他们中的大部分或被政府留用，或继续被推选。^⑥ 可以说，他们在国家与社会之间找到了平衡。

① 《市清乡事务局关于补送第一、二期第三次清乡计划等签呈》，《日伪》，第322页。
② 《为商讨保甲人员与警察分局联络问题案》，上档R33-75，第92—95页。
③ 上档R33-221，第6—7页；R33-225，第19—21、60—62页。
④ 《保甲股主任辅佐官会议记事》，1944年3月17日，上档R33-75，第22—25页。
⑤ 上档R33-75，第4—18页。
⑥ 《整编保甲委员会人选名单》，上档R33-287，第145—146页。

值得注意的是，上海基层社会对保甲属性的两种不同反应同上海社会的地段差异有密切联系。第一类反应表现于城市的边缘地带，尤其是下层贫民集中的苏北人棚户区。闸北、南市、浦东等区的保甲办事处多次向市警察局保甲处报告棚户地段的保甲长"不肯听命，极难统领"，经常策动"贫困""智识幼稚""天性好讼"的"江北同胞"与区公署、警察分局相对抗。[1] 1943 年 5 月底至 1944 年底，市警察局所涉的有关保甲闹独立的要案，全部出自下层居民的聚居地。[2] 第二类反应则体现在市中心区，特别是原租界地区的中心区域。那里居住的大多数为中上层市民，其保甲长亦多数是有职业、有知识者。

从上可知，上海基层社会对保甲是国家的或是社会的属性并无一致的和确定的认同。这恰好证实了保甲本身属性的不确定性及上海城市政治社会的割裂性。即使在非常的战时状态，在租界已从行政上被取消的条件下，上海社会的基层控制仍然不可避免地受到这种割裂性的影响。

四　结　语

如果要对中国传统的基层控制方式跨越时空的价值做一个总体的测评，那么，只能说沦陷时期上海的"一部分"社会政治空间容纳了保甲，并在一些特定的层次上（如战时上海社会经济生活的统制）接受了它，使之活跃于一时。然而，作为常规的社会基层控制，保甲制度在整个南京政府时期的上海并未生根。这并不取决于战争因素，而在于这个光怪陆离的大都市处在严重的政治割裂状态，国家与社会的关系若即若离，既未出现统一的强有力的公众领域来控制基层社会，又有一些社会利益群体或地域文化认同处在这个领域的边缘。

（原刊于《历史研究》1996 年第 1 期）

---

[1]　上档 R33–221，第 6—7 页；R33–225，第 19—21、60—62 页。
[2]　上档 R33–225 至 230。

从小溪到大海：上海城市历史和现代教育 *

中国俗语称：三句话不离本行。我是一个历史学者，所以我的这篇小文要从上海的一则历史往事开始。

1904 年春，上海老城厢的梅溪学堂接收了一名叫胡洪骍的新生，他是这个新式学堂创办人张焕纶的挚友胡铁花的小儿子，从安徽绩溪乡下初到上海。梅溪是中国人自办的第一所新式小学，张焕纶则是地地道道的上海本地人。尽管胡洪骍在此仅读了一年便转到了澄衷学堂，但他在梅溪受过的新式教育的启蒙使他终生难忘。学堂开设的英文、算学两门是胡洪骍在绩溪老家的私塾从未学过的，可以说是他所接受的西方文化和科学的最早启蒙，而他在到上海之前就打下的厚实的国文功底，又使他在进梅溪六个星期后，在课堂上指出教师教学中的失误而得教师赞赏，一天中连升三级。胡洪骍一直记着这个上海老城的小小的学堂，还有他父亲的老朋友倡导新学的无量功德。

那个来自安徽绩溪的乡村少年在上海求学六年之后，又从黄浦江起航，踏上了留美之途，在贵校开始了长达五年的留学生活，完成了人生道路上又一次重要的转折。他就是贵校著名的校友胡适。而胡适始终念兹在兹的梅溪学堂和它的创始人张焕纶先生，则是我的曾祖父。

这当然是个历史的巧合，但在史学的视野中，却有相当的历史寓意。

胡适和张焕纶，一个乡村少年和一个上海老城士绅，虽然他们的故事都与上海新式教育有关，而两人的命运却迥然不同。

---

* 本文原系 2007 年 10 月 16 日在康奈尔大学的演讲稿，发表时有改动。

胡适的家乡徽州绩溪是一个万山重叠、清溪如织的山间小村，风景秀丽但十分闭塞。抗战八年，连日本人都未敢去过。1940年胡适的50虚岁大寿，家乡的村民隆重地给胡适上了一方匾，按中国传统是显示村民对他的尊崇。匾上的内容倒与本题无关，值得注意的是，附识特别注明"驻美大使"的官衔。因为村民们只知官，不知学，在他们看来，教授、博士、主编都不如一官半职重要，他们甚至不懂那些头衔意味着什么。于是我们不难想象，若不是经过梅溪学堂、澄衷学堂和中国公学的熏陶，而后又入康奈尔、哥伦比亚大学，恐怕就难以产生这样一位震撼现代中国的文化巨人。

正是这个由溪到海的历程，孕育了现代中国的一代知识精英、文化精英和政治精英。从19世纪中叶起，在上海新式教育中成长起来，又从这里走向世界的何止胡适一人！可以毫不夸张地说，在现代中国，几乎难以找到与上海的现代教育没有任何关系的名人、精英，他们或是直接受到新式教育的启蒙，或是在上海学校有过或多或少的经验，或是从上海踏上留学的征程。上海犹如他们人生的摇篮，人生的舞台，人生的驿站。1874年9月19日，中国最早官方派遣的留美幼童34人，从上海登船，前往美国。据载，这些第一次踏上轮船，坐在"室洁灯明，光彩交映"的大菜间里的中国男孩，望着船外"自来火灯簇簇匀排，荡漾波心"，感到快乐而新奇。正如著名教育家蒋梦麟在自传中写下了20世纪初登船离开上海赴美留学的强烈感受："邮船启碇，慢慢驶离祖国，我的早年生活也就此告一段落"。

或许有人要问：为什么上海和她的现代教育有如此的魅力？北京的新式学堂不也赫赫有名？比如北京大学的前身京师大学堂，清华大学的前身清华留美预备学校。

诚然，北大、清华至今仍然是中国现代教育骄傲的象征。但是，教育与一座城市的成长，与一个东方大都市的崛起如此紧密关联，环环相扣，非上海而莫属。这就是关于我的曾祖父张焕纶的故事，另一个由溪入海的故事。

张焕纶1878年创办梅溪学堂，因成就突出，在1897年被聘为南洋公学（现交通大学的前身）的首任中文总教习即教务长，并首创师范班，开启了中国师范教育之门。然而，这样一位中国现代教育的先驱，早已被历史的尘封所湮没。至今，除了上海梅溪小学还记得这位创始人之外，很少有人知道他和交通大学、他和中国师范教育有着如此的渊源。若不是近年来上海史研究方兴未艾，大概连我这个后代也只听其名，不知其人。梅溪的往事已经完完全全地融进了大上海，无声无息。

这对于遵从传统的中国家族来说，多少带有一点悲剧的色彩。而当我们用社会的眼光审视这段历史进程的时候，则会感受到一种震撼和激情。

消失在大上海百年历史之中的，远不止张焕纶这个具有新思想的老学究，而是整个上海老城厢和它的居民。上海，这个在 19 世纪中叶开埠以前极为普通的滨海县城，在历经开埠以后 80 年的沧桑巨变，到 1930 年代俨然是一个被称之为东方巴黎的现代大都市。尽管这个历程中充满着屈辱、哀伤和血腥，但也凝结着无数的创造、成功和辉煌。

这个历史巨变产生的一个最重要的社会成果，是新上海人逐步取代了城墙内的老上海人，走到了社会的中心，成为这座城市的主体。这个理直气壮的对外宣称是"上海人"的人群大而庞杂：有殖民者，外国难民、冒险家，有国内的逃难者，求生者，淘金者，当然，还有负笈千里的莘莘学子。也在这传统和现代的新陈代谢中，上海老城厢内的本地人蜕变成新上海人群中的一部分，不再凸显自己的特征。以至于在今天，铺天盖地的现代媒体所传达的怀旧情绪，是针对 1930 年代摩登的上海人而发，而不再去追寻更具有本土意义的原生态的上海人。

上海现代教育的兴起，正是与新上海人的喧嚣问世，与上海历史急速的新陈代谢紧密勾连。梅溪出现之前，洋学堂已经在上海方兴未艾，天主教会创办的徐汇公学于 1849 年开设；1857 年，另一所天主教会学校圣芳济学校在上海虹口开办；基督教会的学校裨文女塾和清心书院于 1850、1860 年先后开学。上海最著名的教会大学圣约翰大学的前身圣约翰书院与梅溪学堂的前身正蒙书院同在 1879 年创立；其后，闻名遐迩的女校——中西女塾和天主教震旦学院于 1890 和 1903 年先后登场。继梅溪之后，不少移居上海的外乡人纷纷加入举办新学的行列。胡适离开梅溪之后就读的澄衷学堂，就是由宁波富商叶澄衷所办。南洋公学虽系官办，但初创时期的三位重要人物：总理（校长）江苏武进人何嗣焜、监院（西文教务长）美国人福开森（John Calvin Ferguson）以及张焕纶正好形成了一个小小的外乡人、外国人和上海本地人的共同体。1876 年开幕的格致书院是更为典型的上海案例，它是英国驻沪领事麦华陀（Sir Walter Hanry Medhurst）倡议创办，得到直隶总督李鸿章、两江总督李宗羲和上海道台等官员及地方绅商的大力资助。书院的核心人物则是江苏苏州人王韬（1849年到上海）和英国传教士傅雅兰（John Fryer，1861 年到上海）。本地名流李平书、张焕纶等都担任过书院董事。由外国人倡议，又不是教会学校或外侨学校，有不少地方名流、士绅参议其事，但又不直接掌管院务，中国官员对它有一定影响力，但它又不完全听命于中国政府。这样一所亦中亦西、亦官亦民、外乡人和外国人主事、本地人协助的特殊学校，在中外教育史上罕见。它与上海的社会格局、社会形态完全吻合，它只能首先在上海生根。

20 世纪初，中外移民的各种教育行动构成了形态完整的现代教育体系。但这个体系仍然打上上海城市移民文化的深深烙印。每个学校的文化背景、社会背景差异很大，教育思想和方法的异样在上海成为正常。经由多元的上海教育的培养和熏陶，现代都市人又不断增添和强化了上海文化的开放和宽容的特质，就是令人瞩目的海派文化——海纳百川，有容乃大。

海派文化完完全全接纳了、包容了我的家族、上海本地人和上海老城厢，这个由溪入海的故事可以在这里打住。而我还让历史在有限文章内继续延伸一点，那就是关于丽娃河的故事。一个仍然与教育和上海有关的故事。

中国的文学巨匠茅盾有一部著名的小说《子夜》。书中写到过一条取名为"丽娃"的河，位于上海城市的西部，是苏州河的一条小小的支流。河边曾是一个白俄俱乐部，一个叫柳芭娃的俄罗斯姑娘常坐河边。我曾经对来访的俄罗斯普金总统的夫人讲这条河的故事的时候，翻译为"美丽的姑娘"，其实，姑娘是否美丽已无从考证，但丽娃河边的两所大学却是历史的见证。

丽娃河穿越在华东师大的校园内，我已经无法搞清究竟是河因校出名，还是校因河出名。华东师大和丽娃河已经融为一体。这条河为学校积淀了历史的底蕴，这条河也使今天的华东师大具有鲜明的人文风格和思想传统。

70 多年前，丽娃河畔曾是上海一所私立大学——大夏大学的校址。距离大夏不远，便是著名的圣约翰大学。1925 年 5 月，上海发生英国租界当局枪杀中国工人的事件，全社会发起民族主义的抗议运动。圣约翰的一批师生为了抗议校方阻止学生参与其间，毅然脱离母校，建立了光华大学。光华和大夏，就是华东师范大学的前身。

光华和大夏，都是上海著名的私立大学。1920—1930年代，这里曾大师云集：胡适、鲁迅、徐志摩、郭沫若、周扬、田汉、张东逊、潘光旦……丽娃河畔留下了他们的声音，积淀了他们不朽的学术思想和人文情怀。

一个世纪过去了，光华和大夏的人文思想和学术传统一代一代传承下来，铸就了今天独特的"丽娃文化"，产生了颇具社会影响的丽娃河畔"作家群""儒商群"。虽然，华东师范大学已经是一个文、理、工兼有的学科门类齐全的综合性大学，但我们常常引以为豪的，则是有着深厚历史底蕴的人文学术传统。这个传统，既来自光华、大夏，也来自圣约翰、复旦，因为在1950年代初的中国大学的院系调整中，圣约翰、复旦以及交大、浙大等九所学校的大部分或部分系科由政府调整进入华东师大。我不想在此评论这一次调整的功过得失，可有一点我感到我们无愧于前辈，那就是今天的华东师大，不但使人文精神得到了延续，而且开辟了一个本土思想名家和海内外学术大师的公共论坛。这如丽娃河生生不息，流入苏州河，汇入黄浦江，奔向大海。

（原系 2007 年 10 月 16 日在康奈尔大学的演讲稿，曾刊于《华东师范大学学报》2008 年第 6 期，发表时有改动）

图书在版编目(CIP)数据

远去的都市：1950年代的上海 / 张济顺著. —北京：社
会科学文献出版社，2015.4（2025.2重印）
　（近世中国）
　ISBN 978-7-5097-6635-4

　Ⅰ.①远…　Ⅱ.①张…　Ⅲ.①上海市－地方史－1950
Ⅳ.①K295.1

中国版本图书馆CIP数据核字（2014）第237099号

·近世中国·

远去的都市：1950年代的上海

著　　者 / 张济顺

出 版 人 / 冀祥德
项目统筹 / 宋荣欣
责任编辑 / 宋　超
责任印制 / 王京美

出　　版 / 社会科学文献出版社·历史学分社（010）59367256
　　　　　　地址：北京市北三环中路甲29号院华龙大厦　邮编：100029
　　　　　　网址：www.ssap.com.cn
发　　行 / 社会科学文献出版社（010）59367028
印　　装 / 三河市龙林印务有限公司

规　　格 / 开　本：787mm×1092mm　1/16
　　　　　　印　张：26.5　字　数：409千字
版　　次 / 2015年4月第1版　2025年2月第5次印刷
书　　号 / ISBN 978-7-5097-6635-4
定　　价 / 79.00元

读者服务电话：4008918866